U0750529

BAOLIN YAOWEN JIAOCI （DI-ER JI）

报林咬文嚼词

（第二辑）

周俊生◎编著

暨南大学出版社
JINAN UNIVERSITY PRESS

中国·广州

图书在版编目（CIP）数据

报林咬文嚼词．第二辑/周俊生编著．—广州：暨南大学出版社，2022.11
ISBN 978－7－5668－3465－2

Ⅰ.①报…　Ⅱ.①周…　Ⅲ.①汉语—语法—辨别—文集　Ⅳ.①H146－53

中国版本图书馆 CIP 数据核字（2022）第 135117 号

报林咬文嚼词（第二辑）
BAOLIN YAOWEN JIAOCI（DI-ER JI）
编著者：周俊生

出 版 人：张晋升
责任编辑：李　战　黄　球
责任校对：刘舜怡　陈皓琳　黄子聪
责任印制：周一丹　郑玉婷

出版发行：暨南大学出版社（511443）
电　　话：总编室（8620）37332601
营销部（8620）37332680　37332681　37332682　37332683
传　　真：（8620）37332660（办公室）　37332684（营销部）
网　　址：http：//www. jnupress. com
排　　版：广州市天河星辰文化发展部照排中心
印　　刷：佛山市浩文彩色印刷有限公司
开　　本：787mm×1092mm　1/16
印　　张：19
字　　数：390 千
版　　次：2022 年 11 月第 1 版
印　　次：2022 年 11 月第 1 次
定　　价：58.00 元

编写说明

一、本书选取我国近年公开出版的报纸上刊登的各类报道、文章中的用词错误进行评改，一律注明出处。第一辑中已评改词目，原则上不再收进，但不排除个别为编写需要而收进。

二、本书所评改的词语，按首字拼音字母顺序立目排列。一个语句如果有多个词语出现使用错误，一般在最先出现之词语处集中评改，后面出现的词语只提供立目并指引参见。

三、本书所选词语主要是名词、动词、形容词以及一些固定短语，也有少量其他类的词语。评改主要从词义、词性、词的使用主体、词的指向对象、词的搭配、词的色彩、词义的轻重等角度入手。所引例句中如果有其他文字错误、标点符号错误等，也一并指出并改过，但一般不作分析。

四、原作者写作中的用词反映其真实想法，而评改者认为其用词错误的理由是这种错误与其真实想法不能切合，至于评改者是否认同原作者想法，一般不在本书讨论之列。评改者在评改中力求尽可能贴近原作者想法，以不伤害原作者表达本意为原则。

五、本书对所评析的用词错误大多提出多种修改意见，但这种修改意见不具有唯一性或者排他性，评改者只是力求准确切中要害，尽可能提供最合适的修改意见。

六、不同语体文字对词语使用有不同的要求，评改者注意到这个问题，在对各种用词错误进行评改时尽可能顾及原文语体的风格。

七、本书所评改的词语误用例句限于评改者的日常阅读范围。评改者所从事的是随机性的工作，而不是抽样性的工作。因此，本书不能作为对某一份报纸用词水平的判断依据。

八、本书在评改中参考了《现代汉语词典》《现代汉语规范词典》等工具书。在完成对用词错误的评改以后，评改者若发现工具书中对相关词语释文存在瑕疵，亦随文提出意见。

九、限于各种原因，本书对一些词语使用错误的评改可能存在不足，欢迎读者提出意见。

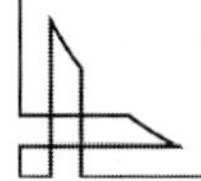

序

张持坚

俊生的《报林咬文嚼词（第二辑）》要出版了，这是他继去年出版第一辑后，在词语运用研究上取得的又一个成果。在本书出版之际，俊生几次请我写一个序，我并不是词语研究方面的行家，几次推辞，但俊生却不愿收回成命，盛情难却，我只能勉力从命了。

俊生是一位优秀的报纸编辑。20 多年前，我从黑龙江回到上海，进入《上海证券报》，担任了领导工作。当时和俊生并没有太多接触，但俊生在繁忙的编辑工作之余，出版了《词语评改 800 例》和《常用词语误用评改词典》两本书，让我看到了他在这方面研究的深入，也看出他是一个很勤奋的人。可惜的是，由于报社发生的变故，我和俊生共事的时间并不长。他在离开报社以后，凭借自己的努力，又成为一位国内知名的时事评论家，我经常在上海、北京、广州等地的报纸和网络上读到他见解独到、观点敏锐、文风犀利的评论文章。现在俊生已退休，用他自己的话说，就是成了一个“养老金领取者”。但是俊生并没有把自己当作一个养老的人，他又利用微信这个自媒体工具，开设了“每日一怼”这个栏目，专门针对报纸上使用错误的词语进行分析评改，日积月累，至今已有 1300 多条。按每天一条算，他坚持这项工作已经有 4 年了。俊生一直说，他所做的这个工作只是“小儿科”，并没有什么了不起，但是，一件看上去再怎么微不足道的小事，一天天坚持下去，就能成为一件让人刮目相看的大事。俊生所做的这件事，已经在业内产生一定的积极反应，如今能够结集出版，也证明了这件事的意义所在。

这几年来，我通过微信朋友圈，一直在阅读俊生每日推送的这些或长或短的文句，深感受益。我们这一代人，由于时代的裹挟，未能有机会得到全面而系统的学习机会。即以我来说，十几岁就告别了学校，离开上海远赴东北边陲“战天斗地”，虽然靠着自己的努力和组织的培养有所成就，成长为一个不算太差的新闻记者，也写出了一些有影响力的新闻作品，但论起学问的根底终究是不够扎实的。尽管自己这辈子总的来说吃的也是文字饭，但对文字的认识还是有限的，特别是对于新闻写作来说，时效是第一生命，讲究的是“倚马可待”的写作效率，对文字的使用更多的是基于平时在阅读中的积累。即使是在我担任报社总编辑期间，虽然经常要看报纸大样，但更多关注的是版面上是否有不符合各种要求的内容出现，也很少关注到报道中词语是否准确运用的问题。读了俊生的书稿，我犹如进入了一个新的天地，常常感受到古人说的“学然后知不足”的道理，也感受到了学习的快乐。我觉得俊生开创的这个形式很好，一是从最新出版的报纸上寻找语料进行分析，有很强的实践性和针对性，对读者有相当强的吸引力；二是每天谈一个问题，大都篇幅不长，读者每天用不多的时间就能读完，只要坚持下去，就能够渐渐养成对准确运用词语的接受力和敏感力；三是利用微信这个现代化的传播工具，能够使这些文字传播得更广，产生更好的社会效果；四是通过微信首发，还能及时得到读者的反馈，使可能存在的错误和不足得到及时的纠正。

在看了俊生的书稿后，我对在写作中准确运用词语有了更深刻的领悟。尽管随着自媒体的崛起，现在报纸的读者有所减少，但报纸的文字仍然代表着一种被全社会认可的标准，我们每一个以文字为立身之本的人，都应该珍惜我们的文字，爱护我们的文字，马虎不得。但是，通过俊生的研究，我也看到了一个严峻的事实，现在报纸的文字水平是不容乐观的，甚至有的文章一个句子里就会用错好几个词。这种状况的出现，我想了一下，可能有下面两个原因：一是报纸工作一直对语言文字的训练不够重视。中国文人传统上历来重视煮字炼句，唐朝诗人贾岛的“推敲”故事流传了一千多年，一直被传为美谈，但人们在习惯上更多地把这当作文学家，尤其是诗人的事。对于新闻记者和报纸编辑的培养，一般更重视的是在新闻写作和编辑方面专业的训练，这些当然很重要，但长期忽视语言的学习和训练，以致在报纸工作中出现了对准确运用词语的一种“集体无意识”。二是近年来自媒体发展很快，推动报纸也开始向融媒体转化。这是一个可以肯定的方向，一些优秀的自媒体质量确实很高，但在人人都是自己的编辑的环境下，由于缺少必要的编辑把关程序，导致整个自媒体领域的文字都比较粗糙，并且反过来影响到了报纸。俊生的“每日一怼”未从自媒体上选取语料，而是坚持从报纸上取材，他跟我说这一方面是为了方便读者查找，另一方面是自媒体上不恰当的词语运用材料实在太多，反而容易影响“每日一怼”的质量，因此就未作关注，但泥沙俱下的自媒体写作对词语运用的负面影响显然是不可低估的。

这种状况如果得不到改善，势必影响报纸在读者心中的形象。近年来，我国的新闻出版主管部门对报纸的文字质量抓得很紧，经常举行质量抽查活动，参与新闻评奖的作品一旦出现文字差错，不仅会扣分，严重的甚至会影响到其参评资格，很是可惜。我觉得每一个新闻记者和报纸编辑，都需要努力提高自己的语言文字修养，而俊生的这两本书就是不可多得的教材。《报林咬文嚼词》从报纸上选取大量语料，都是我们容易用错的词，俊生通过细致的分析，告诉我们“不能这样写”，这对于工作在采编第一线的记者编辑很有实用价值。因此，尽管我不是语言学的专家，只能从新闻写作和报纸编辑的角度来谈谈《报林咬文嚼词》的价值，但我还是很乐意向我的同行推荐俊生的这两本书，并希望《报林咬文嚼词》能够有机会继续出下去。俊生做这个工作无名无利，但他乐在其中，他说他很希望有一天再也不能从报纸上找到合适的语料，这就说明报纸的词语运用水平确实改观了，“每日一怼”也就只能“关门大吉”了。要让俊生的这个愿望早日实现，剥夺他的这份乐趣，唯有靠我们一起努力了。

（作者系新华社高级记者、全国优秀新闻工作者，曾任新华社黑龙江分社副社长、《上海证券报》总编辑）

目录

CONTENTS

G

H

J

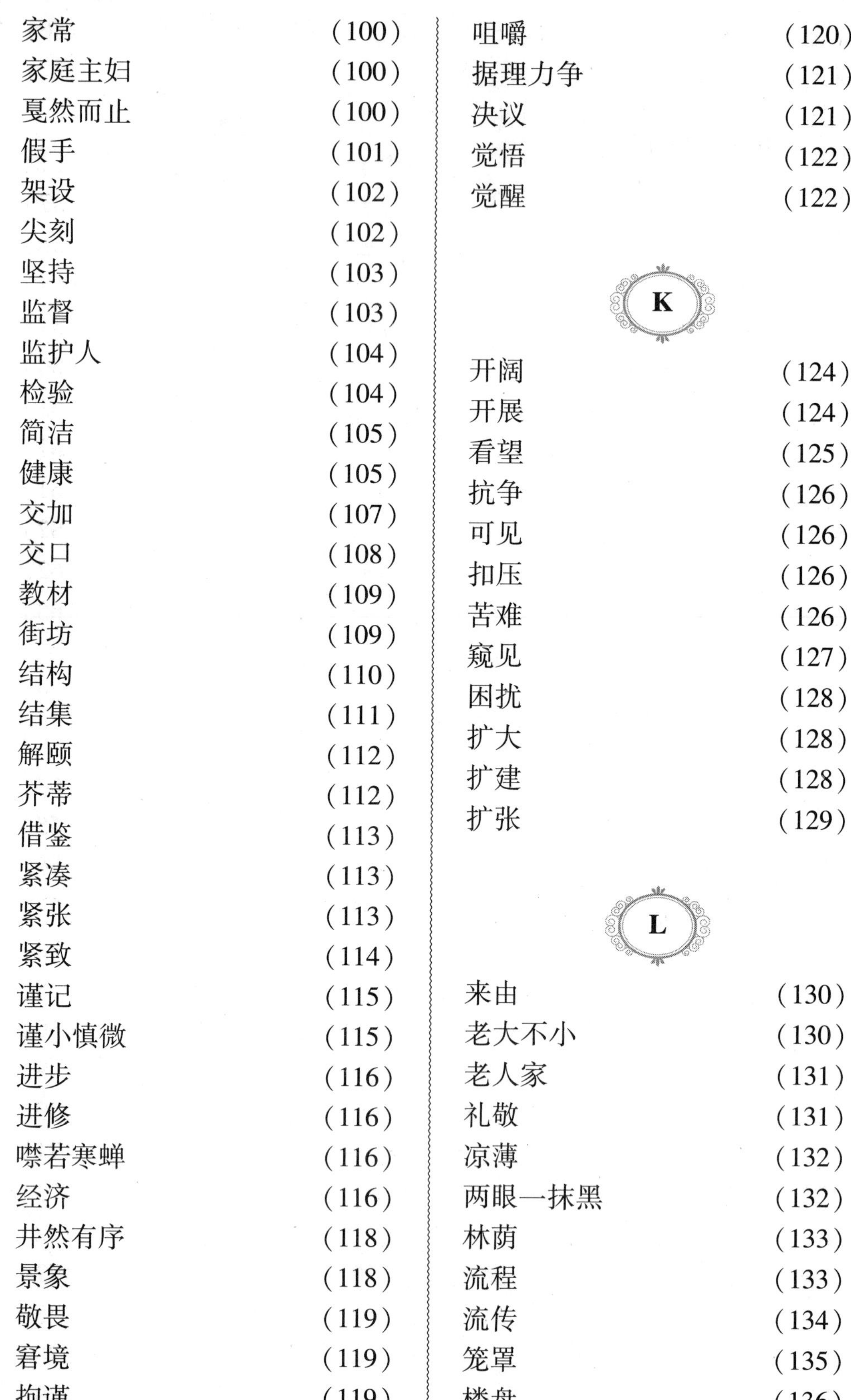

K

L

M

N

P

Q

R

S

T

Z

A

爱不释手 àibùshìshǒu

见第132页“凉薄”条。

安排 ānpái

2020年5月27日《广州日报》第14版刊登报道《在长兴里看万木草堂的古与今》。文中写道：“花木映衬间，一座塑像**安排**在院落的东北角，两人一坐一站，仿佛正在研讨学问，又像在放眼远方。”句中的“安排”一词使用有误。

“安排”的意思是有条理地处理事务，安置人员。“安排”的指向对象有两个方面，一是有关的事情，如“安排工作”“安排演出”；二是有关的人员，如“你安排好他”。句中“安排”的指向对象是“塑像”，虽然这是“两人”的塑像，似乎涉及了人，但它毕竟是“塑像”，是一种物品，“安排”不能适用。

可以把“安排”改为“安放”。“安放”指的是把物件安置在恰当的位置，这个意思合于句中的表达。

安全 ānquán

见第277页“自知”条。

按摩 ànmó

2020年4月24日《新民晚报》第20版刊登文章《从春末到夏初，美味食养两相宜》。文中写道：“将三黄鸡洗净晾干后，先用玫瑰盐均匀**按摩**鸡的全身……”句中的“按摩”一词使用有误。

“按摩”指的是对人以及某些动物身上的特定部位进行推按、揉捏。“按摩”的词义可以有狭义和广义之分，狭义的“按摩”是一种医疗手段，与推拿同义，行为主体要求是掌握专业医疗技术的医生和其他人，目的主要是治病；广义的“按摩”可以延伸至一般的身体服务，行为主体可以是任何人，目的是让对方感到舒服。句中说的是用手指或合适工具蘸着“玫瑰盐”在“鸡的全身”来回移动，让“玫瑰盐”能够附着于“鸡的全身”，目的是让鸡肉产生咸味，“按摩”的词义与此不合。

可以把“按摩”改为“擦抹”之类的词。需要注意的是，不宜改成“涂抹”。“涂抹”一般要求行为主体在指向对象身上抹上较浓稠的糊状物，但句中说的是“三黄鸡”的烹饪工序，从常理来说，在“鸡的全身”抹上的盐不需要很多，使用“涂抹”词义过重。“擦抹”表示用类似擦拭的动作来抹盐，这正符合“三黄鸡”用盐的需要，因此使用“擦抹”是合适的。

【另按】

《现代汉语词典》（以下称《现汉》，无特别说明均指第7版）对“按摩”的释义过于陈旧，需要作出适当修改。《现汉》的释文是：“用手在人体的一定部位上推、按、捏、揉等，以促进血液循环，增加皮肤抵抗力，调整神经功能。”这个释义将“按摩”限定为必须使用人才具有的“手”，但事实上现在已经可以用仪器代替人的手来完成这一行动。这个释义又将“按摩”的指向对象限定于“人体”，但事实上一些高等动物也能接受“按摩”，如家庭豢养的猫、狗等宠物，动物园中驯养的狮、虎等猛兽。

另外，这条释文只给出了“按摩”的狭义词义，忽略了这个词所蕴含的广义词义，不符合“按摩”的实际使用状况。在《现汉》早期的版本中，对“按摩”的释义还有一句“也叫推拿”，这句话在《现汉》新版中已经取消，说明编者已经注意到了“按摩”和“推拿”的区别。但是这还不够，因为按《现汉》现存对“按摩”的这条释文，看不出它与“推拿”的区别，这也是需要改进的一个地方。《现汉》对“按摩”的释文，是在把这个词和“推拿”等同起来看的情况下写出来的，现在既然已经注意到了两者的不同之处，就应该在释文中将这种不同揭示出来。

昂贵 ánggui

（一）

2020年7月11日《光明日报》第2版刊登报道《紫荆花终要向阳开放》。文中写道：“香港商铺的租金非常**昂贵**，在社会平静的状态下，小经营者尚且要艰辛维持生计，哪经得起社会动荡、暴力横行的冲击?”句中“昂贵”一词的使用存在问题。

“昂贵”的意思是价格很高，非常贵。“昂贵”本身即表明了价格高的程度，因此在它前面没必要使用表示程度很深的修饰语。句中的“昂贵”前加上了程度副词“非常”，作者想以此表示“昂贵”的非同一般，但这造成了语意的重复，是没有必要的。

可以把“昂贵”前的修饰语“非常”删去。

（二）

2020年10月4日《新民晚报》第11版刊登文章《危险的“讽刺”》。文中写道：“一对男女恋人在准备下个月的婚礼，女方突发奇想，和男方嚷嚷着婚礼上要怎么怎么做，而且都是些十分**昂贵**的主意。”句中的“昂贵”一词使用有误。

“昂贵”的指向对象通常要求是可以用价格来衡量的物品。句中的“昂贵”，加上了修饰语“十分”，造成了语意的重复。除此以外，“昂贵”在句中修饰的是“主意”，但“主意”并不是物品，在通常情况下不能用价格衡量，因此“昂贵”不能适用。

修改这个句子，一方面需要把“昂贵”前的修饰语“十分”删去，另一方面还需要为“昂贵”补上合适的指向对象，比如在“昂贵”前加上“费用”，这样“昂贵”指的就是“费用”，而“主意”的修饰语不再是“昂贵”而是“费用昂贵”，话就能说通了。

嗷嗷待哺 áo’áo-dàibǔ

2020年12月17日《文汇报》第12版刊登文章《施蛰存：“万水千山来小坐”》。文中有这样一个句子：“居住空间缩小，加之家中**嗷嗷待哺**的人口众多，施蛰存不得不卖掉许多书籍、部分家具……”句中“嗷嗷待哺”的使用有误。

“嗷嗷待哺”意为嗷嗷叫着等待喂食，形容饥饿时急于求食的样子。“嗷嗷待哺”一般限于形容婴幼儿，不适用于成年人。这个特点是由其中的词素“哺”所决定的。“哺”的本义是喂不会自己取食的婴儿，在“嗷嗷待哺”这个成语中，“哺”的所指范围已有所扩大，包括了需要他人抚养的少年儿童，但不能包括成年人，比如一些老年人，哪怕因相关身体功能丧失而需要他人喂食，也不能用“嗷嗷待哺”。句中说的是“施蛰存”家里的情况，作者用“嗷嗷待哺”来形容需要吃饭的人，但把成年人也包括了进去，这是不合适的。除非特别点明这里说的“人口”全是指婴幼儿，否则“嗷嗷待哺”在句中的使用是不合适的。

可以把“嗷嗷待哺的人口众多”改为“需要供养的人口众多”之类的话语。“需要供养的人口众多”，表明他们需要的是各种生活需求，不止于吃饭，在表现“施蛰存”所承受的经济压力上更为准确。当然，如果句中所说“人口”确实都是婴幼儿，则可以保留“嗷嗷待哺”，但需要把“人口”改为“婴幼儿”“小孩”之类的词。

拔地而起 bádì'érqǐ

2020年10月5日《新民晚报》第11版刊登报道《上海音乐厅：被1.5秒改变了命运》。文中有一个句子写道："2002年底，上海音乐厅从原址被**拔地而起**，整体抬升3.38米、平移至距原址东南66.46米的新处所……"句中的"拔地而起"使用有误。

"拔地而起"形容山峰、建筑物等陡然矗立在地面上。使用这个短语要注意不能望文生义，理解成某个物件从地底下或者地面上被拔起，即被拆除或移除。句中说的是"上海音乐厅"这座建筑在未拆分的情况下整体离开"原址"，用"拔地而起"来描写这种情况，不合其语义。

修改这个句子，可以把"拔地而起"删去。实际上后面的"整体抬升"也把作者的意思表达了出来，因此删去"拔地而起"并没有减少句子的信息量。当然，删去"拔地而起"时要把其后面的逗号一起删去。

拔节 bájié

（一）

2021年2月16日《光明日报》第1版刊登报道《吴歌唱响在新时代的春天里》。文中有一段文字写道："江南鱼米之乡有如沃土，一代代山歌手**拔节生长**，吴歌唱响在田野里、舞台上，并多次走进高校、中南海等大雅之堂，为民俗文化研究提供了最鲜活的样本。"这段文字中的"拔节"和"生长"两个词使用有误。

先看"拔节"。"拔节"本是农业生产术语，指的是水稻、小麦、高粱、玉米等伸长（zhǎng）型农作物生长到一定阶段时，其茎的各节自下而上依次快速伸长（zhǎng）。"拔节"的指向对象一般限于农作物，句中将其用于形容"山歌手"，但"山歌手"是人，"拔节"不能适用。

再看"生长"。"生长"有两个意思，一是指生物体在一定的生活条件下，体积和重量逐渐增加；二是指出生和成长，产生和增长。"生长"可以用于人、动物、植物等一切具有生命征象的事物，但当"生长"用于人时，主要是指其作为人的自然生命的延续。句中的"生长"用于作为人的"山歌手"，但说的是"山歌手"在艺术上的发展而不是他们自然生命的延续，因此"生长"不能适用。

可以把"拔节"改为"茁壮"，把"生长"改为"成长"，也就是说把"拔节生长"改为"茁壮成长"。其中的"茁壮"可指动物、植物长得旺盛，指年轻人长得健康，这里将其移用到"山歌手"，"山歌手"当然不一定是年轻人，但句中的“山歌手”有“一代代”作为限制语，应该主要是指年轻的“山歌手”，因此是可以用的。而“成长”用于人的时候，既可指年轻人自然生命的发展，也可指年轻人事业上的发展，用于句中“一代代山歌手”，形容他们在事业上的发展，也是合适的。

（二）

2021 年 2 月 8 日《陕西日报》第 1 版刊登报道《就地过年，体会别样年味》。文中有句话写道：“就地过年的人们可以从容欣赏都市流光溢彩的霓虹，参观宏伟壮观的地标建筑，感受自己与城市共同**拔节生长**的速度……”句中的“拔节”和“生长”两个词使用有误。

如前所述“拔节”的指向对象是农作物，“生长”的指向对象是具有生命征象的事物。句中的“拔节”和“生长”有两个指向对象，分别是作为人的“自己”和作为自然事物的“城市”，其中“拔节”对这两个指向对象都不能适用，“生长”用于“城市”不合适，用于作为人的“自己”本是可以的，但它在这个句子中并不是指“自己”自然生命的延续，而是指“自己”事业的发展，因此使用“生长”也是不合适的。

可以把“拔节”删去，把“生长”改为“发展”之类的词。

拔苗助长 bámiáo-zhùzhǎng

2020 年 9 月 16 日《新民晚报》第 18 版刊登文章《当上海美眉变成上海姐姐》。文中有一个句子写道：“魔都从来是滋养并**拔苗助长**有缘人的，是她们心智的启航港和光华的来处。”句中的“拔苗助长”使用有误。

“拔苗助长”是我国战国时期出现的寓言故事，说的是古时宋国有人嫌禾苗长得太慢，便一根根地往上拔起一点儿，导致禾苗死亡。现在通常用来比喻违反事物的发展规律，急于求成，反而坏事。句中的“拔苗助长”表示帮助的意思，与其语义不合。

同时，“拔苗助长”在使用中不能带宾语，句中的“拔苗助长”和“滋养”并列，一起对“有缘人”产生支配作用，但“滋养”可带宾语，而“拔苗助长”不能带宾语。

另外，“拔苗助长”作为一个成语，含有明显的贬义，使用这个成语表明作者对行为主体持有讽刺和批评的态度。但句中对“拔苗助长”的行为主体“魔都”是充满敬意的，“拔苗助长”用在句中与作者的这种情感也是不合的。

应该把“拔苗助长”改为“助益”之类的词。“助益”虽然不像“拔苗助长”一样是个成语，但是它准确地表示了作者要表达的意思，能够和“滋养”并列，一起支配共同的宾语“有缘人”。它还是一个含有一定褒义的词，与作者对“魔都”的情感切合。

需要注意的是，不能把“拔苗助长”改为“助长”。“助长”的指向对象通常是具有负面性的事物，它和“拔苗助长”一样，也带有贬义，因此改为

"助长"是不合适的。

百无聊赖 bǎiwú-liáolài

2020年9月30日《新民晚报》第18版刊登文章《一只骆驼》。文中有这样一段话："去英国途中，我在迪拜机场转机，四个小时。在经历了近十小时飞行之后，带着几许疲惫、几许**百无聊赖**，我**行踪迷离**，连自己都不知道要干什么。"文中的"百无聊赖""行踪"和"迷离"三个词使用有误。

先看"百无聊赖"。"百无聊赖"的意思是精神无所依托，感到非常无聊。它描写的是人的一种精神状态，而这种精神状态的程度是在顶端、极点状态的，没有层次之分。文中的"百无聊赖"接受了"几许"的修饰，和另一个短语"几许疲惫"并列，而"几许"所修饰的词语通常是可以分层次的，"疲惫"可以分出不同的层次（可以说"很疲惫""比较疲惫"等），但"百无聊赖"说的是一种处于顶端、极点状态的情况，没有层次可分（不能说"很百无聊赖""比较百无聊赖"），因此"百无聊赖"在这段文字中不能适用。

再看"行踪"。"行踪"意为行动的踪迹。"行踪"的使用主体如果是人，一般指其在较大地理范围内的行动线路，如果仅是在一个建筑物内活动，其经过的线路一般不称为"行踪"。文中的行为主体"我"是一个人，虽然是在旅行途中，但在这段文字的特定语境中，其活动范围仅在"迪拜机场"，而"迪拜机场"只是一处建筑物，人在里面行走，"行踪"不能适用。

再看"迷离"。"迷离"意为模糊而难以分辨清楚。句中说的是行为主体"我"在"迪拜机场"里的行走比较随意，处于一种无目的的状态，这个意思不能用"迷离"表示。

可以把"百无聊赖"改为"无聊"。"无聊"表示由于清闲而烦闷，它可以表现出层次，因此能够和"几许"搭配。当然，简单地看，也可以删去"几许"而保留"百无聊赖"，但文中在"几许百无聊赖"前还有一个"几许疲惫"，作者连用两个"几许"有一种修辞上的要求，删去一个以后这方面的色彩就消失了，因此还是以保留"几许"，而把"百无聊赖"改为"无聊"为好。"行踪"和"迷离"可以一起修改，改为"随意行走"之类的话语。

百转千回 bǎizhuǎn-qiānhuí

2020年12月23日《文汇报》第2版刊登报道《黄浦发力消灭非旧改地块7000余手拎马桶》。文中写道："'每只手拎马桶的背后，都有一个**百转千回**的故事'，这是只有蜗居在老城厢的上海市民才咀嚼过的愁苦。"句中的"百转千回"使用有误。

"百转千回"指回旋反复，如"舞台上的梁山伯祝英台在《十八相送》一场中百转千回，难舍难分"。又形容事情或事业的进程曲折，如"人类对太空的探索百转千回，但还是在不断前行"。前一个意思的"百转千回"，其行为主体一般应是人；后一个意思的“百转千回”，通常用来形容事情或事业进展中所出现的各种艰难曲折，其使用主体是规模相对较大的事件和事业。同时，这两个意思的“百转千回”，都要求使用主体具有两个特点，一是动态，二是正面形象，作者对其应该具有一定的感情寄托。

句中“百转千回”的指向对象是“手拎马桶”，但“手拎马桶”是一种物品，它不具有动态，同时句中的行为主体“蜗居在老城厢的上海市民”对它有“愁苦”，从引语所出文章的标题可看出，它是需要“发力消灭”的对象（文中表达的也是这个意思），不具有正面性，通常来说，“蜗居在老城厢的上海市民”不会对它寄予感情。因此，“百转千回”的使用是不合适的。

可以把“百转千回”改为“让人心酸”之类的话语。“手拎马桶”既是要“发力消灭”的对象，那么它的存在就是让人不愉快的，使用“让人心酸”这样的话语是合适的。

板上钉钉 bǎnshàng-dìngdīng

见第 94 页“基于”条。

版面 bǎnmiàn

2022 年 4 月 16 日《解放日报》第 2 版刊登一篇报道，标题是“东方卫视今起推出直播特别**版面**”。文中写道：“从早上 7 点起，全天的抗疫特别**版面扩张**了新闻类节目的时长，停播了娱乐节目，大量**版面**聚焦上海上下同心，坚决打赢疫情防控攻坚战。”这个标题和这句引语中使用的“版面”一词，都存在使用错误。引语中的“扩张”一词，也存在使用错误。

先看“版面”。“版面”通常指的是报刊、书籍每一页的整面，现在也可指网站、手机端等新媒体显示的整面。标题和引语中的“版面”（引文中出现两个“版面”）用于“东方卫视”，但从引语所出全文可知，“东方卫视”是一家电视台，它既不是报刊、书籍之类的纸质出版物，也不是网站、手机端等网络载体，“版面”不能适用。

再看“扩张”。“扩张”的意思是扩大。“扩张”的使用对象通常应是国家的疆土、势力范围等，其行为带有一点强制性。句中的“扩张”，其使用对象是“时长”（即时间长度），“扩张”不能适用。

标题和引语中出现的这三个“版面”，都可改为“节目”或“栏目”。“节目”可指广播电台、电视台播送的内容，“栏目”则是媒体对内容进行区分后的项目分类，它既适用于纸质、网络媒体，也适用于广播电台、电视台之类的声频媒体。但是要注意的是，引语中第二个“版面”前有“大量”作修饰语，说明其有一定数量，那么，如果“东方卫视”设计了一个时间很长的“节目”（或“栏目”）持续不断地播送，用“大量”作“节目”或“栏目”的修饰语就不合适了，因此，引语中的第二个“版面”也可以改为“时间”，让它能够接受“大量”的修饰。“扩张”一词则可以改为“增加”，“增加”可以和“时长”搭配，适用于这个句子。

【另按】

《现汉》对“版面”的释义存在两个问题，一是过于烦琐，二是陈旧。《现汉》为“版面”提供的释文为：“①书报杂志上每一页的整面。②书报杂志的每一面上文字图画的编排形式：~设计。”实际上，当人们在义项①的意义上使用“版面”一词的时候，通常也包括了义项②的意义，不管是一本书，还是一本杂志或一张报纸，如果所有的纸页都是没有任何文字图画等内容的空白纸页，它们就不大可能被称为“版面”（整本书、杂志或整期报纸中特意设计的少量空白纸页可称为“版面”）。另外，义项②中说的“文字图画的编排形式”，其中的“文字图画”也是不严谨的，事实上“版面”上还可以包括表格等内容。综上，《现汉》所列义项②作为一个单独的义项，其依据是不充分的，可以和义项①归并。

同时要指出的是，《现汉》将“版面”的使用范围限制在“书报杂志”这个范围又是与现实脱节的。今天，网站、手机端等网络媒体已经很发达，甚至成为人们接收信息的主要载体，而这类新媒体所显示的整面，通常也称为“版面”。《现汉》最新一版（第7版）出版于2016年9月，在此之前，网络媒体在汉语使用环境中早已不是刚刚诞生的新事物，《现汉》应该及时将这种现象反映到对“版面”一词的释义中。

半壁江山 bànbì-jiāngshān

2020年7月8日《大众日报》第7版刊登文章《上消化道疾病诊疗的滨医附院经验》。文中写道：“2019年1月，国家癌症中心数据显示，胃癌、结直肠癌、食管癌等消化道癌位居恶性肿瘤发病前六位，占据**半壁江山**。”句中的“半壁江山”使用有误。

“半壁江山”原指国土的一半或一部分，引申后可以指事物中占有的一半左右。“半壁江山”在使用中需要注意的是，无论是其本义还是引申义，其使用对象都要求是具有正面性的事物，显示出作者对其抱有珍爱感情。句中“半壁江山”的使用对象是“胃癌、结直肠癌、食管癌等消化道癌”，不管是从社会的主流评价来看，还是从作者的情感倾向来看，都将其视为要努力消灭的负面性事物，“半壁江山”的使用在情感上是不合适的。

可以把“半壁江山”根据实际情况改为“差不多一半”“一半以上”之类的话语。

【另按】

《现汉》对“半壁江山”的释义过于守旧，已经不能适应今天的使用环境。《现汉》的释文是：“指保存下来的或丧失掉的部分国土。”这个释义在古代比较多用，但在今天已经基本不用，对于《现汉》这样一部词典来说基本上可以忽略。而“半壁江山”在今天的使用，更常见的是它的引申义，这个意义被《现汉》完全无视，是不够客观的。因此，《现汉》对于“半壁江山”的释文应该修改，可以为其引申义建立一个新的义项。

包含 bāohán

（一）

2021 年 2 月 21 日《羊城晚报》第 6 版刊登文章《步入黄公望的精神之境》。文中写道：“我到杭州方志馆、浙江省图书馆、杭州图书馆、杭州博物馆、黄公望博物馆等查阅了各种杭州的史书，购买了所有**包含**黄公望的图书，甚至长篇小说《富春山居图》也在其中……”句中的“包含”一词使用有误。

“包含”的意思是里边含有。句中说的是“图书”的内容牵涉到“黄公望”，或者和“黄公望”有关系，“包含”的词义与此不合。

可以把“包含”改为“有关”。由于句中的指向对象是“图书”，也可以根据“图书”的特点，把“包含”改为“介绍”“研究”之类的词，根据不同的情况，单用“介绍”或“研究”可以，把这两个词一起用，即把“包含”改为“介绍和研究”也可以。

（二）

2020 年 9 月 10 日《深圳商报》第 3 版刊登报道《来工业展览馆看场秀》。文中有这样一句话：“位于四楼的深圳机器人成果展，**包含**工业机器人与智慧工厂、服务机器人与人工智能两大板块。”句中的“包含”一词使用有误。

“包含”的指向对象通常应是抽象的事物。句中“包含”的指向对象是展览馆里所布置的“工业机器人与智慧工厂”和“服务机器人与人工智能”这“两大板块”，它们能够让参观者用肉眼看见，因此是具象的事物，“包含”不能适用。

可以把“包含”改为“包括”。“包含”和“包括”是近义词，它们的区别在于，“包含”的指向对象倾向于抽象事物，“包括”则没有这种限制，在指向对象的要求上比“包含”自由得多。

（三）

见第 262 页“昭然”条。

饱受 bǎoshòu

2020 年 4 月 12 日《新民晚报》第 16 版刊登文章《李洱：整个世界都是我的私人图书馆》。其中有一个句子写道：“《应物兄》的创作过程，**饱受**的折磨更多。”句中的“饱受”一词使用有误。

“饱受”的意思是经受了很多。“饱受”这个词自身的词义已经含有程度很深、程度达到“饱”（十足，充足）的意思，因此在使用中没必要再对其词义的程度进行描写。句中的“饱受”作为“折磨”的支配语，让“饱受的折磨”与“更多”构成主谓关系，这是用“更多”来对“饱受”作程度描写，它与“饱受”出现了表意矛盾，“饱受”的使用不合适。

一般可把“饱受”改为“经受”“遭受”之类的词语。“经受”和“遭受”这两个动词的内部词义不含有表示程度的意思，可以和表示程度的话语搭配。当然，“饱受”也可以保留下来，但需要删去后文的“更多”，同时把“饱受的折磨”改为“饱受折磨”。不过后一种改法已经改变了句子的结构，与作者原意也有点差异，因此以前一种改法为好。

奔走相告 bēnzǒu-xiānggào

2020年3月16日《文汇报》第12版刊登文章《戴，还是不戴口罩？在英国是个问题》。文中有一句话写道：“华人留学圈里，大家**奔走相告**，让彼此尽快做好防疫准备。”句中“奔走相告”使用有误。

“奔走相告”的意思是奔跑着一个接一个地转告，形容把重要消息迅速传开。这个词语在使用中要求所传播的消息是让人高兴的。在这个句子中，“奔走相告”的内容是“尽快做好防疫准备”，但从一般的社会常理来说，“防疫”不是一件让人高兴的事，而是会让人感到紧张甚至恐慌，“奔走相告”这个词语所具有的情感色彩与“尽快做好防疫准备”所具有的气氛不适应，因此不能适用。

可以把“奔走相告”改为“互相转告”之类的话语。需要注意的是，把“奔走相告”改为“互相转告”，语意略有改变，“奔走相告”中“奔走”的意思消失了。但是，“奔走相告”之所以要求所传播消息必须是让人高兴的，主要就是由“奔走”这个词所决定的，这一行为表现出行为主体按捺不住愉快的心情，急于将好消息传播出去的情状。改为“互相转告”后，这层通过“奔走”表现出来的愉快的意思就消失了，与“尽快做好防疫准备”所具有的气氛也协调了。

笔法 bǐfǎ

2020年1月2日《南方日报》第9版刊登报道《儿童白血病房的新年音乐会》。文中写道：“‘当我打针的时候，我会很紧张。’时静洁记得很清楚，当时阿宁用稚嫩的**笔法**写下了这样一句。”这段文字中的“笔法”一词使用不妥。

“笔法”，指的是写字、画画、作文的技巧或特色。“笔法”在使用中要求行为主体在从事写字、画画、作文这类活动时，对相关活动已经达到一定水平，因为只有这样才谈得上技巧或者特色，特别是其中的写字，实际上是指一种书法艺术创作（当然可以把硬笔书法和毛笔书法都包括在内），因此并不是任何人在生活中日常的文字书写都可以使用“笔法”一词的。

句中“笔法”的行为主体是“阿宁”，从引语所出全文可知，她是一位年仅 9 岁的白血病患者，她写“这样一句”时只是随便写了一句话，并没有体现“笔法”上的技巧或特色，因此“笔法”的使用是不合适的。在现实生活中，确实有“稚嫩的笔法”的说法，但这指的是行为主体在初学写字（书法）、画画、作文时因技巧掌握不够而显现出来的一种不能让人满意的情况，而不是指一个小朋友的字写得不够好。

可以把“笔法”改为“笔”。“笔”在这里可表示字迹、笔画的意思，“稚嫩的笔”表示小朋友（句中就是指“阿宁”）因写字（这里的写字与书法无关）水平还不够而致使写出来的字有点歪歪扭扭，不够好看，切合作者要表达的意思。

必需 bìxū

2020 年 9 月 28 日《文汇报》第 7 版刊登文章《看冯骥才长篇小说新作〈艺术家们〉》。文中有句话写道：“在冯骥才看来，由于艺术家是‘非同常人的一群异类’，因此，**必需**‘用另一套笔墨写另一群人物和另一种生活’。”句中的“必需”一词使用有误。

“必需”的意思是一定要有，不可缺少。“必需”在使用中一般和名词或名词性结构搭配，如“日用必需品”“阳光是农作物生长所必需的”。句中的“必需”，后面跟着的是一句话“用另一套笔墨写另一群人物和另一种生活”，但这句话是动词性结构，从其内容看，描写的是一种动态，这不合“必需”的使用要求。

应该把“必需”改为“必须”。“必须”是一个副词，一般用于修饰动词或动词性结构。句中的“用另一套笔墨写另一群人物和另一种生活”是一个动词性结构，因此把“必需”改为“必须”是合适的。“必须”和“必需”的不同点在于，前者强调某个事情一定得这样做，后者强调某种事物特别需要。

毕恭毕敬 bìgōng-bìjìng

（一）

2020 年 12 月 3 日《新华日报》第 18 版刊登文章《父亲的扬州》。文中有这样一句话：“和我潦草的字迹形成反差的是父亲的字，小学毕业的父亲，字写得倒很顺溜，个个横平竖直，**毕恭毕敬**。”这句话中的“毕恭毕敬”使用有误。

“毕恭毕敬”形容十分恭敬，很有礼貌的样子。“毕恭毕敬”说的是人对待他人的态度，它的行为主体通常应是人。同时，“毕恭毕敬”的使用对象也应是人，而且通常要求是作者或行为主体的长辈或上级，包括作者认为的贤达之人等。句中的“毕恭毕敬”，其使用对象为“父亲的字”，但“父亲的字”是一种物品，“毕恭毕敬”不能适用。

同时，从引语所出全文可知，这里说的是“父亲”和“我”的通信，“父亲的字”指的是写给作为儿子的“我”的信上的字，在这种情况下，认为“父亲”在信中的字“毕恭毕敬”，等于是在说作为长辈的“父亲”对作为晚辈的儿子“毕恭毕敬”，这在情感色彩上也是不合适的。

可以把“毕恭毕敬”改为“端端正正”“工工整整”之类的话语。

（二）

见第150页“拿捏”条。

毕生 bìshēng

2020年4月24日《楚天都市报》第7版刊登报道《高中生27天打赏主播15万余元》。文中有一段文字写道：“一个多月前，赵某上高中的儿子向网络主播打赏15万余元。这是赵某一家**毕生**的积蓄，他向网络平台讨要多次未果，只好求助荆门市消委。”其中“毕生”一词使用不妥。

“毕生”的意思是一生，终生。这个词的使用对象一般只能是人。句中的“毕生”，使用对象为“赵某一家”，这是一个家庭，“毕生”不能适用。

可以把“毕生”改为“所有”“全部”之类的词。

需要注意的是，“毕生”即使用于人，也是有一定限制的，一般都是用于已经逝去的人。如果用于活人，更多地用于将来时语态，如“他要把毕生献给国家”。如果用于完成时态，更多地用于老年人特别是已处于生命弥留中的人，如“他毕生都在为家庭操劳”。上引文字中的“赵某”，从引语所出全文可知是一个中年人（有一个“上高中的儿子”），在这样一种情况下，即使把文中“赵某一家毕生的积蓄”改为“赵某毕生的积蓄”，让“毕生”用于“赵某”个人，也是不合适的。

编写 biānxiě

2020年1月11日《解放日报》第5版刊登文章《中古时期的江南，令人刮目相看》。文中写道：“此外，政府还要统计户口、**编写**户籍、**征收**赋役、规范市场、提升学校教学质量等，方方面面都要进行管理。”句中“编写”和“征收”两个词使用不妥。

先看“编写”。“编写”指的是就现成的材料加以整理，写成书或文章，也指进行虚构创作。“编写”在这个句子中的指向对象是“户籍”，但“户籍”不是书或文章，当然更不是虚构类的创作结果，因此“编写”不能和它搭配，这个词的使用不合适。

再看“征收”。“征收”指的是政府依法向个人或单位收取。“征收”的指向对象必须是钱款以及实物等，它们都有具象的特点。句中“征收”的指向对象是“赋役”，但“赋役”是个合成词，意为赋税和徭役，其中的“赋税”是具象的，可以和“征收”搭配，“徭役”却是抽象的，不能和“征收”搭配，这就决定了“征收”不能和“赋役”搭配，“征收”的使用不合适。

一般地说，可以把“编写”改为“登记”，行为主体“政府”面对“户籍”需要做的是把有关事项记载在特备的表册上，因此对“户籍”合适的支配语是“登记”。但是，在这个句子中，改正后的“登记户籍”（或者改正前的“编写户籍”）和“统计户口”并列，如果宽泛一点理解，前者可以包括在后者之中（“统计”离不开“登记”），一般不必并列使用。因此，更合适的修改是直接把原文中的“编写户籍”删去，留下“统计户口”即可。至于对“征收”的修改，要求改用的词必须同时可以支配“赋”（赋税）和“役”（徭役）两个方面，但现代汉语中没有这个现成的词。可以把“征收赋役”改为“征税用役”或“征税派役”之类的话语。

表达 biǎodá

2020 年 8 月 23 日《浙江日报》第 3 版刊登文章《把经典唱上大银幕》。文中有句话写道：“*戏曲电影，就是要通过电影的手段来***表达***戏曲。*”句中的“表达”一词使用有误。

“表达”意为把思想、感情等表示出来。“表达”的指向对象，通常应为具有抽象色彩的内容，如“表达谢意”“表达爱意”。句中“表达”的指向对象“戏曲”是一种在舞台上呈现的表演艺术形式，可以为人的肉眼所见，是一个具象概念，因此，用“表达”作为它的支配语是不合适的。

可以把“表达”改为“表现”。“表现”有一个词义是指显示出来，把这个词放在所引句子中就是指把本来只是在舞台上表演的“戏曲”通过“电影的手段”显示出来，这个意思切合句中语境。

表率 biǎoshuài

2021 年 5 月 14 日《广西日报》第 8 版刊登文章《“二次酒驾”更应严惩》。文中有句话写道：“*广大党员干部更要严以修身、严以律己、做出榜样，在酒驾、醉驾问题上，挺在前面不做违规的***表率***，捍卫规定规则，而不是当规矩的破坏者。*”句中的“表率”一词使用有误。

“表率”的意思是榜样，即可以供他人学习、仿效的人或事。“表率”是一个褒义词，要求其使用对象必须具有正面性。句中的“表率”用于“酒驾、醉驾问题”，这是一种具有负面性的行为，句中在“表率”前面还用了定语“违规”，在这种情况下，使用褒义词“表率”是不合适的，它使作者对“酒驾、醉驾问题”的批评态度产生了扭曲。

可以把“表率”改为“坏样子”之类的话语。

彬彬有礼 bīnbīn-yǒulǐ

2020 年 4 月 21 日《羊城晚报》第 14 版刊登文章《岳父母的故事》。其中有一段文字写道："大约是1974年冬天，我就认识岳父了。那时，我高中毕业后不久，受公社调派，去他担任大队保卫主任的村子。晚上睡在大队部，在他家里搭餐吃饭。印象中，他平和客气，说话**彬彬有礼**。几年后，做了他的女婿，他仍是那么**彬彬有礼**。"文中两个地方用到"彬彬有礼"，都不合适。

"彬彬有礼"形容文雅而有礼貌。这个短语通常用来形容行为主体对受事者的谦恭态度，但在使用中需要注意的是，行为主体和受事者如果无亲缘关系，两人在地位上应该基本平等，行为主体的年龄、职位、声望等都应该低于受事者。如果两人之间有亲缘关系，则行为主体的辈分应该低于受事者。

在这段文字中，第一个"彬彬有礼"出现时，作为行为主体的"他"是"大队保卫主任"，受事者"我"则是一个"高中毕业后不久"的年轻人，就年龄来说，行为主体应该高于受事者（事实上"几年后"受事者"做了他的女婿"，也证明行为主体和受事者在年龄上属于两代人），"彬彬有礼"的使用是不合适的。第二个"彬彬有礼"出现时，受事者"我"已经"做了他的女婿"，那么作为行为主体的"他"对"我"来说就是岳父，行为主体的辈分高于受事者，"彬彬有礼"的使用更不合适。

文中说的是作为作者岳父的"他"对作为女婿的"我"表现出和气、和善的态度，根据这样的意思，可以把文中的两个"彬彬有礼"都改为"谦和慈爱""谦和慈祥"之类的话语。"谦和"表示谦虚温和，和"慈爱""慈祥"组合在一起，可以表示长辈对晚辈的爱怜情感，用于叙写年高者对年轻人，特别是岳父对女婿的态度是合适的。

缤纷 bīnfēn

2021年2月6日《人民日报》第5版刊登文章《石峁十年》。文中有一句话写道："落雪**缤纷**时的石峁最美。"句中的"缤纷"一词使用有误。

"缤纷"意为繁盛，纷乱，很好看。"缤纷"通常用来形容有色彩的事物，而且要求这种色彩是多种多样的，如"五彩缤纷""落英缤纷"。句中的"缤纷"形容的对象是"落雪"，但按常识来理解，雪只有白色一种颜色，没有体现出多种多样的姿态，"缤纷"的使用是不合适的。

可以把"缤纷"改为"纷飞"。但要注意的是，"缤纷"是形容词，而"纷飞"是一个动词。"缤纷"和"落雪"搭配时，是形容词和动词的搭配，而把"缤纷"改为"纷飞"后，则出现了动词和动词的搭配，不是很合适。在这种情况下，最好把动词"落雪"改为名词"大雪"，即把"落雪缤纷"改为"大雪纷飞"。

禀性 bǐngxìng

2020年10月26日《北京日报》第16版刊登一篇文章，标题是"中国民法学体系的应有**禀性**"。其中"禀性"一词使用有误。

“禀性”指的是与生俱来的个性或本性，如“禀性粗暴”“江山易改，禀性难移”。“禀性”的使用对象通常限于人以及部分高等动物，句中“禀性”的使用对象是“中国民法学体系”，这是一个理论构架，“禀性”不能适用。

可把“禀性”改为“特点”之类的词。

并列 bìngliè

（一）

见第273页“中性”条。

（二）

2020年12月31日《湖北日报》第26版刊登文章《百年新诗，回看杜甫》。文中有这样一句话：“**并列**杜甫与新诗，也就是**并列**旧诗与新诗。”句中的两个“并列”使用都有误。

“并列”的意思是不分主次地排列。“并列”是一个不及物动词，在使用中不能带宾语。句中的两个“并列”，分别带上了宾语“杜甫与新诗”和“旧诗与新诗”，这是把“并列”当作及物动词用了，不合其使用要求。

可以把全句改为“杜甫与新诗并列，也就是旧诗与新诗并列”。

（三）

2020年10月25日《羊城晚报》第6版刊登文章《卡蒂－布列松匍匐的身影》。文中有这样一个句子：“在中国，很长一段时间，摄影上层总是把他和香港拍唯美风光的陈复礼放在一起**并列**。”句中的“并列”一词使用有误。

“并列”在这个句子中接受了“放在一起”的修饰语，但“放在一起”的意思就是“并列”，作为修饰语的“放在一起”和作为被修饰对象的“并列”出现了语意重复。

可以把“放在一起并列”改为“相提并论”之类的话语。“相提并论”指的是把不同的或差别明显的人或事物放在一起进行谈论或同等看待，这个意思用于句中是合适的。

波及 bōjí

（一）

2020年4月10日《光明日报》第16版刊登文章《“楚辞”与“楚歌”》。文中有一个句子写道：“楚国的诗歌语言，无疑属古汉语系统，大概皆属于《诗经》中《周南》《召南》所**波及**或王化的采诗范围。”句中的“波及”一词使用有误。

“波及”指的是牵涉到，影响到。“波及”的行为主体通常应是某个事件。句中“波及”的行为主体是“《诗经》中《周南》《召南》”，它们是诗歌，并不是一个事件，因此“波及”的使用不合适。

可以把“波及”改为“涉及”。“涉及”意为牵涉到，关联到，这个意思合于句中表达需要。

（二）

2020 年 11 月 1 日《解放日报》第 11 版刊登文章《哟!》。文中写道：“‘哟!’我娘那声尖叫，余音绕梁，**波及**至今。”句中的“波及”一词使用不当。

“波及”在使用中要求其行为主体有一定的负面性。句中“波及”的行为主体是“我娘那声尖叫”，但从引语所出全文的语境中可以看出，作者对此充满感情，不具备负面性，“波及”在句中的使用不合适。

作者要表达的意思是“我娘那声尖叫”（即“哟!”）使作者印象深刻，至今仍有清晰记忆，根据这个意思，可以把“波及至今”改为“至今不绝”之类的话语。

（三）

2020 年 11 月 9 日《文艺报》第 3 版刊登文章《游走于现实与超现实的交叉点上》。文中写道：“在上世纪 80 年代‘50 后’作家们的辉煌之后，内蒙古的小说创作从‘60 后’开始便进入低潮，乃至有人说是断档，一直**波及**到‘70 后’。”句中“波及”一词的使用有不妥之处。

“波及”中的“及”意思是到，因此在“波及”的后面不宜再用“到”。句中的“波及”后又用上了“到”，这造成了语意的重复，是不合适的。

应该把“波及”后的“到”删去。

波澜曲折 bōlán-qūzhé

2020 年 8 月 26 日《南方日报》第 4 版刊登文章《数字时代，请等一等老人!》。文中写道：“某种程度上，这就是‘数字鸿沟’的后果，在它一路高歌前行时，‘信息穷人’的生活变得更加**波澜曲折**。”句中的“波澜曲折”使用有误。

“波澜曲折”的意思是像波涛一样起伏曲折，有比较复杂的过程。“波澜曲折”通常用于形容持续时间较长、影响较广、场面较大的战争、运动等，一般不用于形容个人的生活。同时，“波澜曲折”有褒义，要求其使用对象具有正面性。句中用“波澜曲折”形容“‘信息穷人’的生活”（“信息穷人”指未掌握数字化技术，不能熟练使用智能手机等数字产品的人，以老人为主），这超出了这个成语的使用范围，不合使用。同时，句中对“‘信息穷人’的生活”并不持有褒扬态度，使用“波澜曲折”在情感上也不合适。

可以把“波澜曲折”改为“艰难”。句中说的是“信息穷人”由于对数字化技术陌生而在生活中遭遇到各种麻烦，使用“艰难”是合适的。

勃发 bófā

（一）

2020 年 3 月 11 日《新民晚报》第 12 版刊登文章《书不尽　这座城里的人与事》。文中有段文字写道："'上海'这一含意，是因为浦东开发开放、大上海成为今天这模样，也是因为参与上海建设的人们**勃发、朝气、锋芒、激情**、勇猛，让上海的风貌里多了豪气和豪爽。"句中的"勃发""朝气""锋芒"和"激情"这四个词都存在使用错误。

先看"勃发"。"勃发"意为焕发，振作。"勃发"是一个动词，它一般可以用来描写人的精神状态，但不能直接用于人。句中的"勃发"和"人们"是不能搭配的，句中要使用"勃发"还缺少一定的条件，不能让"勃发"直接和"人们"搭配。

再看"朝气""锋芒"和"激情"这三个词。"朝气"意为人所拥有的精神振作、力求进取的一种气概；"锋芒"本指刀剑的尖端，借指攻击的方向，在这个句子中可以理解为指人所显露出来的锐气和才干；"激情"指的是强烈激动的情感。这三个词在句中都是作为"人们"的谓语出现的，但从这三个词的词义可以看出，它们都是名词，而名词不像形容词一样具有对另一个名词的描写性，因此在一般情况下不能作另一个名词的谓语，否则就显得话语不完整，无法清晰表意。

名词为什么在一般情况下不能作另一个名词的谓语？这是因为作为名词的谓语，需要对这个名词作出修饰或者形容，而单个的名词通常不具备这种功能。说"人们朝气""人们锋芒""人们激情"，到底是在说"人们"有朝气、有锋芒、有激情，还是说"人们"没有朝气、没有锋芒、没有激情，或者是说"人们"朝气丧失、锋芒不露、激情减退呢？答案是不确定的。

句中另有一个和这几个名词并列的"勇猛"，也是"人们"的谓语，说"人们勇猛"，其表意是清晰的，因为"勇猛"是一个形容词。这也反过来证明了"朝气""锋芒""激情"作为名词，不能和"人们"搭配。当然，句中另有一个"勃发"，它是一个动词，动词可以和名词搭配，但它的使用对象有一定限制，"勃发"也不能和"人们"搭配，它出现的问题和"朝气"等名词出现的问题是不一样的。

就这个句子的情况来说，作者对"人们"使用了五个词作为它的谓语，即"勃发""朝气""锋芒""激情"和"勇猛"，其中"勃发"是动词，"朝气""锋芒""激情"是名词，"勇猛"是形容词，这五个词的词性不一却并列使用，产生的效果是混乱的，表意也是不清晰的。因此，修改时必须综合考虑。这里只能提出一种修改建议，即把"勃发、朝气、锋芒、激情、勇猛"改为"朝气勃发，锋芒崭露，激昂勇猛"之类的话语。其中"朝气勃发""锋芒崭露"都是主谓词组，它们产生了描写性，因此能够作"人们"的谓语，而“激昂勇猛”则是由两个形容词组合在一起的词组，它自然也具有描写性，和“人们”搭配没有问题。

（二）

2021 年 8 月 13 日《新民晚报》第 22 版刊登文章《枕边歌吟》。文中写道：“上世纪五十年代初是戏曲艺术**勃发**的年代，岳父和岳母组织了民营剧团辗转巡演于江南城乡，及至社会主义改造运动中，民营剧团转化成名为集体性质、实为国营性质的文艺团体。”这句话中的“勃发”一词使用不当。

“勃发”的使用对象，通常应是人的精神状态，不能用于事物。句中“勃发”的使用对象是“戏曲艺术”，而“戏曲艺术”是一种事物，“勃发”不能适用。

可以把“勃发”改为“蓬勃发展”之类的话语。“蓬勃发展”的使用对象通常是事物，适用于这个句子的语境。句中是把“勃发”当作“蓬勃发展”的简略语来使用了，但这两个词语各有其使用对象，不能混淆。

不得不 bùdébù

（一）

2020 年 8 月 10 日《新民晚报》第 23 版刊登一篇文章，标题是“你**不得不**知晓的‘关节撞击症’”。其中的“不得不”使用有误。

“不得不”指的是只能这样做，表示人虽然不愿意干某事，但在某种难以抵抗的压力下又只能这样做，如“在强大的攻势面前，守城将士不得不投降了”。这个标题中的“不得不”修饰的是“知晓”，但对于句中的行为主体“你”来说，“知晓”是在情理上必须这样的，而不是有谁给了“你”压力之后只能这样的。因此，从常理来说，“不得不”的使用与作者要表示的意思不合，在情理上也是扭曲的，这个词的使用不合适。

可以把“不得不”改为“应该”或“必须”。

（二）

2021 年 11 月 2 日《文汇报》第 9 版刊登文章《一个“哭着来笑着走”的传奇老头儿》。文中写道：“又是‘非虚构’、又是‘小说’，还竟然要将这两个基本要素相逆的文体糅在一起，这**不得不**令我充满了好奇，急于要看看德海究竟是如何‘尝试’的。”句中的“不得不”使用有误。

“不得不”的使用对象一般应是某种行为，同时这种行为通常只能是人所做的事。句中的“不得不”，其使用对象是“令我充满了好奇”，这不是人所做的事，而是事物所产生的一种结果，“不得不”不适合使用。

可以把“不得不”删去，或改为“不由得”“不免”之类的词语。

另外，“又是‘非虚构’、又是‘小说’”中的顿号应改为逗号。

（三）

2020 年 6 月 13 日《证券时报》第 4 版刊登报道《养殖这盘棋下好的诀窍

在哪里》。其中有句话写道："市场输赢参杂间，**不得不发人深思**，养殖这盘棋，为何有人越做越大，有人却下不好？"句中的"不得不"和"发人深思"使用有误。

先看"不得不"。"不得不"的使用对象一般只能是人的行为。句中的"不得不"修饰的是"发人深思"（这个短语的使用错误下文另议），但"发人深思"并不是人的行为，而是某个事物可能产生的一种结果，因此"不得不"在句中不适合使用。

再看"发人深思"。"发人深思"指的是启发人深刻思考。"发人深思"在使用中要求给出它的行为主体，即语素"发"（启发，引发）这一行为的发出者。句中的"发人深思"前缺了这一主体（前面的"市场输赢参杂间"只是后述事情发生的所在场域，并不会产生"发"这样的行为），这个短语的使用失去了依据。实际上，句中说的是人产生"深思"，在语法层面上分析，这种"深思"并不是由他物引起的，而是人的一种自主行为，因此"发人深思"的使用也是不合适的。

综上，可以把"不得不发人深思"改为"人们不得不深思"之类的话语。这样修改后，"深思"成为"人们"的自主行为，"不得不"就可以使用了。

另外，句中的"参杂"是个生造词，可以删去，不影响意思表达。

不归路 bùguīlù

2020年10月28日《新民晚报》第19版刊登文章《放过自己，放过他人》。文章介绍了香港电影《麦路人》中的一个情节，一位带着幼女的年轻妈妈，在丈夫遭遇意外后，被恶婆婆逼迫还赌债，她不得不打无数份工，甚至差点去做皮肉生意。那一天，疲惫不堪的她在快餐店靠墙坐在长凳上休憩，睡梦中的她头一歪，一头栽倒在地而死了。文章写道："那位香港的年轻妈妈，并无法定义务'孝敬恶婆婆'，但她选择了自我毁灭的道路……不愿'放过自己'，遂走上了**不归路**。"这个句子中的"不归路"使用有误。

"不归路"指的是回不来的道路，不能回头的道路，多指死亡之路、覆灭之路。"不归路"含有贬义，一般就是指邪路，死路。当"不归路"用于指人死亡时，一般要求行为主体的死亡是因为其干了邪恶的事而导致被社会唾弃，走投无路而死或者受到刑罚而死，在社会评价中具有较重的负面性。句中"不归路"的行为主体"那位香港的年轻妈妈"，是因为"不得不打无数份工"，过度劳累而死，这在社会评价中是值得同情的，"不归路"的使用与引语所出全文交代的情景不相合。

可以把"走上了不归路"改为"撒手人寰""撒手西去"之类的话语。"撒手人寰""撒手西去"都是表示人死亡的委婉语，用在此处可以表示对"那位香港的年轻妈妈"的一点同情，是比较合适的。

此外，这个句子中另有一些词语虽不能认为用词错误，但也存在使用不够得体的瑕疵，“自我毁灭”宜改为“自我牺牲”，“遂”宜改为“终于”。

不合时宜 bùhé-shíyí

见第226页“先礼后兵”条。

不惑之年 bùhuòzhīnián

2020年1月17日《新民晚报》第23版刊登报道《古稀老翁状告再婚老伴独占房产》。文中写道：“洪老伯和张阿婆是**不惑之年**牵手的再婚夫妇，将近20年来同住在简陋的老公房里，双方一直感情和睦。……1998年5月，55岁的洪老伯经人介绍，与52岁的张阿婆结为再婚夫妻。”这段文字中的“不惑之年”使用有误。

“不惑之年”，指的是人40岁。《论语·为政》记载，孔夫子说：“四十而不惑。”指人到40岁时因生活阅历的增加而能够明辨是非，不糊涂，因此后人把40岁及以后若干年称为“不惑之年”。这段文字中的“洪老伯”“张阿婆”两人“牵手”（即再婚）时，前者“55岁”，后者“52岁”，已远远超过40岁，“不惑之年”不能适用。

同样是按《论语·为政》的记载，孔夫子又说过：“五十而知天命。”意思是人到50岁看破世事，做事不再一心谋求结果圆满，因此后人又把50岁及以后若干年称为“知天命之年”。据此，可以把“不惑之年”改为“知天命之年”。

但是，无论是“不惑之年”还是“知天命之年”，都是比较古奥的说法，引语所出全文是一篇通俗的法律知识介绍文章，用语可以简单一点。如果把“不惑之年”改为“半百之年”，让读者一目了然，容易理解，表达效果更好。

不可理喻 bùkě-lǐyù

2020年11月1日《今晚报》第8版刊登文章《高产户、快枪手与惜墨如金》。文中写道：“德国一个优秀作家，一天只写一整页，第二天会修改，第三天还会修改，一年里只写100页，令一些中国作家**不可理喻**。”这个句子中的“不可理喻”使用有误。

“不可理喻”的意思是不能够用道理使他明白，形容固执或蛮横，不通情理。句中说的是行为主体“一些中国作家”对“德国一个优秀作家”的行为不能理解，“不可理喻”的意思与此不合。

退一步说，即使“一些中国作家”确实认为“德国一个优秀作家”的行为是不通情理的，因此“不可理喻”的使用是准确的，但原句的表达也是有问题的。在句中，“不可理喻”作了“一些中国作家”的谓语，这使得“不可理喻”成了作者对“一些中国作家”的评价，而不是“一些中国作家”对“德国一个优秀作家”的评价，与原意有比较大的出入。实际上，即使“不可理喻”可以使用，“一些中国作家”就是这样评价“德国一个优秀作家”的，也不能让“一些中国作家”和“不可理喻”构成主谓关系，两者之间要添加适当成分，比如加上“觉得”一词，让“一些中国作家”和“觉得”组成主谓关系，而“不可理喻”则是“觉得”的宾语。

一般地说，应该把“不可理喻”改为“不可理解”。句中出现的这个错误表明作者把“理喻”和“理解”混为一谈了，但“理喻”是讲道理，“理解”是懂道理，两者是有很大区别的。

在把“不可理喻”改为“不可理解”后，“不可理解”就能够和“一些中国作家”组成主谓关系，其间不必另加其他成分。但是，“理解”一般较少和“不可”搭配，因此，把“不可理喻”改为“难以理解”更好。

不忍卒读 bùrěn-zúdú

（一）

2020年10月12日《北京晚报》第17版刊登文章《成龙电影票房为何接连失利?》。文中写道：“截至昨天，《急先锋》上映11天，仅取得2.41亿元的票房。这个数字相对《我和我的家乡》的21.5亿元的票房，**不忍卒读!**”这段文字中的“不忍卒读”使用有误。

“不忍卒读”的意思是不忍心读完，多形容文章悲惨感人。这个成语有特定的使用场合，一般都是指人在阅读中产生的感受。文中“不忍卒读”的使用对象是“《急先锋》”（从引语所出全文可知是一部电影）“2.41亿元的票房”，这不是文章之类供人阅读的物品，只是一个数字，只要看上一眼就完成了相关信息的整体接收过程，因此“不忍卒读”是不能成立的。

可以把“不忍卒读”改为“不忍直视”之类的话语。文中说的是“2.41亿元”这个数字太小，使用这个词语是合适的。

（二）

2021年1月1日《文汇报》第5版刊登报道《〈细胞研究〉启示录：自信之路（上）》。文中写道：“美国《细胞》杂志是全球公认的顶尖期刊，影响因子超过30，来稿中世界一流水平的比比皆是。而影响因子2.161的《细胞研究》所收到的稿件，莫说科学水平天悬地隔，就连英文写作也**不忍卒读**。”这段文字中的“不忍卒读”使用有误。

对一个阅读对象使用“不忍卒读”，一般是说这个阅读对象（新闻报道、小说、剧本、故事等都可以）的内容很感动人，这对阅读对象是一种肯定。在这段文字中，“不忍卒读”的使用对象是“《细胞研究》所收到的稿件”，但作者说的是它“英文写作”的“水平”低劣，让人读不下去，作者对“《细胞研究》所收到的稿件”这个使用对象并无肯定的意思，因此，“不忍卒读”的使用是不合适的。

可以把“不忍卒读”改为“不堪卒读”。“不堪卒读”与“不忍卒读”一字之差，表示的意思却截然相反，前者表示阅读对象质量低下，让人难以读下去，是对使用对象的否定性评价，适合于这段文字的语境。

不胜枚举 bùshèng-méijǔ

2020 年 8 月 4 日《新民晚报》第 8 版刊登文章《烟民去哪儿》。文中有一句话写道："从居民小区到山林景区，一个烟头引发的火灾，**不胜枚举**。"句中的"不胜枚举"使用有误。

"不胜枚举"的意思是不可能一个一个全举出来，形容同类型的人或事物有很多。"不胜枚举"的使用对象，通常应是在社会评价中具有正面性的，为作者所肯定的人或事物。句中"不胜枚举"的使用对象是"一个烟头引发的火灾"，从常情来说，这种事不具有正面性，作者对它的态度是否定的。"不胜枚举"的使用扭曲了这种情感色彩，因此是不适合使用的。

可以把"不胜枚举"改为"数不胜数"之类的话语。相比"不胜枚举"，"数不胜数"在语义的情感色彩上属于中性，使用时用不着考虑对使用对象的评价，因此适合于句中语境。

不一而足 bùyī'érzú

（一）

2021 年 3 月 30 日《文汇报》第 10 版刊登文章《俄罗斯音乐崛起沉思录》。文中有这样一段文字："历数现当代钢琴演奏大家，出身俄苏的份额比例不仅是'半壁江山'，甚至几近'一家独大'：从二十世纪初即成名的拉赫玛尼诺夫和霍洛维茨（1903—1989），至世纪中叶的伟大代表里赫特（1915—1997）与吉列尔斯（1916—1985），到现在处于国际顶尖一线的普列特涅夫（1957—）、基辛（1971—）、特里弗诺夫（1991—）——特别是那位当代最伟大的在世钢琴家（以我的个人偏见，没有之一）、人称'索神'的索科洛夫（1950—）等等，耀眼的天才和名手不胜枚举，**不一而足。**"这段文字中的"不一而足"使用有误。

"不一而足"的意思是事物不止一种或行动不止一次，表示数量有很多。在这段文字中，"不一而足"和"不胜枚举"连用，但这两个词语表示的意思是一样的，连用产生了语意重复的问题。

更重要的是，"不一而足"含有一定的贬义，其使用对象一般应具有负面性，至少体现出作者对使用对象没有倾注喜爱的感情。文中"不一而足"的使用对象是"耀眼的天才和名手"（即"出身俄苏"的"现当代钢琴演奏大师"），这是一个具有正面性的使用对象，从行文可以看出，作者对其倾注了深厚的情感，在这种语境下，使用"不胜枚举"是可以的，但使用"不一而足"则使文中的情感出现了扭曲。

可以把"不一而足"删去。文中已有"不胜枚举"表示"耀眼的天才和名手"有很多，删去"不一而足"不影响原意的表达。如果考虑到作者在这段文字乃至引语所出全文中对言说对象充满了正面情感，把“不一而足”改为“灿若繁星”之类的话语也是可以的。“灿若繁星”也是形容事物在数量上的多，但它带有明显的褒扬性色彩，与文中的情感合拍，同时它对使用对象还含有正面评价的意思，与“不胜枚举”不产生语意重复，因此用在文中也是合适的。

（二）

2022年6月18日《光明日报》第12版刊登文章《挖掘文学作品中的时代信息》。文中写道：“在中国人的历史记忆中，三国的‘回头率’极高。东汉末年群雄逐鹿，权臣、谋士、英雄、文士层见叠出，‘风流人物’犹如百花齐放，**不一而足**地纷纷登上历史舞台。”这段文字中的“不一而足”使用有误。

“不一而足”在使用中通常与名词或名词性结构搭配，在句中可以当名词或名词性结构的定语或谓语。这段文字中的“不一而足”和副词“纷纷”一起作了动词性结构“登上历史舞台”的修饰语，“纷纷”可以这样用，但“不一而足”不能这样用。

可以把“不一而足”连同它后面的结构助词“地”删去。删去“不一而足”后，仅有“纷纷”作动词性结构“登上历史舞台”的修饰语，但“纷纷”有接二连三的意思，也可形容使用对象的多，因此并不影响原意的表达。

材料 cáiliào

见第 105 页“健康”条。

财政 cáizhèng

2020 年 3 月 26 日《新民晚报》第 19 版刊登文章《压力释放》。文中写道：“她的丈夫原是某大学的教师，被一家私人学校聘为校长，他认认真真办校、教书，无奈校董事会因**财政**紧张对他支持不力，连必要的视频辅助设施也不予配备，他每晚回家精疲力竭，急躁、易怒。”句中的“财政”一词使用有误。

“财政”指的是政府部门对资财的收入与支出的管理活动。“财政”的使用对象限于政府部门，包括中央政府和各级地方政府。句中“财政”的指向对象是“校董事会”，即“一家私人学校”的董事会，但“学校”不是政府部门，“财政”不能适用。

可把“财政”改为“财务”。“财务”指的是有关资财的管理或经营以及资金的出纳、保管、计算等事务，这个词的使用对象一般应为机关、企业、团体等单位，句中的“学校”也包括在内，因此“财务”合于使用。

采风 cǎifēng

见第 141 页“媒体”条。

沧海桑田 cānghǎi-sāngtián

见第 150 页“那么”条。

策动 cèdòng

2020 年 1 月 3 日《北京日报》第 13 版刊登文章《电影 2019：中国叙事交响和鸣》。文中写道：“在这批国产佳作的**策动**下，国产影片的入账上升了 15% 左右，相对引进片占比 64% 上下，几大档期和全年影市基本摆脱了对好莱坞大片的依赖。”句中的“策动”一词使用有误。

“策动”的意思是策划鼓动。“策动”在使用中要求其行为主体必须具有思维和行动能力，通常只能是人。句中“策动”的行为主体是“国产佳作”，但“国产佳作”是一种事物，不具备思维和行动能力，不可能产生“策动”这样的行为。因此“策动”的使用是不合适的。

可以把“策动”改为“驱动”或“推动”。与“策动”的行为主体只能是人不一样的是，“驱动”和“推动”对行为主体的要求宽泛得多，既可以是人，也可以是事物。

查看 chákàn

（一）

2020年4月11日《福建日报》第3版刊登文章《留住乡音就是留住乡愁》。文中有句话写道：“**查看此次**草案的内容，其中对于保护和传承闽南话，除鼓励性的措施外，也提出了硬性要求，明确有关部门的职责，值得期待。”句中的“查看”和“此次”两个词语使用有误。

先看“查看”。“查看”的意思是通过观察事物的情况进行检查。“查看”在使用中要注意的是，它的指向对象应是各种事物的情况，除了在考古领域，或者为了甄别的需要，通常不指向文本类事物。句中的“草案”，是一个文本类事物，通常情况下不能接受“查看”的支配，“查看”在句中的使用不合适。

再看“此次”。“此次”是代词“此”和量词“次”的组合，它的使用对象通常是行为，在词语形式上表现为动词或动词性结构，如“此次到日本旅游”“此次看了这本书”。如果“此次”和名词搭配，则这个名词的内容必须具有动态性，如“此次战争”“此次疫情”。句中的“此次”和“草案”搭配，但“草案”作为名词不具有动态性，“此次”和它的搭配不合适。

一般地说，可以把“查看”改为“查阅”。“查阅”专用于指向文本类事物，与“草案”搭配是合适的。至于“此次”，可以在其后加上“公布”之类的动词，即把“查看此次草案的内容”改为“查阅此次公布的草案内容”。

（二）

见第221页“无以复加”条。

差旅费 chāilǚfèi

见第56页“儿童”条。

产能 chǎnnéng

（一）

2022年5月9日《文汇报》第2版刊登报道《快递业首批复工“白名单”公布》。文中有一个句子写道：“申通快递上海转运中心目前已经有500多人到岗，已恢复开启70%的省份线路，**产能**已恢复到常态化**产能**的近四成，每天出港货物20多万件，进港货物10多万件，一天总量约为40万件。”句中两处用到的“产能”都存在使用错误。

“产能”指的是一个企业、一个行业或一种产品在正常状态下能够达到的最高生产能力。“产能”的使用对象要求是农业、工业方面有产品产生的企业或行业。句中的两个“产能”，它们的指向对象是“申通快递上海转运中心”，从引语所出全文可知这是一个邮件运输、投送企业，其从事的是社会服务，自身并不产生产品，“产能”不能适用。

可以把句中的两个“产能”都改为“运能”或“运力”。“运能”“运力”的意思是运输的能力，句中的“申通快递上海转运中心”作为邮件运输、投送企业，“运能”或“运力”是检验其运作、经营状况的一个重要指标，这两个词适用于这个句子。

（二）

2020 年 4 月 1 日《广州日报》第 15 版刊登文章《都来帮湖北农产品拼一单》。文中有个句子写道：“除了生产、物流、销售等行业**产能**问题外，不能不说消费者的消费**意愿**也是一个掣肘。”句中“产能”和“意愿”两个词在使用中存在问题。

先看“产能”。句中的“产能”作为一个起总括作用的词，涵盖了“生产”“物流”和“销售”三方面的内容，其中“生产”可以接受“产能”的涵盖，但“物流”和“销售”不产生产品，因此不能接受“产能”的涵盖。“产能”在句中的使用不合适。

再看“意愿”。“意愿”指的是愿望，心愿。句中的“意愿”和“掣肘”搭配，这等于在说“意愿”是一种“掣肘”，而“掣肘”一般总是要消除的不好的东西，那么为了消除“掣肘”，就要消除“消费者的消费意愿”了，但这显然不是作者要表达的原意。作者要说的是“消费者的消费意愿”不够，成为一个“掣肘”，单说“意愿”不能表达出这样的意思。

这个句子的修改，一是要把“产能”删去，二是要在“意愿”后加上“不足”之类的词。这样，整个句子就可改为：“除了生产、物流、销售等行业方面的问题外，不能不说消费者的消费意愿不足也是一个掣肘。”

【另按】

《现汉》对“产能”的释义存在缺陷。《现汉》的释文写道：“生产能力，企业在正常状态下能够达到最高产量的实力：～过剩｜淘汰落后～。”这条释文把“产能”规定为只用于“企业”，这个定义偏窄了，“产能”除用于企业之外，还能用于整个行业，或某种产品。事实上，《现汉》为“产能”提供的两个书证“产能过剩”和“淘汰落后产能”，在语用实践中更多的就是针对一个行业或一种产品的情况来说的。《现汉》的这条释文有必要作出修改。

场面 chǎngmiàn

2020 年 11 月 13 日《光明日报》第 15 版刊登文章《问道》。文中有句话写道：“常常因为**场面**生疏，缺乏**借鉴**的标志，**心事**慌乱，一脚深一脚浅，只往热闹处走……”这句话中“场面”“借鉴”和“心事”三个词使用有误。

先看“场面”。“场面”是个多义词，在文艺学中可指戏剧、影视作品由布景、音乐以及出场人物构成的景况，又可指叙事性文学作品中由人物在一定场合相互发生关系而构成的情景。在普通词汇中，“场面”通常泛指一定场合下的某种情景，句中用的是这个意思。但“场面”在这样使用时，需要给出一定的场合，如众多人集中在一起进行大合唱，可说“场面壮观”，一个活动因为参加的人太少，可说“场面冷清”。句中并没有给出这种规定的场合，作者说的是他所处地方周围的情况，“场面”的词义与此不合。

再看“借鉴”。“借鉴”的意思是学习他人的做法，从中吸取经验和教训，把自己的事做得更好或避免出现他人有过的失误。“借鉴”的指向对象，通常应是抽象的事物，如“贵公司这个做法我们可以借鉴”。句中的“借鉴”修饰“标志”，说的是可以给人辨别方向或路途的某种事物，如某栋建筑物、某棵树、人行道上铺设的某种花纹的地砖等，行为主体可以以此来辨别路途，但它们都是具象的事物，“借鉴”不能适用。

再看“心事”。“心事”指的是心里老是想着的未解决的事。句中说的是人的感情状态，“心事”的词义不适用。

应该把“场面”改为“环境”，把“借鉴”改为“识别”，把“心事”改为“心情”。

超过 chāoguò

见第157页“培养”条。

潮流 cháoliú

2020年8月5日《新民晚报》第13版刊登报道《阿宝先生喊侬捐宝》。文中有句话写道：“不论是那个时代时髦、**潮流**的珍贵旧物，抑或是承载回忆的日用**家常**，与时代有关、与上海有关、与你有关，统统欢迎。”句中的“潮流”和“家常”这两个词使用有误。

先看“潮流”。“潮流”的本义是指江河湖海等由潮汐而引起的水流运动，引申后可比喻社会变动或发展的趋势。不管是本义还是引申义，“潮流”都是一个名词，句中的“潮流”与形容词“时髦”并列，一起作了“珍贵旧物”的修饰语，这是把“潮流”这个名词当作形容词来用了，不合其使用要求。

再看“家常”。“家常”指家庭日常生活，或表示在家庭日常生活这个范围里的，符合家庭日常生活的。“家常”所表示的概念具有抽象色彩，除了在“聊家常”“拉家常”等场合，它更多的是作某个表示家庭日常生活事物的定语，表示这个事物的性质，如“家常菜”“家常话”之类。句中的“家常”，指的是家庭日常生活中的器具，并且让它与“日用”组合在一起构成“日用家常”，与“珍贵旧物”对举，这是把“家常”当作一个表示具象事物的概念来使用了，与其词义不合。另外，“家常”和“日用”词义相近，这两个词也不宜组合在一起使用。

可以把“潮流”改为“流行”。“流行”在现代汉语中是个兼类词，既是动词，如“街上流行红裙子”，又是形容词，如“王菲的歌曾经很流行”。用“流行”替换“潮流”，使用的是这个词的形容词义。“家常”则可以改为“器具”。如果一定要保留“家常”的使用，则可以把“日用家常”改为“家常器具”。

陈陈相因 chénchén-xiāngyīn

2020 年 4 月 29 日《长沙晚报》第 14 版刊登文章《“劳模”老魏》。文中有一个句子是：“老魏的花鸟画来自传统，又不**陈陈相因**，在表现语言与技法层面，他更注重的是如何贴切地表达自己的所思所想。”句中的“陈陈相因”使用有误。

“陈陈相因”指的是因循、沿袭老一套，没有改进。“陈陈相因”说的是在一个特定的系统内，后出者对先出者的因循沿袭，因此在使用中要求其行为主体必须具有群体性，只有这样，才能表现出在这个群体中的后出者因循沿袭先出者的状态。句中“陈陈相因”的行为主体“老魏的花鸟画”是一个个体，“陈陈相因”不能适用。

当然，从引语所出全文可知，“老魏”是一位画家，一般来说，画家的作品不止一幅，即使是句中说的“花鸟画”，一个画家也可以有很多幅作品，按这样的理解，“老魏的花鸟画”似乎是一个群体性事物。但是，作者在句中说的是“老魏的花鸟画”这个事物没有对“传统”因循沿袭，而不是这个事物内部各个组成体（“老魏的花鸟画”中的各幅画）之间没有因循沿袭，而这个事物在与“传统”相对时，它只能被视为个体性事物，因而不能使用“陈陈相因”。

可以把“陈陈相因”改为“因循守旧”之类的话语。“因循守旧”指不求变革，沿袭老的一套，从语义上看与“陈陈相因”差不多，但在使用对象上比较自由，群体性事物或个体性事物都可适用。

成人 chéngrén

见第 160 页“飘飘欲仙”条。

成熟 chéngshú

（一）

2020 年 5 月 15 日《新民晚报》第 5 版刊登报道《生命最后一刻，他依然在岗位上》。文中有这样一段文字：“三支队的全称是‘有组织犯罪侦查支队’。他们的对手，是成团伙、有分工、作案手法**成熟**、社会影响恶劣的**犯罪嫌疑人**，包括严重危害社会稳定的黑恶势力。”其中的“成熟”和“犯罪嫌疑人”两个词语使用有误。

先看“成熟”。“成熟”本指植物的果实完全长成，泛指生物体发育到完备的阶段，比喻事物发展到完善的程度。句中用的是比喻义，但这个比喻义的指向对象，通常应是在社会评价中具有正面性的人或事物，作者对此也应持有肯定的态度。文中的“成熟”用于“犯罪嫌疑人”（这个词语的使用也不准确，这里为方便叙述姑且沿用）和“黑恶势力”，但这两个对象在社会评价中都具有负面性，作者对此也未显示肯定态度，因此“成熟”不能适用。

实际上，称“犯罪嫌疑人”和“黑恶势力”的“作案手法”达到“成熟”，是会产生语义矛盾的，他们的“作案手法”既然到了完备的程度，就不可能被抓住，而只要被抓住，就证明他们的“作案手法”并没有到完备的程度。因此，即使不考虑“成熟”的褒义色彩，就事理来说，使用这个词也是不适当的。

再看“犯罪嫌疑人”。“犯罪嫌疑人”是一个法律术语，指的是被公安、检察机关立案查处而尚未被提起公诉的涉嫌有犯罪行为的人。使用这个概念，一般都要求有明确的对象，如果没有明确对象，笼统地说“犯罪嫌疑人”，反而容易产生语义漏洞。对“犯罪嫌疑人”的审判有两种结果，一种是证实有罪，“犯罪嫌疑人”被确定为犯罪分子，接受法律惩处；一种是证实无罪，“犯罪嫌疑人”被洗去嫌疑，成为自由人。那么，对前一种情况，文中所述固然能够成立，但对后一种情况，文中所述就不能成立了。实际上，这段文字针对的对象就是一般意义上的犯罪者，而不是需要有明确指向的“犯罪嫌疑人”。因此，“犯罪嫌疑人”这个概念在这里不能适用。

可以把“成熟”改为“狡猾”之类的词，把“犯罪嫌疑人”改为“犯罪分子”或“罪犯”。“狡猾”意为诡计多端，是个贬义词，适用于文中所称的“犯罪嫌疑人”（要改为“犯罪分子”或“罪犯”）和“黑恶势力”这种在社会评价中具有负面性的人，也和作者在这段文字中的情感倾向一致。

（二）

2022年4月13日《文汇报》第6版刊登报道《〈心居〉：着色庸常生活，寻觅吾心安处》。文中写道：“导演滕华涛自创作《蜗居》之后，一直在尝试构建城市题材作品中的‘治愈’表达，给城市生活赋予精神维度，但直至《心居》，终于**成熟实现**了另外一种解读都市生活的路径，即超越了《蜗居》中冰冷、灰色乃至无望的自然主义表达，在《心居》中发展出温暖、**鲜艳**和积极的现实主义叙事倾向，对亲属关系的伦理边界做了探讨，也拓宽至表现社区治理、社会和谐等内容。”这个句子中的“成熟”“实现”和“鲜艳”三个词使用有误。

先看“成熟”。“成熟”可比喻事物发展到完善的程度。这个意义的“成熟”是一个形容词，它一般用于对某个事物作出修饰，而被修饰的事物应该是一个名词或名词性短语。句中的“成熟”修饰的是“实现”（“实现”一词的使用不准确，下文另议），但“实现”是一个动词，不能接受“成熟”的修饰，因此“成熟”并不适用。

再看“实现”。“实现”指的是使想法、计划、方案等成为事实。“实现”的指向对象通常表现为一种目标，具有抽象性，如“实现理想”“实现计划”。句中的“实现”，其指向对象是“路径”，但“路径”是一种具有具象色彩的事物（句中用的是“路径”的引申意义，并不指具体的一条路，但这未改变“路径”作为一个词本身的具象色彩），“实现”不能对它产生支配作用，不合使用。

再看“鲜艳”。“鲜艳”的意思是鲜明而美丽。“鲜艳”的使用对象通常要求是具象的事物，如“鲜艳的旗帜”“鲜艳的花朵”。句中的“鲜艳”和“温暖”“积极”并列，共同对“倾向”作出修饰。但是，“倾向”是一个抽象概念，“温暖”和“积极”可以对它产生修饰作用，“鲜艳”却不具备这种功能，使用在句中不合适。

可以把“成熟”改为“成功”，把“实现”改为“开拓”，即把“成熟实现”改为“成功开拓”。“成功”作形容词用时指事情和结果令人满意，可以修饰动词，“开拓”意为开辟，扩展，它可以对句中的“路径”产生支配作用。“鲜艳”则可以改为“明朗”或“开朗”。“明朗”和“开朗”在这里都是指乐观畅快，不阴郁低沉，用于修饰句中的“倾向”是合适的。

成形 chéngxíng

2020 年 5 月 7 日《北京晚报》第 18 版刊登报道《〈清平乐〉播出过半评价“跳水”》。其中有一句话是：“《清平乐》从开篇起，使用缓慢的节奏，挑战观众**成形**的**紧凑高潮**的收视习惯。”句中“成形”“紧凑”和“高潮”三个词使用不妥。

先看“成形”。“成形”的意思比较丰富，可以指动植物或其他事物长成或呈现出应有的正常形状，如“胚胎成形”“麦穗成形”“新建房屋已成形”；又指事物形成某种清晰的状态，如“规划成形”。由其词义可知，“成形”的指向对象可分为具象性的和抽象性的两种事物，但当其指向对象为抽象性事物时，一般要求是由人操作的事物，如规划、制度、设想等。句中“成形”的使用对象是“习惯”，这是一个抽象概念，但“习惯”是人们长时间共同遵守逐渐形成的一种社会现象，这种人们的共同遵守与人的操作不是一回事，前者是在下意识状态下的行为，后者是在明确意识支配下的行为，因此用“成形”来修饰“习惯”是不妥当的。

再看“紧凑”。“紧凑”的使用对象通常是由人安排的活动或由人编写的作品等，如“会议日程紧凑”“这部电视剧结构紧凑”。句中的“紧凑”修饰的对象是“习惯”，但“习惯”是一种社会现象，“紧凑”对其不能产生修饰作用，两者不能搭配。

再看“高潮”。“高潮”的本义是指潮水涨落的一个周期内水面上升的最高潮位，比喻事物高度发展的阶段，又比喻戏剧、影视等情节发展中矛盾冲突尖锐、紧张，能够强烈吸引观众的部分。句中的“高潮”用的是最后一个意思，但“高潮”是一个名词，句中它和形容词“紧凑”并列，共同对“习惯”产生修饰作用，这是把名词“高潮”当形容词来用了，不合其使用要求。

就修改来说，“成形”可以改为“成熟”或“定型”，这两个词修饰“习惯”是可以的。但是，当“成熟”和“定型”用于修饰“习惯”的时候，一般只用于介绍“习惯”的起源和发展过程，而句中作者要表达的意思是“习惯”难以改变，因此把“成形”改为“难以改变”之类的话语更合适。

对于“紧凑”和“高潮”的修改，前者需要补出它真正的使用对象，后者需要补出“高潮”的描写语，让这两个词摆脱和“习惯”的结构联系。可考虑在“紧凑”前加“剧情”之类的词，在“高潮”后加“迭起”之类的词，形成“剧情紧凑”“高潮迭起”这两个主谓结构的描写性短语。但这样修改以后“剧情紧凑、高潮迭起”与“收视习惯”的搭配仍很牵强，还需要在它前面加上“要求”“喜欢”之类的词。

这样综合起来，就是把“挑战观众成形的紧凑高潮的收视习惯”改为“挑战观众难以改变的要求（喜欢）剧情紧凑、高潮迭起的收视习惯”。

持重 chízhòng

（一）

2020 年 1 月 5 日《新京报》第 2 版刊登文章《定点清除伊朗名将，特朗普为何此时动手?》。文中有一句话写道：“苏莱曼尼事件发生在 2020 年开年，也预示着，外部因素极可能会在 2020 年美国大选当中发挥比以往更加**持重**的作用，也值得更多关注。”句中的“持重”一词使用有误。

“持重”的意思是谨慎，稳重，不浮躁。“持重”一般用来形容人的性格脾气，如“老成持重”。句中说的是具有重大的意义、作用和影响，“持重”的词义与作者要表达的意思不能切合。

可以把“持重”改为“重要”之类的词。

（二）

见第 183 页“撒手”条。

冲动 chōngdòng

2020 年 8 月 30 日《大众日报》第 6 版刊登文章《寻找“娘花”》。文中写道：“为了两个同村的聋哑小女孩不被他人瞧不起，她爱心**冲动**，1992 年 9 月起，在家里办学……”句中的“冲动”一词使用有误。

“冲动”的意思主要是指情感特别强烈，不能理智地控制自己的行为，如“他一时冲动，说了过头话”。另外，在文艺创作这个领域内，“冲动”还可以指能引起某种行为的神经兴奋，如“创作冲动”。句中说的情况并非文艺创作，“冲动”用的是前一个意思。“冲动”在这样用的时候，含有贬义，对其使用对象通常持有批评之意。句中“冲动”的使用对象是“爱心”，而“爱心”是一个受到肯定的事物，同时从引语所出全文可以看出，作者对“爱心”的所有者“她”抱的是褒扬的态度，因此，“冲动”的使用与作者所要表达的情感不能切合。

可以把“冲动”改为“萌动”或“涌动”。“萌动”可以指某种情感开始产生，“涌动”可以指某种情感像洪流一样奔涌而出，它们都能和句中的“爱心”搭配，适合句中语境。当然，这两个词表现的力度有轻重之别，作者可根据自己的需要选择使用。

冲决 chōngjué

2020年6月9日《人民日报》第20版刊登文章《杨家沟巨变》。文中写道：“黄土高原是中华民族的历史见证。漫长的时光流淌过这片土地，**冲决**出纵横交错的千沟万壑，刻下道道文明的足迹，给记忆留下层层年轮。”文中的“冲决”一词使用有误。

“冲决”的意思是水流冲击使毁坏，可比喻突破某种束缚。句中用的是本义，本义的“冲决”，其指向对象通常是堤坝、房屋、桥梁等人工建筑，因此“冲决”是一种破坏性的自然运动，这个运动所导致的结果往往是留下满目疮痍。文中的“冲决”，说的是在完成这一自然运动后形成“纵横交错的千沟万壑”，但这种结果应该是自然界长期运动（包括水流的反复冲击）形成的，而“冲决”通常是一次性的自然运动，它的结果只是毁坏支配对象，因此这个词在引语的语境中不适合使用。

可以把“冲决”改为“冲刷”。“冲刷”的意思是水流冲击，渐渐使土壤流失，岩石裸露剥蚀，在这种自然运动作用下，可能会形成“纵横交错的千沟万壑”。因此，“冲刷”的词义合于引语的语境，可以使用。

重新 chóngxīn

（一）

2020年5月24日《广州日报》第8版刊登报道《〈还是钟南山〉新书首发》。其中有这样一段文字：“2003年5月，经济日报出版社与媒体人秦朔共同策划出版《勇敢战士：钟南山传奇》；17年后的今天，中共广州市委宣传部、经济日报出版社、秦朔联合策划，将《勇敢战士：钟南山传奇》**重新**修订，并改名为《还是钟南山》再次**发布**。”这段文字中的“重新”和“发布”两个词使用有误。

先看“重新”。“重新”的意思是把以前做过的事再做一次。“重新”的基本用途是修饰动词，而使用“重新”的前提条件是，由“重新”所修饰的动词，在这一动作实施之前已经由同一行为主体或另外的行为主体做过，如

“这件毛衣要拆掉重新织”，就意味着“织”这个动作在先前已经有过。引语中的“重新”，修饰的动词是“修订”，但从所引整段文字可以看出，“修订”这一动作在此之前并未有过，“2003 年 5 月”，行为主体所做的是“策划出版”，“17 年后的今天”，行为主体再一次做的事还应该是“策划出版”，至于“修订”则是第一次从事，因此“重新”一词不能使用。

再看“发布”。“发布”的意思是对外宣布。“发布”在使用中有两个要求，一是其行为主体一般应是握有强制权力的政府机构等，以保证其“发布”内容让接受者执行或让接受者知晓。二是其指向对象通常是命令、指示等，要求其接受者必须执行。在现代社会，政府部门也可以发布新闻，内容一般是要求让社会公众知晓的权威信息。

句中的“发布”，其行为主体有三个，即“中共广州市委宣传部”“经济日报出版社”和“秦朔”，其中“中共广州市委宣传部”是公权力机构，“经济日报出版社”是商业机构，“秦朔”是自然人，而当具有公权力性质的“中共广州市委宣传部”与商业机构和自然人从事“联合策划”这样一件事的时候，就表明至少在这一件事上它并不是以公权力机构的身份出现的，按常情来说它不会利用其公权力强制要求接受者必须知晓“《还是钟南山》”这本书，那么，“发布”在文中的使用就不符合其对行为主体的要求。“发布”的指向对象“《还是钟南山》”是一本由在这本书上不行使其权力的公权力机构和商业机构、自然人“联合策划”的图书，它不是接受者必须执行的命令、指示，也不是社会公众必须知晓的权威新闻，因此“发布”的使用是不合适的。

修改“重新”，本来删去即可，但由于含有“重新”的这个句子是个“把”（“将”）字句，删去“重新”后句子成了“将《勇敢战士：钟南山传奇》修订”，不符合语言习惯（“把”字句的动词不能单独使用，通常要在动词前面或后面加上修饰语，这正是原句“修订”前使用“重新”的一个原因，只是这个“重新”使用得不合适），因此可用“加以”替换“重新”，或者改变句式，把这句话改为“修订《勇敢战士：钟南山传奇》”（消除了“把”字句的形式，动词因为带上了宾语，可以不用修饰语）。对“发布”来说，改为“发行”即可。“发行”意为对外发出货币、证券或书刊、电影等，符合文中语境。

（二）

2021 年 2 月 22 日《今晚报》第 12 版刊登文章《难忘的东亚电影院》。文中有一段文字写道：“东亚电影院建成于解放前，是天津早期的电影院之一；解放后**重新**进行了**修理**，它的最大特点就是木质楼梯和地板，观众在里面走动就‘咯吱吱’地响。”这段文字中的“重新”和“修理”两个词使用有误。

先看“重新”。“重新”在句中修饰动词“修理”（“修理”的使用也不准确，下文另有分析，这里为叙述方便姑且沿用），这意味着“修理”这一活动在此之前已经有过，但在这段文字乃至引语所出的整篇文章中未有这样的叙述，这就使“重新”的使用失去了理据。

再看“修理”。“修理”意为把损坏的东西恢复到原来的形状或功能。“修理”的指向对象一般应是各种工具、器具等，句中“修理”的指向对象是“电影院”，而“电影院”是一种建筑物，“修理”一般不能对它产生支配作用。

一般地说，可以把“重新”删去，而“修理”则应改为“修缮”或“修葺”。“修缮”“修葺”意同修理，这两个词的指向对象都是房屋，用在句中正合适。但就这段文字来说，修改不应到此为止。这段文字说的是“解放后”的事情，而“解放后”至今已有70多年的历史，从常情来说，在这么漫长的时间里，一座“电影院”应该有过多次“修缮”（“修葺”），如果情况确实是这样，只是删去“重新”就过于简单化，更合适的是把“重新”改为“多次”“几次”之类的词语。

（三）

2020年12月3日《北京晚报》第18版刊登文章《感动人的〈一秒钟〉没能感动票房》。文中写道：“《一秒钟》取材于作家严歌苓小说《陆犯焉识》中陆焉识从劳改农场逃出来去看女儿纪录片的片段。张艺谋导演和编剧邹静之在此基础上**重新扩张**了这个细节，这才有了现在的故事。”这段文字中的“重新”和“扩张”两个词使用有误。

先看“重新”。文中的“重新”用于修饰动词“扩张”（这个词的使用也有错误，这里为叙述方便姑且沿用），但对于其行为主体“张艺谋导演和编剧邹静之”来说，他们在此之前并没有对“这个细节”有过“扩张”，对他们来说，句中所说“扩张”还是第一次从事，因此，“重新”的使用是不符合事实的。

再看“扩张”。“扩张”的意思是扩大。文中“扩张”的使用对象是“这个细节”，实际上是对“这个细节”增加内容，这个意思不能说成“扩张”。

可以删去“重新”。对“扩张”的修改，需要分两种情况。如果“这个细节”在“片段”中是已经有的但描写比较简单，可以把“扩张”改为“扩写”或“丰富”。如果“这个细节”在“片段”中是没有的，则可以把“扩张”改为“增加”。

【另按】

《现汉》对“重新”的注释过于烦琐。《现汉》对“重新”的释文是：“副①再一次：～抄写一遍｜他～来到战斗过的地方。②表示从头另行开始（变更方式或内容）：～部署｜～做人。”《现汉》为“重新”分出了两个义项，但义项②与义项①并没有本质的区别，以其举的两个书证“重新部署”“重新做人”来说，无论是“部署”还是“做人”，行为主体在此之前都已做过，“重新”在这里就是再一次的意思，与义项①是一样的。至于“部署”和“做人”是否要“从头另行开始”（包括“变更方式或内容”），这已超出了

“重新”这个词的内容。实际上对义项①的两个书证“重新抄写一遍”和“他重新来到战斗过的地方”来说，行为主体在从事“抄写”和“来到”的动作的时候，也可能是需要“从头另行开始”（包括“变更方式或内容”）的。但这些内容因为都超出了“重新”的词义涵盖，词典在为“重新”编纂释义的时候是不必考虑的。因此，《现汉》为“重新”所立的两个义项可以归并成一个。

抽丝剥茧 chōusī-bōjiǎn

2020年11月10日《北京日报》第16版刊登文章《脑洞双开莫扎特》。文中有这样一个句子：“高亢的花腔旋律已耗尽了他的元气，正**抽丝剥茧**地脱离他的肉体。”句中的“抽丝剥茧”使用有误。另外，这个句子在结构上也存在问题。

“抽丝剥茧”的意思是像缫丝时剥开蚕茧抽丝那样钻研学问或分析问题。在缫丝工艺中，剥开蚕茧是一层层地剥，抽丝则是一根根地抽，因此，以“抽丝剥茧”来比喻钻研学问和分析问题时层层剥开、层层推进的状态，形容一种极为认真的作风，能够收到比较形象的效果。除了在缫丝工艺中可以用其本义之外，“抽丝剥茧”在更多的场合用的大都是它的比喻义，这个比喻义通常只用于钻研学问、解决问题的场合。句中用“抽丝剥茧”来比喻使用对象（句中为“他的元气”）从人的身体上“脱离”的状态，但这不合其比喻义，不能适用。

可以把“抽丝剥茧”改为“如抽丝一般”之类的话语。这里的“抽丝”可以比喻物质从其母体中逐渐脱离的状态。

但是，对这个句子来说，仅仅作这样的修改还是不够的，句中“脱离他的肉体”的主语是“他的元气”，但句子承前的主语只能是“高亢的花腔旋律”，两者不能搭配，而“他的元气”在前一分句的宾语位置，不能作后一分句的主语。因此，需要为后一分句补出它的主语，比如改为“那些元气如抽丝一般地离开了他的肉体”。

出版 chūbǎn

2020年12月5日《光明日报》第9版刊登文章《一代文化人的心灵史》。文中有句话写道：“为什么范先生那么热心**出版**朱枫烈士的事迹？”这个句子中的“出版”一词使用不妥。

“出版”指的是把书刊、图画、音像制品等编印或制作出来。“出版”的指向对象一般限于图书、期刊、单张的画页（多页的画集是图书）以及音像制品等出版物，句中“出版”的指向对象是“事迹”，但这不属于出版物，“出版”不能适用。

这个句子的问题在于“出版”和“事迹”不能搭配，需要补上“出版”

真正的指向对象。从引语所出全文可知，句中的“范先生”在一家出版机构工作，他曾经主持出版过介绍“朱枫烈士的事迹”的图书，因此，可以把“热心出版朱枫烈士的事迹”改为“热心出版介绍朱枫烈士事迹的图书”，或者改为“热心出版图书介绍朱枫烈士的事迹”。

出没 chūmò

2020年4月21日《广州日报》第16版刊登文章《当菌菇香遇上清远鸡》。文中有一个句子写道：“在我国，一般是每年的10月末到11月初，黑松露就**出没**了，到了11月底，也就差不多过了收获期。”句中的“出没”一词使用有误。

“出没”的意思是出现和隐藏。这个词的意思分两层，即出现和隐藏。“出没”的行为主体必须是人（包括可以由人操纵的交通工具等设施）和一些有行动能力的动物，因为只有这些主体才能完成出现和隐藏这两个行为。句中的“黑松露”是一种菌菇植物，按照自然规律，这类主体在出现以后，没有能力把自己隐藏起来不让人发现。也就是说，它可以自主出现，却不能自主完成隐藏。因此，“出没”在句中不能适用。

一般地说，把“出没”改为“出现”就可以了。当然，也可以按照人们平常的用语习惯，把“出没”改为“成熟”“可以采摘”之类的话语。

出生 chūshēng

（一）

2020年12月20日《羊城晚报》第7版刊登文章《物像就是真理》。文中写道：“摄影从一**出生**起就努力在为其艺术地位而奋斗。”句中“出生”一词使用有误。

“出生”指的是胎儿从母体中分离出来。“出生”的行为主体通常应是人以及各种有生命体的动物。句中“出生”的行为主体“摄影”是无生命体的事物，“出生”不能适用。

可以把“出生”改为“出现”。

（二）

2020年4月8日《文汇报》第10版刊登文章《这样的新人与这般的温暖》。文中有这样一段文字：“美顺与长生是作品的男女主角儿，前者**出生**贫寒，后者家境虽尚优但自身却轻度智障，正因其这种反差形成的畸形需求使得他们走到一块儿而形成一个新的家庭结构。这种结构很容易使人误以为即将上演的不过只是一部因**异化**而导致的家庭悲剧。然而，**卒读**作品的感受一定会使这种先入之见大跌眼镜。”文中有三个词在使用上存在不妥之处，它们分别是“出生”“异化”和“卒读”。

先看“出生”。“出生”指的是胎儿从母体中分离出来。文中说的是作为一个人的行为主体"前者"（即"美顺"）在其生命早期所处的家庭以及社会的环境，"出生"的词义与作者要表达的这个意思不能切合。

再看"异化"。"异化"本是一个哲学专科词，指的是在与跟自己对立、支配自己的东西的博弈中，自己的素质或力量逐渐转化为与对方相似或相同的东西，引申后通常可指相似或相同的事物逐渐变得不相似或不相同。"异化"说的是行为主体自身出现的变化，文中说的是"美顺"和"长生"这两个人在比较中出现的不同之处，"异化"的词义与这个意思不合。

再看"卒读"。"卒读"的意思是读完整篇文章或整部书。"卒读"在使用中通常只能用于否定的句式，如"难以卒读""不堪卒读"，表示对阅读对象的不满意。文中的"卒读"用在肯定的句式中，这不合这个词的使用习惯。

"出生"要改为"出身"，"异化"要改为"差异"，"卒读"则可改为"读完"或"读罢"之类的话语。

初心 chūxīn

见第 138 页"屡试不爽"条。

触及 chùjí

（一）

2020 年 9 月 12 日《北京晚报》第 10 版刊登文章《剧院如何携手度过眼前危机》。文中有这样一句话："为了尽可能地**触及**观众，我们放弃了许多**付费**的内容，但它们其实都是心血的产物。"这个句子中的"触及"和"付费"两个词使用有误。

先看"触及"。"触及"的意思是触动到，接触到。句中"触及"的行为主体"我们"所采取的"放弃了许多付费的内容"（其中"付费"的使用有误，这里为叙述方便姑且沿用），并不是为了触动到、接触到"观众"，而是为了把"观众"引过来，"触及"的词义与此不合。

再看"付费"。"付费"的意思是在消费活动中付出相应费用。"付费"的行为主体应该是消费者（在这个句子的语境中是"观众"），但在这个句子中，"付费"的行为主体是"我们"，而"我们"是"心血的产物"（从引语所出全文可知这指的是"我们"创作演出的文艺作品）的提供者，也就是消费品的生产者，从常理来说，"我们"不能成为"付费"的行为主体，而应是相关费用的收取者，"付费"的使用不合作者要表达的意思。

应该把"触及"改为"吸引"之类的词，把"付费"改为"收费"。

（二）

2020 年 12 月 7 日《北京日报》第 11 版刊登报道《让边远地区对芭蕾不再遥不可及》。文中写道："在剧场中表演时，一般要铺上专门的地胶来保护肢体，但'文化进万家'活动**触及**的地方，往往不具备这样的条件，露天表演时，演员脚下踩的就是临时搭起的简易舞台。”句中的“触及”一词使用有误。

“触及”的指向对象一般应是抽象概念，如“触及问题”“触及灵魂”。句中“触及”的指向对象“地方”指的是某一个地域，这是一个具象的概念，“触及”不能适用。

应该把“触及”改为“到达”。

（三）

2021年2月24日《文汇报》第9版刊登文章《〈你好，李焕英〉：家庭相册还是拼盘小品》。文中有个句子写道：“这部影片**触及**到儒家伦理，孝道文化中植根最深的部分，也正是影片可能引起观众民族情绪‘共振’的主要原因吧。”句中的“触及”一词使用有误。

“触及”的构词是由“触”和“及”两个词素完成，其中的“触”表示触动、接触的动作，“及”表示动作的结果。句中的“触及”，其后用上了“到”，它的意思也是表示行为结果，这与“及”产生了语意重复。

应该把“触及”后的“到”删去。

穿戴 chuāndài

2021年12月7日《新民晚报》第20版刊登文章《冯增荣和〈生之痕〉》。文中有一个句子写道：“他不服罪拒绝**穿戴**犯人**服饰**，但在工位上却仍然拼命劳作而成为劳改队生产骨干……”句中的“穿戴”和“服饰”两个词使用有误。

先看“穿戴”。“穿戴”的意思是穿衣和佩戴首饰，泛指打扮。“穿戴”是人的一种日常行为，具体可分为两种情况，一种是按自己的兴趣和意愿打扮自己，一种是在履行职务时按规定着装和佩戴相关标志。句中“穿戴”的行为主体“他”是一个“犯人”，在通常情况下是被法律剥夺了某种自由权利的人，不可能按自己的兴趣和意愿进行打扮，“犯人”即使需要穿规定服装，但佩戴首饰是不可能的，因此“穿戴”在句中是不能适用的。

再看“服饰”。“服饰”指的是衣着和装饰。“服饰”中的“饰”指的是饰品，和服装搭配的基本是首饰，佩戴于人身上以提高美观度。句中的“服饰”，其使用对象“他”是一个“犯人”，正在服刑中的“犯人”，虽然仍要穿衣，但已经没有权利佩戴饰物，即使按规定需要佩戴证明其“犯人”身份的标志物，但由于佩戴这种标志物并非为提高他们的美观度，因此不能称为饰物。由此可见，“服饰”在句中是不能适用的。

可以把“穿戴”改为“穿”，把“服饰”改为“服装”。

传统 chuántǒng

（一）

2020年12月25日《解放日报》第11版刊登报道《特朗普又动用特赦

权》。文中有一句话写道："特朗普周二的举动进一步巩固了他行使广泛权力'造福'政治盟友的**传统**。"句中的"传统"一词使用不妥。

"传统"是个兼类词，作名词用时，形容世代相传、具有特点的社会因素，这个意义的"传统"，其使用对象通常应是抽象概念，如"文化传统""艰苦朴素是优良传统"；作形容词用时，形容世代相传或相沿已久并具有特点的事物，这个意义的"传统"，其使用对象可以是具象的事物，一般都有长久的历史，如"传统戏剧"。"传统"的这两个意思有一个共同点，即不管使用对象是抽象的还是具象的，都要求有世代相传的特点，也就是说要经历几个世代。句中的"传统"，指的是"行使广泛权力'造福'政治盟友"的做法，但从句中的语境来看，这个做法只是行为主体"他"（即"特朗普"）本人的做法，而不是"他"承袭了前人所创并相沿成习的做法，因此"传统"不适用。

另外要注意的是，说一个人具有某种"传统"，除了要注意这个"传统"不能来自这个人自身，还要注意这个词具有一定的正面性，意味着作者对行为主体的肯定。但从引语所出全文可知，作者对"行使广泛权力'造福'政治盟友"的做法并没有表示出肯定的态度。在这种情况下，"传统"的使用也是不合适的。

可以把"传统"改为"惯例"之类的词。"惯例"有一个意思是一向的做法。与"传统"不一样的是，说一个人具有某种"惯例"，这个"传统"可以来自他人，也可来自这个人自身，因此与句中语境是切合的。

（二）

见第 73 页"沟通"条。

此次 cǐcì

见第 25 页"查看"条。

从长计议 cóngcháng-jìyì

2020 年 8 月 14 日《新民晚报》第 19 版刊登文章《让匆忙变得缓慢》。文中写道："苏东坡常常苦恼于无法长时间经营一间居所、一项事业，不得不努力地适应马不停蹄的生活，**从长计议**。"文中"从长计议"的使用有误。

"从长计议"的意思是慢慢地多加商量，不必急忙作出决定，也可以指从长远考虑问题。句中在"不得不努力地适应马不停蹄的生活"一语后使用"从长计议"，显得很突兀，语意不能承接。

"从长计议"的误用，说明作者或者是对这个成语的意思不了解，把它当成和"不得不努力地适应马不停蹄的生活"一个意思的话来用了；或者是虽然知道"从长计议"的意思，但由于句中缺少能够表示与前文意思转折的相关内容的铺垫，导致语意出现断裂。

对“从长计议”误用的修改，要在了解作者原意的条件下才能进行。如果作者要承接“不得不努力地适应马不停蹄的生活”的意思，用一个简单的短语来作全句的煞尾，可以考虑把“从长计议”改为“删繁就简”“因陋就简”之类的话语；如果作者要表达的是与“不得不努力地适应马不停蹄的生活”有转折的意思，那就要在“从长计议”之前加上合适的话语，如把“从长计议”改为“一些不着急办的事情只能从长计议”之类的话语，使上下文能够承接。

当然，这两种修改只是根据可能的情况作出的，其目的只是保证文本语意的通顺。如果有除此以外的其他情况，还可以作出更切合作者原意的修改。

璀璨 cuǐcàn

2020年10月19日《新华日报》第16版刊登一篇报道，标题为“‘文艺之光’**璀璨**‘城市中心’”。这个标题中的“璀璨”一词使用有误。

“璀璨”意为光亮鲜明。“璀璨”可以用来形容珠玉等物品，如“璀璨夺目”“璀璨的明珠”，但“璀璨”是一个形容词，在使用中不能带宾语。这个句子是一个标准的“主谓宾”式句型，“文艺之光”为主语，“璀璨”为谓语中心词，“城市中心”为宾语，在这个结构中，“璀璨”既有行为主体“文艺之光”，也有指向对象“城市中心”，这是把“璀璨”这个形容词当作动词来用了，不合其使用要求。

可以把形容词“璀璨”改为“点亮”“扮靓”之类的动词。也可以保留“璀璨”，但需要在它的前面加上“点亮”“扮靓”这些词。按后一种改法，句子仍是一个“主谓宾”句型，但担任谓语中心词的已是“点亮”“扮靓”这类动词，而“璀璨”则成为“城市中心”的修饰语，这符合它作为形容词的使用要求。

错落有致 cuòluò-yǒuzhì

2020年4月26日《文汇报》第8版刊登文章《冬春之交的绿色》。文中写道：“有几年，这里的店铺不断改变。顾客用脚选择，商人用手发牌。每年总有三两家最后留下了。过了七八年，终于**错落有致**地**满足**了本地区不同国籍的食客。”这段文字中的“错落有致”和“满足”两个词语使用有误。

先看“错落有致”。“错落有致”的意思是看上去交错杂乱，却富有情趣。“错落有致”通常用于描写事物的状态，包括静止的状态和运动的状态，如“错落有致的街道”“舞蹈家手里的红绸被舞动得错落有致，十分好看”。但不管所描写的对象是静止的还是运动的，它都应该是具象的而不能是抽象的。文中的“错落有致”形容的是“满足了本地区不同国籍的食客”（这句话动宾搭配不当，下文另议）的状态，但这种状态不能为肉眼所见，带有抽象性质，因此“错落有致”是不适合使用的。

再看“满足”。“满足”意为感到已经足够了；使满足。其指向对象一般只能是愿望、需求、期待等与祈愿之类相关的事物，而不能是人（在人物对话中可以有“满足我”“满足你”之类的说法，但仅限于这类短句，而且指向对象通常限于人称代词）。文中的“满足”，其宾语为“本地区不同国籍的食客”，这不符合“满足”的表达习惯。

在修改时，要看到文中的“错落有致”，实际上说的是“这里的店铺”的分布状态，但它被安排在修饰“满足……”的位置上，这是不适当的。同时，“满足”的指向对象应该是“食客的需求”而不是“食客”。综上，可以把“过了七八年，终于错落有致地满足了本地区不同国籍的食客”改为“过了七八年，这里的店铺终于形成了错落有致的格局，满足了本地区不同国籍食客的需求”。

D

打破 dǎpò

2020 年 9 月 25 日《解放日报》第 2 版刊登一篇文章，标题为“三个小区的围墙，为何能被**打破**”。其中的“打破”一词使用有误。

“打破”的本义是指击打物品使其破裂或从高处摔下而破裂，如“打破坛坛罐罐”；引申后指突破原有的局面或拘束、限制等，如“打破沉闷空气”“打破清规戒律”。“打破”的这两个词义，对指向对象有不同的要求，本义的“打破”，其指向对象要求具有具象性，引申义的“打破”，其指向对象则要求具有抽象性。句中的“打破”，其指向对象“围墙”是一种具有具象性的事物，只能按其本义来理解，但对于“围墙”这样的事物，如果要让它不再存在，按常理来说，人们惯常使用的方法是将其破解开来，而不是对其进行击打（在拆除围墙的过程中会有击打动作出现，但那是整个拆除过程中的局部动作，击打的对象是围墙上的一个构件而不是整个围墙）。因此，“打破”的使用不合实际。

应该把“打破”改为“拆除”。“围墙”是一种建筑物，如果要让它不再存在，习惯用的支配词语是“拆除”或“拆毁”，只是前者有正当性而后者有不正当性，从引语所出全文来看，句中的“围墙”被认为是一种负面性事物，让其不再存在的行动具有正当性，因此适用的词是“拆除”。

【另按】

《现汉》对“打破”的释义存在义项缺漏。《现汉》对“打破”的释文是：“突破原有的限制、拘束等：～常规｜～纪录｜～情面｜～沉默。”这个释文只给出了“打破”的引申义，未给出“打破”的本义，这使得“打破”的词义未能完整揭示。造成这种情况的原因也许有两个方面：一是认为本义的“打破”人人都懂，见词明义，词典可以不必提供解释；二是认为本义的“打破”并不是词，而是由动词“打”和形容词“破”组合的短语，词典可以不必考虑。

但这两个理由都是站不住脚的，所谓见词明义是编者的主观想象，事实上词典的使用者对词义的认识不可能整齐划一，因此词典在收词和释义时不应该把使用者是否明白词义作为是否收录的一个标准，否则词典编纂将难以展开。而如果认为本义的“打破”是短语而词典可以不收，那么由这个本义衍生的引申义也不能收进词典，因为它们在构词上是完全一样的。

事实上，《现汉》对类似的词在处理上并没有做到一致。比如“打开”，它同样具有本义（指揭开、拉开、解开之类的动作，如“打开包袱”“打开书”）和引申义（指使停滞的局面发展，使狭小的范围扩大，如“打开思路”

“打开工作局面”)，《现汉》对“打开”的释义给出了这两方面的词义，使得“打开”的词义得到了比较全面的揭示。遗憾的是，《现汉》未能将这种标准一以贯之，而是显得比较随意，以致对“打破”的释义出现缺漏。

大大 dàdà

2020 年 12 月 14 日《南方都市报》第 4 版刊登报道《跑者盛宴》。文中有这样一个句子：“赛事健康保障团队早有准备，除配备了大量的按摩、松解设备外，各大赛事赞助企业也将展示区布置成了**大大**的专业按摩区。”句中的“大大”一词使用有误。

“大大”是一个副词，通常用来强调事物的数量很大或程度很深等，其使用对象要求具有抽象性，在表现形式上通常与动词或动词性短语搭配，如“大大超过”“大大降低”。句中的“大大”，用于修饰“专业按摩区”，但“专业按摩区”具有具象性，它又是一个名词性短语，“大大”不能适用。

可以把“大大”改为“很大”。“很大”是一个由副词“很”修饰形容词“大”构成的形容词性短语，用来修饰名词性短语“专业按摩区”是合适的。

大相径庭 dàxiāng-jìngtíng

2021 年 5 月 27 日《新华日报》第 16 版刊登文章《我的录取通知书》。文中有一句话写道：“如果我被省外贸学校或其他什么学校录取，那我走的路会是**大相径庭。”**这个句子中的“大相径庭”使用有误。

“大相径庭”指的是彼此相差很远或矛盾很大。“大相径庭”说的是两个或多个不同使用对象的差别，因此它的使用主体必须是两个或两个以上，只有在这样的条件下才能通过比较显示出不同使用主体之间的差别。句中“大相径庭”的使用主体是“我走的路”，但这只是一个方面，“大相径庭”缺少与之比较的另一方面，不合使用。

需要注意的是，句中说的“我走的路”，是在“如果我被省外贸学校或其他什么学校录取”的基础上形成的路，因此实际上是一条想象中的路，是假设的路，或者干脆点说是一条不存在的路，那么，与之可以比较的就是一条现实中实际存在的路，一条作者已经走过的路。因此，要使用“大相径庭”，就需要让这条现实中的路在句中以适当形式得到反映，给“大相径庭”提供可以比较的平台。

可以把“那我走的路会是大相径庭”改为“那我走的路和现在相比会是大相径庭”。这样改了以后，“大相径庭”的使用主体就是“我走的路”（不存在的）和“现在”（存在的）两个方面，这两者可以进行比较。

代际 dàijì

（一）

见第 231 页“相貌”条。

（二）

2020 年 8 月 9 日《光明日报》第 10 版刊登文章《呈现新时代的江南叙事》。文中写道：“参加本次展览的艺术家大多来自上海，年龄不同，‘出身’各异，仔细划分，分属不同的**代际**。”句中“代际”的使用有误。

“代际”形容两代人之间的。句中说的是“参加本次展览的艺术家”因为“年龄不同”而分属于不同的历史时期，作者是把“代际”作为表示某一个时间段的意思来使用了，这不合“代际”的词义。

可以把“代际”改为“年代”或“时代”“时期”。

（三）

2021 年 2 月 18 日《羊城晚报》第 7 版刊登文章《五代老广寻味春节美食记忆》。文中有这样一段文字：“在广州，这份对传统美食的回忆，会随着**代际**变化而不同吗？从 60 后到 00 后，不同**代际**是如何回忆他们心目中过年传统美食的故事？”这段文字用到了两个“代际”，它们的使用出现了不一样的错误。

从引语所出文章的标题可以得知，这篇文章按照公元纪年法中对“年代”的定义（即从“……0”到“……9”的十年），把“老广”分成了“五代”，其中的每一代指的就是某一个十年的时间段中出生的人。这应该是可以的，但是这段文字分别用“代际”来指某一个相应的十年时间段和这个时间段中出生的人，这都不合“代际”的词义。

应该把第一个“代际”改为“年代”，把第二个“代际”改为“年代的人”。

担当 dāndāng

（一）

见第 131 页“礼敬”条。

（二）

2021 年 9 月 8 日《解放日报》第 1 版刊登一篇报道，题目是“打造一支忠诚干净**担当**的政法铁军”。这个句子中的“担当”一词使用有误。

“担当”是一个兼类词，作动词用时指接受并负起责任，如“担当重任”“勇于担当”；作名词用时指接受并负起责任的意志，如“有担当”“没有担当”。句中的“担当”，与“忠诚”“干净”并列，一起作了“政法铁军”的修饰语，但是，“忠诚”“干净”都是形容词，可以作“政法铁军”的修饰语，而“担当”因为没有形容词的性状，不能作“政法铁军”的修饰语。句中是把“担当”当作形容词来用了，这不合其使用要求。

应该在“担当”前加上“有”，让“有担当”修饰“政法铁军”，句子就可以读得通了。“有担当”是动词“有”和名词“担当”组合成的动宾短语，它具有对事物的描写作用，相当于一个形容词，可以和“忠诚”“干净”并列，一起作“政法铁军”的修饰语。

（三）

2022 年 2 月 1 日《新民晚报》第 13 版刊登文章《为〈特战行动〉点赞》。文中有一个句子写道：“高伟光、胡冰卿等年轻主演**担当**而有激情，在戏里的各种军事动作，一招一式很有样子。”句中的“担当”一词使用有误。

“担当”在这个句子中和“有激情”并列，作“年轻主演”的谓语。但是，其中“有激情”是动宾结构，相当于一个形容词，可以和“年轻主演”搭配，而“担当”在这里是一个名词，它不能和“年轻主演”搭配，属使用不当。

值得注意的是，句中的“激情”本也是一个名词，作者知道它不能作“年轻主演”的谓语，故而在它前面加上动词“有”，组成一个相当于形容词的动宾短语，使其能够和“年轻主演”搭配。但是，“担当”和“激情”具有一样的性质，作者却没有这样处理，导致其出现使用错误。可见作者是把“担当”错当成形容词来使用了，但这不合其使用要求。

明白了错误所在，修改这个句子也就容易了，可以把“担当而有激情”改为“有担当、有激情”之类的话语。“有担当”作为一个动宾短语，可以和“年轻主演”搭配。

当然，“担当”是个兼类词，除了作名词用，它还可以作动词用。作者也可能是把“担当”作为动词来使用，认为它可以和“年轻主演”搭配。但是在该句的语境中，“年轻主演”需要的是形容词性质的谓语，“担当”作为动词也不能和“年轻主演”搭配，同时它和动宾短语“有激情”也不宜并列。

【另按】

《现汉》对“担当”的解释只给出了它的动词义，没有给出它的名词义，这是一种义项缺漏。实际上，“有担当”和“没有担当”这样的说法已经常见，“担当”的名词义已经固化，而不再是写作者的一种临时用法，《现汉》应该补上这个义项。

诞生 dànshēng

2020 年 1 月 23 日《文汇报》第 9 版刊登文章《该“改造”的不是女性外貌，而是对“女性美”的狭隘认知》。文中有一个句子写道：“节目中的几位女性因素颜、衣着简朴、身材不完美，遭到明星嘉宾的调侃，甚至**诞生**‘是女人就得化妆’这样的极端言论。”句中的“诞生”一词使用有误。

“诞生”的本义是人出生，引申后可指某种事物出现在世间。句中用的是“诞生”的引申义。“诞生”引申义的使用对象通常应是美好的、为作者所认可的事物。句中“诞生”的使用对象是“极端言论”，而“极端言论”在汉语使用环境中具有负面色彩，在句中表明作者对此是持否定态度的，“诞生”与作者的这种情感倾向不一致，因此不能适用。

可以把“诞生”改为“产生”或“出现”。与“诞生”具有浓厚的情感色彩相比，“产生”和“出现”的情感色彩很淡薄，既可用于作者肯定的事物，也可用于作者否定的事物，因此适用于这个句子。

【另按】

《现汉》对“诞生”的释文值得商榷。《现汉》释文是：“动（人）出生：他～在兵荒马乱的年月◇1949 年 10 月 1 日，中华人民共和国～了。”这条释文只列出了“诞生”的本义，未为其引申义建立专门的义项，只是按《现汉》制定的凡例用一个书证（即“1949 年 10 月 1 日，中华人民共和国～了”）点出了它的比喻用法，但这表明《现汉》并没有认为“诞生”已在本义基础上产生一个新的引申义。

事实上，在现代汉语的语用实践中，“诞生”的引申义已经用得很普遍，而《现汉》的释文，则是把这种引申义视为临时产生的意思，这不合实际。《现汉》应该承认“诞生”的引申义，把释文按本义和引申义分为两个义项。

弹丸之地 dànwánzhīdì

2020 年 11 月 28 日《解放日报》第 7 版刊登文章《一历一世界，每天与文学相遇》，介绍了人民文学出版社外国文学编辑室编写日历书《文豪日历 2021》的经过。文中有这样一个句子：“必须在**弹丸之地果敢**取舍林林总总的作家作品信息，设身处地考虑读者的阅读需求……”句中“弹丸之地”和“果敢”两个词使用不妥。

先看“弹丸之地”。“弹丸之地”形容很小的地方。“弹丸之地”虽然可用来形容事物面积的小，但其使用对象一般应是地面。句中说的是“《文豪日历 2021》”这一本书的开本，它不是地面，“弹丸之地”不能适用。

再看“果敢”。“果敢”的意思是果断勇敢。“果敢”说的是使用对象在从事某事时既需要果断，又需要勇敢精神。但是，句中说的是在编写“《文豪日历 2021》”这一本书时的“取舍”，一般地说，由于相关材料太多，需要编写人员在短时间里作出决断，但这样做并不需要编写人员付出勇敢的精神，“果敢”的使用言过其实了。

应把“弹丸之地”改为“方寸之地”。“方寸之地”同样是形容事物面积的小，但其使用对象一般限于布、纸等构成的物品，用来形容一本书的开本尺幅不大，是合适的。至于“果敢”，则应改为“果断”。“果断”意为有决断，不犹豫，用来形容“取舍”这种行为正合适。

【另按】

《现汉》收了“弹丸之地”，但未收“方寸之地”，只收了“方寸”，而其对“方寸”的释义存在缺漏。《现汉》对“方寸”的释文是：“①量平方寸。②<书>名指人的内心；心绪：～已乱。”其中的释义①只给出了“方寸”的本义，但“方寸”在实际使用中早已产生了引申义，指很小的范围或面积。类似“方寸之地”这样的短语在语用中已属习见，而其中的“方寸”并不表示精确的1平方寸。但《现汉》的释义只给出了“方寸”的本义，使“方寸之地”这一短语中的“方寸”失去了解释。《现汉》要解决这个问题，可取途径有二，或在“方寸”条目下增加新的义项，或将“方寸之地”列为词条。

荡然无存 dàngrán-wúcún

2020年12月18日《北京日报》第3版刊登文章《深度撕裂的美国社会难以弥合》。文中写道：“如果说‘通俄门’调查将党派竞争推向了白热化，那么两党在‘弹劾案’中的剑拔弩张则表明，驴象两党间的共识与合作基本**荡然无存**。”句中“荡然无存”的使用有误。

“荡然无存”指的是原来存在的事物完全消失，一点儿也不再存在。“荡然无存”表示使用对象完全不存在的状态，但句中“荡然无存”的前面又用了“基本”这样一个副词，而当“基本”这样用的时候，表示的意思是大体上的状态，它与“荡然无存”表示的状态是不一致的。也就是说，“荡然无存”不能和“基本”用在一起。

可以把“荡然无存”改为“不再存在”“不复存在”之类的话语。“不再存在”“不复存在”与“基本”用在一起后，表示使用对象“不再存在”“不复存在”是一种大体上的状况，可能还存在一星半点，话说得比较委婉。当然，如果作者认为“荡然无存”准确地描述了“共识与合作”的状况，不必修改，那就应该把“基本”删去，同时，为了语言的流畅，还应在“荡然无存”前加一个时间副词“已”。

导航 dǎoháng

见第195页“实现”条。

导致 dǎozhì

（一）

2021年5月2日《南方都市报》第2版刊登文章《别让“互害模式”成为解决邻里矛盾的手段》。文中有句话写道：“苦不堪言的居民向媒体反映情况，报道**导致**了广大网友的强烈关注。”这个句子中的“导致”一词使用有误。

“导致”的意思是引起，即一种事情、现象、活动的出现引起另一种事情、现象、活动跟着出现。“导致”的指向对象，是某种不好的、不如人意的负面情况，如“他最近心情不好，导致工作中出现不少差错”，“出现不少差错”就是一种负面情况。上引句子中“导致”的指向对象是“广大网友的强烈关注”，但这种情况对于“导致”的行为主体“报道”来说，是一种值得肯定的正面情况，“导致”的使用不准确。

可以把“导致”改为“引起”之类的词。就词义来说，“引起”与“导致”区别不大，但就适用对象来说，“引起”更倾向于具有正面性的对象（但不排除负面性对象），这是它与“导致”的一个重要区别。“广大网友的强烈关注”具有正面性，所以应该使用“引起”。

（二）

2021年12月1日《解放日报》第12版刊登报道《今起“迁都”，埃及为何告别开罗?》。文中有一个句子写道：“由于外部势力主导的地缘政治斗争，阿拉伯国家普遍存在‘轻发展’的问题，**导致**国内贫富差距鸿沟。”句中的“导致”一词使用有误。

“导致”的宾语通常是告诉读者发生了什么情况，因此要求其必须是具有动态性的话语。这个句子中“导致”的宾语是“国内贫富差距鸿沟”，这是一个名词性短语，它没有起到告诉读者发生了什么事情的作用，话语显得不完整。究其原因，主要在于作者不明白“导致”对宾语的使用要求。

这个句子可以使用“导致”，但需要把“导致”的宾语说完整。可以把“国内贫富差距鸿沟”改为“国内出现贫富差距鸿沟”“国内贫富差距鸿沟越拉越大”之类的话语。这两种话语都是动态性的，可以满足“导致”对宾语的使用要求。

道歉 dàoqiàn

2020年5月4日《光明日报》第8版刊登文章《“眼盲”自然看不到中国疫情数据的真实》。文中写道：“这些美国政客出于维护和捞取政治利益的考量，不仅不反思他们轻视疫情、罔顾人命的问题，主动向本国民众承认和**道歉**应对不力带来的重大危害和损失，反而拿中国疫情数据生事。”句中“道歉”一词使用有误。

“道歉”的意思是因自己的过错而向他人表示歉意。“道歉”是一个不及物动词，在使用中不能带宾语。句中的“道歉”和另一个动词“承认”并列，共同对“应对不力带来的重大危害和损失”形成支配关系，实际上使“道歉”带了宾语，不合这个词的使用要求。

修改这个句子，需要把“承认和道歉”这个并列结构打破，即把“承认”和“道歉”这两层意思分开来说。可以把“向本国民众承认和道歉应对不力带来的重大危害和损失”改为“向本国民众承认应对不力带来的重大危害和损失并道歉”。

修改以后，出现了新的并列结构“承认应对不力带来的重大危害和损失并道歉”，但两个并列成分（即“承认应对不力带来的重大危害和损失”和“道歉”），前者是一个字数较多的动宾短语，后者只是一个动词，两者显得不够协调。可以把“道歉”改为“表示歉意”之类的话语，让它也成为一个动宾短语，两者的并列就协调多了。

得到 dédào

2020年6月27日《福建日报》第3版刊登文章《融合背后的县域产业转型新动向》。文中有这样一句话：“突如其来的疫情，带来了更多的不确定性，这样的不利局面甚至**得到了强化**。”句中的“得到”和“强化”两个词使用有误。

“得到”的意思是事物为自己所有，获得。“强化”的意思是加强，使坚强巩固。“得到”和“强化”在使用中有一个共同的要求，即使用对象都应具有正面性，是行为主体所希望出现或乐于接受的，如“得到奖励”“强化训练”等。句中的“得到”和“强化”，使用对象为“不利局面”，但既然是“不利局面”，就不具备正面性，也不是作者所希望出现的，因此“得到”和“强化”的使用在情感色彩上不合句中语境。

这里要对“得到”多说几句。现代汉语中有“得到报应”的说法，而“报应”对使用对象来说总是意味着某种利益损失，是不好的事情，那这是否意味着“得到”的使用对象可以是负面性的事物呢？其实，当有人说“他得到了报应”时，意味着言说者对“报应”的认可，言说者希望“报应”出现在“他”身上；当有人说“我得到了报应”时，则意味着言说者“我”对自己以往做过的错事已有反思，故而认可“报应”出现在自己身上。因此，“得到报应”这种说法并不违反“得到”的使用对象具有正面性这个要求。

可以把“得到”改为“出现”，把“强化”改为“泛化”或“恶化”。“泛化”是指由具体的、个别的扩大为一般的，“恶化”指的是向坏的方面变，变得更坏。“泛化”和“恶化”这两个词的侧重点不同，其所反映的事物发展程度也有分别，可根据作者表达的实际需要选择。另外，如果选用“恶化”，其前还宜加上“进一步”。

德艺双馨 déyì-shuāngxīn

2020年10月16日《光明日报》第15版刊登文章《真正大写的“京剧人”》。文中有一句话写道：“谭元寿先生开场白言简意赅，可谓**德艺双馨**，只是说他一生挚爱京剧艺术，终身为谭派艺术承前启后、固元创新奋斗，自己绝非大师，只有梅兰芳、谭鑫培、谭富英、马连良等才堪称大师！”句中“德艺双馨”使用有误。

“德艺双馨”是指一个人的品德和技艺双双达到很高的程度，在汉语使用

环境中常被用为对于个人品德高尚、艺术创造杰出的艺术家的称颂语，因此它的使用对象是人。句中“德艺双馨”的使用对象是“开场白”，这是人的讲话，讲话也许可以体现一个人的品德水准，但不可能表现出艺术上的特色，因此“德艺双馨”在句中是不能适用的。

一般地说，可以把“德艺双馨”连同它前面的“可谓”删去，并不影响文意的表达。如果一定要用上“德艺双馨”，就要改变句子的结构，可以有两种修改方法：一是把“可谓德艺双馨”移至“谭元寿先生”之后，让“德艺双馨”和作为人的“谭元寿先生”搭配起来；二是把“可谓德艺双馨”改为“尽管他是一位德艺双馨的杰出大师”之类的话语，并在“只是说”前面加上转折连词“但”。当然，不管哪一种修改，都要注意相应的标点符号需要的变动。

等第 děngdì

2020年12月23日《文汇报》第6版刊登文章《送保温杯到“上”金条——谁来叫停畸形“应援”之风》。文中有这样一个句子：“应援礼物根据主持人的资历深浅、工作人员的职务重要程度被分作若干**等第**，则有着误导年轻人之嫌：**权势**有高低，工作分贵贱。”句中的“等第”和“权势”两个词使用有误。

先看“等第”。“等第”指的是名次等级。“等第”的使用对象通常应是人，句中把这个词用于“应援礼物”，但“应援礼物”是一种物品，“等第”不能适用。

再看“权势”。“权势”指的是一个人掌握的权力和这个权力能够影响的范围。句中说的只是权力，不涉及这个权力所产生的影响范围这个意思，“权势”不能适用。另外，“权势”通常情况下含有贬义，如“权势熏天”，句中说的是通常情况下的权力，语境不含有褒贬，因此“权势”的使用不合适。还有一点要注意的是，“权势”也不以“高低”来形容，句中使用“权势”，与“高低”不能搭配。

可以把“等第”改为“等级”。“等级”与“等第”的意思差不多，但与“等第”不一样的是，“等级”既可用于人，也可用于物品。可以把“权势”改为“权力”，这样改了以后，原句中“权势”和“高低”不能搭配的问题也一并解决了。

低头 dītóu

2020年10月30日《今晚报》第9版刊登文章《慢慢来》。其中有一段文字写道：“唯有学会接纳他人，生活才会接纳你。抱怨是味毒药，伤人伤己。与其**低头自怨自艾**，把气撒在别人身上，不如仰望天空，脸上才能洒满阳光。”句中的“低头”和“自怨自艾”两个词语使用有误。

“低头”的本义是头向下垂，借指认识到自己的错误或屈服认输。“自怨自艾”原来指的是悔恨自己的错误并自己改正，现在通常指抱怨、悔恨自己的错误和不足等。这一段文字说的是要“学会接纳他人”的道理，“低头自怨自艾”和“把气撒在别人身上”连在一起，共同构成“与其……不如……”这个让步复句中的从句（由关联词语“与其”辖制的成分），即作者认为应该舍弃的内容。但是，“低头自怨自艾”和“把气撒在别人身上”的意思是相反的，这两个内容不能连在一起使用。实际上，既然要“接纳他人”，固然不应该“把气撒在别人身上”，即要舍弃这种行为，却应该“低头自怨自艾”（这里不考虑“自怨自艾”的贬义色彩），而不能舍弃这种行为，也就是说，“低头”和“自怨自艾”在这段文字的语境中，与“接纳他人”是一致的，文中把它们作为需要舍弃的行为放在让步复句“与其……不如……”中的从句位置，从而使其成为应当舍弃的内容，与作者所要表达的意思是对立的，因此“低头”和“自怨自艾”这两个词语是不能适用的。

可以把“低头”删去，把“自怨自艾”改为“怨天尤人”。“怨天尤人”指的是在做错事或遇到挫折和困难时只是归咎于客观原因，埋怨别人，而不是从自身找原因。这个短语的意思和文中所说的“接纳他人”是对立的，和“把气撒在别人身上”则是连贯的，可以放在让步复句“与其……不如……”中的从句位置，作为应该舍弃的内容，这与作者表达的意思是一致的。因此，“怨天尤人”在这段文字中是适用的。

订正 dìngzhèng

2020 年 9 月 22 日《新民晚报》第 20 版刊登一篇文章，题为“在阅读中**订正**误识”。文中有一句话写道：“读完这本书我非常高兴，不仅因为对张大千艺术流变有了新了解，更因为她**订正**了我对张大千自画像的两点误识。”这个文章标题和正文句子中的“订正”一词在使用上都存在错误。

“订正”的意思是改正。“订正”在使用中要求其指向对象必须是文字或计算中的错误，在表现形式上要求是文本类的对象，具有具象性。这两个句子中“订正”的指向对象都是“误识”，但“误识”一般指的是错误的认识或错误的知识，在表现形式上并不必然具备文本载体，大多存在于人的知识、学识积累中，具有抽象性。因此，这两个“订正”的使用都是不准确的。

这两个“订正”都可以改为“纠正”“改正”“修正”之类的词。与“订正”对指向对象的严格要求不一样的是，“纠正”“改正”“修正”对指向对象的要求比较宽松，既可以是具有文本依托的具象性事物，也可以是更广泛的抽象性事物。

动容 dòngróng

2020 年 8 月 25 日《南方日报》第 4 版刊登文章《不该让“恶评”带偏节

奏》。文中写道："对此，我们理应感到**动容**，无论能否救成功，这种互不相识却彼此守望的态度，标注着社会文明的高度。"句中"动容"一词使用有误。

"动容"的意思是内心受到感动而在脸上表现出来。"动容"是人的一种面部表情活动，句中作了动词"感到"的宾语，但"感到"能够支配的对象限于人的心理活动，"动容"既然是一种面部表情，它是不能接受"感到"的支配的，两者不能搭配。

这个错误的出现，很可能是作者把"感到动容"理解为"感动"了，但是，"感动"并不是"感到动容"的缩略形式，这两个词语在表意上是有差异的。因此，应该把"感到动容"改为"感动"。

那么，能不能删去"动容"前的"感到"，使"动容"不再作为"感到"的宾语出现呢？需要看到的是，删去"感到"后，"动容"又和"理应"搭配，而"理应"表示的是理当如此，"动容"则是通过面部表情自然流露出感动情绪，这两者也是不能搭配的。因此，如果要保留"动容"，不仅要删去"感到"，还要删去"理应"，可以把"我们理应感到动容"改为"我们会情不自禁地动容"之类的话语。

动销 dòngxiāo

2020 年 2 月 13 日《中国新闻出版广电报》第 1 版刊登文章《儿童读物请远离吃"野味"》。文中有这样一个句子："如今我国图书市场中少儿科普类图书的**动销**品种已达到 5 万种以上，近年来每年动销的新书也有 5000 种左右。"句中两处用到了"动销"一词，其中第一个"动销"的使用存在错误。

"动销"的意思是商品开始销售。"动销"针对的是商品投入销售渠道开始销售的那个时刻，其时间不能很长。句中两处用到了"动销"，但它们表示的意思是不一样的，第二个"动销"说的是"新书"进入销售渠道，即开始销售，符合"动销"的词义，因此它的使用是准确的。但第一个"动销"的意思并不是指开始销售的那个时刻，而是"少儿科普类图书"作为商品在出卖、出售的日常状态，"动销"的词义与此不合。

可把句中第一个"动销"改为"销售"。

斗转星移 dǒuzhuǎn-xīngyí

2020 年 1 月 15 日《文汇报》第 9 版刊登文章《让年轻人看明白，新世界的到来是人民的选择》。文中写道："今天的观众完全明了那段时间的**斗转星移**：国民党撤军，解放军进城，北平和平解放。"句中的"斗转星移"使用有误。

"斗转星移"的意思是北斗转向，众星移位，这个成语以天文上的天体运行来形容时序变迁和岁月流逝。"斗转星移"通常用来形容比较漫长的时间，如“斗转星移，这里已发生了很大的变化，很多地方已经认不出了”。但句中的“斗转星移”并不是用来形容时间，而是用来形容在“那段时间”里社会出现的巨大变化（即“国民党撤军，解放军进城，北平和平解放”），这不合“斗转星移”的语义。

另外，“斗转星移”这个成语所形容的时间段一般都要求比较漫长，通常至少要有几十年。句中所说的“那段时间”，指的是“国民党撤军，解放军进城，北平和平解放”这些事发生的时间段，从引语所出全文可知，这个时间段只有20多天，相对来说，这并不算漫长，从这一点看，“斗转星移”的使用也是不合适的。

可以把“斗转星移”改为“天翻地覆”之类的话语。“天翻地覆”形容变化极大，符合这个句子的语境。

笃定 dǔdìng

（一）

2021年6月8日《北京日报》第10版刊登文章《“理想”是人生最有价值、最富于吸引力的东西》。文中写道：“革命者崇尚爱情，却为革命献出了生命，让爱情得到了升华。因为他们**笃定**：‘理想’是人生最有价值、最富于吸引力的东西，‘理想’是生活的原动力。”这段文字中的“笃定”使用有误。

“笃定”作副词用时，可强调有把握，一定，如“笃定没问题”；作形容词用时，可表示从容不迫、不慌不忙的神态，如“神情笃定”。文中的“笃定”表示的是对某种道理坚定地信仰，“笃定”的词义不合。另外，“笃定”在句中的用法是把这个词作为动词用，但“笃定”不能作动词用。

可以把“笃定”改为“笃信”。“笃信”意为忠实地信仰，这个意思符合句中需要，它也是一个动词，可以对原句中后面的宾语起支配作用。

（二）

2020年1月15日《文汇报》第9版刊登报道《让年轻人看明白，新世界的到来是人民的选择》。文中有这样一个句子：“田丹，这名受过高等教育的心理学专家，也是一位信仰**笃定**的共产党员。”句中的“笃定”一词使用有误。

“笃定”作形容词时表示从容不迫，不慌不忙，通常形容人在遇到某种难事时的神情表现，如“表情笃定”。句中的“笃定”形容的是“信仰”，但“信仰”不属于人的神情表现，“笃定”不能适用。

应该把“笃定”改为“坚定”。“坚定”是一个兼类词，可作动词和形容词用，这里作形容词用，意为稳定坚强，不动摇，这个意思通常用于修饰立场、主张、意志等与人的观念有关的词语，正合于句中语境。

（三）

2020年1月21日《北京日报》第13版刊登报道《王劲松：演戏就该将灵

魂与记忆和盘托出》。文中写道："若在巅峰回顾往昔，很多人会说，早在青春年少的某个庄严时刻，便**笃定**了此生的志业。"句中的"笃定"一词使用有误。

"笃定"是一个兼类词，可作形容词和副词用，但它不能当动词用。句中的"笃定"带上了宾语"此生的志业"，这是把"笃定"当作动词来用了，不合其使用要求。

应该把"笃定"改为"确定"或"坚定"。其中"坚定"是一个兼类词，它既可作形容词用，又可作动词用，这里作动词用。

（四）

2020 年 12 月 20 日《南方都市报》第 5 版刊登报道《杀人小贩亡命 27 年出家为僧，"金牌捕头"万里追逃智擒案犯》。文中有这样一句话："各类线索直指武某即为犯罪嫌疑人，梁中心更加**笃定**这就是自己要找的命案凶手。"句中的"笃定"一词使用有误。

"笃定"可以表示对事情有把握，当"笃定"表示这个意思的时候，它通常用作动词的修饰语，如"这一仗笃定能打胜"，在语法上表现为副词。句中的"笃定"表示的是对某一判断很明确的意思，在语法形式上表现为动词，但这不合副词"笃定"的词义。

应该把"笃定"改为"肯定"。"肯定"是一个动词，表示对事情作出明确的判断，合于句中语境。

需要注意的是，"笃定"和"肯定"有不同之处。"笃定"不能表示对事物的判断，只能表示对这种判断的坚定态度，"肯定"则是表示一种判断，因此在语法形式上就表现出"笃定"只能修饰动词而"肯定"自身就是一个动词。

（五）

2021 年 3 月 6 日《南国今报》第 15 版刊登报道《"干女儿"上门，母女情儿经波折》。文中有一个句子写道："直到那一刻，妈妈才**笃定**小金对她的好都是冲着她的钱，但她依然觉得我这个亲生女儿不如小金孝顺。"句中的"笃定"一词使用有误。

句中说的是行为主体"妈妈"知晓"小金对她的好都是冲着她的钱"这个事实，或者想清楚了这个道理，"笃定"不能表示知晓或者想清楚的意思。"笃定"作为副词，只能表示对其所修饰动词的态度坚定，而不能代替这个动词。句中的"笃定"是作动词用了，不合其使用要求。

应该把"笃定"改为"知道""明白"之类的词。"知道""明白"都是动词（其中"明白"是一个兼类词，这里作动词用），符合句中使用需要。

短促　duǎncù

见第 223 页"物理"条。

对白 duìbái

2020 年 5 月 21 日第 16 版《长沙晚报》刊登一篇文章，标题为“《红楼梦》人物**对白**之妙”。这个标题中的“对白”一词存在使用错误。这篇文章中大量用到“对白”一词，如：“小说由作者叙述和人物**对白**构成，《红楼梦》的**对白**比叙述精彩多了，话如其人，曹雪芹善于通过寥寥几句**对白**彰显人物个性，自然比通过叙述交代省心省事……”但其中的“对白”都存在使用错误。

“对白”指的是戏剧、电影、电视剧中人物的对话。“对白”的使用对象限制在戏剧、电影、电视剧这三类表演型文艺样式，小说等其他并非依赖演员表演才能完成的文艺样式，其中的人物语言不能称为“对白”。从引语所出全文可知，这个标题和上引文字中的“《红楼梦》”指的都是小说，而不是由演员表演的戏剧或电影、电视剧，因此，“对白”是不能适用的。

从严格意义上说，“对白”只能限于中国传统戏曲使用。中国传统戏曲大量依赖写意性的形体表演和唱段来演绎故事，演员直接说话的戏份不多，即使说话也通常以念白的形式来表现，不同于现实中人们日常说话的样子，而是有夸张的舞台腔，因此有“对白”之说。在话剧出现后，人物对话成为演绎故事的基本手段，而这种对话接近于现实中人们日常说话，不再用戏曲中的念白形式来表现，因此严格地说，话剧舞台上的人物对话和戏曲中的“对白”是有区别的。但话剧毕竟是和戏曲类似的一种表演艺术，随着使用的增多，“对白”适用于话剧，并进而适用于同样是依赖演员表演的电影和电视剧，也就得到了认可。但是，由于小说这种艺术形式完全是语言艺术，不需要演员表演，因此，小说中人物的对话，仍然不能称为“对白”。

对于上引这篇文章中的“对白”，自然可以考虑改为“对话”，但是这样的修改却是失之简单的。实际上，“对话”只是人物之间的谈话，它并不能涵盖小说中人物的所有语言形式。标题中的“对白”，可以改为“语言”。引语中出现了三个“对白”，第一个可改为“语言”，第二个则可改为“人物语言”，只有第三个，可以改为“对话”。这篇文章中大量使用到了“对白”一词，都需要根据上下文作出合适的修改。

【另按】

《现汉》中对“对白”的释义过于陈旧。《现汉》对“对白”的释文是：“名戏剧、电影中角色之间的对话。”这个解释只说了戏剧和电影，却漏掉了电视剧，这是很遗憾的。《现汉》从 1978 年 12 月开始，至今已出版 7 个版本，最初的第 1 版这样解释还是合理的，但第 7 版出版已是 2016 年 9 月，其时电视剧早已成为民众文艺接受的主要形式之一，汉语词典的解释却停留在几十年前，与汉语使用环境下的现实生活严重脱节，这是很不应该的。

额外 éwài

见第224页“物美价廉”条。

儿童 értóng

2020年3月9日《新京报》第2版刊登文章《15年找回孩子，申军良能否向人贩子索赔？》。文中写道：“父母为寻找被拐**儿童**，耽误了工作，并支出了**差旅费**，在一般侵权案件中，这些损失都被纳入侵权赔偿范围，同时还可支持亲权受损而导致的精神损害赔偿。”句中的“儿童”和“差旅费”两个词使用有误。

先说“儿童”。“儿童”指的是年龄还比较小的未成年人。但从引语所出文章可知，作者说的是一位名叫申军良的人经过15年不懈努力，找到在幼儿时期被人贩子拐走的儿子，申军良的儿子被拐时确实还是儿童，但经过15年的漫长时间，他已长大，不能继续称为“儿童”，而其时申军良仍然在寻找他，可见“儿童”的使用不够准确。更重要的是，句中用到“父母”，就需要一个与“父母”对应的词，但“儿童”外延过大，用在句中不合适。

再说“差旅费”。“差旅费”指的是因公外出时在交通、食宿等方面的费用。“差旅费”是政府机关、企事业单位以及各种社会团体等因公务而产生的支出，句中说的是“父母为寻找被拐儿童”（其中“儿童”一词用得不准确，见上文）所产生的交通等方面的费用，但对“父母”来说，这是一种私人事务，在交通、食宿等方面所产生的费用不能称为“差旅费”。

可以把“儿童”改为“孩子”。“孩子”的词义除了与“儿童”差不多外，还有一个经常用到的意思是指子女，“孩子”的这个词义能够与“父母”对应，没有年龄的限制，就引语所出全文的情景来说，申军良的儿子不管经过了多少年，不管是否已是成年人，在“父母”面前都是“孩子”，因此这个词适用于句中语境。“差旅费”可以改为“交通住宿费”之类的短语，如果想要简单一点，改为“交通费”也大致可以。

发布 fābù

（一）

见第 32 页“重新”条。

（二）

2020 年 12 月 25 日《浙江日报》第 7 版刊登文章《“未来工厂”的未来》。文中有一句话写道：“这次我省不仅**发布**了首批 12 家‘未来工厂’，还同步**公布**了 16 家‘未来工厂’培育企业。”句中“发布”“公布”两个词使用有误。

“发布”指把命令、指示、新闻等公开告诉大家，“公布”指把法律、命令、文告、通知等公开告诉大家。这两个词的指向对象虽有细微差别，但有一个共同特征，即都需要一个文本类的概念作为载体，如“发布规定”“公布决定”等。句中“发布”的指向对象是“首批 12 家‘未来工厂’”，“公布”的指向对象是“16 家‘未来工厂’培育企业”，它们都不是文本类的概念，“发布”和“公布”不能和它们搭配。

可以在“首批 12 家‘未来工厂’”和“16 家‘未来工厂’培育企业”这两个概念的后面都加上“名单”，“名单”是一种文本类事物，“发布”“公布”都可以和它搭配。

发人深思 fārénshēnsī

见第 18 页“不得不”条。

发生 fāshēng

（一）

2021 年 12 月 18 日《南方都市报》第 14 版刊登报道《徐佳莹：“没关系啦，我们慢慢来”》。文中有一个句子写道：“《以上皆非》是 LaLa 现阶段歌手身份的心得总结，坦然接受负面评价的**发生**，表演时‘尽兴愉悦就功德圆满’。”句中的“发生”一词使用有误。

“发生”指的是原来没有的现象出现，产生。这个词的使用对象通常应是某种自然现象、情况，如“发生火灾”“发生疫情”。句中“发生”的使用对象是“负面评价”，但“负面评价”不是自然现象，是由人所产生的一种事物，“发生”不能适用。

一般地说，可以把“发生”改为“出现”之类的词。但就这个句子的语境来说，把“发生”连同它前面的助词“的”删去也是可以的，在表达效果上更好。

另外，句中“坦然接受”前还宜加上主语词“LaLa”或“她”。

（二）

见第211页“推算”条。

（三）

2021年5月4日《新民晚报》第9版刊登报道《东京奥运怎么办?》。这篇文章报道了原定于2020年举办的东京奥运会因为新冠疫情的发生而不得不宣布延期一年之后，其举办前景继续面临的各种担忧。文中有两个小标题介绍这种担忧，它们是：“担忧二：防疫措施不到位正在**发生**”“担忧三：真空比赛难以实现可能**发生**”。这两个小标题中的“发生”都存在使用问题。

“发生”的使用对象，要求是现实中已经出现的事情，如果是没有出现的事情，“发生”就不能使用。这两个小标题中的“发生”，其使用对象分别为“防疫措施不到位”和“真空比赛难以实现”，但这两种情况说的都是未曾出现的事情，“发生”的使用是不合适的。

可以把这两个小标题中的“正在发生”和“可能发生”都删去。实际上，“防疫措施不到位”和“真空比赛难以实现”分别对应于两个小标题中的“担忧二”和“担忧三”，“正在发生”和“可能发生”是多余的。

（四）

2021年5月4日《新民晚报》第9版刊登报道《东京奥运怎么办?》。文中有一个小标题写道：“担忧一：**发生**聚集传染已经**发生**”。这个小标题中用到两个“发生”，存在使用错误。

这两个“发生”，其使用对象都是“聚集传染”，说的是一回事。句中前一个“发生”带上了宾语“聚集传染”，后一个“发生”作了同一个“聚集传染”的谓语，出现了语意的重复。

这两个“发生”，应该删去其中一个。如果删去后一个“发生”，要把它前面的“已经”一起删去。需要注意的是，作为一种“担忧”，“发生聚集传染”和“聚集传染已经发生”所表示的意思是不一样的，既然“已经发生”，那就以保留“已经发生”为妥，也就是说，以删去前一个“发生”为宜。

翻云覆雨 fānyún-fùyǔ

2020年7月12日《新民晚报》第11版刊登文章《新康里曾经有位大明星》。文中写道：“门前的小道上，斜斜的风景都隐入了黄浦江，**翻云覆雨**之间，几代人的沧桑都化成了一片片记忆的白瓷，被很多大庆这样的小老百姓小心翼翼地拾起珍藏，用来抵御现实中工作与生活的压力。”其中的“翻云覆雨”一语使用有误。

“翻云覆雨”比喻反复无常或玩弄手段。文中用这个短语来形容“几代人的沧桑”，即漫长世事出现的各种变化，与这个短语的语义不合。

可以把“翻云覆雨”改为“白衣苍狗”或“白云苍狗”。“白衣苍狗”比喻世事变幻无常，“白云苍狗”则是它的变体。这两个短语都是通过蓝天上白云的形象变化来比喻世事变幻，切合于这段文字的语境。

不管是“翻云覆雨”也好，“白衣苍狗”也好，它们的语源都来自唐朝诗人杜甫的诗句，前者出自《贫交行》诗：“翻手作云覆手雨，纷纷轻薄何须数。”后者出自《可叹》诗：“天上浮云似白衣，斯须改变如苍狗。”这两首诗的主题赋予了“翻云覆雨”和“白衣苍狗”不同的引申语义，两者不可混淆。

烦琐 fánsuǒ

2020 年 9 月 15 日《今晚报》第 12 版刊登文章《无用就是大用》。其中有这样一段文字：“纠缠于长句子，有时候是心绪**烦琐**造成的。心情**简洁**下来，文字就会干净。”文中的“烦琐”和“简洁”两个词使用有误。

先看“烦琐”。“烦琐”的意思是繁杂琐碎。“烦琐”的使用对象应是事情、事务，如“手续烦琐”“烦琐的考据”。文中的“烦琐”用于“心绪”，但“心绪”是人的心理活动，“烦琐”不能适用。

再看“简洁”。“简洁”意为简明扼要，没有多余的内容。“简洁”的使用对象是人的说话、文章写作等，如“文笔简洁”“他的讲话很简洁，没有半句废话”。文中的“简洁”用于“心情”，但“心情”是人的心理活动，“简洁”不能适用。

可以把“烦琐”改为“烦躁”，把“简洁”改为“简单”。其中“烦躁”常用于形容人的心理表现，“简单”是个多义词，使用对象也比较广泛，用于人的心理表现也是可以的。

反思 fǎnsī

2020 年 4 月 6 日《北京晚报》第 14 版刊登文章《〈资治通鉴〉所写并非真实历史?》。文中写道：“以海登·怀特为代表的 20 世纪后现代史学，提出非常值得**反思**的观点，即历史本身是一个文本，它是被人所书写的，我们应该在内容之外，关注其写作的轨迹、目的与意义。”句中“反思”一词使用有误。

“反思”的意思是回顾已经过去的事情，从失败的事情中总结教训，从成功的事情中发现不足之处。“反思”的内容，一般都是已经过去的事情，只有在此基础上才需要行为主体总结得失。“反思”的指向对象一般也都应是为作者所否定的内容（在“反思”用于成功的事情时，其指向对象也只指这件成功事情中的不足之处）。句中的“反思”，其指向对象是“观点”，但作者对这个“观点”并没有否定，而是认为值得肯定，“反思”与作者要表达的这个意思是不能相合的。作者说的“反思”，是根据其引述的“20 世纪后现代史学”的“观点”，对以往的历史研究中的不足所进行的“反思”，但由于表述的不当，成为对这个“观点”本身的“反思”，这违反了作者原意。

可以把“反思”改为“思考”之类的词。如果一定要把“反思”的意思表达出来，可以在这个句子的后面另行叙述，如在修改后的句后加上这样的话语：“按照这个观点，我们以往所见到的不少历史研究著作，其研究方法是值得反思的。”

【另按】

《现汉》对“反思”的释义失之粗疏。《现汉》释文为：“思考过去的事情，从中总结经验教训：对自己的错误进行深刻～。”这条释文，简单地把“反思”的指向对象归结为过去的事情，从中总结经验教训，而没有指明其主要指向于不好的事情，总结教训，这没有准确揭示出“反思”的词义侧重点。

这条释文用到了“总结经验教训”的话语，但在现代汉语的语用实践中，“经验”通常是用于正面的、值得肯定的事物，“反思”不用于此，而“教训”通常是用于负面的、不值得肯定的事物，这个时候才需要“反思”。因此，这条释文需要修改。

返工 fǎngōng

2020 年 2 月 5 日《工人日报》第 5 版刊登文章《战“疫”当前，坚信科学理性的力量》。文中写道：“眼下各地的返程与**返工**渐次启动，对上班‘聚集传染’的担心开始多了起来。”句中的“返工”一词使用不妥。

“返工”，指的是因为质量不合要求而重新加工、制作或施工。句中的“返工”说的是返回工作岗位的意思，“返工”的词义与此不合。

可以把“返工”改为“返岗”或“复工”。“返岗”指返回工作岗位，“复工”指停工或罢工后恢复工作，这两个意思都切合句中要表达的意思，可以选用。

返还 fǎnhuán

（一）

2020 年 5 月 10 日《新民晚报》第 6 版刊登报道《贵州务川林下鸡进入奉贤市场》。文中写道：“目前，十多万元的销售额已经全部**返还**给当地有关部门，很快，贫困户们就能拿到自己的收益。”句中的“返还”一词使用有误。

“返还”的意思是归还，退还。使用“返还”的条件是，其所指涉事物原先应为“返还”的受事对象所有，一度为“返还”的行为主体所有，然后再由行为主体归还给受事对象。如“将被盗车辆返还给失主”，“返还”的指涉事物“被盗车辆”本来就是属于“返还”的受事对象“失主”所有的，而它一度为盗贼所有，在公安力量介入后退还失主，因此适用“返还”。但在上引句子中，“返还”的指涉事物“十多万元的销售额”（可以理解为“这十多万元的销售额”的物化表现形式即货币），原先并不属于“返还”的受事对象“当地有关部门”所有，“返还”不能适用。

实际上，从引语所出全文可知，“当地有关部门”是代替当地的“贫困户们”销售货物，他们得到的“销售额”是货物出售后收到的体现其价值的资金。从这个流程看，这是一种商品交易行为，而“返还”并不是商品交易的基本形式，从这一点来看，“返还”也不能适用。

可以把“返还”改为“支付”。“支付”的意思是付出款项，这是商品交易的一种基本形式，合于这个句子的语境需要。

（二）

2021 年 8 月 16 日《广州日报》第 11 版刊登报道《丈夫车祸去世妻子重伤，婆婆独吞百万赔款获刑》。文中写道：“李某与女儿莹莹诉至斗门法院，请求婆婆霍某**返还**二人应获得的赔偿款。法院经审理判决霍某**返还**李某与莹莹赔偿款共计 60 万元。”这段文字中出现的两个“返还”都存在使用错误。

“返还”在使用中要求其指涉事物原先属于“返还”的受事对象所有，但在这段文字中，两个“返还”的指涉事物“赔偿款”原先并不是属于受事对象“李某与女儿莹莹”所有，这笔“赔偿款”原先在“婆婆霍某”手里，但“霍某”并不是从“李某与女儿莹莹”手里取得，而是从他处取得后未将其给予“李某与女儿莹莹”。在这种情况下，“返还”的使用是不准确的。

可以把两个“返还”都改为“交付”或“给付”。“交付”“给付”的意思都是交给、付给，这两个词适合文中语境。

犯罪嫌疑人 fànzuì xiányírén

见第 28 页“成熟”条。

范畴 fànchóu

2020 年 8 月 26 日《北京晚报》第 15 版刊登报道《卖房时这些信息必须告知买主》。文中有这样一段文字：“判断是否为‘凶宅’不能仅以个体主观感受为依据，而是应以公序良俗大原则下的社会公众一般认识为判断基准。其标准大致有三：一是……；二是死亡地点，需发生在房屋主体结构内，应是一相对独立、封闭、专有的空间场所，至于电梯、楼梯间及车位等公共区域不应在此**范畴**内；三是……。”其中的“范畴”一词使用有误。

“范畴”本是一个哲学专科词，指人的思维对客观事物的普遍本质的概括和反映，引申后也可指事物的类型和范围。文中的“范畴”用的是其引申义，但当“范畴”这样用的时候，它的使用对象通常应是具有抽象性的事物，如“经济学属于社会科学范畴”。文中“范畴”的使用对象是“电梯、楼梯间及车位等公共区域”，这是具有具象性的事物，“范畴”不能适用。

应该把“范畴”改为“范围”。“范围”的意思是周围的界限，它既可用于抽象事物，也可用于具象事物，其适用性比“范畴”宽泛得多。

分裂 fēnliè

见第105页“健康”条。

纷纷扬扬 fēnfēn-yángyáng

见第186页“涉嫌”条。

纷至沓来 fēnzhì-tàlái

（一）

2020年10月20日《解放日报》第5版刊登报道《“网红菜场”热闹开张后，需求与现实如何不错配》。文中有一个句子写道：“不少年轻人**纷至沓来**，在这个特殊的菜场里拍照发朋友圈。”句中的“纷至沓来”使用有误。

“纷至沓来”的意思是接连不断地到来。“纷至沓来”在使用中要注意的是，它表示的是行为主体的一种群体性行动，如果这个行为主体有复数的形式表示或有数量统计，使用“纷至沓来”就会产生语意重复。句中“纷至沓来”的行为主体是“年轻人”，但作者在“年轻人”的前面已经用了“不少”一词来表示“年轻人”有很多，在这样的语境下，“纷至沓来”的使用产生了语意重复的问题。

可以把“纷至沓来”改为“慕名而来”之类的话语，也可以删去“年轻人”前面的“不少”。这两种修改，都可以消去原句中存在的语意重复因素。但是，就这个句子来说，在这两种修改中，以前一种为佳，即保留“不少”而换掉“纷至沓来”。

（二）

2021年2月16日《新民晚报》第13版刊登文章《贺卡有故事》。文中写道：“老徐早就离休在家安享晚年了，平时的信函都不经单位的，何以贺卡**纷至沓来**往单位投呢？”句中“纷至沓来”的使用有误。

“纷至沓来”是一个成语，从它的语法功能来看，它具有动词的特性，因此一般应遵守动词的使用规则。句中的“纷至沓来”，作了另一个同样是动词性质的短语“往单位投”的修饰语，这不合“纷至沓来”的使用要求。

可以把“纷至沓来”改为“纷纷”。“纷纷”有一个意思是形容许多人或事物接二连三地从事某种事或出现同一情况，这个意思用于修饰“往单位投”正合适。

（三）

2021年10月8日《新民晚报》第13版刊登文章《纷至沓来的土特产》。文中有一个句子写道：“最好的度假方法就是信手一点，让各地可意的土特产**纷至沓来**身边，为生活来个锦上添花。”句中“纷至沓来”的使用有误。

“纷至沓来”作为一个动词性的短语，在使用中不能像一般动词那样带宾语。句中的“纷至沓来”带上了宾语“身边”，这不合其使用要求。

可以把“纷至沓来”后的“身边”删去。

（四）

2021年10月28日《解放日报》第9版刊登文章《〈突围〉：现实主义力作的“突围”》。文中有一句话写道：“国企亏损、国有资产流失、国企转型遇阻等问题**纷至沓来**，官僚主义、贪污腐化、拉帮结派、决策失误、信息不透明等漏洞触目惊心。”句中“纷至沓来”的使用有误。

“纷至沓来”在使用中还要注意的是，它在情感色彩上偏向褒义，其使用对象要求具有正面性。句中“纷至沓来”的使用对象是“国企亏损、国有资产流失、国企转型遇阻”，这些情况在汉语使用环境中都具有负面性，社会舆论对其有负面评价，“纷至沓来”的使用在情感上不合适。

可以把“纷至沓来”改为“接踵而至”之类的话语。“接踵而至”的情感色彩较为平淡，对正负两方面的使用对象都可接受，自然也适用于这个句子。

分子 fènzǐ

2020年11月26日《新华日报》第16版刊登报道《为国家“备用”，不委屈!》。文中有一句话写道：“从主创到舞美、音乐、服装、道具，剧组中的每个**分子**就像剧中比喻的大蒜一样，一瓣瓣紧紧靠在一起，‘攒’出了一台好戏。”句中的“分子”一词使用有误。

“分子”指的是属于一定阶级、阶层、集团或具有某种特征的人。当“分子”指一定阶级、阶层、集团中的人时，这个阶级、阶层、集团通常是在政治学意义上使用的概念，并不需要严格的组织结构，如“剥削阶级分子”；而当“分子”指具有某种特征的人时，它通常与表示这种特征的词语组成偏正结构的短语，如“知识分子”“犯罪分子”“危险分子”。句中说的是一个“剧组”中的人员，但“剧组”是一个普通的人员集体，不具备政治学上的意义，因此“分子”的使用是不合适的。

可以把“分子”改为“成员”“人员”之类的词，改为“人”也可以。

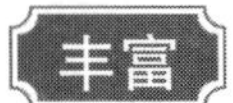

丰富 fēngfù

（一）

2020年8月9日《羊城晚报》第7版刊登文章《时间轴》。文中写道：“记忆里上个世纪七十年代初的虹桥机场，地形挺**丰富**的，和农村的边界都拉着铁丝网，从住宅区域走得比较远，会来到荒芜的跑道，渺无人烟，遍布苔藓，其中有一种‘地皮菜’。”句中的“丰富”一词使用有误。

“丰富”的意思是种类多或数量大。“丰富”的使用对象一般应是物质财富、学识经验等，它们有一个共同点，大都是可以为人类所享用或掌握的事物。句中的“丰富”和“地形”搭配，但“地形”不属于这类事物，“丰富”

的使用不合适。

可以把"丰富"改为"复杂"。句中说的是"虹桥机场"一带的"地形"比较杂乱，让人一下子理不清头绪，"复杂"表示的就是这个意思，适于句中语境。

（二）

2020年12月28日《新民晚报》第16版刊登文章《卖弄之殇》。文中写道："卖弄是一种常见的社会现象。内容很**丰富**，方式也很多。"句中的"丰富"使用有误。

"丰富"是个褒义词，要求其使用对象具有正面性。句中的"丰富"和"内容"搭配，这本是可以的，但句中的"内容"指的是"卖弄"，而"卖弄"在社会评价中是具有负面性的一种行为，作者在引语所出全文的叙述中对"卖弄"也持否定态度，因此"丰富"的使用在情感上是不合适的。

可以把"丰富"改为"庞杂"之类的词。"庞杂"表示多而杂乱，含有贬义，适于句中语境。

风风火火 fēngfēnghuǒhuǒ

2020年4月30日《广州日报》第14版刊登报道《"植物肉"是素还是肉?》。文中写道："上周，全球三大比萨巨头之一棒约翰和Starfield合作推出'植物肉'新品'未来肉比萨'。所谓'未来肉'实际就是现在**风风火火**的'植物肉'。"其中的"风风火火"使用有误。

"风风火火"可以形容急急忙忙、冒冒失失的样子，如"你这样风风火火容易把事情搞坏"；又可以形容很活跃、有劲头的样子，如"风风火火地创业"。前一个意思稍含贬义，后一个意思则稍含褒义。但要注意的是，"风风火火"在使用中不管要表达哪一个意思，它的使用对象都只能是人，句中"风风火火"的使用对象是"植物肉"，而"植物肉"是一种食品，用"风风火火"来作它的修饰语是不合适的。

可以把"风风火火"改为"红红火火"。"红红火火"是形容词"红火"的叠词形式（但"风风火火"不是"风火"的叠词形式），"红火"形容旺盛、兴隆、热烈，可以用于形容事物，其叠词形式"红红火火"则加深了这种状态。也可以把"风风火火"改为"风行一时""风头正健"之类的话语。

另外，引语所出全文的标题中"素还是肉"在文字上不够准确，"素"和"肉"不构成能够对举的反义。当然可以把"肉"改为"荤"，但"荤"虽然能够与"素"对举，与作者要表达的原意又不是很合拍，因此不是很好。更合适的是把"素还是肉"改为"素菜还是肉菜"或"素食还是肉食"。

锋芒 fēngmáng

见第17页"勃发"条。

伏法 fúfǎ

2020年6月10日《常熟日报》第3版刊登报道《钥匙常年放门口家被盗》。文中写道："市公安局服装城派出所民警仅凭一张'送煤气'的小卡片就让一名零口供的盗窃惯犯**伏法**。日前，这名盗窃嫌疑人已被刑事拘留。"这段文字中的"伏法"一词使用有误。

"伏法"指的是犯人被执行死刑。"伏法"的行为主体是被判处死刑的人，其行为结果是其生命被依法终结。文中"伏法"的行为主体是"盗窃惯犯"，但后面说他受到的是"刑事拘留"的处理，并未被判处死刑，说明"伏法"的使用是不合事实的。

可以把"伏法"改为"原形毕露"之类的话语。"原形毕露"的意思是被掩盖着的本来面目完全暴露，用在这里表示"盗窃惯犯"尽管"零口供"，但仍然被"市公安局服装城派出所民警"查出了真相，就比较准确了。

服饰 fúshì

（一）

2020年12月6日《福建日报》第3版刊登文章《曾经过往的河流》。文中有这样一个句子："主席台上出现一位身材高挑的女生，雪白的运动服，**服饰**两边是两条从上贯下的红线，使她一下精神起来。"句中的"服饰"一词使用有误。

"服饰"的意思是衣着和装饰。"服饰"指的不仅是服装，还包括可以用在人体上的各种装饰品，单一的服装不能说成"服饰"。句中的"服饰"指的是"女生"穿的衣服，更具体地说就是她身上穿的"雪白的运动服"，这是单一的服装，"服饰"的词义与此不合。

一般地说，需要把"服饰"改为"服装"或"衣服"，但就这个句子的情况而言，"两边"指的是"女生"所穿"运动服"的"两边"，因此把"服饰"一词删去更合适。这样改了以后，"两边"可以承上指"运动服"的"两边"，语意表达更为简洁明白。

（二）

见第38页"穿戴"条。

（三）

2021年9月6日《新民晚报》第16版刊登文章《学院派匠人》。文中有一句话写道："制鞋作为**服饰**中的一门学科进入了高等学院。"句中的"服饰"一词使用有误。

"服饰"指的是衣着和佩戴在身体上的装饰物。鞋子不包括在衣着内，更

不是装饰物，句中说“制鞋”在“服饰”之中，这不符合社会对“制鞋”的通常认知，“服饰”在句中的使用不合适。

可以把“服饰”改为“穿着”。“穿着”作为一个名词（这里不能理解为动词“穿”和助词“着”的组合），狭义理解指人的衣着，不包括鞋子，但广义理解指人的装束，可以把鞋子包括进去。

浮华 fúhuá

2020年10月22日《文汇报》第5版刊登报道《国家大剧院新制话剧〈基督山伯爵〉11月重磅亮相》。文中写道：“话剧《基督山伯爵》将呈现幻想般的舞台风貌，除了哥特式建筑、华丽时钟、巨大吊顶等**浮华**元素**装饰**的梦境般舞台，话剧还打破原著小说的线性结构，将主角邓蒂斯划分为三个时期三个角色，由两位男演员出演。”句中的“浮华”和“装饰”两个词使用有误。

先看“浮华”。“浮华”意为讲究表面上的华丽或阔气，不顾实际。“浮华”含有一定的贬义，一般用于被作者否定的人或事物。句中的“浮华”用于修饰“元素”，而“元素”指的是在“舞台”上呈现的“哥特式建筑、华丽时钟、巨大吊顶”等布景，但作者对此并没有表示出否定的态度，因此“浮华”的使用是不合适的。

当然，作者选择“浮华”来作“元素”的修饰语，其意图是在表明“哥特式建筑、华丽时钟、巨大吊顶”这些事物作为布景出现在“舞台”上时给观众以富丽堂皇的视觉印象，但是“浮华”这个词并没有这样的意思。

再看“装饰”。“装饰”指的是在身体或物体的表面加上一些附属的东西使美观。使用“装饰”要注意的是，作“装饰”用的东西对于被装饰对象来说只起美观作用，并无实用价值，比如一个女孩在头上插一朵花，这花对她来说并不像衣服一样具有保暖、遮体等实用功能，而是使其显得好看，这花对她来说就是一种“装饰”。在上引这个句子中，“装饰”指的是“哥特式建筑、华丽时钟、巨大吊顶”这类物品，它们出现在“舞台”上，虽然也能起到美观作用，但更重要的是它们对“舞台”的演出来说具有实用功能，因此使用“装饰”是不合适的。

对于“浮华”和“装饰”的误用，在修改时可以综合考虑，并且可以先考虑“装饰”的修改。对于“哥特式建筑、华丽时钟、巨大吊顶”这些物品，由于它们是出现在“舞台”上，不同于真实的物品，因此应使用表演学的专科词，把这些物品称为“布景”。“布景”指的是舞台上布置的景物，用在句中正合适。

回过头来再看“浮华”的修改就容易了。一般地说，可以把“浮华”改为“华丽”“华美”之类的词，但是句中在“时钟”的前面已经用了“华丽”一词，后面再用“华丽”就不合适了，即使是其近义词“华美”也不适用。

更合适的应该是把“浮华”连同它后面的“元素”一起删去，让“哥特式建筑、华丽时钟、巨大吊顶”作为“布景”这个特点清晰地显示出来。因此，可以把“……等浮华元素装饰的梦境般舞台”改为“……等作为布景的梦境般舞台”。

付费 fùfèi

见第 37 页“触及”条。

改观 gǎiguān

2020 年 6 月 20 日《南方都市报》第 8 版刊登报道《“如果能获得国家赔偿，先为父母买份养老保险”》。文中有一个句子写道：“你内心是什么时候对张志超**改观**的？”这个句子中的“改观”一词使用有误。

“改观”指的是改变原来的样子，出现新的面目。句中说的是行为主体“你”对“张志超”改变看法，“改观”的词义与此不合，不能适用。

可以把“改观”改为“改变看法”之类的话语。

概莫能外 gàimònéngwài

2020 年 5 月 22 日《广州日报》第 19 版刊登文章《住房公积金制度，宜改不宜废》。文中有个句子写道：“凡事都有利弊，住房公积金**概莫能外**。”这个句子中的“概莫能外”使用有误。

“概莫能外”的意思是一概不能超出某一个范围，一概不能例外。“概莫能外”的指向对象要求是一个群体概念，单个的个体概念不能用。句中的“概莫能外”，其指向对象是“住房公积金”，但“住房公积金”是一个个体概念，“概莫能外”不能适用。

可以把“概莫能外”改为“也不例外”“没有例外”之类的话语。

感同身受 gǎntóngshēnshòu

（一）

2020 年 3 月 7 日《湖北日报》第 5 版刊登报道《不舍昼夜，全流程加速中药保供》。其中有一段文字写的是：“对采购之难**感同身受**的还有九州通旗下九信中药集团总经理朱志国。作为全国最大的医药流通企业，在疫情暴发前，九州通已经陆续在全国采购药材做储备。‘但没想到疫情发展这么快。’朱志国说。”这段文字中的“感同身受”使用有误。

“感同身受”的原意是指感激的心情如同亲身受到对方的恩惠一样，一般用来代替第三人向对方表示感谢，现在更常用的意思是指虽未亲身经历，但感受就同亲身经历过一样，这个意思一般用来形容对对方的遭遇表示同情。需要注意的是，“感同身受”是由“感同”和“身受”两个部分组合起来的，“感同”表示感受相同于的意思，相同于什么呢？相同于“身受”，即相同于自己亲身经历，这表明对行为主体来说，他实际上并未经历所说的某种情况，如果他确实经历了，所谓的“感同”就无从谈起。因此，在使用“感同身受”时，有一个前提条件，不论取哪一个意思，其行为主体都必须未曾经历其所说的相关事宜。

文中“感同身受”的行为主体是“朱志国”，他表示“对采购之难感同身受”，但是从文中的叙述可以看出，他所在的企业“九州通”也参与了“采购”活动，因此“采购之难”对他来说是亲身经受，在这样一种语境之下，“感同身受”是不适合使用的。

可以把“感同身受”改为“感受很深”或“有切身感受”之类的话语。

（二）

2022 年 5 月 17 日《长江日报》第 11 版刊登文章《以现代谍报眼光看“三国”》。文中写道：“当最后真相揭开，读者会**感同身受**主角的幻灭：那么多耕耘、付出和牺牲，不过是计中计、局中局、梦中梦，大家都是棋子，都在丞相掌控之中……”句中的“感同身受”使用有误。

“感同身受”是一个成语，在使用中不能带宾语。分析这个成语的内部结构，可以看出，它本身表现为“主（‘感’）谓（‘同’）宾（‘身受’）”的语法状态，这种结构状态决定了它在使用中不能再带宾语。句中的“感同身受”带上了宾语“主角的幻灭”，这不合这个成语的使用要求。

可以把“感同身受主角的幻灭”改为“对主角的幻灭感同身受”。

高潮 gāocháo

见第 30 页“成形”条。

高呼 gāohū

2021 年 3 月 23 日《解放日报》第 9 版刊登文章《“东方巴黎公社”由何而来》。文中写道：“事前各界代表登台演说非常激昂，民众**高呼继续**巴黎公社革命精神，声浪之热烈**如雷贯耳**。”句中“高呼”“继续”和“如雷贯耳”三个词语使用有误。

先看“高呼”。“高呼”意为高声呼喊。“高呼”的宾语一般应是口号等用比较响亮的有声语言表达的内容，如“高呼口号”，也可以是短促的警示性话语，如“高呼救命”“高呼危险”。句中“高呼”的宾语为“继续巴黎公社革命精神”（其中的“继续”亦有使用错误，下文另作分析），这是行为主体“民众”呼喊的内容，但其话语内容比较复杂，一般不能直接和“高呼”搭配，句中“高呼”的使用出现了宾语残缺的问题。

再看“继续”。“继续”的意思是活动连续下去，延长下去。句中行为主体“民众”表达的意思并不是要把“巴黎公社”这个活动连续下去，而是要求把“巴黎公社革命精神”延续下来，像“巴黎公社”那样做事，“继续”的词义与此不合。

再看“如雷贯耳”。“如雷贯耳”的意思是像雷声穿过耳朵一样，形容人的名声很大。“如雷贯耳”现在通常用为对他人的敬语，句中用来形容“声浪之热烈”，这与其语义不合。

可以在“继续巴黎公社革命精神”后加上“的口号”之类的话语，让“口号”和“高呼”形成动宾搭配关系，“高呼”的使用就没问题了。“继续”应改为“继承”。“如雷贯耳”可以改为“震耳欲聋”。

个性 gèxìng

（一）

2021年6月30日《南方日报》第4版刊登文章《过度包装的虚火终将退去》。文中有一个句子写道：“对他们来说，似乎包装越精致、越**个性**、越美观，越能体现对消费者的重视。”句中的“个性”一词使用有误。

“个性”指的是人所具有的特征明显的性格，也指一个事物区别于其他事物的特性。句中用的是后一个意思。但是，不论取哪一个意思，“个性”都是一个名词，在一般情况下不能和另一个名词构成主谓关系。句中的“个性”与“精致”“美观”等并列，作了“包装”（这里是名词）的谓语。但是，“精致”“美观”都是形容词，可以和“包装”构成主谓关系，“个性”作为名词则不能这样用。

可以把“个性”改为“有个性”。“有个性”是一个动宾短语，它在使用中相当于一个形容词，可以作另一个名词的谓语。

（二）

见第282页“作为”条。

【另按】

《现汉》对“个性”的释义不够准确。《现汉》释文写道：“①在一定的社会条件和教育影响下形成的一个人的比较固定的特性：~强｜这个人很有~。②事物的特性，即矛盾的特殊性。一切个性都是有条件地、暂时地存在的，所以是相对的。”这两个释义都存在欠缺之处。

先看义项①。这个义项用于人，释文将“个性”归为人的“特性”，这是不准确的。实际上，“个性”只指人的性格特点，如开朗、好交往、粗心、爱猜忌之类，而“特性”不仅包括人性格上的特点，还可以包括人在其他方面的特点，如擅长写作、经常生病等，但其他方面的特点并不是人的“个性”。把“个性”说成人的“特性”，是不严谨的。

再看义项②。这个义项给出的是一个哲学专科义。但是，“个性”用于除了人以外的其他场合并不只在哲学专科，事实上“个性”可以指事物与众不同的特点，这是普通的词汇意义，这个普通义是否由其专科义衍生可以研究，但“个性”用于事物的普通义并不少见。《现汉》是一部以收录普通词汇为主的词典，收录专科词并不是它的主要职能，对于一些专科义和普通义兼有的词语，可以考虑将两种义项都予收录。但《现汉》收了“个性”的专科义却遗漏了它的普通义，这是不合适的。

耿直 gěngzhí

2020 年 9 月 23 日《文汇报》第 11 版刊登文章《沿着长江，追慕才子和名将》。文中写道："当涂有一座山，名字非常**耿直**，就叫'青山'。"这句话中的"耿直"一词使用有误。

"耿直"指的是人的性格正直，直爽。"耿直"只能用于形容人的性格、脾气。句中将其用于形容"一座山"的"名字"，这超出了这个词的使用范围。句中表示的是"青山"这个"名字"对于"一座山"的命名来说，显得直截明白，但"耿直"不能表示这个意思。

应该把"耿直"改为"直白""直截"之类的词。"直白""直截"都有说话等直率坦白，让人容易理解的意思，用于评价"一座山"的"名字"是合适的。

工艺 gōngyì

2020 年 9 月 7 日《广州日报》第 16 版刊登报道《讲好粤菜故事，弘扬岭南饮食文化》。文中有这样一个句子："粤菜，可谓广东的一大名片，作为中国传统四大菜系之一的它，源于广东独特的地理气候及物产环境，以选料广杂精细、**工艺**博采中外、风味崇尚清鲜而独树一帜，享誉海内外。"句中的"工艺"一词使用有误。

"工艺"指的是将原材料或半成品加工成产品的方法和技术等，也指手工艺。"工艺"的使用对象一般应是工业产品和手工艺产品生产制作过程中的方法和技术，句中"工艺"的使用对象是"粤菜"，但作为一种菜肴，"粤菜"既不是工业产品，也不是手工艺产品，句中说的是"粤菜"的烹饪方法，"工艺"不能适用。

应该把"工艺"改为"烹饪"或"烹调"。"烹饪"和"烹调"专用于指用烹炒蒸煮等各种方法制作菜肴，适用于这个句子的语境。当然，如果要和"工艺"对应，可以在"烹饪"或"烹调"后加上"技术"之类的词，但这里没有必要。

【另按】

《现汉》对"工艺"的释文存在失误。《现汉》对"工艺"立了两个义项，其中的释文①是这样的："将原材料和半成品加工成产品的工作、方法、技术等。"这条释文把"工作"和"方法""技术"并列是不妥的，可以说"工艺"是一种"方法"，一种"技术"，但不能说"工艺"是一种"工作"。

公布 gōngbù

（一）

2020 年 1 月 24 日《新京报》第 2 版刊登文章《武汉"封城"不是"围

城”，而是众志成城》。文中说：“武汉市应密切跟踪防疫需求的变化，包括医护人员及防护装具、医疗设备与药品等，并向国家卫健委和社会**公布**相关需求。”句中的“公布”一词使用有误。

“公布”指的是公开发布有关信息，让社会公众知道。“公布”通常是一种官方行为，而“公布”的行为主体必须是相对应的上级部门。句中的“公布”，其行为主体是“武汉市”（可以理解为武汉市政府或政府的某个行政机构），而“公布”的对象则有两个方面，一是“社会”，一是“国家卫健委”，“武汉市”和“社会”可以认为是上下关系，因此“公布”的使用是合适的。但“武汉市”和“国家卫健委”并不是上下关系，前者向后者发布信息，这虽然在事理上能做到，却不符合行政体系惯常做法这个事实。因此，“公布”的使用是不合适的。

“公布”出现的这个使用错误，在于作者忽视了“公布”要兼顾与“国家卫健委”和“社会”这两个不同对象的搭配。可以把“向国家卫健委和社会公布相关需求”改为“向国家卫健委和社会上报和公布相关需求”。“上报”指的是向上级报告，用在句中和“公布”并列，分别和“国家卫健委”“社会”搭配，整个句子就通顺了。

（二）

2021年1月21日《文汇报》第8版刊登文章《修缮婚姻这座建筑物究竟靠什么》。文中写道：“小说**公布**了一对夫妻的离婚案情，讲述了他们相识、相恋、完婚、离婚调解和婚案庭审的过程，目的不是评判他们谁对谁错，只是想通过这桩案子，把我对婚姻的几点认知传达给读者朋友。”句中“公布”一词使用有误。

“公布”的行为主体必须是各种机构，在某些特定情况下也可以是自然人。句中“公布”的行为主体是“小说”，但“小说”是一种文学体裁，不可能产生“公布”这样的行为，“公布”不能适用。

可把“公布”改为“描写”“讲述”之类的词。其中“讲述”一词在后文已有使用，但后文的话语是对“一对夫妻的离婚案情”的细化，用同一个动词对它们进行支配，是可以的。

（三）

见第57页“发布”条。

巩固 gǒnggù

2020年11月12日《人民日报》第5版刊登一篇文章，标题是“**巩固**脱贫攻坚要善作善成”。这个标题中的“巩固”使用有误。

“巩固”是个兼类词，作形容词用时指牢固的，不易动摇的，作动词用时指使巩固，句中的“巩固”用为动词。作动词用的“巩固”，要求其指向对象（宾语）在词语表现形式上是名词或者名词性短语。句中的“巩固”，宾语是

"脱贫攻坚"，这是一个动词性短语，不符合"巩固"对宾语的要求。句中"巩固"的宾语是不完整的。

可以在"脱贫攻坚"后加上"成果"一词。这样改了以后，"巩固"的宾语是"脱贫攻坚成果"，它是一个名词性短语，两者的搭配就没问题了。

共性 gòngxìng

2020 年 2 月 25 日《北京日报》第 6 版刊登文章《复工复产的前提是防控措施落实到位》。文中有这样一段话："就目前来看，全国疫情防控形势总体向好，但各地也陆续曝出多起单位聚集性感染案例。究其**共性**原因，根子还是主体责任落实不到位，对疫情防控麻痹大意、心里**没底**。"这段话中的"共性"和"没底"两个词使用有误。

先看"共性"。"共性"指不同事物所共同具有的普遍性质。"共性"一般指抽象的内容，句中说的是"各地也陆续曝出多起单位聚集性感染案例"这种情况，而这种情况具有直观性，"共性"不能适用。另外，"共性"是一个名词，一般不能作另一个名词的修饰语。句中的"共性"用以修饰另一个名词"原因"，这是把名词"共性"当形容词用了，不合其使用要求。

再看"没底"。"没底"的意思是没有把握，没有信心。"没底"在实际使用中一般组成"心里没底"的短语，它表示的意思是行为主体对某件事感到力不从心，对是否能达到效果实现目标吃不准。句中的"心里没底"是与"麻痹大意"连着用的，表示的是对事情不当一回事的意思，但这个意思与"没底"是有区别的。对某件事精心做好了准备工作，不"麻痹大意"，高度重视，但仍然可能"心里没底"。但这与作者要表达的意思是不同的，因此"没底"的使用不合词义。

"共性"可以改为"共同"。"共同"表示彼此都具有的，它的使用对象没有抽象与具象的区别，在使用上比较自由，同时它作为一个形容词，其主要的作用就是作名词的修饰语，符合文中需要。"没底"可以改为"没谱"。"没谱"表示对事情没有事先准备，没有计划，以致心里没数，不知道怎么回事，这与"麻痹大意"表示的意思是一致的，可用于文中。

沟通 gōutōng

2020 年 12 月 26 日《解放日报》第 2 版刊登报道《上海地铁运营里程增至 729 公里》。文中写道："新线形成新的**沟通**路径，能为市民提供出行便利，也可缓解**传统**线路的拥堵。"句中"沟通"和"传统"两个词使用不妥。

先看"沟通"。"沟通"的意思是使双方通连。"沟通"的使用对象通常应是抽象概念，如"沟通思想""沟通情况"，指向对象如果是具象的事物，比如两个地域，通常是指这两个对象之间的通连，如"南北沟通"。句中说的是"新线"所形成的运输线路，这具有具象性，"沟通"的使用不准确。

再看“传统”。“传统”在使用中要求使用对象有世代相传的特点，也就是说要经历几个世代，并且具有某种特点。句中“传统”的使用对象是“线路”，从引语所出全文可知指的是上海的地铁线路，但上海的地铁线路并没有长远的历史，未经历过几个世代，也说不上具有某种特点，因此“传统”的使用是不合适的。

可以把“沟通”改为“交通”，把“传统线路”改为“老线路”。“沟通”和“交通”的区别是，前者侧重于使用对象的通连，后者侧重于运输线路，句中适用的是“交通”。修改后使用的“老线路”，是与句中的“新线”相对而言，用在句中也是合适的。

孤立 gūlì

2020年8月21日《北京日报》第13版刊登文章《在高原看电影》。文中写道：“漫长的疫情期、长时间**孤立自闭**的生活，令人感到压抑，FIRST影展使得大家借此机会进行精神释放。”句中“孤立”“自闭”两个词使用不准确。

先看“孤立”。“孤立”指的是同其他事物不相联系，如“这件事不是孤立的”“湖中央有个孤立的小岛”，也指脱离大多数，不能得到同情和帮助，如“孤立无援”。前一个意思一般用于事物、事件，后一个意思一般用于人以及由人组成的团体等，表示人或团体等受到他人或其他团体等的排挤后的一种状态。句中的“孤立”用的是后一个意思。但句中说的是人独自一个，十分孤单的处境，“孤立”的词义与此不合。

再看“自闭”。“自闭”指的是不愿意和外界接触交流的一种心理状态。“自闭”主要是一种心理疾患，发展严重的话就成为自闭症，是一种人际交往障碍性疾病。句中说的是因为隔绝而不能与外界交流的一种状态，“自闭”的词义与此不合。

可以把“孤立”改为“孤单”或“孤独”，把“自闭”改为“封闭”。句中说的是“疫情期”为抗疫而居家隔离期间所出现的不能轻易外出的状态，“孤单”（或“孤独”）、“封闭”用于记录人在这种状态下的处境是合适的。

【另按】

《现汉》对“自闭”的解释不准确。《现汉》的释文是：“把自己封闭起来不和外界接触：性格～｜～症。”按照这个释义，如上引句子那样把“自闭”用来描写“疫情期”人们居家隔离的状态就没有问题了，但这是不可接受的。“自闭”是一种心理疾患，《现汉》所举两条书证说的就是这种心理疾患，释文中应该指出这一点。

古时 gǔshí

2020年8月20日《光明日报》第9版刊登报道《聆听广西山区的“茶故事”》。文中写道：“母女二人一起收集、整理了六堡茶的历史和**古时一直以来**

制作六堡茶的工具，各种陈年六堡茶和茶化石，专门建成了一个纯手工作坊与文化旅游一体化的六堡茶文化展示馆。”句中“古时”和“一直以来”连用，在表意上出现矛盾。

“古时”的意思是古代，古时候。“一直以来”表示某件事情或某种状态从开始出现到目前的整个过程。“古时”和“一直以来”都是表示时间的概念，但它们表示的时间范围是不一样的，“古时”不包括作者写作这篇文章的时候，而“一直以来”则表示时间一直延续到作者写作这篇文章的时候。句中的“古时”和“一直以来”连用，都用为“制作六堡茶的工具”的定语，这在表意上构成了矛盾。

要消除因为“古时”和“一直以来”连用所产生的表意矛盾，需要根据作者的确切意思作出取舍，如果作者要表达的意思是前者，那么保留“古时”删去“一直以来”就可以了，但是如果作者要表达的意思是后者，却不是保留“一直以来”删去“古时”那么简单，这牵涉到对“一直以来”这个短语的认识。

“一直以来”是近一二十年来出现的一种新的话语形式，但被指为存在语病，理由是使用“以来”需要有明确的时间开始点，如“自古以来”“开业以来”等，而“一直”是个副词，不能表示出明确的时间开始点，因此不能和“以来”搭配，《现汉》也只收录了“一直”和“以来”而未收录“一直以来”。其实，当“一直以来”用于表示某件事情或某种状态的过程时，它的时间开始点就是这件事情或这种状态开始出现的时候，这个时间点是存在的，因此“一直以来”这个话语形式是能够成立的。

但是，尽管可以承认“一直以来”这个短语的合理性，其用在这个句子中却不是很合适。“一直以来”更多地用于表示某件事情、某种状态从开始出现到目前的整个过程，它的使用对象要求具有动态，而句中“一直以来”的使用对象“制作六堡茶的工具”是一种静态的物品，不符合这个要求。因此，即使作者要表达的确实是这个意思，“古时”固然要删去，但仅仅是保留“一直以来”也不合适，把它改为“从古至今”更合适。

骨血 gǔxuè

（一）

2020年1月10日《北京晚报》第40版刊登文章《神话是一首传唱的歌》。文中写道：“说出这番话的叛逆少年，在涉水沐浴、失手杀了龙王之子后却并没有逃避，而是情愿用自身的**骨血**偿还了所有的亏欠，最终获得自由。”句中的“骨血”一词使用有误。

“骨血”指的是父母兄弟子女等有血缘关系的亲人，一般指子女等后代。句中说的“叛逆少年”在意识到自己对他人的“亏欠”以后，他愿意作出“偿还”，但他并不是要用自己子女来从事这一行为，而是要以自己的身体

（性命）来做这件事。句中用“骨血”来表示一个人的性命，但这不合词义。

可以把“骨血”改为“血肉之躯”。“血肉之躯”指的就是人的身体，也可指人的性命。需要注意的是，单说“血肉”并不能表示人的身体。

（二）

2021年7月4日《北京晚报》第9版刊登文章《音乐剧〈速记员〉再现“谍战玫瑰”沈安娜》。文中写道：“2010年6月16日，沈安娜弥留之际，照顾沈安娜的护工听见她在昏迷的时候嘴里还在喃喃自语：‘我暴露了！他们抓人了，从后门跑……’这便是14年的卧底生涯，给沈安娜留下的深入**骨血**的生命印记。”这段文字中的“骨血”使用有误。

“骨血”通常指亲生后代，句中的“骨血”指的是非常深刻的“生命印记”，“骨血”的词义与此不合。

可以把“骨血”改为“骨髓”。“骨髓”的本义是人以及一些高等动物骨内腔隙中柔软的胶状物，因为具有造血功能而比较重要，引申后可比喻人的很难改变的精神世界，这个意思用于这段文字是合适的。

（三）

2022年8月12日《光明日报》第13版刊登文章《大象之路：与荒原、山川、人类的相遇》。文中写道：“未能走出困境的这个象群里，没有一头大象足够年长，也就不曾记得甚至也没有经历过当年的灾害。酷烈的生存记忆，显然没有深入刻进它们的**骨血**。”这段文字中的“骨血”一词使用有误。

“骨血”一般指的是后代。这个词的使用对象通常是人，句中将其用于“大象”这种动物，考虑到引语所出整篇文章讲述的是“大象”的生活，把一个原来局限于人的词语移用到它身上未尝不可。但是，文中说的是“它们”（句中指代“这个象群”）所应该具有的“酷烈的生存记忆”，这是一种思维活动（对于动物来说是一种本能性的思维活动），“骨血”的词义与此不合。

可以把“骨血”改为“骨髓”。“骨髓”除了它的本义之外，通常可用来比喻人的很难改变的精神世界，这里将其移用到“这个象群”身上，比喻存在于“它们”大脑中的一种本能性的思维活动，也是合适的。

故事 gùshì

（一）

见第90页“活跃”条。

（二）

2022年5月27日《光明日报》第15版刊登文章《童家湾的乡愁》。文中有一个句子写道：“院墙上画了中国传统文化**故事**，古风**似水流年**，浸润着日出而作日入而息的农人朴素的秉性。”句中的“故事”和“似水流年”两个词语使用有误。

先看“故事”。“故事”指的是真实的或虚构的用作讲述对象的事情。“故事”不论其内容是真实发生过的，还是由创作者虚构的，就这个词来说，它是具有抽象性的。在这个句子中，“故事”接受了动词“画”的支配，但作为动词的“画”，是一种具有具象性的行为，“故事”和“画”不能搭配。

再看“似水流年”。“似水流年”指的是岁月像水一样容易流逝，形容光阴似箭，青春易逝。句中的“似水流年”与“古风”搭配，但作者并不是在说“古风”已经消逝，而是说“古风”在“院墙上”一些讲述“中国传统文化故事”的画作中得到了传承，“似水流年”不能表示这种意思，不能适用。

可以把“画了中国传统文化故事”改为“画了讲述中国传统文化故事的画作”，这样，原句中“故事”与“画”不再有搭配关系，“故事”接受动词“讲述”的支配，“画”支配的对象则是“画作”。“似水流年”可以改为“绵延不绝”之类的话语。

管窥 guǎnkuī

2020 年 2 月 17 日《文艺报》第 7 版刊登文章《人间遍是烟火气》。其中写道：“整理挖掘民俗文化只是小说的附属功能，所以不要指望通过一部小说能**管窥**一项民俗的全貌，尤其《烟火》又汇聚了这么多的民俗内容。”句中“管窥”一词使用有误。

“管窥”的意思是从管子里看东西，比喻所见到的只是片面的情况。“管窥”这个词中的词素“窥”含有贬义色彩，用于自身可以表示谦逊态度，用于他人则表示一种蔑视的态度，这也决定了“管窥”是个谦语词，一般只能用于作者说自己的情况，表示一种谦逊的态度，如“管窥之见”。句中的“管窥”，其行为主体应该是句中未曾出现的“读者”，而不是作者自己，但句中对“读者”并没有表示出蔑视情感，因此“管窥”是不适合使用的。

另外，句中的“管窥”，其指向对象是“全貌”，这本身是不可能的（既是“管窥”就不可能看到“全貌”），虽然在句中这个组合出现在“不要指望”之后，表明是为作者所否定的内容，但由于“管窥……全貌”本身是不可能的，这样的否定也就是没有意义的，这也表明了“管窥”在这个句子中的使用是不合适的。

对“管窥”的修改，一般可以改为“观看”之类的词。如果不是拘泥于用肉眼看这个意思，把“管窥”改为“领略”之类的词，表达的效果应该更好。

广大 guǎngdà

（一）

2021 年 9 月 17 日《四川日报》第 20 版刊登文章《一枚乡愁的月亮》。文中有句话写道：“白鹤种群**广大**的白与树林无边的绿，相互映衬出各自的美好。”这个句子中的“广大”一词使用有误。

“广大”是个多义词，它可以指面积、空间宽阔，如“国土广大”；可以指范围广泛，规模巨大，如“建立广大的爱国统一战线”；可以指人数众多，如“广大人民群众”。句中的“广大”用于描写“白鹤种群”集中在一起后所形成的“白”这一颜色的一望无际，但“广大”不具备这样的使用功能。

可以把“广大”改为“浩大”。“浩大”可以形容事物的壮阔气势，适用于这个句子的语境。

（二）

2022年4月18日《光明日报》第13版刊登文章《朱子四书学中的诗学》。文中有一个句子写道：“朱子的学问，综罗百代而**广大**精微。”

“广大”在这个句子中被用来形容“朱子的学问”宽广博大，但“广大”没有这样的词义，“广大”的使用不合适。

可以把“广大”改为“广博”。“广博”可用于指人的学问、胸怀等宽广博大，适合于这个句子。在句中，“广博”还可以与“精微”并列，从宏观和微观两个不同角度构成对使用对象“朱子的学问”的评价，更全面地展示使用对象的特点，“广大”则不具备这样的功能。

（三）

2021年8月18日《新华日报》第5版刊登报道《抗疫保供，江苏家庭农场在行动》。文中写道：“**广大**家庭农场坚持‘一手抓疫情防控，一手抓农业生产’，充分发挥稳产保供作用，助力打赢疫情防控阻击战。”这个句子中的“广大”一词使用有误。

“广大”可以形容使用对象在数量上的多，但通常限于人。句中的“广大”修饰“家庭农场”，表示“家庭农场”在数量上有很多，但“家庭农场”不是人，不能接受“广大”的修饰。

可以把“广大”改为“众多”之类的词。“众多”表示很多，用于修饰“家庭农场”是可以的。

（四）

2020年8月7日《新华日报》第9版刊登文章《“烟头换鸡蛋”换来什么》。文中有这样一句话：“只有引导**广大**烟民自觉养成‘烟头不落地’的习惯，才能从源头上杜绝烟头落地。”句中的“广大”一词使用有误。

“广大”具有褒义色彩，当“广大”用于人时，其使用对象在社会评价中要求具有正面性，而“烟民”在汉语使用环境中不具有正面性评价，作者对吸烟行为也持拒斥态度，因此，“广大”在这个句子中的使用是不恰当的。

“广大”用于人时有一个特点，它虽然可以表示人数众多，但并不需要给出人员的数量，只是用这个词来表示出一种具有正面性的强大力量。在上引句子的语境中，不存在显示“烟民”力量强大的表述需要，因此对于句中的“广大”，没有必要用另外一个词来替换它，把它删去就可以了。

国家 guójiā

2020年11月12日《人民日报》第3版刊登文章《"清洁网络"计划危害网络安全》。文中有句话写道："近期，媒体又揭露出'五眼联盟'等**国家**要求企业在加密应用程序中设置'后门'。"句中"国家"一词使用有误。

"国家"指的是在一定的历史阶段中由固定的土地和人民组成，有一个进行社会管理的机构，对外享有主权的政治实体。句中把"五眼联盟"称为"国家"，但"五眼联盟"是在"二战"以后由美英等5国秘密协议建立的一个多国监听组织，由这5个国家的情报机构组成。作为一个国际机构，"五眼联盟"既没有自己管理的土地，也没有被其统治或需要其服务的人民，因此句中"'五眼联盟'等国家"的表述是错误的。"五眼联盟"的成员是国家，但这不等于由这些国家组成的国际机构也是国家。

这个错误的修改，要看其实际情况。如果是"五眼联盟"以其机构名义提出"要求"，可以把"国家"和它前面的"等"删去，让"五眼联盟"直接和"要求"建立起主谓关系；如果是"五眼联盟"的成员国提出"要求"，可以把"'五眼联盟'等国家"改为"'五眼联盟'中的国家"或"'五眼联盟'各国"，让"五眼联盟"不再和"国家"等同起来。

【另按】

《现汉》对"国家"的定义不符合现当代"国家"的现实状况。《现汉》对"国家"的定义是："阶级统治的工具，同时兼有社会管理的职能。国家是阶级矛盾不可调和的产物和表现，它随着阶级的产生而产生，也将随着阶级的消亡而自行消亡。""国家"确实是随着阶级的产生而产生的，但在现当代，仍然把它视为"阶级统治的工具"就不全面了。在今天已经成为普遍现象的民主制国家，由人民代表大会或议会选举产生的国家管理机构的职能不是实行阶级统治，更不是按照阶级统治的要求在为一部分人谋取利益的同时镇压另一部分人，而是代表全体人民利益，要为全民服务。很显然，《现汉》的释文过于陈旧，已经不能适应汉语使用环境的实际状况。

相比之下，《现代汉语规范词典》（以下简称《现规》）对"国家"的释义要好一点。《现规》对"国家"的定义是："在一定的历史阶段中由固定的土地和人民组成、有一个进行管理的组织的共同实体。"这个释义揭示出了现当代"国家"概念的部分特征，但也存在重大遗漏，按此定义，"国家"之下的省、市、县等行政区划也可以称为"国家"了。现当代"国家"概念的一个最重要特征就是享有主权，这在"国家"的定义中是不可缺少的。

果敢 guǒgǎn

见第46页"弹丸之地"条。

裹挟 guǒxié

（一）

2021年4月18日《浙江日报》第3版刊登文章《古茶树的春天》。文中有一个句子写道："古茶树的枝头已被剪断，伤口处扎了薄膜，根须只留下圆圆的一球，被重重的草绳**裹挟**。"句中的"裹挟"一词使用有误。

"裹挟"的本义是指风、流水等把别的东西卷入，使随着移动，如"狂风裹挟着沙尘，扑面而来"。句中说的是"重重的草绳"把"古茶树"的"根须"包扎起来，但"重重的草绳"并没有要求被包扎后的"古茶树"的"根须"随其移动，"裹挟"的词义与句中要表达的意思不合。

可以把"裹挟"改为"包裹""包扎"之类的词。"包裹""包扎"在行为主体完成这一行为后，并不要求其指向对象随之移动，这是这两个词与"裹挟"的重要区别。

（二）

2021年10月8日《新民晚报》第14版刊登文章《离婚后产生的子女教育费怎分担?》。文中有一个句子写道："律师也希望父母双方都能相互体谅，顾及双方各自的经济条件，尽量做到量入为出，尽己所能为孩子的健康成长创造良好条件，不能毫不体谅对方的承受能力，或者相互**裹挟**。"句中的"裹挟"一词使用有误。

"裹挟"在本义之外还有其引申义，指把人卷进去，迫使跟随移动或行动，如"被乱兵裹挟""涉世不深的年轻人容易被狂热的社会潮流裹挟"。句中的"裹挟"用的是引申义，说的是离婚后的"父母双方"抓住对方的弱点或把柄，迫使对方按自己的要求办，这个意思不合"裹挟"的词义。

可以把"裹挟"改为"要挟"。"要挟"是一种不好的行为。所以"律师"会"希望"离婚后的"父母双方"不要这样做，也就是不要"相互要挟"。

（三）

2020年9月24日《长沙晚报》第12版刊登文章《妈妈回家》。文中写道："湘西作家沈从文的传世之作《边城》，让**裹挟**着美好、清纯、质朴、忧伤的湘西印象，经久不衰地留存在人们的记忆里。"句中的"裹挟"一词使用有误。

"裹挟"在这个句子中用的是引申义。需要注意的是，"裹挟"的引申义通常含有贬义，其指向对象通常是人。句中的"裹挟"用的是其引申义，但是其指向对象"美好、清纯、质朴、忧伤的湘西印象"是抽象概念，同时作者对其持有肯定态度，具有正面性（其中"忧伤"在句中表现为一种文学意象，也含有正面性），句中使用"裹挟"，既不合其引申义对指向对象的要求，也不合其情感色彩。

可以把"裹挟"改为"包容"之类的词。"包容"在这里意为包含、容纳，这个意思与句中语境能够融合。

过来 guò · lai

2020年5月29日《文汇报·文汇读书周报》第3版刊登文章《文学包裹着春天般的先锋气息》。文中有这样一句话：“我和他聊了一些外文古董书籍的装帧特点和保存方法，苏童也把书接**过来**，**厚实**地在手里掂着，手指掠过光滑的皮质纹路和烫金的文字，不住地赞叹。”句中的“过来”和“厚实”两个词使用有误。

先看“过来”。“过来”是一个很常见的词，其用法也比较多样，其中一个用法是附着于动词之后表示动作的方向，称为趋向动词。句中的“过来”附着在动词“接”之后，就是趋向动词的用法。作为趋向动词的“过来”，其中一个功用是行为主体通过这个动作来到说话人身边，或使某一物品向说话人靠拢。在上引这个句子中，行为主体“苏童”从说话人“我”的手里“接”了“书”，这个时候“书”的状态是离开说话人“我”，而不是靠拢说话人“我”。因此，“过来”的使用不合常情。

不是说“接过来”的说法绝对不能用。如果“苏童”和“我”处在同一方向，“书”是另外的行为主体交给“苏童”，说话人认为“苏童”是在“接过来”是可以的。但在这个句子的语境中，没有另外的行为主体，说话人“我”和“接”的行为主体“苏童”处于语法上的对立关系，对“我”来说，“苏童”的“接”就不能说“接过来”。

再看“厚实”。“厚实”是个多义词，可以指物品又厚又结实，指宽厚结实，指学问等浓厚扎实，指丰富、富裕。“厚实”作为一个形容词，尽管词义较丰富，但都只能用来形容事物，它们在词语表现形式上只能是名词或名词性短语。句中的“厚实”，修饰的是动词“掂”，这超出了“厚实”的使用范围。“掂”这个动作无法表现出“厚实”的状态，因此“厚实”的使用不合适。

至于修改，“过来”应改为“过去”。“过去”同“过来”一样，也有趋向动词的用法，但其表示的动作趋向则正好与“过来”相反，句中行为主体“苏童”所做出的“接”这个动作，其动作趋向是使“书”离开与“苏童”处在对立状态的说话人“我”，使用“过去”是合适的。

对“厚实”的误用，由于句中乃至引语所出全文中提供的信息量不足，修改起来比较复杂。一般地说，如果“书”是比较“厚实”的，那么人们在从事“掂”这个行为时，手上就会感觉到一定的重量，因此可以考虑把“厚实”改为“用力”。还有一种可能的情况是，作者使用“厚实”是要形容“书”的珍贵（句中说的“书”是“外文古董书籍”），如果确实是这样，则可把“厚实地”移至“书”之前（“厚实”后的“地”还要改为“的”），同时为了保证上下文的贯通，还宜在改过后的“厚实的书”前面加上“这几本”之类的话，以与前文“外文古董书籍”前的“一些”有所照应。

孩子 hái · zi

（一）

2022 年 8 月 6 日《北京晚报》第 14 版刊登文章《活在西湖的山水间》。文中有一个句子写道："毕竟是西湖边长大的**孩子**，都锦生在教学过程中十分注重创新，继而开始思考能不能运用丝绸织造工艺来表现西湖的风景?"这个句子中的"孩子"一词使用有误。

"孩子"指的是儿童，或者说未成年人。在一个家庭中，"孩子"也可以指父母生下的子女或祖辈的后代。句中的"孩子"指的是"都锦生"这个人，但从句中可以看出，其时的"都锦生"已经在参与"教学"活动，这就是说他已经做了学校的老师，通常来说，一个人能够有这样的身份，在年龄上就已经不是"孩子"，引语所出这篇文章的作者也不是"都锦生"的长辈，因此使用"孩子"来称说"都锦生"是不合适的。

可以把"孩子"改为"人"。"人"可以涵盖自然人从出生到年老去世的整个人生阶段，用于句中是合适的。当然，如果把"孩子"删去，即让"西湖边长大的"这个"的"字结构（相当于一个名词）作判断词"是"的宾语，也是合适的。

另外，句末的问号应改为句号。

（二）

2021 年 4 月 19 日《解放日报》第 5 版刊登一篇文章，标题是"**孩子**继承父母房产要缴多少税"。这个标题中的"孩子"使用不妥。

"孩子"指人的儿童时期，句中说的是能够"继承父母房产"的人，这是一种法律关系。句中需要一个与"父母"对应的法律概念，"孩子"不能适用。

可以把"孩子"改为"子女"。"子女"指儿子和女儿，在法律上能够和"父母"对应。

（三）

2020 年 7 月 17 日《新华日报》第 14 版刊登文章《北京猿人是我们的祖先吗》。文中有一个句子写道："马跟驴能够进行交配，生的**孩子**是骡子，但骡子不能生骡子，所以马跟驴就不是一个物种。"句中的"孩子"一词使用有误。

"孩子"的所指对象只能是人，除了在童话之类的特定语境中，通常不能把人以外的动物称为"孩子"。句中把"马跟驴……进行交配"后生下的物种称为"孩子"，但由于"马"和"驴"都是动物而不是人，因此"孩子"不能适用。

可以把“生的孩子”改为“生下的”。“生下的”是一个“的”字结构，它相当于一个名词，用在句中表示“马跟驴……进行交配”后产下的物种（即“骡子”），用这个结构来替代“孩子”是合适的。

含混 hánhùn

2020年7月25日《湖北日报》第8版刊登文章《大雨滂沱的夜晚》。文中写道：“五个人站在雨里，他们是向士虎、林晶、刘宗艳、田玉红和他自己，他们泥筑浆抹的面目正被密集的雨滴模糊，像一种**含混**的清洗。”句中的“含混”一词使用不妥。

“含混”的意思是模糊，不清晰。“含混”一般用来形容人的言语，如“高烧中的他，说着含混不清的胡话”。句中的“含混”，用于修饰“清洗”，这不是人在说话，“含混”不能适用。

可把“含混”改为“混乱”。句中说的是雨水淋在“泥筑浆抹”的人身上，这种“清洗”显得很杂乱，无法达到干净的结果，“混乱”合于句中表达的需要。

耗费 hàofèi

2020年7月15日《解放日报》第6版刊登报道《彭泽县棉船镇四千余群众有序转移》。文中写道：“武警九江支队的百余名官兵正对堤坝进行加高加固，目前已**耗费**土石600余方，搬运沙袋58000余袋，将江心村附近8公里子堤加高了50厘米，并排除4处漫堤险情。”句中的“耗费”一词使用不准确。

“耗费”意为花费掉，用掉。“耗费”的使用对象，通常是作者认为本来用不着花费掉的，因此使用“耗费”意味着作者对这种行为的不满，如“这个工程太耗费钱财”“这件事耗费了我很大精力”，都意味着言说者对“耗费”这种行为的不满。句中的“耗费”，其使用对象是“土石600余方”，但这是行为主体“百余名官兵”为了完成在抗洪中“对堤坝进行加高加固”的任务而作的投入，这一行动有正当性，作者对此也没有什么不满，因此“耗费”的使用不合适。

可以把“耗费”改为“使用”。“使用”的意思是让相关使用对象（句中即“土石600余方”）进入运作中为某种目的服务（句中即“对堤坝进行加高加固”），它是一个中性词，以这个词作客观叙述，不含有感情色彩。因此“使用”用在句中正合适。

合作 hézuò

见第280页“佐料”条。

后发制人 hòufā-zhìrén

2020年3月21日《新民晚报》第15版刊登文章《不必太纠结于当下》。文中有这样一段文字："古今中外，有许多有杰出成就的人才，在童年时代，并没有展露出翘楚的头角；恰恰相反，他们显得有点平庸，甚至有点笨拙，但他们中有许多人是**后发制人**，不少人是大器晚成。"这段文字中的"后发制人"一语使用错误。

"后发制人"的意思是在斗争中让对方先行动，待对方的弱点暴露后，再出动反击制服对方。"后发制人"的使用场合，通常要求是比赛、竞技、博弈、战争等带有比拼性质的领域。句中说的是行为主体"他们"在长大成人后逐渐成熟，显露出才华，并无与他人比拼的意思，因此"后发制人"的使用是不合适的。

在这段文字中，作者要表示的意思是"有许多人"是在长大成人后逐渐成熟并显露出才华的，而这个意思在文中已有"大器晚成"表示，没有必要再用一个相同意思的词进行重复表达，"后发制人"的使用不仅是错误的，而且是多余的。因此，可以把"他们中有许多人是后发制人，不少人是大器晚成"改为"他们中有许多人是大器晚成"或"他们中有不少人是大器晚成"。这两种修改的不同之处在于"大器晚成"的主语词分别为"许多人"和"不少人"，这是为了表示对原文的尊重，可以根据作者要表示的意思作出选择。

另外，也可以把"后发制人"改为"厚积薄发"，不过"厚积薄发"的意思是大量地积累，只选择一部分精华对外公开，通常用来赞扬人学问深厚，学风严谨，这虽然与句中语境能够达成一致，但与作者原意稍有不同。

厚实 hòu · shi

见第81页"过来"条。

呼应 hūyìng

2020年5月9日《新民晚报》第16版刊登文章《微扶贫》。其中有一段文字写道："摊位上叠放着湖绿色搪瓷缸，其中一只打开了盖子，我看里面的酒酿晶莹剔透，一股香味扑鼻而来，料想此酒酿味正，称一斤吧。摊主用铝勺挖了一勺，正好一斤。我说多加点汤，他随口**呼应**好的。"文中"呼应"一词使用有误。

"呼应"的意思是呼喊与答应，互相联系。"呼应"常用于人与人之间的互相联系，也可用于表示如文章结构之间的前后照应。文中的"呼应"用的是前一个意思，而当"呼应"这样用的时候，需要注意的是，其行为主体即互相联系的双方或多方之间一般不能处在同一场景，通常是互不照面。文中的"呼应"说的是在市场里一个卖"酒酿"的摊位前，作为顾客的"我"向作为摊主的“他”提了“多加点汤”的要求，对方回答“好的”，两人处于同一场景，在这种情况下，“呼应”不能适用。

可以把“呼应”改为“答应”。“答应”有一个意思是应允，同意，而它的适用条件不像“呼应”那样严格，既可以用于不同场景之间的对话，也可以用于同一场景之间的对话，因此适用于文中语境。

当然，在同一场景之下的甲乙双方，不是绝对不能用“呼应”，但有两个前提条件，其一是甲提出的主张不是对自我利益的诉求，而是基于一种公共利益，如甲在一个小区会议上提出要加强小区绿化，乙对甲的说法表示同意，就应该用“呼应”。其二是甲提出的主张虽然是对自我利益的诉求，而乙提出同样是基于自我利益的诉求，如甲在会议上提出要求解决自家房屋漏水的问题，乙随后提出同样的要求，虽然两人各说各话，但也可以用“呼应”。而在上面这段文字中，“我”提出的是对自我利益的诉求，“他”则是同意了这种要求，“呼应”就不能适用，改为“答应”是合适的。

另外，改为“答应”后，可把“好的”省去。

忽忽 hūhū

2020 年 6 月 11 日《北京晚报》第 19 版刊登文章《在斋浦尔老影院看电影》。文中有一句话写道：“早晨的太阳刚刚抚慰粉红色的建筑时，各国各地**忽忽**到来的游客便已经争着抢占着有利地形拍照。”句中“忽忽”一词在使用上存在错误。

“忽忽”的意思主要有两个，一是形容时间过得很快，如“忽忽三载已过”；二是形容失意或心中空虚，如“忽忽不得志”“忽忽无聊”。前者主要用于“时间”之类的抽象概念，后者主要用于形容人的心理状态。句中用“忽忽”形容“到来”，这是人的一种行为状态，“忽忽”不能适用。作者的意思可能是要用“忽忽”形容“游客”行动的快捷，但“忽忽”没有这样的意思。

一般可以把“忽忽”删去。但删去以后，“到来”缺少了修饰语，语句显得比较干涩。因此更恰当的修改是为其另外加上合适的形容语。如果作者确实是要表示“到来”的行为主体“游客”行动的快捷，可以加上“匆匆”。

另外，“争着抢占着”这种说法太累赘，应该把后面一个“着”删去。

互文 hùwén

见第 156 页“凝炼”条。

环比 huánbǐ

（一）

2020 年 6 月 26 日《广州日报》第 5 版刊登报道《粽子线上消费广东全国居首》。文中写道：“从全国范围看，今年‘粽子’搜索量**环比**增长 9.3 倍，豆沙粽、肉粽、巧克力粽的搜索量**环比**增长分别达 12.9 倍、9.7 倍和 6.6 倍。”句中的两个“环比”都存在使用问题。

“环比”指的是目前这个时间段的统计数据和相邻的上一个同样时间段的同类统计数据相比。“环比”按用于比较的不同的时间段可以分为周环比、月环比、季度环比等。因此，“环比”在使用中要求给出进行比较的明确的时间段，如果缺了这个要素，语意表达的效果就会受到影响。句中的两个“环比”，都没有给出用以比较的时间段，这使得“环比”所表示的意思不明确，读者不知道相关的数据是什么时间段的比较结果，表达的效果很差。

当然，句中出现了一个“今年”，这可以视为一个时间段，那么，按“环比”的要求，相关数据就可以理解为和去年比较的结果。但是，“今年”还未结束，而去年则已是一个完整的年份，两者不是相同的时间段，不能进行比较。如果把“今年”理解为截至作者说话时为止的时间段，再和去年同样的时间段进行比较，这不合“环比”的词义。

因此，在相关信息残缺的情况下，对句中“环比”的使用错误很难修改。这里只能假设几种情况进行修改：

第一，考虑到句中用到了“今年”这个时间段，因此很大可能是把今年的数据和去年同一时期比，那么，不仅应该把句中的两个“环比”改为“同比”，还应该把“今年”改为“今年到目前为止”之类的话语。

第二，在现实生活中，粽子是时令食品，而引语所出文章发表时已是 2020 年 6 月，正值年中，2020 年差不多半年过去了。把这么长的时间内出现的数据拿来比较，对于粽子这种时令食品来说是没什么意义的。考虑到文章发表时正值中国农历端午节（民间盛行吃粽子，拉动粽子消费上升），更可能的情况是把节前规定时间段（为叙述方便，可以假定为“端午节前一周”，下同）的相关数据进行比较，这种比较可能有两种情况，从而产生两种修改：

（1）把今年的规定时间段和与其相邻的上一个同样时间段的数据进行比较，这时候两个“端午节前一周”的使用符合“环比”的使用要求，句中的两个“环比”是使用正确的，可以保留，但必须在“今年”的后面加上“端午节前一周”。

（2）把今年的规定时间段与去年同样时间段的数据进行比较，这时候两个“端午节前一周”的比较不符合“环比”的使用要求，句中的两个“环比”都应改为“同比”，同时也需要在“今年”的后面加上“端午节前一周”。

（二）

2022 年 8 月 13 日《羊城晚报》第 3 版刊登报道《一碗隆江猪脚饭缘何成为深圳特产?》。文中有一个句子写道：“美团数据显示，5 月至 7 月，入夏以来，深圳猪脚饭外卖销量比春季大涨 46%，猪脚饭堂食套餐加外卖销量高达 237 万份，**环比**去年同期菜品销量增速 52%。”句中的“环比”一词使用有误。

“环比”指的是某一个时间段的相关数据与其相邻的同样长度时间段内的同类数据的比较，在进行比较的这两个时间段之间是不存在时间空当的。句中说的是“入夏以来”（今年）和“去年同期”的比较，中间存在时间空当，“环比”不能适用。

一般地说，把今年某一个时间段内的统计数据和相邻上一年同样时间段的同类数据进行比较，可以称为“同比”。但就这个句子的情况来说，把“环比”改为“同比”却是不合适的。这是因为，使用“同比”，要求所指时间段有明确的起讫时间，而句中的时间段是“入夏以来”，并没有明确的起讫时间。在这种情况下，把“环比”改为“相比”更合适。“相比”的意思是互相比较，这个词在使用上不像“环比”“同比”那样有严格的要求，可以适用于这个句子。

恍惚 huǎnghū

2021 年 1 月 29 日《北京晚报》第 24 版刊登报道《蒋方舟：从推想小说发现更多可能》。文中有一段文字写道：“去年，蒋方舟在微博上发出 31 岁生日宣言：……人们**恍惚**发现，不知不觉间，她悄然度过了而立之年。”文中的“恍惚”一词使用有误。

“恍惚”有两个意思，一是指神志不清，精神不集中，如“精神恍惚”；二是指记得、听得、想得不真切，不清楚。文中的“恍惚”指的是行为主体“人们”在看到“蒋方舟在微博上发出 31 岁生日宣言”后，顿时明白“她悄然度过了而立之年”，而不是对这一情况还没有看清楚，“恍惚”不合表达需要。

应该把“恍惚”改为“恍然”。“恍然”的意思是忽然醒悟，一下子明白，这个意思符合文中表达需要。

恍然 huǎngrán

2021 年 5 月 30 日《南方都市报》第 14 版刊登文章《一个医生的叹息：“我自己就是大夫啊”》。文中有这样一段话：“这些年自己从大学毕业到实习，再到转正和考上医师，再到受到无数患者认可，**恍然**间他对自己这份职业受用不已，而没料到母亲的一场灾病，彻头彻尾把他打回了原形。”这个句子中的“恍然”一词使用有误。

“恍然”的意思是忽然醒悟，一下子明白，如“恍然大悟”。“恍然”在这个句子中的使用对象是“他对自己这份职业受用不已”，但后面又说“没料到母亲的一场灾病，彻头彻尾把他打回了原形”，说明行为主体“他”对于以前“对自己这份职业受用不已”的感觉产生了怀疑，甚至认为那种感觉是片面的，是不正确的，因此“恍然”的使用不能切合语义表达需要。

应该把“恍然”改为“恍惚”。“恍惚”有一个意思是记得、看得、想得不真切，不清楚，从句中所述来看，行为主体“他”是意识到了自己以前“对自己这份职业受用不已”的感觉存在问题，“恍惚”合用于这个语境。

“恍然”和“恍惚”有相同的词素“恍”，这是导致这两个词容易发生混淆的一个重要原因。“恍”能够表示两种基本相反的意思，它既能表示明白，也能表示糊涂，在“恍然”和“恍惚”这两个词中，就分别表示这两种意思。搞清楚这一点，这两个词就不会出现混淆了。

晃荡 huàng · dang

2020 年 10 月 24 日《北京晚报》第 16 版刊登文章《人能自省最可贵》。其中有段文字写道：“这有点像过去我在部队学习打靶的动作要领，瞄准时按照‘三点成一线’的法则，围着目标点**晃荡**，以修正随时出现的偏差，然后‘无意响枪’；如果举枪就打，十有八九是上不了靶的。”其中“晃荡”一词使用有误。

“晃荡”有两个意思，一是指随意向两边摆动，这个意思的行为主体包括物品和人，如“一阵大风吹过，小船在水里不停晃荡”“他晃荡着身体，一副志得意满的样子”；二是指闲逛，无所事事，这个意思的行为主体只有人，如“你晃荡了一天，什么事也没干”。不管是用于人还是用于物，“晃荡”叙写的都是一种比较随意的状态，行为主体没有明确的目的性。句中说的是行为主体“我”在“学习打靶”时把手里的枪对准“目标点”，调整、校正枪口的方向，这种状态有明确的目的性，要求行为主体高度集中注意力，“晃荡”的词义与此不合。

另外，“晃荡”用于人时，还含有一定的贬义，表示对行为主体的不满。句中对“学习打靶”这件事并无不满，用“晃荡”来叙写“打靶”的具体动作，在情感上也是不合适的。

可以把“晃荡”改为“移动”。“移动”指改变原来的位置，这个词所指的范围可大可小，用于叙写“打靶”时调整枪口位置这一行动，也是合适的。

恢复 huīfù

2020 年 6 月 16 日《光明日报》第 12 版刊登一篇报道，题为“历史表明，贸易有利于全球性灾难的**恢复**”。句中的“恢复”使用有误。

“恢复”的意思是变成原来的样子。“恢复”的使用对象应是原来的样子，而这个原来的样子曾一度消失，如“良好的秩序恢复了”，就表明“良好的秩序”重新出现了，而在此之前它曾消失过一段时间。在上引句子中，“恢复”的使用对象是“全球性灾难”，但从引语所出全文可知，所谓“全球性灾难”（指的是 2020 年在全球暴发的新冠肺炎疫情）其时正在发作，这正是全球努力要消灭的事物，而不是要让它重新出现。“恢复”的使用颠倒了作者要表达的意思，是不合适的。

可以把“恢复”改为“克服”。“克服”指战胜或消除缺点、错误、坏现象、不利条件等，“全球性灾难”作为一种坏的现象，正是要战胜、消除的对象，“克服”的词义与此吻合。

会集 huìjí

2020年5月4日《北京晚报》第16版刊登文章《“煲剧”谈经验·“褒剧”论经典》。其中有一段文字写道：“大约一年后，《家变》开播，风靡了香港。几十集的电视剧，**会集**婚姻爱情、家庭伦理、社会现实于一‘锅’；观众‘煲剧’，**火红**了周润发和汪明荃。”文中“会集”和“火红”两个词使用有误。

先看“会集”。“会集”的意思是聚集。“会集”的使用对象一般应是具象的人，如“科学院是科学家会集的地方”。句中“会集”的使用对象“婚姻爱情”“家庭伦理”“社会现实”都是抽象概念，“会集”不能适用。

再看“火红”。“火红”形容像火一样的，如“火红的太阳”“火红的钢水”；又形容旺盛，热烈，如“火红的年代”“他家的小日子过得火红”。“火红”的这两个意思，其使用对象都限于事物，不能用于形容人。句中的“火红”，使用对象是“周润发”“汪明荃”，他们是两个人，“火红”不能适用。另外，“火红”是一个形容词，在使用中不能带宾语，句中的“火红”带上了宾语“周润发和汪明荃”，这是把“火红”当动词用了，也是不合适的。

可以把“会集”改为“汇集”，把“火红”改为“捧红”。“汇集”和“会集”的意思差不多，但“汇集”多用于物，“会集”多用于人，句中适用前者。“捧红”指对演员等人进行包装宣扬使其走红，同时它是一个动词，适合句中使用。

荟萃 huìcuì

（一）

2021年1月2日《南方都市报》第8版刊登报道《“潮剧丑王”方展荣唱响海内外一甲子》。文中有一句话写道：“他担心潮剧**荟萃**会化成时光的灰烬，为此他曾动员广东省韩山师范学院师生为曹汉城、陈丽君等潮剧演员做口述历史。”句中的“荟萃”一词使用有误。

“荟萃”意为杰出的人或精彩的事物聚集、汇聚在一起。句中的“荟萃”与“化成时光的灰烬”搭配，但“荟萃”本身是一个动词，它不可能表现出另外的动作状态，作者是把“荟萃”这个动词当作名词来用了，但这不合其词义。

可以把“荟萃”改为“精粹”。“精粹”是个兼类词，可作形容词或名词用。这里作名词用，指事物的精华部分，这个意思合于作者表达。

（二）

2020 年 8 月 21 日《新民晚报》第 14 版刊登报道《“朱鹮”带你探访“隐秘的角落”》。文中有一句话写道：“首场演出六家院团综合汇报，名家新秀同台、文武兼备**荟萃**，之后将上演‘京昆专场’‘沪评专场’‘越淮专场’等……”句中的“荟萃”一词使用不妥。

“荟萃”在这个句子中和“兼备”并列，共同作“文武”的谓语。但是，“兼备”的意思是同时具有几个方面的优点或特点，它和“荟萃”的意思是基本一样的。因此，“荟萃”固然可以和“文武”搭配，但在句中已经用了“兼备”这个词以后，再使用“荟萃”就产生了语意重复的问题，也就是说，“荟萃”是不适宜和“兼备”并列使用的。

可以把“荟萃”删去。当然也可以删去“兼备”，这样就可保留“荟萃”。

活泛 huó · fan

（一）

见第 114 页“紧致”条。

（二）

2021 年 3 月 31 日《深圳晚报》第 14 版刊登文章《过去就活在今天》。文中有这样一个句子：“桂花香里，星夜下，姑姑您的面孔就在我的镜片前**活泛**起来。”句中的“活泛”一词使用有误。

“活泛”指脑子灵活，能随机应变，又指手头经济宽裕。从引语所出全文可知，句中的“姑姑”已经去世，文章表达的是作者对“姑姑”的怀念之情，句中的“活泛”，作者用来表示的意思是“姑姑”在其“镜片前”活动了起来，以表示“姑姑”活了过来，虽然这可以表达作者对“姑姑”的感情之深，但“活泛”这样使用不合其词义。

可以把“活泛”改为“活”，其后还宜加上时态助词“了”。

另外，句中的“镜片前”也宜改为“眼前”。作者可能是因为戴着眼镜，但眼镜是人用来提高眼力的，因此即使戴着眼镜，仍然应该说“眼前”。“镜片前”的说法表面上看符合事实，但不合通常的表达习惯。

活跃 huóyuè

2020 年 1 月 8 日《解放日报》第 8 版刊登报道《“逃跑大戏”远未结束》。文中写道：“虽然日产前董事长戈恩已逃回故国黎巴嫩暂获自由，但是相关角色仍在**活跃，故事**远未结束。”句中“活跃”和“故事”两个词的使用有问题。

先看“活跃”。“活跃”的意思是行动活泼而积极。句中说的是行为主体“相关角色”在围绕着“日产前董事长戈恩已逃回故国黎巴嫩暂获自由”这件事从事各种活动，“活跃”的词义与此不合。另外，“活跃”是一个形容词，句中的“活跃”接受了副词“在”的修饰，但只有动词才可以这样用，因此句中是把“活跃”这个形容词当作动词来用了，不合其使用要求。

再看“故事”。“故事”指的是真实的或虚构的用作讲述对象的事情，如“真实故事”“神话故事”“动人故事”。“故事”在指真实发生的事情时，一般用来指已经结束，并与讲述时间有一定间隔的事情，正在发生、尚未结束的真实事情不能称为“故事”。句中说的是“日产前董事长戈恩已逃回故国黎巴嫩暂获自由”这件真实的事情，但按作者的说法，这件事情“远未结束”，既然如此，“故事”就不能适用。

综上，“活跃”可以改为“活动”。当然，如果忽略“活跃”和“活动”在词性上的区别，用“活跃”来描写“相关角色”的活动也是能够搭配的，但两者在意思表达上是有不同之处的，“活动”是对“相关角色”状态的叙写，而“活跃”则是描述“相关角色”活动状态的形容语。这里适用的应该是“活动”。

“故事”则可以改为“事情”“事件”之类的词。“事情”指社会上出现的各种情况，“事件”则指不平常的大事情。这两个词在词义轻重上有一定不同，可根据作者对“日产前董事长戈恩已逃回故国黎巴嫩暂获自由”这件事性质的判断来选择使用。

火红 huǒhóng

见第 89 页“会集”条。

几乎 jīhū

（一）

2020 年 3 月 1 日《浙江日报》第 4 版刊登文章《重症监护室十二时辰》。其中有一段文字写道："护目镜是消毒后再次使用的，透光性远不如前，也容易起雾。护士姜佳敏做完输液操作后**几乎**看不清楚，她凭残余的光感和对环境的熟悉走到窗前，静静地等着雾气在相对偏冷的环境中凝结成水。"文中的"几乎"一词在使用上存在问题。

"几乎"是一个副词，它表示某种事情接近发生、某种状态接近出现，如"我急得几乎要跳起来""这件事要不是你提醒，我几乎忘记了"。"几乎"主要用来对某种行为状态起修饰作用，但要求这个行为状态必须表现出清晰的唯一性，而不能是模糊的、可以变化的，同时这种行为状态又必须是最终未曾出现的。比如上面的两个例句，"几乎"分别用来修饰"跳起来"和"忘记"，"跳起来"和"忘记"都是具有唯一性的行为状态，同时它们并没有真的发生，因此"几乎"的使用合适。

但在上面引述的这一段文字中，"几乎"所修饰的行为状态"看不清楚"却不是这样。文中写的是行为主体"护士姜佳敏"在戴上"护目镜"后的状况，而文中已有说明，"护目镜是消毒后再次使用的，透光性远不如前，也容易起雾"，这就表明一旦戴上，其视力就要受影响，即出现"看不清楚"的情况，但"看不清楚"的程度则是模糊不清的，不具备唯一性，同时，"看不清楚"这种状况已经发生，这也不合"几乎"的使用要求。因此，"几乎"在这段文字中的使用不合适。

"几乎"在这段文字中不是不能用，但需要改变它修饰的内容。可以把"看不清楚"改为"什么都看不清楚"之类的话语。"什么都看不清楚"具有唯一性，不存在模糊性，同时这种状况对于行为主体"护士姜佳敏"来说，最终并没有发生，只有在这种条件下，"几乎"的使用才是合适的。

（二）

2020 年 7 月 9 日《北京晚报》第 16 版刊登文章《女作家返乡寻文学之源》。文中有这样一个句子："现在，我**几乎**调整好，又在写小说了，而且感觉小说**进步**特快。"句中"几乎"和"进步"两个词使用有误。

先看"几乎"。"几乎"主要有两个用途，一是表示十分接近，一般用于描述数据或某种状态，如"到会人数几乎有五千""头发几乎全白了"；二是表示某种事情接近发生，但通常用于形容不好的事情，如"一个烟头几乎引起火灾""一天没吃饭，我几乎要饿死了"，其中的"引起火灾""饿死"都是不好的事情。句中的“几乎”，形容的是“调整好”，但“调整好”是好事情，行为主体“我”对此持有肯定态度，在这种情况下，使用“几乎”是不合适的。

再看“进步”。“进步”是个兼类词，作动词用时指向前发展，比原来的好，如“虚心使人进步”“世界在进步”；作形容词用时指适合时代要求，能够对社会发展起促进作用的，如“进步力量”。句中的“进步”是动词的用法，但是当“进步”作动词用的时候，它侧重于表示使用对象在素质、质量上的提高，而句中说的是“我”在“调整好”以后，“小说”的写作较快，侧重的是数量上的增加，“进步”不能适用。

可把“几乎”改为“基本”，把“进步”改为“进展”。“基本”意为大体上，“进展”意为事情向前推进发展，这两个意思都是上引句子所需要的。

（三）

2021 年 6 月 30 日《北京晚报》第 25 版刊登文章《一个人的“奇迹”》。文中写道：“所有获得《开卷》者的邮封，全系宁文先生手书。这叫**几乎**获得者，皆留下深刻印象。”其中的“几乎”一词使用有误。

“几乎”作为一个副词，在使用中通常只能修饰动词或形容词。文中的“几乎”所修饰的“获得者”是一个名词性短语，“几乎”不能和它搭配。

这里不是不可以使用“几乎”，只是缺少了能够和“几乎”搭配的适格内容。可以在“几乎”后加上“所有”之类的词，这样，“几乎”修饰的是形容词“所有”，而“几乎”的使用对象是“所有获得者”，“几乎”的意思是十分接近，符合文中表达意思的需要。

积习 jīxí

2020 年 6 月 15 日《北京日报》第 15 版刊登文章《史上并无“李有叔”》。文中有这样一句话：“**积习**使然，笔者为此查《宋史》和多种史书，也查不到‘李有叔’其人。”句中的“积习”一词使用有误。

“积习”指的是长期形成的习惯。“积习”含有一定的贬义，一般都是指不好的习惯，用于指称一个人所形成的在社会评价中具有负面性的习惯，如“积习难改”。句中的“积习”指查阅史书，但这种习惯在社会评价中并没有负面性，“积习”的使用是不合适的。当然，引语是“笔者”说自己的一种习惯，有时候作者为了表示自谦，可以对自己的行为用一些贬义性质的词，但在这里没有必要表示自谦，因此“积习”的使用还是不合适的。

可以把“积习”改为“习惯”。

积怨 jīyuàn

2020 年 5 月 28 日《北京晚报》第 21 版刊登文章《〈婚姻故事〉：一部被过誉的美国式离婚指南》。文中写道：“全片的高潮戏是双方在房间内指着对

方鼻子歇斯底里大骂的场面，这场戏让双方在多年婚姻生活中积累的**积怨**和不忿**喷薄**而出，特写镜头的运用加深了双方脸上的火药味，让观众看得不寒而栗！”句中“积怨”和“喷薄”两个词使用有误。

先看“积怨”。“积怨”意为长期积压下来的怨恨。这个词本身已有积压、积累的意思，但在它前面，又有“积累”一词用作“积怨”的修饰语，这造成了语意的重复，“积怨”的使用不合适。

再看“喷薄”。“喷薄”形容太阳初升、大水涌起的景象，可以用来比喻众多新生事物、新生力量出现。“喷薄”的本义虽描写的是自然现象，但由于这个现象比较壮观，因此含有褒义性。“喷薄”的这种褒义性在其引申义上更为清晰，其使用对象要求带有正面性。句中“喷薄”的使用对象是“积怨和不忿”（其中的“积怨”使用不妥已有分析，这里为叙述方便姑且沿用），这都是具有负面性的不良情绪，使用“喷薄”在情感倾向上不合适。

对“积怨”的修改，在一般情况下删去其修饰语“积累”（包括它后面的助词“的”）以消除其语意重复因素就可以了，“积怨”可继续使用，但在这个句子中，“积怨”和“不忿”组成了一个联合词组，“积累”不能修饰“积怨”，但修饰“不忿”是可以的，因此简单地删去“积累”会损害文意的表达。合适的修改是把“积怨”改为“怨恨”。

对“喷薄”，可以改为“倾泻”。作者使用“喷薄”，是为了表达出“积怨和不忿”爆发时的力度，只是这个词的情感倾向不合语境而不宜使用。而“倾泻”的本义是指大量的水从高处急速流下来，引申后可以指情绪爆发、话语密集而出等情状，但这个词不含褒贬，用在句中合适。

基于 jīyú

（一）

2021 年 9 月 9 日《新民晚报》第 22 版刊登文章《“9·11”20 周年，美国反恐得失何在?》。文中有个句子写道：“次年，在得到联合国安理会授权的情况下，美国及其联军正式对**基于**阿富汗的‘基地’组织总部以及当时庇护‘基地’组织的阿富汗塔利班政权发动战争。”句中的“基于”一词使用有误。

“基于”是一个介词，其作用是引入动作和行为的前提或根据。“基于”在使用中通常是和其宾语组成介宾式的介词结构，服务于动词中心词，“基于”的宾语即是这个动词所叙写动作的前提或根据。在这个句子中，“基于”后面的“阿富汗”是行为主体“‘基地’组织总部”存身的地方，“基于”作为一个介词，其词义与句中要表达的意思不合。

可以把“基于”改为“活动于”“立足于”“盘踞于”之类的话语。“活动”“立足”“盘踞”都是动词，它们后面的“于”是介词，与后面的“阿富汗”组合成介词结构“于阿富汗”，这个介词结构作这些动词的补语，表示这些动词所叙写的行为发生的处所。需要说明的是，“活动”“立足”“盘踞”这三个动词在词语的褒贬色彩上有所不同，可根据作者对"'基地'组织"的态度选择使用。

（二）

2020 年 11 月 17 日《南方都市报》第 16 版刊登报道《八旬翁传承雷州文化，手写编纂方言字典》。文中有一个句子写道："该方案**基于**国际音标，为雷州话音制定了 19 个声母、47 个韵母，系统地为汉字标注雷州话读音。"句中的"基于"一词使用有误。

在这个句子中，"基于"后面的"国际音标"并不是动词"制定"的前提或根据，而是行为主体在完成"制定"这个行为时所遵循的要求、标准，"基于"不能适用。

可以把"基于"改为"依照"或"按照"。"依照""按照"也是介词，它们的作用是引入行事的标准，适合句中需要。

（三）

2020 年 6 月 8 日《新京报》第 3 版刊登文章《理发洗脚走过场，政府购买服务岂容弄虚作假》，文中写道："其具体真相还有待官方调查公开，但**基于**媒体报道和官方回应看，弄虚作假或已是**板上钉钉**。"句中的"基于"和"板上钉钉"使用有误。

先看"基于"。"基于"的作用是引入动作和行为的前提或根据。在这个句子中，介词"基于"和"媒体报道和官方回应"组成介词结构，服务于后面的动词"看"。但是，"媒体报道和官方回应"并不是"看"的前提条件或行为根据，而是"看"这个动作的凭借，"基于"的使用不能准确地表达这种关系，不能适用。

再看"板上钉钉"。"板上钉钉"的意思是事情已经确定，不容更改，如"这件事已经板上钉钉，不可能改了"；也可指办事牢靠，说话算数，如"他说话做事板上钉钉，这件事交给他办可以放心"。句中的"板上钉钉"指事实准确性很高，无可否认，这本来也是可以的，但作者在"已是板上钉钉"前用了一个"或"字，表示对事实判断的不确定。这样，"板上钉钉"的使用就与作者这种模糊态度不能一致，产生了矛盾。

可以把"基于"改为"从"。"从"作为一个介词，其中一个作用就是揭示动作行为的凭借，符合句中的表达需要。可以把"板上钉钉"改为"事实"。当然，也可以保留"板上钉钉"，删去"或"，但这牵涉到作者态度的变化，从原来不明确的判断变成了明确的判断，虽然消除了语意的内部矛盾，但改变了作者原意。

激情 jīqíng

（一）

2021 年 8 月 13 日《新民晚报》第 22 版刊登文章《我的从警往事》。文中写道："这么多年来，我能以**激情**的笔触，放弃那么多夜晚和休假日写下无数篇文学作品和公安理论调研文章；我能在紧张工作之余考出国家二级心理咨询师，并作为市公安局一名兼职高级教官走上讲台……这些都离不开领导和同事们的关心和支持，更离不开妻子和女儿的理解和关爱。"这段文字中的"激情"一词使用有问题。

"激情"指的是强烈而激动的情感。"激情"是一个名词，在文中作了另一个名词"笔触"的修饰语。一个名词作另一个名词的修饰语，只有在两者具有领属和被领属的关系时才是可以的，如"上海的南京路"，"上海"对"南京路"具有领属关系，"上海的南京路"就是一个可以成立的说法。但在上引文句的"激情的笔触"这个短语中，名词"激情"对名词"笔触"不具有领属关系，因此这样的短语是不能成立的，"激情"的使用出现了问题。

"激情"在这段文字中不是不能用，但需要为它添加适当的词语，为名词"笔触"构造一个具有描写、形容性质的修饰性短语。比如，可以在"激情"前加动词"充满"，或在"激情"后加动词"洋溢"，分别构成动宾式短语"充满激情"或主谓式短语"激情洋溢"，它们都具有描写或形容的功能，作名词"笔触"的修饰语就没有问题了。

（二）

见第17页"勃发"条。

技艺 jìyì

（一）

2020年2月16日《解放日报》第8版刊登文章《在阅读中，了解人类与疫病的故事》。文中有这样一个句子："他率先将历史学与病理学结合，重新解释人类的行为，并以流畅的笔调、严密的推理和高超的**技艺**，娓娓道出传染病在人类历史变迁和文明发展中所扮演的重要角色。"句中的"技艺"一词使用有误。

"技艺"指的是富于技巧性的表演艺术或手艺。"技艺"的使用主要分为两个场合，一是舞台上的表演艺术，如"这位杂技演员技艺高超"；二是主要依靠手工从事的用品、工艺品等小件制作，如"鼻烟壶虽小，却包含着精湛的制作技艺"。句中的"技艺"与"笔调""推理"并列，用于"娓娓道出"（从引语所出全文可知说的是文章或著作的写作），这超出了"技艺"这个词的使用范围，因此不能适用。

可以把"技艺"改为"技巧"。"技巧"指的是表现在艺术、工艺、体育等方面的巧妙的技能，可以用于形容写作，这是它与"技艺"的不同之处。比如，一个写作者在写作中运用某种大段大段的比喻来进行描写，这不能称为"技艺"，但可以称为写作上的一种"技巧"。

（二）

2022 年 4 月 24 日《光明日报》第 1 版刊登报道《黎陶》。文中有个句子写道："黎陶，是海南黎族人传承千年的传统**技艺**，完整地保存了最古老的工艺特点。"句中的"技艺"一词使用有误。

"技艺"作为一种艺术或手艺，它所反映的内容是抽象的。句中把"技艺"用于"黎陶"，但"黎陶"是一种具有实物形态的物品，不具备抽象性，因此"技艺"不能适用。

一般地说，可以把"技艺"改为"用品""日用品"之类的词语。但是，如果考虑到如句中所言，"黎陶"已经被"海南黎族人传承千年"，"完整地保存了最古老的工艺特点"，那么，把"技艺"改为"工艺品"也是可以的。"用品""日用品""工艺品"等指的都是实物，与"黎陶"的实物形态匹配，用于句中是合适的。

际遇 jìyù

（一）

2020 年 2 月 19 日《文汇报》第 7 版刊登报道《蒋学模："不能守旧，不怕守旧"》。文中有一段文字是这样的："一次，他的父亲算错了一笔账，虽然只是几分钱的事，但还是受到了银行的警告处分。这也引发了家人的恐慌，因为万一父亲因此失了业，他们兄弟姊妹 3 人都得失学。虽然最后是虚惊一场，但家里还常常有失业的亲戚和同乡来访，请求为他们介绍工作。身边亲人们的**际遇**，也让他期望着能有那么一天，'中国人人都不愁失业，人人都有工做，人人都有饭吃'。"这段文字中的"际遇"一词使用有误。

"际遇"指的是遭遇，机遇，时运。"际遇"所称的内容一般应是好的、有利的方面。文中的"际遇"，说的是"身边亲人们"对"失业"的恐惧、担忧和在"失业"后的困境，这在社会常理中属于人们不希望遇到的事情，"际遇"的感情色彩与这个语境不合。

可以把"际遇"改为"遭遇"。与"际遇"倾向用于好的方面相反，"遭遇"倾向用于不好的方面，与这段文字的语境吻合，适合使用。

（二）

2020 年 2 月 28 日《北京晚报》第 20 版刊登文章《路内：小说家的自我修养》。文中有一个句子写道："小说中的每个人仿佛都像在雾中穿行，两位主人公周劭和端木云及他们所**际遇**的上百个人物，游踪如梦中的断片，突然出现又突然消失。"句中的"际遇"一词使用有误 。

"际遇"是一个名词。句中的"际遇"和助词"所"组成了"所"字结构，但助词"所"的后面只能跟动词而不能跟名词。句中是把名词"际遇"当作动词来用了，这不合其使用要求。

可以把"际遇"改为"遭遇"。"遭遇"是个兼类词，既可作名词用，也

可作动词用，这是它比“际遇”灵活的地方。

季节 jìjié

见第237页“休养生息”条。

继续 jìxù

（一）

见第69页“高呼”条。

（二）

2020年11月30日《光明日报》第14版刊登报道《纪念〈清史论丛〉创刊40周年学术座谈会召开》。文中有这样一个句子：“40年来，《清史论丛》薪火相传，坚守与开拓并举，开设了专题研究、学术争鸣、读书札记、书评综述等栏目，不仅**继续**深入探讨清代政治、经济、社会、学术、思想等领域问题，为构建中国特色清史研究学科体系、学术体系、话语体系作出新贡献，而且弘扬以史经世的优良传统，力争在服务社会、服务国家、服务现实中发挥更大的作用。”句中的“继续”使用有误。

“继续”的意思是活动连续下去，延长下去。使用“继续”需要注意的是，其使用对象必须是在规定时间段之前已经有过，行为主体从事的是延续性行为。如“你继续说”，行为主体“你”在此之前已经有过“说”这个行为。在上引句子中，“继续”和“深入探讨”搭配，而“深入探讨”这个行为发生在“40年来”这个规定时间段里，这就要求“深入探讨”这个行为在“40年来”这个规定时间段之前已经有过。但是，从引语所出全文可知，“深入探讨”的行为主体“《清史论丛》”是在40年前创刊的，它在此之前并不存在。因此，“继续”的使用没有依据。

当然也可以这样认为，在40年前，已经有别的行为主体有过“深入探讨”的行为，“《清史论丛》”的“继续”是相对于前人的同样行为而言。如果确实是这样，就需要在文中给出这一情景，为“继续”的使用提供依据，但引语所出全文中没有这样的叙述，因此，“继续”不能适用。

可以把“继续”改为“持续”。与“继续”不同的是，“持续”表示在规定时间段里一直从事某一活动，没有间断，它不需要行为主体在这个规定时间段之前从事过相同行为，因此适合句中的语境。

【另按】

《现汉》对“继续”的释义值得讨论。《现汉》对“继续”的释文为：“动（活动）连下去；延长下去；不间断：～不停｜～工作｜大雨～了三昼夜。”这个释义大致上是准确的，但是其所举书证“大雨继续了三昼夜”却有问题。按照这个书证，“继续”就不必要求其使用对象在规定时间段之前已经有过这个条件。但是，从“继续”的构词可以看出，“继续”是在“继”的基础上把有关事情“续”下去，没有“继”也就不存在“续”，而这个“继”就表示其使用对象在规定时间段之前已经有过，因此这个条件是不能缺少的。“大雨继续了三昼夜”这种说法是要有前提条件的，在“三昼夜”这个规定时间段之前，“大雨”已经有过，如果不存在这个条件，就只能说“大雨持续了三昼夜”。

值得注意的是，“大雨继续了三昼夜”这个书证在《现汉》1978 年 12 月的第 1 版上是没有的，但在 1983 年 12 月的第 2 版上添加了上去并延续至今，编纂者的意图是用这条书证来说明其释义中“不间断”的意思。“继续”确实有“不间断”的意思，但这个意思表示的仍然是在延续规定时间段之前相关事情这一条件下的不间断，而不是在这个规定时间段内的不间断。书证是辞典释义的一个重要内容，《现汉》在选择书证时应该保持其准确性，不能使用有语病的语料作为书证。

寄养 jìyǎng

2020 年 12 月 12 日《文汇报》第 8 版刊登文章《“煨煨”的滋味》。文中有一个句子是：“上个世纪六七十年代，我**寄养**在浙东四明山麓的一个小山村祖父祖母家。”句中的“寄养”一词使用有误。

“寄养”指的是委托他人抚养自己的孩子，也指委托他人喂养宠物或护养家养植物。“寄养”的使用对象可以是人，也可以是家庭养育的各种动植物。当“寄养”的使用对象是人的时候，一般只能是未成年的婴儿和少年儿童，同时其涉及对象不能是有直接血统关系的亲属，而句中的“我”到了“祖父祖母家”接受抚养，但“我”和“祖父祖母”是具有直接血统关系的，因此“寄养”是不能适用的。

在汉语使用环境的民间社会，小孩寄养在他人处，往往会把寄养家庭的适龄夫妇称为干爹干妈（寄爹寄娘），即使是寄养在阿姨姑姑或叔叔舅舅等旁系亲属家中，也可以这样称呼。但小孩在自己的祖父母家中接受祖父母的抚养，不会对自己的祖父母改称干爹干妈之类，这也证明，“寄养”这个词不能用于被寄养人和他的祖父母之间。

可以把“我寄养在浙东四明山麓的一个小山村祖父祖母家”改为“我生活在浙东四明山麓的一个小山村，由祖父祖母抚养”。

【另按】

《现汉》对“寄养”的释文存在遗漏。《现汉》释“寄养”为：“托付给别人抚养或饲养。”可以看出，这条释文用“抚养”对应小孩，用“饲养”对应家庭宠物，但除此以外，有的人家里安放着需要人工侍弄的盆栽等各种绿色植物，在外出时间较长的时候也需要托付他人照料，而按照《现汉》的这条释文，这种情况就照应不到了。因此，《现汉》应该考虑到这种情况，对“寄养”的释文作出修改，使托付他人护养家养植物的情况能够包括进去。

家常 jiācháng

见第 27 页“潮流”条。

家庭主妇 jiātíng zhǔfù

2020 年 1 月 6 日《文汇报》第 8 版刊登文章《“翻案”文章须基于事实》。文中写道：“因他的作品不合时代需要，画作没有市场，妻子钱氏又是**家庭主妇**，家庭收入只有每月救济金 9 元，加上郑在居委会工作每月津贴 8 元，一共仅 17 元维持生活。”句中的“家庭主妇”使用有误。

“家庭主妇”的意思是家庭里的女主人，一般指家庭里面管理和操持家务的女主人。句中说的是“妻子钱氏”没有在家庭外就业因而没有收入，这个意思不能用“家庭主妇”来表示。

应该把“家庭主妇”改为“家庭妇女”。“家庭妇女”指的是在家庭里从事家务劳动而未参与社会就业的妇女，由于家务劳动通常没有计酬，导致她们没有工资收入，合于句中的表达需要。

“家庭主妇”和“家庭妇女”虽只有一字之差，但表达的意思是不一样的。前者强调的是使用主体在家庭中的地位不低，后者则表明使用主体没有收入，同时它还向读者暗示使用主体在家庭中的地位不高。需要注意的是，“家庭主妇”与在外就业在逻辑上可以相容，一个在外就业并有收入的女性，她仍然可以因在家庭事务中作主而被称为“家庭主妇”。一个女性如果是“家庭主妇”，并不意味着她就是没有收入的人，因此把这个概念用在上引句子中是不合适的。

戛然而止 jiárán’érzhǐ

2020 年 5 月 18 日《解放日报》第 6 版刊登报道《美国又一家百年零售巨头倒下》。文中有这样一个句子：“不幸的是，当新冠病毒被宣布为全球大流行后，公司的主要收入来源一夜蒸发，潜在的债务谈判**戛然而止**。”句中的“戛然而止”使用有误。

“戛然而止”的意思是声音突然中止，引申后可形容正在进行中的事情突然中止。句中用的是后一个意思。“戛然而止”在使用中不管取哪一个意思，都要求其行为主体是已经出现的事物，如果音乐还没有开始演奏或播放，事情还没有正式开始，“戛然而止”就失去了行为主体，不能使用。句中的“戛然而止”，行为主体是“债务谈判”，这两者本来是可以搭配的，但在这个句子提供的语境中，“债务谈判”前加上了“潜在的”这个定语，表明“债务谈判”还没开始，不是正在进行中的事情，在这种情况下，“戛然而止”就不能适用。

可以把“戛然而止”改为“付诸东流”或“付之东流”之类的话语。

"付诸东流""付之东流"比喻希望落空，与"戛然而止"相反的是，它更多地用于尚未出现的事情，正合于句中语境。

当然，如果所谓"债务谈判"虽然尚未正式开始，但相关准备工作已经实施，在这种情况下，"戛然而止"可以用，但"债务谈判"前的定语需要换一种说法，比如把"潜在"改为"筹备中"之类的话语。

假手 jiǎshǒu

（一）

2020年7月31日《经济日报》第2版刊登文章《美政客诋毁中国抗疫物资质量是"甩锅"丑剧》。文中写道："新冠肺炎疫情发生以来，一些美国政客'戏精'附体，频演拙劣的丑剧。最新的一出戏是，抛出'假冒伪劣抗疫物资一半以上来自中国'的谬论，妄图**假手**诋毁中国抗疫物资质量，为其'抗疫失败'甩锅推责，转移视线，攫取个人政治利益。"这段文字中的"假手"一词使用有误。

"假手"的意思是借别人的手达到自己的目的，即要求或唆使别人为自己干某件事。如"假手他人"。"假手"的行为主体，所做的事只是"假手"，而他人做的事，即使是为行为主体所做的，但与行为主体自己做是有区别的。在上引文字中，"假手"的行为主体是"美国政客"，但"假手"后出现的"诋毁中国抗疫物资质量"这件事从文中可见依然是行为主体"美国政客"自己做的，而不是"美国政客"要求或者唆使另外的人做的，这说明"假手"的使用是不合文中所述事实的。

应该把"假手"删去。实际上，引语所出文章的题目"美政客诋毁中国抗疫物资质量是'甩锅'丑剧"，就直接让"诋毁"和行为主体"美政客"搭配在一起，并没有在中间加"假手"。

也可以把"假手"改为"通过"。"通过"在这里用为介词，表示"诋毁中国抗疫物资质量"是后文"甩锅推责""转移……""攫取……"等一系列行为的方式、手段。

（二）

2021年2月11日《南方都市报》第6版刊登文章《中央特科"双枪将"龚昌荣》。文中有句话写道："在香港，国民党特务与港英当局互相勾结镇压革命，到处搜捕、**假手**杀害共产党人和革命群众，千方百计对我党组织进行破坏。"句中的"假手"一词使用有误。

句中的"假手"，其行为主体有"国民党特务"和"港英当局"两个，而这个词放在动词"杀害"之前，表明"杀害"虽是"国民党特务"和"港英当局"想达到的目的，但并非这两个行为主体所从事的。但事实上并非如此，"国民党特务"和"港英当局"就是"杀害"的行为主体，"假手"的使用是多余的。

那么，句中为什么会用上“假手”一词？引语所出全文讲述的是中国近代史上的一段历史故事，其时国民党政府对香港没有管辖权，香港在英国殖民统治之下，因此，在香港活动的“国民党特务”要想除掉“共产党人和革命群众”，需要依赖“港英当局”。但是，这种区分是没有必要的。按照汉语使用环境目前的主流叙述，当时的“国民党特务”和“港英当局”都与“共产党人和革命群众”处于对立状态，如句中所述，两者有“互相勾结”的关系，都有“镇压革命”的目的，因此处于同一个利益共同体，在这种情况下，没有使用“假手”的必要性。

综合而言，应该把“假手”删去。

架设 jiàshè

2020 年 3 月 5 日《长沙晚报》第 8 版刊登报道《可以去挑本好书了》。文中写道：“记者远远地就看到一楼入口处**架设**了桌椅和易拉宝，两位工作人员在此对进入书店的顾客进行体温检测和人员登记。”这个句子中的“架设”一词使用有误。

“架设”指的是把物品支起并安设。“架设”的指向对象一般必须具有凌空这一特性，如“架设电线”“架设桥梁”。句中的“架设”，有两个指向对象，即“桌椅”和“易拉宝”，按生活常理来说，“桌椅”都是放置在地面上的，不会放到空中，因此“架设”不能对它产生支配作用。而易拉宝是一种竖立式的海报架，安置时由地面向上伸展，产生凌空的效果，因此“架设”可以支配“易拉宝”。但由于“架设”不能支配“桌椅”，虽然其能够支配“易拉宝”，“架设”的使用仍然是不合适的。

由于“桌椅”和“易拉宝”是两种不同的事物，需要用两个不同的动词来和它们建立起支配关系。可以把“架设了桌椅和易拉宝”改为“安置了桌椅并且架设了易拉宝”，让“安置”支配“桌椅”，而“架设”只对“易拉宝”产生支配作用。

尖刻 jiānkè

2020 年 3 月 6 日《中国青年报》第 6 版刊登文章《六六：我访谈了上千个买房子的人》。文中有一个句子写道：“中间的冲突矛盾也很多，有一些很**尖刻**，可能要等播完了，大家才能够觉得它到底是一部温暖的戏，还是一部**尖刻**的戏。”句中有两处用到“尖刻”一词，但都存在使用错误。

“尖刻”的意思是尖酸刻薄。“尖刻”通常用来形容人的脾气性格、为人处世的态度等，句中的两个“尖刻”，其使用对象分别是“冲突矛盾”和“戏”，这都不符合“尖刻”的使用要求。

两个“尖刻”都可以改为“尖锐”。“尖锐”有一个意思是形容矛盾冲突等激烈，这个意思用来形容“冲突矛盾”和“戏”，都是可以的。

坚持 jiānchí

2021 年 1 月 6 日《南方日报》第 4 版刊登文章《重大疾病婚前告知义务必须明确》。文中有一节文字写道："增加隐瞒重大疾病可撤销婚姻，给无过错方李某提供了选择权。作为被隐瞒方，李某既可以选择撤销婚姻，要求宣告婚姻无效，并要求江某赔偿；也可以选择**坚持**婚姻，而非一刀切按无效婚姻处理。"这个句子中的"坚持"一词使用有误。

"坚持"的意思是坚决地保持、维护，坚决地进行下去。"坚持"通常形容行为主体对他所主张的观点或正在做的某件事的态度很坚定，不管有什么困难都不动摇。在这个句子中，"坚持"形容的是"婚姻"，但对于句中"坚持"的行为主体"李某"来说，这个"婚姻"是她不需要的，她因为在这场"婚姻"中遭遇对方"隐瞒重大疾病"，因而向法院起诉要求"撤销婚姻"。文中说的是"李某"作为"无过错方"拥有了"选择权"，她既可以选择"撤销婚姻"，也可以选择把这场婚姻继续下去。但是，即使李某选择了把婚姻继续下去，从常理来说，她的态度也不可能是坚定的，而应该是由于某种原因而不得已这样做。在这种情况下，"坚持"的使用是不合适的。

可以把"坚持"改为"维持"。"维持"的意思是采取措施使某种状态继续下去，行为主体对某事采取"维持"的态度，通常表明其态度是不积极的，只是出于某种原因的考虑而只能这样做，这个词义符合文中语境。

【另按】

《现汉》对"坚持"的释义分为两个义项："①坚决保持、维护；不改变：~原则｜~己见。②坚决继续进行；不停止：~斗争｜带病~工作。"但是，"坚持"的意思基本就在于行为主体态度的坚决、坚定，《现汉》为"坚持"析出的两个义项，其实在很大程度上是一致的。可以看出，《现汉》为其分立的两个义项主要是以其修饰对象的词性来确定的，看"坚持"修饰的是名词性概念还是动词性概念，至于"坚持"本身，《现汉》则认为这两个词义都是动词。这是在《现汉》释义增加词性后出现的新情况，在《现汉》的早期版本中，"坚持"都只有一个义项。同一个词在使用中因为承担不同的作用而体现为不同的词性，然后根据这种不同的词性来给出不同的词义，这与词义产生的理据并不切合。而"坚持"只有动词这一个词性，即使可以分别修饰名词和动词，也没有理由分成两个义项。《现汉》为"坚持"列出的这两个义项可以考虑合并。

监督 jiāndū

2020 年 5 月 24 日《新京报》第 5 版刊登报道《社区基层治理可引入"区块链"》。其中有句话写道："区块链透明公开，具有相互**监督**性，这在一定程度上能够给社区工作者减负。"句中的"监督"一词使用有误。

“监督”意为严密注视并对不符合要求的行为督促改正。“监督”的行为主体限于人，包括由人组成的专门从事监督行为的政府管理机构。句中把“监督”视为“区块链”所具有的一种功能，但“区块链”是分布式数据存储、点对点传输、共识机制、加密算法等计算机技术的新型应用模式，它是一种技术状态，不可能从事“监督”这种行为。进一步说，人可以运用“区块链”来行使“监督”，但“区块链”只是人为了从事“监督”而操纵的工具，它不能替代人，成为“监督”的行为主体。

可以把“监督”改为“控制”。“控制”在这里意为使指向对象处于占有、管理或影响之下，它的行为主体可以是人，也可以是物。“区块链”之间的各个环节互相影响，产生一种“相互控制性”是说得通的，但不能说成“相互监督性”。

【另按】

《现汉》对“监督”的注释未能充分揭示出“监督”在当下汉语环境中的最常用意义。《现汉》的释文是：“①动察看并督促：～执行｜接受～。②名做监督工作的人：舞台～。”这个释文的问题主要出在义项①上，所谓“察看并督促”只是“监督”的字面意义，事实上，在目前的汉语环境中，“监督”已经成为执政机构和政府部门的一项权力，这种权力由法律所赋予，具有强制性。但这一个最常用的意义在《现汉》为义项①提炼的释义中未能体现，其对“监督”词义的揭示就是不够准确的。《现汉》释文应该在义项①中补出这一层意思，或者从义项①中分化出来，为此增加一个新的义项也是可以的。

至于《现汉》为“监督”提供的义项②，是一个名词意义，但这个意义在目前的汉语使用环境中还局限于部分专业领域，未见广泛使用于多个行业，因此可以考虑忽略。

监护人 jiānhùrén

见第239页“学生”条。

检验 jiǎnyàn

2020年6月4日《扬子晚报》第3版刊登报道《退休院长病逝引发南通全城追思》。文中有一段文字是这样的：“1996年4月授予南通市第三人民医院‘无红包医院’称号，使该院成为全国首家政府命名的‘无红包医院’。如今，25年过去了，‘无红包医院’经受住了一次次**检验**，从未发现收受红包的现象。”文中的“检验”一词使用有误。

“检验”的意思是检查验看，检查验证。“检验”的使用对象主要分为两类，一类是带有具象性的工业或农业产品，验看其是否合乎标准，如“这批产品已检验合格”；还有一类是带有抽象性的某种观点、主张，验证其是否准确，如“实践是检验真理的唯一标准”。文中“检验”的使用对象“南通市第三人民医院”是一家医院，它既不是产品，也不是观点，“检验”不能适用。

修改“检验”的使用错误，要看这段文字叙述的实际内容。一般地说，可以考虑到两种情况，在这两种情况下选择替换“检验”的词是不一样的。一种情况是“南通市第三人民医院”的上级主管部门或其他相关机构和人员为了发现其可能存在的问题而对其仔细查看，这种情况之下可以把“检验”改为“检查”。还有一种情况是“南通市第三人民医院”有过病患向医护人员送红包，而医护人员一概拒收的事件，证明其“无红包医院”的美誉是名副其实的，这种情况之下可以把“检验”改为“考验”。

简洁 jiǎnjié

（一）

2022 年 8 月 15 日《人民日报》第 20 版刊登文章《小城无极》。文中有一句话写道：“春来柳树泛青，柔软的枝条上缀着新鼓出的黄绿芽苞，**简洁**优美。”这个句子中的“简洁”一词使用有误。

“简洁”意为简明扼要，没有多余的内容。“简洁”的使用对象通常为人的说话和写作之类的活动，也就是说，它通常用于由人所创造的事物 。句中的“简洁”和“优美”并列，用于描写“柔软的枝条上缀着新鼓出的黄绿芽苞”这种情景，但这种情景是自然界的情景，并不是人所创造的事物，“简洁”不能适用。

可以把“简洁”改为“素淡”“素净”之类的词。这两个词都可形容花朵之类的颜色淡雅，不鲜艳刺目，用于形容“柔软的枝条上缀着新鼓出的黄绿芽苞”这种情景是合适的，和“优美”并列使用也是合适的。

（二）

见第 59 页“烦琐”条。

（三）

2021 年 1 月 28 日《新民晚报》第 20 版刊登文章《盘起你的头发来》。文中有一句话写道：“从学生时代到教师生涯，生活总被我**简洁**成一头干脆的短发。”句中的“简洁”一词使用有误。

“简洁”所描写的状态是静态的。句中说的是“生活”从原来的复杂变为简单，这是一个动态的过程，“简洁”的使用不合词义。

可以把“简洁”改为“简化”。“简洁”是一个形容词，“简化”是一个动词，句中需要的是一个动词，而原句则是把“简洁”这个形容词当成动词用了。

健康 jiànkāng

（一）

2020 年 2 月 1 日《人民日报》第 6 版刊登文章《科学饮茶好处多多》。文中有一段文字是这样写的："在国家一级茶艺技师龚雪看来，发挥饮茶功效，关键是要学会科学饮茶。首先，选择**健康**合格的茶叶。'外形再美只三分，七分内质最重要，最简单的办法就是泡一下，品其中的口感，闻茶汤的气味。'龚雪认为，好的茶汤晶莹剔透，香气四溢，口感醇厚。"这段话中的"健康"一词使用有误。

"健康"的本义是指身体发育良好，机理正常，有健全的心理和社会适应能力，引申后又指事物情况正常，没有缺陷。"健康"的前一个意思，一般只能用于人，不能用于物品，如"身体健康"；"健康"的后一个意思虽可以用于物品，但一般限于文化、思想类的抽象事物，而不能用于自然物品或工农业产品，如"思想健康"。这段文字中的"健康"，其使用对象是"茶叶"，但"茶叶"是一种具象的农业产品，"健康"不能适用。

从这段文字的叙述内容来看，作者说的是"茶叶"的优劣程度，根据这个意思，可把"健康"改为"质量"。原文用"健康"和"合格"组成一个并列短语，共同修饰"茶叶"，只是由于"健康"不适用而不能成立；修改后用"质量"和"合格"组成一个主谓短语，它对"茶叶"起到的同样是修饰作用，能够适用于文中。

（二）

2022年2月12日《人民日报》第2版刊登报道《把梦想种进这片热土》。文中有一个句子这样写道："杨汉树留守的主要任务是照料水稻**健康**生长，每天都要顶着太阳，穿着长筒胶鞋在稻田里奔忙，低头观察水稻**材料**生长，定点标注叶龄及**分裂**情况。"句中的"健康""材料"和"分裂"三个词使用有误。

先看"健康"。"健康"在这个句子中的使用对象是"水稻"，但"水稻"是一种具象的农作物，"健康"不能适用。

再看"材料"。"材料"指的是供制作成成品、半成品的物资、原料或在制作成品、半成品等过程中消耗的物资、原料。这个意义的"材料"，通常是没有生命形态的，制作出的成品或半成品也是不具备生命形态的。句中的"材料"使用在"水稻"上，但"水稻"是一种有生命形态的植物，其株体的某个部分也是有生命形态的，因此，句中的"材料"，不管是指"水稻"还是指"水稻"株体的某个部分，都是不能适用的。另外，"材料"作为一种没有生命形态的物资、原料，它和"生长"也是不能搭配的。

再看"分裂"。"分裂"指的是整体的事物分开。一个物品出现"分裂"的情况，一般就意味着这个物品遭遇破坏，失去使用价值，如果是有生命的事物，则意味着其生命的消失。句中的"分裂"用于"水稻"，但在通常情况下，"水稻"在"生长"过程中不会出现"分裂"的情况。句中说的是"水稻"在生长发育过程中，在幼苗靠近土壤的茎节部位上生出分枝（也就是新的稻叶），"分裂"的词义与此不合。

可以把“健康”改为“正常”之类的词。“正常”意为符合一般规律或情况，在句中可以理解为“水稻”的“生长”符合预期情况，适合句中需要。可以把“材料”删去。句中说的是“杨汉树”“观察”“水稻”的“生长”，而不是“水稻”某个部分的“生长”，“材料”的使用是多余的。可以把“分裂”改为“分蘖”。“分蘖”是农业种植上的专科词，指水稻、麦子、甘蔗等茎节类植物在生长发育过程中长出新的叶瓣的情况，用于句中是合适的。

交加 jiāojiā

（一）

2020 年 5 月 26 日《光明日报》第 16 版刊登文章《梦圆柯坪》。文中有一个句子写道：“由于孩子多，经济又困难，生活异常艰难，不要说其他，就连吃饭都成问题，过着贫困**交加**的日子……”这个句子中的“交加”一词使用有误。

“交加”指的是两种或两种以上不同的事物同时出现或同时加在一个对象身上。“交加”在使用中要注意的是，它的行为主体一定要是两种或两种以上的事物，如“雨雪交加”就是指雨和雪同时出现，“悲愤交加”就是悲痛和愤怒两种情绪一起出现。句中的“交加”，其使用对象为“贫困”，但“贫困”并不能理解为“贫”和“困”两种不同的事物，它们是一种事物，“交加”不能适用。

这个句子把“交加”删去就可以了。需要注意的是，在现代汉语中，有一个“贫病交加”的习用语，常用来表示贫穷困难的生活状态。但在这个句子中不可以把“贫困交加”改为“贫病交加”，这是因为，这样改固然出现了“贫”和“病”两种不同的事物，满足了使用“交加”的条件，但在句子的语境中，并未提到“病”的因素，把“贫困”改为“贫病”，增加了原来不存在的内容，是不可以的。

（二）

2022 年 5 月 26 日《解放日报》第 5 版刊登文章《两只“老鸽”》。文中有一个句子写道：“即便雷雨**交加**、路断车停，哪怕历经千辛万苦，绕几百里弯，多走十天八天，我们也非常清楚地记得家的方向。”句中的“交加”一词使用有误。

“交加”在这个句子中和“雷雨”搭配，但是“雷雨”并不是指打雷和下雨两种情况，而是指伴有雷电现象的一种急雨，一般下得比较大，因此“雷雨”是一种事物，“交加”不能适用。

可以把“雷雨”改为“风雨”。“风雨”指的是狂风和暴雨两种事物，“交加”能够适用。“风雨交加”是现代汉语中的一个习用语，表示大风和暴雨一起袭来，是一种比较恶劣的天气情况，符合句中表达需要。

交口 jiāokǒu

（一）

2022年3月8日《新安晚报》第10版刊登报道《占道“拦路虎”这里还有不少》。文中有一个句子写道：“翠微路与翡翠路**交口**西南角，路口原本一条直行+右转的机动车道被两根高高的电杆所占据，可能是出于安全因素考虑，一排白色的隔离栏直接将这条车道封住，无法通行。”句中的“交口”一词使用有误。

“交口”的意思是很多人一齐说意思一样的话，如“交口称赞”。“交口”是人做的事，因此其行为主体必须是人。句中的“交口”，其使用主体是“翠微路”和“翡翠路”，这是两条道路，不会产生“交口”的动作，因此“交口”的使用不合词义。

可以把“交口”改为“交会处”。“交会”指的是会合、交叉的情况，使用对象可以是道路，句中说的是“翠微路”和“翡翠路”这两条道路会合的地方，“交会”适合使用，但由于这里需要的是一个名词，而“交会”是一个动词，仅仅把“交口”改为“交会”是不够的，改为“交会处”就可以了。

（二）

2020年5月22日第26版《北京晚报》刊登文章《风雅之士钱锺书与杨绛》。文章在叙述了钱锺书编纂《宋诗选注》获得成功以后写道：“原本是个冷饽饽，经钱先生一选一注，竟惊艳学界，……夸赞之声尚未落下，‘拔白旗’运动寒风袭来，周汝昌等专家纷纷发声批判。……孰料，这边厢口诛笔伐，那边厢一衣带水的日本学界汉学泰斗、宋诗专家吉川幸次郎对《宋诗选注》非常重视，推崇备至。小川环树也**交口**称誉说：‘由于此书的出现，宋代文学很多部分恐须改写。’于是国内对钱锺书的批判旋即偃旗息鼓，周汝昌等皆**噤若寒蝉**。”在这段文字中，有两个词语的使用不准确，一个是“交口”，另一个是“噤若寒蝉”。

先看“交口”。“交口”在使用中要求其行为主体具有群体性，单个的人不能有“交口”这种状态。句中“交口”的行为主体只有“小川环树”一人，“交口”的使用不合适。

需要注意的是，在上引这段文字中的“小川环树”之前，作者还写了“吉川幸次郎”对《宋诗选注》的赞誉，但这不足以成为“交口”可以使用的理由，因为在这段文字的安排上，两人的话是分开说的，各有属于他们个人的叙述语，“吉川幸次郎”是“非常重视，推崇备至”，“小川环树”是“称誉说……”，这分别是两人各自说的话，所以“交口”不能适用。

再看“噤若寒蝉”。“噤若寒蝉”的意思是像寒秋的蝉一样不再鸣叫，形容人因为害怕而不敢说话。使用这个短语，含有作者对行为主体的同情，更含有作者对这个短语涉及对象的不满，行为主体并不是没有话说，而是因为面临各种高压而不敢说。如“大清乾隆帝时期，文网严密，文人们噤若寒蝉”，这句话就含有对“文人们”的同情和对“大清乾隆帝”的不满。

在上引这段文字中，“噤若寒蝉”的行为主体是“周汝昌等”，但“周汝昌等”的不说话并不是因为害怕什么高压而不敢说，而是因为在日本两位宋诗专家对钱锺书的《宋诗选注》作出高度评价后没有理由反对才不说话，这种情况与“噤若寒蝉”的使用要求是不一致的，因此，“噤若寒蝉”的使用是不合适的。

对这两个错误的修改，“交口”可以删去，“噤若寒蝉”则可改为“理屈词穷”或“哑口无言”之类的话语。

教材 jiàocái

2020 年 9 月 19 日《广州日报》第 8 版刊登文章《闲来无事翻教材》。文中写道：“我最喜爱语文**教材**。上世纪 80 年代，读小学一年级，我清楚地记得那时用的小学课本识字的第一课是三个字：‘人、口、手’，天天扯着嗓子嚷，时间一长，遍数一多，文字包括配图，深深地印在了心里，经年不忘。**教材**使我幼小的心灵开始见到智慧的阳光。”这段文字中有两处用到了“教材”一词，它们的使用都不准确。

“教材”指的是课堂上教师讲课时所使用的材料，包括课本和其他书籍、讲义、图片以及某些实物等。句中说的是为学生编写的供其学习使用的教科书，这只是“教材”的一种，而不是“教材”的全部。从引语所出全文可知，句中说的是供学生使用的教科书，不包括其他内容，在这种情况下，“教材”的使用外延过大，是不合适的。另外，“教材”供教师使用，这个词使用主体的身份应该是教师，而从引语所出全文可知，这篇文章的内容是作者在回忆其学生时期的学习，“教材”使用主体的身份是学生，从这一角度来说，“教材”的使用也是不合适的。

这段文字中的两个“教材”都应改为“课本”。“课本”的使用主体既包括教师，也包括学生。“课本”的外延不像“教材”那么宽，也符合文章作者的学生身份，正适合句中使用。

另外需要指出的是，文章的标题“闲来无事翻教材”中的“教材”，如果仅从这个标题本身的语境来看是没有问题的，但结合文中的叙述就可看出它的问题所在，也以改为“课本”为合适。

街坊 jiē · fang

2020 年 10 月 5 日《文汇报》第 3 版刊登文章《漫步中的阅读》。文中有一个句子是这样写的：“在这一区域，宜居的**街坊**，**林荫**的马路，绿色的环境，**特色**的建筑，休闲的游客，使人们穿越在历史建筑风貌区之中，顿时就会有一种愉悦和惬意。”句中“街坊”“林荫”和“特色”三个词都存在使用上的错误。

先看“街坊”。“街坊”意为在同一个街道或小区居住的邻居，如“街坊四邻”。句中说的是街道的意思，“街坊”的词义与此不合。

再看“林荫”和“特色”。“林荫”指的是由成片或呈带状的大量树木伸展的枝叶所形成的可以遮挡阳光的空间，“特色”指的是事物所表现出的独特的色彩、风格等。“林荫”和“特色”都是具有唯一性的名词，在使用中一般不能用于修饰另一个名词。句中的“林荫”用于修饰另一个名词“马路”，“特色”用于修饰另一个名词“建筑”，这都不合这两个词的使用要求。

“街坊”应该改为“街道”或“街区”。“林荫”和“特色”出现的问题都是错把名词当形容词用了，合适的修改是把这两个名词改为形容词，如把“林荫”改为“阴凉”，把“特色”改为“特别”。但这种修改虽然保证了语句通顺，却与原意出现了较大差异，因此不是很合适的修改。更合适的是在这两个名词前后加上适当的词语，使其改变成为具有描写性质的短语，如把“林荫的马路”改为“林荫宜人的马路”，把“特色的建筑”改为“富有特色的建筑”“特色鲜明的建筑”之类。当然这样又产生了新的问题，作者在句中描写了一连串景物，都使用了双音词作为它们的修饰语，达到了一种句式上的和谐，而这种修改则打破了这种和谐。对于这个问题，一是可以放弃这种对句式和谐的要求，二是把其他几个景物的修饰语也改成四个字，以建立新的和谐。

结构 jiégòu

2020 年 4 月 3 日《文汇报·文汇读书周报》第 7 版刊登文章《背靠狂野大自然的浪漫灯塔》。文中有这样一段话：“灯塔的这种从容直面逆境的无畏形象也正是建造礁石灯塔的故事长久以来魅力不减的原因。这些建于离岸小岛或饱经海浪冲刷的礁石之上的高耸**结构**，其建造过程就是一场实力悬殊的搏斗……”其中“结构”一词使用有误。

“结构”的词义较为丰富，作名词用时它既可指事物各个组成部分的搭配和排列，如“文章的结构”“原子结构”；又可指建筑物上承担重力或外力的部分的构造，如“砖木结构”“钢筋混凝土结构”。文中的“结构”用的是后一个意思。但当“结构”作名词用的时候，不管它是用于建筑物还是用于其他事物，它都带有抽象的性质，文中用它来指“灯塔”是不合适的。就“灯塔”来说，“结构”只能指它的构造，不能直接用来指其本身。“灯塔”可以让人用肉眼看见，是一种具象的事物，文中使用“结构”不合其使用要求。

可以把“结构”改为“建筑”或“建筑物”。“建筑”是个兼类词，常见的是其动词义，即修建，建造，但除此之外它还可指建筑物，是名词的用法。“建筑”的这个名词义所指内容要求是具象的，合于文中语境。

结集 jiéjí

（一）

2020 年 12 月 8 日《长江日报》第 15 版刊登文章介绍新书《医学的温度》。文中写道："韩启德院士**结集**了近些年对医学的本质、医学史、叙事医学、精准医学等的人文思考，阐述了对癌症、传染病、中医、死亡等的独特看法，对癌症应该早发现、早诊断、早治疗等人们**习以为常**的医学观点提出质疑和建议，对全速发展的现代医学技术及其发展方向进行重新审视，提出应回归以病人为中心的价值医疗、不能忘记医学的来路和归途等观点。"这个句子中的"结集"和"习以为常"两个词语使用有误。

先看"结集"。"结集"指的是把一些单篇的诗文集中在一起编成集子。"结集"的使用对象通常是各种诗文等，在形式上带有具象性。句中"结集"的使用对象是"人文思考"，但"人文思考"是一个抽象概念，不能接受"结集"的支配。另外，"结集"还是一个不及物动词，在使用中不能带宾语，句中的"结集"与"人文思考"产生了动宾搭配，也是不合"结集"的使用要求的。

再看"习以为常"。"习以为常"的意思是常做某种事情或常见某种现象形成了习惯，对这种事情或现象就觉得很平常了。"习以为常"的使用对象一般应是某种常见的事情或常见的现象，但句中"习以为常"的使用对象是"医学观点"，这既不是一种事情，也不是一种现象，"习以为常"不能适用。

可以把"结集"改为"汇集"。"汇集"的使用对象，既可以是具象事物，也可以是抽象概念，同时它还是一个及物动词，在使用中可以带宾语，因此通过这样的修改，原来因使用"结集"所产生的问题都消除了。至于"习以为常"，则可改为"时常听闻"之类的话语。

（二）

2020 年 3 月 29 日《南方都市报》第 14 版刊登文章《〈贝多芬传〉的三类读者》。文中有段文字写道："贝多芬，比起其他任何一个音乐家，都更热烈地、更固执地、更超乎凡人地拥抱他的乐想；这'超人'，头上**结集**着暴风雨；他叫地底的精灵在云端出现；他要煽起火焰……"其中的"结集"一词使用有误。

"结集"除了有把单篇诗文汇集在一起编成集子的意思，还有一个意思是聚集，特指军队调集到指定地方聚集。由于这两个意思没有语源关系，《现汉》把它们视为两个词分立了词目。句中的"结集"，其使用对象是"暴风雨"，这虽然超出了《现汉》规定的特指义，但"暴风雨"作为一种力量，使用"结集"是可以的。但是，"结集"在表示聚集的意思时，和表示诗文汇集的意思有一个共同点，这就是它同样是一个不及物动词，在使用中不能带宾语。句中的"结集"带上了宾语"暴风雨"，这不合其使用要求。

可以把“结集”改为“集结”。“集结”和“结集”，词序倒转，词义基本未变，但“集结”和“结集”不一样的是，它是一个及物动词，在使用中可以带宾语。“集结”能够支配“暴风雨”，可适用于句中语境。

解颐 jiěyí

2020年8月16日《新民晚报》第12版刊登文章《闲书一大得》。文中写道：“包老爷子在书中**解颐**了我久存的有关古诗词的一大疑窦——都说唐诗宋词元曲形同戴着镣铐的舞蹈，然而古人何以玩得得心应手、承袭不辍？”句中的“解颐”一词使用有误。

“解颐”的意思是脸上展开笑容，形容很高兴很愉快。句中说的是处理“一大疑窦”使问题得到解答，“解颐”的词义与此不合。再者，“解颐”是一个不及物动词，在使用中不能带宾语，句中的“解颐”带上了宾语“一大疑窦”，这也不符合“解颐”的使用要求。

可以把“解颐”改为“解开”“解决”之类的词。“解开”“解决”都有使问题得到解决的意思，适合句中语境；而且它们都是及物动词，可以带上像“疑窦”这样的宾语。

芥蒂 jièdì

2020年2月1日《北京晚报》第14版刊登文章《铁打的营盘“起落”的兵》，其中写道：“《春风十里》中，最动人之处就在于作者毫无**芥蒂**地对‘世情’的描述，围绕在李满全身边的是一群个性鲜明的人物，而所有的人都在围绕着‘关系’打转转，只不过石钟山将传闻中的‘朝中有人好做官’的潜规则写得更为直接。”句中的“芥蒂”一词使用有误。

“芥蒂”，本是指在管道等工具中起梗阻作用的东西，通常用来比喻心里对他人的嫌隙或不快，如“心生芥蒂”。“芥蒂”的比喻义是人的一种心理活动，通常用于人际关系（包括机构与机构乃至国与国的关系），如句中所说“毫无芥蒂”，意思就是使用主体对关系人完全没有什么不愉快的想法。句中说的是使用主体“作者”（即句中另一处出现的“石钟山”）在从事“对‘世情’的描述”这一行为时“毫无”某种心理状态，而不是指他与“世情”之间“毫无”不愉快的心思。因此，“芥蒂”的词义不合表达需要，不能适用。

“作者”在从事“对‘世情’的描述”这一行为时究竟“毫无”什么样的心理活动，从句中乃至引语所出全文中看不出来。因此对“芥蒂”的修改，只能根据常理来进行。一般地说，在汉语应用的现实世界，一个作家在写作时，特别是在从事“对‘世情’的描述”这一行为时，可能会产生某种思想担忧，担心会受到社会批评乃至权力干预，从而在下笔时出现犹豫，也有的作家因这种思想担忧的存在，在从事“对‘世情’的描述”这一行为时会有所取舍（这里说的并不是作家按文学写作的要求对材料的取舍，而是以某种文学写作以外的要求对材料进行的取舍）。如果这样的判断是准确的，那么，可以把“芥蒂”改为“顾虑”之类的词。

另外，“对‘世情’的描述”是一个名词性结构，不管是原来的“毫无芥蒂”还是修改后的“毫无顾虑”，都是它的定语，其间的结构助词“地”应该改为“的”。

借鉴 jièjiàn

见第 26 页“场面”条。

jǐncòu

（一）

2020 年 8 月 30 日《新民晚报》第 10 版刊登文章《智能之不可能》。文中有个句子写道：“半个多世纪里，人类文明以前所未有的速度实现电子化，随之而来的是**紧凑**乃至慌乱的社会变革，电子机械和网络渗透到日常生活里……”句中的“紧凑”一词使用有误。

“紧凑”的意思是密切连接，中间没有多余的东西或部分。“紧凑”一般用来形容由人设计、安排的事情的各个环节之间的关系，如“这部戏情节紧凑”。句中说的是“社会变革”因激烈而让人产生紧迫感，精神高度集中，“紧凑”的词义与此不合。

可以把“紧凑”改为“紧张”。句中原有的“紧凑”与“慌乱”并列，两个词都是用来形容“社会变革”给人带来的情绪反应，“紧凑”不能用于描写人的情绪，而“紧张”可以这样用。

（二）

见第 30 页“成形”条。

紧张 jǐnzhāng

（一）

2020 年 10 月 2 日《解放日报》第 4 版刊登报道《“蟹荒”背后》。文中有一句话写道：“今年‘行情不好’，他**紧张**自己每一艘到港船只的渔获情况，也早早地赶到了水产城码头。”句中的“紧张”一词使用有误。

“紧张”的词义比较丰富，可指人的精神处于高度准备状态，兴奋与不安夹杂，如“第一次开飞机，免不了有点紧张”，使用主体一般为人；可指情势激烈而又紧迫，让人精神高度集中，如“球赛已经进入紧张阶段”，使用主体一般为局势，局面；可指物资不足，难以满足需求，如“近期粮食有点紧张”，使用主体一般为物资。句中的“紧张”，其使用主体“他”是人，因此用的是第一个意思。但不管取什么词义，“紧张”都是一个形容词，在使用中不能带宾语。句中的“紧张”后面跟着“……渔获情况”这样的宾语，这是把这个形容词当作动词用了，不合其使用要求。

可以把“紧张”改为“担心”“忧心”之类的动词。当然也可以保留“紧张”，但需要改变“紧张”和下文“……渔获情况”的结构关系，可以用适当的介词结构将这个内容提到作为中心语的“紧张”之前，让其成为“紧张”的原因或对象之类，比如把“他紧张自己每一艘到港船只的渔获情况”改为“他为自己每一艘到港船只的渔获情况而紧张”“他对自己每一艘到港船只的渔获情况感到紧张”之类的话。

（二）

2021年5月12日《文汇报》第9版刊登文章《对谍战电影类型惯例的一次挑战》。文中写道：“正是这种并不有意考验观众智力，也不乐于**紧张**观众神经的剧作结构，却在一定程度上‘冒犯’了谍战片的影迷，也就无法满足部分观众的类型预期，进而挑战了谍战电影的运作惯例。”句中的“紧张”一词使用有误。

“紧张”在这个句子中的行为主体应该是“观众神经”，但“观众神经”在句中作了“紧张”的宾语，这不合“紧张”作为形容词的使用要求。

可以把“紧张观众神经”改为“让观众神经紧张”之类的话语。

紧致 jǐnzhì

2020年6月6日《解放日报》第5版刊登一篇报道，标题是“高铁**紧致活泛**长三角”。这个标题中的“紧致”“活泛”两个词使用有误。

先看“紧致”。“紧致”形容很紧，通常用来表示事物内部的构成十分紧密，没有空隙，如形容年轻人身体“皮肤紧致”，形容某种糕团“吃口紧致”。句中的“紧致”被用来形容“高铁”在“长三角”地区的分布状态，但“高铁”在一个地区再怎么多，也不可能多到在各条路线之间没有空隙的程度。因此“紧致”的使用是不合适的。句中说的意思是“高铁”的分布比较密集，“紧致”与这个词义也不符合。

再看“活泛”。“活泛”主要有两个意思，一是指脑子灵活，能随机应变；二是指手头经济宽裕。这两个意思的使用对象一般都是人，句中将其用于“长三角”这样一个地区，这超出了“活泛”的使用范围。另外，“活泛”是一个形容词，句中它和“长三角”的语法关系是动宾搭配，这是把形容词“活泛”当动词用了，也不合其使用要求。

可以把“紧致”改为“密布”之类的词，把“活泛”改为“活跃”。其中“活跃”是个兼类词，既是形容词也是动词，这里作动词用。不过这只是一般情况下的修改，如果把“活泛”改为“带活”这样的临时组合，表达效果更好。这是因为，引语所出全文说的是长三角地区不断推进的高铁项目的建设，对于长三角地区的社会经济活跃起到了重要的推动作用，那么说高铁起到了“带活”的作用，显然是一种更切题，也更符合新闻报道特点的说法。

谨记 jǐnjì

（一）

2021年9月28日《晶报》第13版刊登报道《地铁上的这些行为，若犯必拘!》。文中写道："深圳公交警方在此警示：地铁站及地铁车厢公共视频全覆盖，便衣民警也时刻紧盯地铁里的违法犯罪活动，警方必以'零容忍'的态度严打各种猥亵行为，请务必**谨记**'莫伸手，伸手必被抓。'"句中的"谨记"一词使用有误。

"谨记"意为对对方的话一定认真记住。"谨记"是一个敬辞，一般用于人际对话之中，表示行为主体对对方的尊重。句中"谨记"的使用对象是"地铁站及地铁车厢"中可能出现的"各种猥亵行为"，而"各种猥亵行为"是违法犯罪活动，"深圳公交警方"不可能也没有必要对从事此类活动的人在态度上表示出尊重，"谨记"的使用是不合适的。

可以把"谨记"改为"记住""牢记"之类的词。"记住"和"牢记"在"记"的程度上有深浅之分，但都不带对对方表示尊重的情感色彩，适用于这个句子的语境。

（二）

2020年6月24日《新京报》第4版刊登文章《被指"套路"股民，白马股丢的是人情分》。文中有这样一个句子："股民寄希望于科技类上市公司打破核心科技受制于人的局面，上市公司需要时刻**谨记**广大股民的切身利益。"句中的"谨记"一词使用有误。

"谨记"作为一个敬辞，其使用主体通常要求是人。句中"谨记"的使用主体是"科技类上市公司"，但"科技类上市公司"是企业，"谨记"的使用是不合适的。

可以把"谨记"改为"牢记"。"牢记"的意思是牢牢地记住，可以适用于各种场合。

谨小慎微 jǐnxiǎo-shènwēi

2021年5月21日《新民晚报》第21版刊登文章《母亲与保姆》。文中有一段在记叙作者到保姆介绍所寻找保姆时，有一个句子写道："正当我们欲离开时，一个60岁出头的老太**谨小慎微**地说，如果东家不嫌弃，我愿意去。"句中的"谨小慎微"使用有误。

"谨小慎微"的意思是对琐细的事情过分小心谨慎，以致在做事时流于畏缩。"谨小慎微"在使用中通常用于形容人在日常工作、生活中的态度，不能用来形容行为主体在做某个动作或说某句话时的神态，句中的"谨小慎微"形容行为主体"一个60岁出头的老太"在"说"一句话时的神态，这不合使用要求。对于"一个60岁出头的老太"来说，她说话时可能声调比较低，说得也较慢，但这个样子用“谨小慎微”来形容是不合词义的。

还有一点要注意的是，因为“谨小慎微”含有使用对象在做事时缩手缩脚的意思，因此它还产生了一定的贬义。但作者在句中对“一个60岁出头的老太”并无批评贬抑的意思，在这种情况下，使用“谨小慎微”在情感倾向上也是不能切合的。

可以把“谨小慎微”改为“轻声细语”之类的话。“轻声细语”符合“一个60岁出头的老太”在求职时的态度。需要注意的是，这里不宜改为“谨慎”。一般地说，行为主体在说话时如果表现“谨慎”，大都是担心自己说错话会引出不利于或有损于自己的后果，但在这个句子中不存在这样的语境，因此“谨慎”也是不适合使用的。

进步 jìnbù

见第92页“几乎”条。

进修 jìnxiū

2020年2月13日《解放日报》第11版刊登文章《吴昌硕在上海放射的艺术光芒》。文中写道：“1866年，吴昌硕师从同乡施旭臣学诗文，同时**进修**书法、篆刻。”句中“进修”一词使用有误。

“进修”的意思是为了提高能力和水平而进一步学习。“进修”是在中国当代产生的一个词，是现代教育发展以后出现的一种新型的教学方式，因此它只能用于叙写当代的事情。“进修”在使用中一般要求行为主体是已经工作的成年人，指的是行为主体暂时离开其工作岗位，到成人学校等机构学习有关知识。句中的行为主体“吴昌硕”是生活在我国晚清时期的一位著名画家，句中说明其出现这一行为是在“1866年”，其时现代意义的教育形式还未在中国产生，“吴昌硕”对“书法、篆刻”的学习不具备在专门学校从事的可能性，因此“进修”的使用是不合适的。

可以把“进修”改为“学习”“修习”或“研习”。这三个词在反映行为主体“吴昌硕”在从事这一行为之前对“书法”和“篆刻”技艺掌握的程度上是有高低之分的，可以根据实际情况选择使用其中的一个。

噤若寒蝉 jìnruòhánchán

见第108页“交口”条。

经济 jīngjì

（一）

2020年11月22日《文汇报》第4版刊登文章，标题为“疫情和**经济**考验下的G20沙特峰会”。这个标题中的“经济”一词使用有误。

“经济”在现代汉语中的词义比较丰富，当它在国家层面上使用时，通常表示为国民经济的总称，即一个国家的物质生产、流通、分配和消费的宏观总体，包括各个生产部门和为生产服务的流通部门、商业服务部门，以及在此基础上形成的各种产业。句中说的是“G20 沙特峰会”的情况，“经济”用的正是国家层面上的意义。在这个句子中，“经济”和“疫情”并列，一起与“考验”搭配。但是，给人带来“考验”的事物通常是人们不愿意接受，希望克服或消除的对象，如“疫情”就是人们希望克服、消除的内容，因此它能和“考验”搭配，而“经济”是社会保持正常运转不可离开的事物，人们通常不会产生消除它的愿望，因此它不会对人产生“考验”，“经济”在句中的使用不合适。

需要把“经济”改为“经济衰退”。“经济衰退”才是人们希望消除的事物，可以和“考验”搭配。从引语所出全文可知，“G20 沙特峰会”召开时，全球正面临疫情泛滥和经济指标下降的压力，因此这里使用“经济衰退”是合适的。

（二）

2020 年 3 月 25 日《新民晚报》第 13 版刊登一篇文章，标题是“特朗普盼‘重启’**经济**，佩洛西怒怼”。文中有句话写道：“对于公共卫生专家担忧贸然启动**经济**可能造成疫情快速蔓延，特朗普坚称，即使重返岗位，仍能有效控制病毒传播，民众会继续保持良好的卫生习惯并维持社交距离。”这个标题和引语中的“经济”一词使用不妥。

这里的“经济”，也是在国家层面上使用，其词义也是指宏观的国民经济。这个意义上的“经济”在一个国家应该是始终存在的，只是在表现状态上有不同，有的增速高，有的增速低，有的结构平衡，有的结构不平衡，但作为“经济”本身，它是不可能消失的。标题和引语中的两个“经济”分别和“重启”“启动”搭配，这意味着在此之前，“特朗普”所在国家的“经济”停下来了，但事实上这是不可能的，即使经济增速出现严重下降甚至表现为负增长，经济运转仍然是存在的。从标题和引语所出全文可知，“特朗普”所在国家其时因为“疫情”肆虐，导致部分经济部门关闭，但这不等于一个国家内的国民经济活动关闭，事实上这也办不到。因此，在国家层面上的“经济”，与“重启”和“启动”都是不能搭配的。

可以把两个“经济”都改为“经济复苏”。“经济复苏”是经济学上的一个术语，指国民经济衰退以后重新出现活跃，经济指标有所增长，它可以接受“启动”的支配，适合于这个标题和引语的语境。

（三）

2020 年 10 月 18 日《北京晚报》第 12 版刊登文章《小萌探案记》。文中写道：“上世纪八十年代末九十年代初，各项**经济**空前活跃，各路神仙纷纷出山。”句中的“经济”一词使用不妥。

“经济”在经济学上可指社会物质生产和再生产的活动，这个意义的“经济”是一个集合概念，不能计数。句中的“经济”前面加上了“各项”，这是把“经济”当作可以计数的概念来使用了，不合其词义。

应该把“经济”改为“经济活动”。“经济活动”指的是人们从事物质生产和再生产的活动，如工业、农业、建筑业、交通运输业、金融业、餐饮业等，包罗万象，可以计数，适合于这个句子的语境。

井然有序 jǐngrán-yǒuxù

2020 年 7 月 19 日《解放日报》第 7 版刊登文章《缓慢地活着》。文中有一个句子写道：“就这样，想了 5 年，他却一直在老年病房里**井然有序**地活着。”这个句子中的“井然有序”使用有误。

“井然有序”的意思是整整齐齐，次序分明，条理清楚。“井然有序”通常用来形容人比较多的场合有条理，有次序，整齐不乱。“井然有序”可以用来形容场面，也可以形容某个场面中的人群，但不能用来形容单个的人，因为单个的人是无法表现出“有序”的状态的。句中“井然有序”的使用对象是作为单个的人的“他”，这不合其使用要求。

需要说明的是，从引语所出全文可知，句中的“他”是一位阿尔茨海默病患者，这类患者一般来说都是言行杂乱无章，让人难以应对，而句中说的是“他”在“老年病房”里一直比较遵守医院要求，没有给人添太多麻烦，这构成作者使用“井然有序”的理由，但单个的行为主体不能和“井然有序”搭配。

根据作者在原句中希望表达的意思，可以把“井然有序”改为“安安静静”“规规矩矩”之类的词语。在人们一般的认知中，“安静”“规矩”都是阿尔茨海默病患者很难做到的，然而句中的“他”做到了，这正是作者希望表达的意思。

景象 jǐngxiàng

2020 年 9 月 3 日《新华日报》第 13 版刊登文章《抖音时代的现实主义之思》。文中有一个句子写道：“久而久之，网友会发现自己已无法想象两位演员出演警察的**景象**，而独爱他们‘特色重复’式地出演难免雷同的各式笨贼。”句中“景象”一词使用不当。

“景象”指的是现象，状况。“景象”一般用来描写社会现象和自然景观，如果描写人的活动情况，一般只能形容很多人聚集在一起所形成的宏观场面，通常不用于描写人做具体的事。句中的“景象”描写的是“两位演员出演警察”的场面，这是人所做的比较具体的事情，“景象”不能适用。

应该把“景象”改为“情景”。“情景”的意思是具体场合的情形，“两位演员出演警察”就是一个具体场合，因此“情景”适用于句中语境。

敬畏 jìngwèi

2020年8月8日《证券时报》第3版刊登报道《〈八佰〉归来欢声雷动，影视业“拐点论”为时尚早》。文中有一句话写道：“影院复工前两周的票房只有去年同期7%左右的水平，还需要观众观影需求的继续修复，大家目前对疫情的**敬畏**心理还在，还有缺少大片的刺激。”句中的“敬畏”一词使用有误。

“敬畏”的意思是又敬重又畏惧。“敬畏”是一个合成词，表示人的两种作用方向不同的情绪，即敬重和畏惧。“敬畏”在使用中要求其使用对象具有正面性，如一个执行纪律说一不二的领导干部、未知的大自然、先祖亡灵等，行为主体对其都不是持否定态度的。句中“敬畏”的使用对象是“疫情”，但“疫情”在社会评价中具有很明显的负面性，句中的行为主体“大家”对“疫情”应该有“畏”（畏惧）的情绪，却不可能有“敬”（敬重）的情绪，因此“敬畏”的使用是不合适的。

可以把“敬畏”改为“畏惧”。“畏惧”也是一个合成词，与“敬畏”不一样的是，其中的“畏”和“惧”虽然也是表示人的情绪，但两者在情绪的作用方向上是一致的，都表示了行为主体“大家”对“疫情”的惧怕情绪，因此使用“畏惧”符合句中语境需要。

窘境 jiǒngjìng

2020年5月26日《光明日报》第16版刊登文章《梦圆柯坪》。其中有句话写道：“这里土地贫瘠，多属于盐碱地，而且由于水资源极度缺乏，人多地少，产量低下，造成了‘半年桑杏半年粮’的**窘境**。”句中的“窘境”一词使用有误。

“窘境”意为尴尬、为难的境地。“窘境”是人在人际交往中因为说错了话或做错了事被人识破后产生的不适心理的外化表现，其使用对象一般限于个人。句中说的是作为一处地域的“这里”的社会经济落后的状况，“窘境”不能适用。

可以把“窘境”改为“困境”。“困境”指困难的境地，它的适用场合比“窘境”宽泛得多。

拘谨 jūjǐn

2020年6月17日《大众日报》第8版刊登文章《“姐姐们”为什么这样火》。文中有一段文字写道：“在电视连续剧《孝庄秘史》中，宁静却扮演了沉静克制的女主角大玉儿，成为一个难以逾越的经典角色。宁静本性大大咧咧，但就是有表演**拘谨**的水平，这种跨越，本身就需要高超的演技。”这段文字中的“拘谨”一词使用有误。

“拘谨”指的是言语和行动过分谨慎，放不开。这个词通常用来形容人的神态。句中的“拘谨”与“表演”搭配在一起，而“表演”的行为主体是作为演员的“宁静”，这等于是在说“宁静”在“表演”中“拘谨”，这是对一个演员的批评，但文中对这种“拘谨”却是持称赞态度的，用词与表意出现了矛盾。实际上作者要说的是“宁静”所饰演的角色（即“电视连续剧《孝庄秘史》”中的“女主角大玉儿”）具有“拘谨”的特点，由于作者在行文中出现了苟省，造成“拘谨”指向于“表演”。

但这只是“拘谨”错用的一个方面。还有一个问题是，“拘谨”是一个含有一定贬义的词，说一个人“拘谨”并不是在肯定他，但从引语的行文看，虽然可以认为“拘谨”不是用于指“宁静”的“表演”，而是用于指其所饰演角色（即“大玉儿”）的性格特征，但作者对“大玉儿”用了“沉静克制”的形容语，可见是把“拘谨”与“沉静克制”作为同样意思和情感色彩的词来使用了。但“沉静克制”含有褒义，而“拘谨”含有贬义，这两者用于同一个人物身上，使文中的褒贬出现了混乱，这是不合适的。出现这个错误的原因，还是在于没有很好地理解“拘谨”的词义和用法。

对“拘谨”的修改，先要割断它和“表演”的搭配关系，然后用一个合适的词替换“拘谨”。但就这段文字而言，既然已在前面指出“大玉儿”具有“沉静克制”的特点，后面用类似的词再说一下已无必要。基于这样的考虑，可以把“宁静本性大大咧咧，但就是有表演拘谨的水平”改为“宁静本性大大咧咧，但能够表现出拘谨的角色形象”之类的话语，这样前后文之间也就协调起来了。

咀嚼 jǔjué

2020 年 10 月 4 日《解放日报》第 4 版刊登文章《上海老味道，说不完的故事》。文中有这样一句话：“中国人喜欢通过**咀嚼**某些食物来纪念一个节日或时令，这是农耕文明代代相传的文化**指令**。”句中的“咀嚼”和“指令”两个词使用有误。

先看“咀嚼”。“咀嚼”的意思是用牙齿磨碎食物。稍有生活常识的人都应该知道，用牙齿磨碎食物只是整个进食过程中的一个环节，进食过程至少还应该包括下咽这样的动作，况且有的“食物”如汤羹之类也不需要“咀嚼”。因此，把“咀嚼某些食物”作为“纪念一个节日或时令”的形式，并不符合实际，作者是把“咀嚼”当作完成整个进食活动全过程的词来理解并使用了，但这不合其词义。

再看“指令”。“指令”在现代汉语中是个兼类词，作动词时指带有强制性的指示、命令，如“上级指令我们火速增援抗洪前线”；作名词时指上级给下级的指示或命令等，如“这是谁发的指令？”句中的“指令”用为名词，但它说的“喜欢通过咀嚼某些食物来纪念一个节日或时令”（其中的“咀嚼”上文已指出使用不妥，这里为叙述方便姑且沿用），是一种在长时间里逐渐养成、难以轻易改变的社会风尚，“指令”的词义不适用。

可以把“咀嚼”改为“享受”“享用”之类的词。“享受”和“享用”的词义比较广泛，当它的指向对象为“食物”时，一般就是指吃东西（包括咀嚼、下咽等整个过程），符合句中的语境需要。“指令”则可以改为“习惯”或“习俗”。与“指令”必须强制执行不同的是，“习惯”“习俗”虽然流行年代可以很久远，但对人们并无强制性要求，比如即使在作者所说的“农耕文明”时代，如果有人在某个“节日或时令”不愿意以“咀嚼食物”形式来“纪念”，也是不会产生什么后果的，但如果这是一个“指令”，拒绝者就要承担后果。

据理力争 jùlǐ-lìzhēng

2020年1月17日《新民晚报》第21版刊登文章《从热词“品牌”的翻译说起》。文中写道：“笔者在德国教授汉语时，就有学生把‘这辆车差点没掉进河里’译成了‘这辆车掉进了河里’。说他意思译错了，他还**据理力争**不服气。”其中的“据理力争”使用有误。

“据理力争”的意思是按照正确的道理或理由维护自己的正当权益或正确观点。“据理力争”具有正面性，使用“据理力争”表明作者对行为主体的这一行为是认可的。但在这段文字中，作者已指出行为主体“学生”出现了“意思译错”的错误，也就是说“学生”在这件事上进行争辩是没什么道理或理由的，作者对“学生”的这个行为是否定的，不认为其具有正面性，因此“据理力争”不适合使用。

可以把“据理力争”改为“强词夺理”或“自恃有理”之类的话语。前者含有对“学生”较严厉批评的意思，后者的态度则相对比较温和，可根据作者表达的需求选择使用。

决议 juéyì

2020年4月18日《解放日报》第5版刊登文章《黄炎培写给江恒源的信》。文中有这样一个句子：“1933年4月，古稀之年的民族实业家叶鸿英，在参观人文社后**决议**支持图书馆的发展。”句中的“决议”一词使用有误。

“决议”的意思是经过会议讨论作出的决定。“决议”的行为主体必须是两人以上，因为只有两人以上才能召开会议（事实上更多的是要三人以上）并作出决定，句中“决议”的行为主体“叶鸿英”只是一个人，他单独一人不可能召开会议，因此“决议”不能适用。另外，“决议”按目前的使用习惯是一个名词，不能带宾语，但句中的“决议”带上了宾语“支持图书馆的发展”，这是把名词“决议”当作动词来用了，也不合其规范。

可以把“决议”改为“决定”。“决定”指的是对如何行动做出主张，它的行为主体可以是很多人，也可以是一个人，适合句中使用。另外，“决定”是一个兼类词，既是名词，也是动词，在这个句子中用为动词，合于规范。

觉悟 juéwù

2020年10月7日《光明日报》第6版刊登文章《为文学打开宽阔的文化空间》。文中有一段文字写道：“这并非因为后来改换门庭，有意靠向专门的‘文学批评’，而是在融媒体时代，一如既往写着新闻报道式的文字，渐渐对‘何为文学批评’‘何为职业批评’‘何为大师批评’‘何为媒介批评’有了一份独特**觉悟**。这份**觉悟**让他看清了自己的定位，也因此获得了一份应有的自信。”这段文字中的两个“觉悟”使用都有误。

“觉悟”是个兼类词。作动词用时指思想认识由原来的迷惑而变为清醒，如“他终于觉悟了”；作名词用时指在政治理论、思想意识方面的认识和认知，如“政治觉悟”“此人在大是大非问题上觉悟太低”。“觉悟”的使用对象，通常只限于个人在社会政治思想方面的认识和认知，在此之外的各种认识和认知，一般不用“觉悟”称说。文中说的是行为主体“他”在“文学批评”方面的认识和认知，这不属于人的政治思想范畴，“觉悟”不能适用。

可以把这段文字中用到的两个“觉悟”都改为“感悟”之类的词。和“觉悟”一样，“感悟”也是兼类词，动词义指受到感触而产生想法，名词义则指受到感触后产生的想法，但其使用范围则与“觉悟”不同，基本包括了除政治思想外人在工作、生活等多方面的认识和认知，其名词义用在这段文字中是合适的。

觉醒 juéxǐng

（一）

2021年3月3日《解放日报》第15版刊登文章《江南之水孕育出的一方灵物》。文中有这样一个句子：“常熟的大表姐夫第一个**觉醒**，他没有固定工作，春天在虞山脚言子墓下卖风筝，秋天开始，凌晨两点起床骑着摩托去苏州消泾村进货，回来赶早市卖蟹。”句中的“觉醒”一词使用有误。

“觉醒”的意思是觉悟，明白过来。“觉醒”的使用场合有一定限制，通常是指行为主体在政治思想意识方面产生觉悟，摆脱原来的蒙昧状态。句中说的是行为主体“常熟的大表姐夫”看到了市场的机会，这不属于政治思想意识方面的范畴，“觉醒”的使用不合适。

可以把“觉醒”改为“看到商机”“发现商机”之类的话语。

（二）

2020年3月24日《解放日报》第12版刊登文章《了解灿烂文明，从三件国宝开始》。文中有这样一句话：“它或许昭示了先人对科学真理的**觉醒**，或许展示了匠人的巧思手艺，或许承载了民众的生活样式，是不会作假的物语史证。”句中的“觉醒”一词使用有误。

句中的“觉醒”前面有介词结构“对科学真理”，这种形式要求“觉醒”对介词“对”的宾语“科学真理”能够产生支配作用，但“觉醒”是一个不及物动词，在使用中不能带宾语，这也决定了它不能对事物产生支配作用，因此句中“对科学真理的觉醒”这种说法是不合适的，“觉醒”不能有这种用法。

这个句子的主语是“它”（从引语所出全文可知，“它”所指代的是一件文物），谓语则由“昭示了……”“展示了……”“承载了……”这三个句式组成，而“展示”和“承载”的宾语分别是“巧思手艺”和“生活样式”，它们都是名词性短语，“昭示”用“觉醒”这样一个动词作为它的宾语，与后面两个句式也是不协调的。

可以考虑把“觉醒”改为“认知水平”之类的短语。一方面，这个短语中的“认知”是个动词，可以对“科学真理”产生支配作用；另一方面，“认知水平”又是一个名词性短语，它可以作“昭示”的宾语，同时与后面两个句式能够协调起来。

K

开阔 kāikuò

（一）

2020 年 6 月 23 日《文汇报》第 9 版刊登一篇报道，标题是“剧院沉寂的空档期，他们在厉兵秣马中绘出中国音乐剧**开阔**前景”。这个标题中的“开阔”一词使用欠妥。

“开阔”的意思，一是指空间宽广，如“开阔的场地”“视野开阔”；二是指思想、心胸等宽阔，如“思路开阔”“心胸开阔”。“开阔”的使用对象，在事物性质上既可以是具象的，也可以是抽象的。当“开阔”表示空间广阔的意思时，它的使用对象要求是具象的，并且通常限于目力所及的范围，如城市的广场、道路，农村的田野等；而当“开阔”表示思想、心胸宽阔的意思时，它的使用对象则需要有抽象性，通常与人的情感、心理活动等有关。

句中的“开阔”，用于修饰“前景”，但“前景”作为一种空间，具有很强的伸展性，可以超过人的目力范围，因此“开阔”的前一个词义不适用。实际上，“前景”通常是一种带有比喻性质的说法，词义有抽象性，而它又不属于人的情感、心理活动的范围，因此“开阔”的后一个词义也不适用。

可以把“开阔”改为“广阔”。“广阔”和“开阔”在表示空间宽广这个意义时，是一对近义词，但当“广阔”用于修饰空间时，它的使用对象通常要求具有无限伸展的特性，可以超越人的目力。“广阔”还可以用于修饰一些具有比喻性质的描写空间的词，如“广阔天地”，句中的“前景”就是这样一个词，因此用“广阔”来替代“开阔”是合适的。

（二）

2020 年 12 月 29 日《文汇报》第 9 版刊登报道《生活现场的温度，成就 2020 年中国文坛最美收获》。文中有一句这样的话：“以《一把刀，千个字》为例，不同地域间的舌尖美味，**开阔**出另一番融汇天地与自然体悟的精妙世界，淮扬菜仅是一个引子，它们悄无声息推动着情节发展和人物性格逻辑。”句中的“开阔”一词使用有误。

“开阔”是形容词，在使用中不能带宾语。句中的“开阔”带上了宾语“另一番融汇天地与自然体悟的精妙世界”，这是把它当动词用了，不合其使用要求。

可以把“开阔”改为“开拓”。“开拓”意为扩展，使开阔，它是一个动词，可以带上宾语“另一番融汇天地与自然体悟的精妙世界”，符合句中表达需要。

开展 kāizhǎn

见第 250 页“以来”条。

看望 kànwàng

（一）

2020 年 11 月 17 日《四川日报》第 16 版刊登报道《罗利群 32 年“救”一树》。文中写道：“11 月 13 日，吃过早饭，罗利群又一次乘车来到乡下的一片试验田里，**看望**他亲手栽种的长着绿色叶子、结着果实的树苗。”句中的“看望”一词使用不妥。

“看望”指的是前往会面并表示关切和问候。“看望”需要其行为主体和指向对象之间有情感交流，因此“看望”的指向对象只能是人。句中“看望”的指向对象“树苗”是一种事物，其行为主体“罗利群”可以对其产生情感，但它不可能对“罗利群”产生情感，因此“看望”不能适用。

可以把“看望”改为“察看”。“察看”指的是为了解情况而细细地看，从引语所出全文可知，“树苗”是行为主体“罗利群”为进行科学试验而栽种的，“察看”正适合这个语境。

（二）

2021 年 5 月 11 日《都市快报》第 3 版刊登报道《3 只金钱豹因饲养员违规操作外逃》。其中写道：“昨天上午，来自上海动物园和杭州动物园的两位专家前往杭州野生动物世界，**看望**已经找回的第二只金钱豹，并对大家比较关心的金钱豹的伤情现场进行了诊断。”句中的“看望”一词使用有误。

句中“看望”的指向对象是“第二只金钱豹”，这是一种动物，它和“看望”的行为主体“两位专家”不存在情感交流，因此“看望”在句中不能适用。

可以把“看望”改为“察看”。

（三）

2021 年 6 月 8 日《长江日报》第 11 版刊登文章《油麻岭“红窝子”村》。文中写道：“我很兴奋找到了‘英雄出处’，决定去一趟油麻岭村。一来，**看望**一下洪团长的村子和亲属们；二来，也想详细搜集整理一下烈士的生平事迹。”这段文字中的“看望”一词使用有误。

“看望”在这段文字中有两个指向对象，即“村子”和“亲属们”，其中“亲属们”是人，可以接受“看望”的支配，但“村子”是一个事物，不能接受“看望”的支配。因此，仅仅用“看望”一个词来支配“村子”和“亲属们”是不合适的。

修改这段文字，要把两层意思分开来说，比如把“看望一下洪团长的村子和亲属们”改为“参观一下洪团长的村子并看望一下他的亲属们”，这样改了以后，让“村子”接受“参观”的支配，而“亲属们”仍然接受“看望”的支配，语句就没问题了。

【另按】

《现汉》对“看望”的释义不够准确。《现汉》的释文是：“到长辈或亲友等处问候。”这个释义存在问题，“看望”不仅仅是晚辈对长辈的行为，实际上长辈对晚辈也可以有这样的行为，晚辈对长辈这样做是表示尊重，长辈对晚辈这样做则是表示关爱。此外，领导干部看望群众在目前的汉语使用环境中已是常态，但对领导干部来说，群众既不是长辈也不属于亲友。因此，《现汉》对“看望”的适用对象描述过窄。

抗争 kàngzhēng

2020 年 2 月 24 日《文汇报》第 11 版刊登一篇文章，标题是“从古至今，人类从未停止**抗争**瘟疫的脚步”，其中“抗争”一词使用有误。

“抗争”，意为对抗，斗争。“抗争”是一个不及物动词，在使用中不能带宾语，句中的“抗争”带上了宾语“瘟疫”，这是把这个不及物动词当及物动词用了，不合其使用要求。

可把“抗争”改为“抗击”。与“抗争”相比较，“抗击”是个及物动词，在使用中要求带上宾语。也可把“抗争瘟疫”改为“和瘟疫抗争”。

可见 kějiàn

见第 174 页“倾慕”条。

扣压 kòuyā

2020 年 2 月 16 日《新民晚报》第 15 版刊登文章《再看〈传染病〉感悟有多少》。文中写道：“玛丽亚·歌迪昂扮演的世卫组织工作人员调查疫情，遭当地一位工作人员**扣压**，以确保疫苗研发出来后当地儿童能及时获得。”句中的“扣压”一词使用有误。

“扣压”指的是把物资、文件等扣留下来使其不能到达原定的目标处。“扣压”的指向对象通常限于物品，句中“扣压”的指向对象“世卫组织工作人员”是人，一般不能接受“扣压”的支配，“扣压”的使用不合适。

可把“扣压”改为“扣押”。“扣压”和“扣押”读音相同，词义也相近，但在指向对象上有明显的区别。“扣压”指向物，“扣押”指向人。这种区别是由这两个词中不同的词素“压”和“押”所决定的，“压”用于物，“押”用于人，当它们分别和“扣”组成词的时候，也就使“扣压”和“扣押”有了各自相适的指向对象。

苦难 kǔnàn

（一）

2020 年 1 月 1 日《光明日报》第 7 版刊登文章《主流大片实现了美学升

级与守正创新》。文中有一句话写道：“消防中队队长江立伟因指挥失误痛失队友，在心灵上深深的自责和愧疚，这种在**苦难**中的求索和人性挣扎为他日后自我牺牲的英雄精神埋下了伏笔……”这句话中的“苦难”一词使用有误。

“苦难”的意思是痛苦和灾难。“苦难”指的是对当事人长期存在的一种生存压力，如“苦难深重”“苦难的日子”。句中说的是当事人“江立伟”因为自己做错事（“指挥失误痛失队友”）而“在心灵上深深的自责和愧疚”（此处“的”应为“地”），这是当事人一种非常难受的心理活动而不是他的生存压力，“苦难”不能适用。

可以把“苦难”改为“痛苦”。“痛苦”指人在肉体或精神上非常难受，句中说的是当事人“江立伟”非常难受的心理活动，“痛苦”可以描写这种情景。

（二）

2022年2月13日《新民晚报》第11版刊登文章《焦晃：一树“繁花”傲春风》。文中有一个句子写道：“妈妈十月怀胎的**苦难**与恩德，不能抹去。”句中的“苦难”使用不当。

“苦难”包含痛苦和灾难两个方面的意思，按一般的常理来说，是当事人不希望出现的，是要想方设法避免的。句中的“苦难”，用在“妈妈”的“十月怀胎”，即人类女性的怀孕上。女性怀孕确实会给当事人带来生理上的痛苦，但从社会常理来说，作为当事人的“妈妈”虽然要承受一定的生理痛苦，但这种负累是“妈妈”愿意承受的，不含有灾难的意思。因此，将怀孕给当事人带来的生理不适称为“苦难”言之过重，“苦难”的使用不合适。

可以把“苦难”改为“辛苦”。“辛苦”的意思是身心劳苦，不像“苦难”一样含有灾难的意思，用在句中是合适的。

窥见 kuījiàn

2020年7月29日《光明日报》第13版刊登报道《瞿弦和：他的声音里燃烧着一团火》。文中有这样一段话：“他**窥见**过黄河在巴颜喀拉山脉初生时的涓涓细流，领略过‘天下黄河贵德清’的宁静透亮，听到过壶口瀑布震耳欲聋的涛声，远眺过‘千军万马’奔腾入海的壮阔。”句中的“窥见”一词使用不妥。

“窥见”的意思是看出来，觉察到。“窥见”的指向对象，可以是具象的事物，如“警察透过围墙窥见院子里停着一辆小汽车，与失主报失的车很像”；也可以是抽象的事物，如“从言谈话语中可以窥见他们的意图”。“窥见”的指向对象不管是具象的还是抽象的，它们有一个共同点，都是当事人需要掩盖、隐瞒的事物，不想让行为主体知晓。句中“窥见”的指向对象是“黄河在巴颜喀拉山脉初生时的涓涓细流”，这是一个具象的事物，但并没有人把它掩盖起来不让他人发现，对于行为主体“他”来说，只要出现在合适

场域，就能够看到这个事物，而不是需要在合适场域再经过一番努力才能发现这个事物。因此，“窥见”的使用是不合适的。

可以把“窥见”改为“看见”或“看到”。需要注意的是，因为在这个句子中，“窥见”的指向对象是具象事物，因此改为“看见”“看到”是合适的，如果是抽象的事物，一般情况下就不能作这样的修改。

困扰 kùnrǎo

见第 195 页“实现”条。

扩大 kuòdà

（一）

2020 年 1 月 27 日《文汇报》第 3 版刊登报道《四个新型冠状病毒检测产品获批上市》。文中有一个句子写道：“这意味着新型冠状病毒核酸检测试剂供给能力进一步**扩大**，疫情防控能力有所加强。”句中的“扩大”一词使用有误。

“扩大”的意思是使范围、规模等比原来大。“扩大”的使用对象要求是范围、规模方面的概念，句中“扩大”的使用对象是“能力”，但“能力”并不是表示事物范围或规模的词，因此它不能和“扩大”搭配，“扩大”在这个句子中不适用。

可以把“扩大”改为“提高”。“提高”的意思是使位置、程度、水平、能力、数量、质量等比原来高，这个意思适用于句中语境。

（二）

2021 年 3 月 11 日《新京报》第 3 版刊登文章《发出民进“好声音”，汇成两会舞台“大合唱”》。文中有一个句子写道：“民进发出的声音，**扩大**和传播着老百姓的心声，这是对我们参政议政工作的最高褒奖。”句中的“扩大”一词使用有误。

句中的“扩大”和“传播”并列，共同对“老百姓的心声”产生支配作用，但“心声”的意思是心里的想法，与范围、规模等无关，“传播”和“心声”能够搭配，“扩大”和“心声”却不能搭配，“扩大”在这个句子中不适用。

一般地说，可以把“扩大”改为“扩散”。但就这个句子来说，在这样改了以后，还宜把“扩散”和“传播”互换位置，让“传播”在前，“扩散”在后，这是因为按事物发展的一般规律，总是先有“传播”，然后出现“扩散”。

扩建 kuòjiàn

2020 年 3 月 4 日《证券时报》第 6 版刊登报道《贵州茅台换帅，高卫东将接替李保芳任董事长》。文中有这样一句话：“推动茅台销售渠道改革、大力发展茅台系列酒、大规模清理子品牌、**扩建**产能，55个月时间里李保芳以铁腕手段祭出一系列改革措施。”句中“扩建”一词使用有误。

“扩建”意为扩大原有的建筑规模或区域规模。“扩建”在使用中要求其指向对象必须是具象性的实体事物，如“扩建厂房”。句中“扩建”的指向对象是“产能”，但“产能”指的是生产能力，这是一个抽象概念，不能接受“扩建”的支配，“扩建”在这个句子中不能适用。

可把“扩建”改为“提高”。“提高”的意思是使事物在位置、程度、水平、能力、数量、质量等其中一个或数个方面比原来高，而“产能”一般是需要用数量来表示的一个事物，因此“提高”可以对它产生支配作用，在句中是一个合适的用词。

扩张 kuòzhāng

（一）

2020年12月20日《解放日报》第5版刊登报道《华强北的“美妆”新标签》。文中有一句话写道：“为了跟上年轻人的步子，眼睛老花的易正荣还要学习小红书和抖音运营，两部手机两个微信号的好友列表不断**扩张**。”句中的“扩张”一词使用有误。

“扩张”的意思是扩大。“扩张”的使用对象通常应是国家的疆土、势力范围等，其行为带有一点强制性。“扩张”在这个句子中的使用对象是“好友列表”，但“好友列表”不是行为主体“易正荣”的势力范围，他所从事的这种行为也不带有强制性，“扩张”的使用是不合适的。

可以把“扩张”改为“扩展”。“扩展”指向外伸展，扩大，它的指向对象一般应是人们日常工作、生活中的内容，适合于这个句子。

（二）

见第7页“版面”条。

（三）

见第32页“重新”条。

来由 láiyóu

2020 年 9 月 6 日《南方日报》第 7 版刊登文章《一部诗化的世情小说如何可读?》。文中写道："第一篇小说《老街》，完全是汪曾祺式的风格，青石板的悠长街巷里，一对不知**来由**与名姓却富于才情的男女，圆熟悠扬的京胡琴声，静静聆听与欣赏而不吭声的街坊，从头至尾没有一句**台词**，彷佛构成了一部百年前的小城默片。"句中"来由"和"台词"两个词使用有误。

先看"来由"。"来由"指的是出现的缘由、根据等。"来由"的使用对象通常应是某个事件、某种现象。句中"来由"的使用对象是"一对……男女"，这是两个人，"来由"不适用。作者说的是这两个人从何处来，有何背景等，"来由"的词义与此不合。

再看"台词"。"台词"指的是戏剧、电影、电视剧等演剧艺术中人物所说的话。"台词"的使用对象有一个特征，它们都需要用演员表演来推进故事，句中说的"《老街》"是"小说"，这不是需要演员表演来推进故事的艺术样式，而是一种运用文字来推进故事的艺术样式，因此其中人物说的话不能称为"台词"。

应该把"来由"改为"来历"，把"台词"改为"对话"之类的话语。

此外，句中"彷佛"一词字形有误，应为"仿佛"。

老大不小 lǎodà-bùxiǎo

2020 年 2 月 8 日《新民晚报》第 13 版刊登文章《怀念老伴》。文中写道："前不久，我还给你嘟囔：'咱俩也**老大不小**了，兜里也不是没有钱，咱俩也应该走出国门，看看外边的景致。'你笑着说：'外边的景致再好，也好不过咱们自家的景致，有你和咱那几个孩子，足够我欣赏了。'"这段文字中的"老大不小"使用有误。

"老大不小"，指的是小孩已经长大，达到或接近成年人的年龄。"老大不小"的使用对象一般是处于刚刚成为成年人或接近成年人年龄段的人，一般都是指十几岁的人，其身体基本发育成熟。这段文字中的"老大不小"，其使用对象是作为引语所出文章作者的"我"和作为他老伴的"你"，而从文中可知，"我"和"你"两人是一对已经进入老年状态的老人，因此"老大不小"不能用于他们身上。

把"老大不小"理解为指老人，这是受到了这个词语中的词素"老"的影响。"老"作为词素，通常可以指年纪大，但它还有一个作用是表示程度较高，相当于副词"很"，类似的词还有"老早""老远"等。在"老大不小"

中，“老”也是“很”的意思，“老大”就是年纪比较大了，不小了。

明白了这个道理，就可以知道“老大不小”不能用在老人身上。可根据实际情况把“老大不小”改为“年过花甲”（超过60岁）或“年过古稀”（超过70岁）之类的话语。

老人家 lǎo · ren · jia

2020年9月8日《南方都市报》第2版刊登文章《挂牌示众是老人行窃事件的最差解决方案》。文中有一句话写道：“**老人家**行窃，无论动机为何，从法律责任来讲，确实属于盗窃行为。”句中的“老人家”一词使用有误。

“老人家”指年老的人。“老人家”是一个尊称，使用对象要求是具有正面形象或从事正面行为的老人。句中说的“老人家”，从事的是“行窃”，这是一种负面行为，行为者至少在从事这一行为时，其形象是具有负面性的，即使是老人，也不应该尊敬。因此，“老人家”是不合适在句中使用的。

应该把“老人家”改为“老人”。“老人”是一种客观描写，不带感情色彩，适合句中使用。

礼敬 lǐjìng

2020年9月11日《今晚报》第1版刊登一篇文章，标题为“**礼敬**师者重任，**担当**立德树人”。其中的“礼敬”和“担当”两个词使用有误。

先看“礼敬”。“礼敬”指的是有礼貌地表示尊敬，恭敬。“礼敬”的指向对象限于人，并且要求是在年龄、地位、学识等多方面或某一方面高于行为主体的人。句中的“礼敬”，其指向对象为“重任”，两者不能搭配。

再看“担当”。“担当”是个兼类词，作动词用时指接受并负起责任。“担当”的指向对象通常是较重大的任务、责任、风险，甚至罪名等。句中的“担当”，其指向对象为“立德树人”，两者不能搭配。

“礼敬”和“担当”这两个词在句中出现的使用错误，问题都出在它们作为动词，与后面的指向对象不能搭配。“礼敬”本可与“师者”搭配，但作者在“师者”后面加了“重任”，使“礼敬”的指向对象不得不移位到“重任”；“担当”后面的“立德树人”，本应在其后有“责任”“重任”之类起总括作用的词以与“担当”搭配，但作者又漏了这个词，造成“担当”只能和“立德树人”搭配。

因此，简单一点说，修改时把“重任”移到“立德树人”后面，即把全句改为“礼敬师者，担当立德树人重任”，大致就可以了。但是，引语是一个由两个短语组成的文章标题，作者希望两个短语字数相等，这应该得到尊重，所以这种简单的修改不是最好的选择。更合适的是，保留“礼敬”，但删去“重任”，而“担当”也可以删去。这样，全句成为“礼敬师者，立德树人”。

凉薄 liángbó

2020年1月28日《解放日报》第8版刊登文章《挂历人生》，其中有段文字写道："到了年关，他总会在年货市场泡上很多时间，像品鉴艺术品那样，精心地挑上几帧满意的挂历。他拒绝过分厚实的铜版纸，一律选择**凉薄**素雅的宣纸挂历，除了当新年礼物送人，最后才将剩下的那一帧挂在自己书房角落。然后，对墙上取下来的那一帧即将结束**暮年**的挂历，陷入**爱不释手**的回忆。"这段文字中的"凉薄""暮年"和"爱不释手"三个词语使用有误。

先看"凉薄"。"凉薄"指的是人情浅薄，淡薄，如"人心凉薄""世道凉薄"。"凉薄"一般用来形容人的情感和态度，句中将其用来形容"宣纸挂历"的品质，表示又凉又薄的意思，这超出了它的词义。事实上，对于"宣纸挂历"这种纸制品来说，人们一般是不会对它作出"凉"还是"热"的区别的。因此，"凉薄"的使用是不合适的。

再看"暮年"。"暮年"指人生命的晚年，如"愉快的暮年生活"。"暮年"一词只能用于人，句中说的是旧的、已过去的年份，这个意思不能用"暮年"来表示。

再看"爱不释手"。"爱不释手"的意思是因为喜爱而舍不得放下。"爱不释手"通常用来形容行为主体对某个物品十分珍爱，它表示的是人的一种行为。句中的"爱不释手"作了"回忆"的修饰语，但"回忆"是人的一种思想活动，通常不表现在外部行为上，"爱不释手"与"回忆"不能搭配。

可以把"凉薄"改为"轻薄"，把"暮年"改为"旧年"，把"爱不释手"改为"依依不舍"之类的话语。"轻薄"在这里的意思是又轻又薄，这符合"宣纸挂历"的特征，并且与"过分厚实的铜版纸"形成区别。"旧年"则表示已经过去的年份，通常指上一年。"依依不舍"形容对人对事物很留恋，不愿放弃。这三个词语用在句中都是合适的。

两眼一抹黑 liǎngyǎn-yīmǒhēi

2020年3月30日《解放日报》第9版刊登报道《危与机：餐饮业的新认知》。文中有句话写道："对餐饮行业来说，春节往年都是'开门红'，今年**两眼一抹黑**。"句中的"两眼一抹黑"使用有误。

"两眼一抹黑"表示什么也看不见或看不清楚，通常用来形容对事物完全不知情、不了解，如"我刚到美国的时候，人地生疏，两眼一抹黑"。句中要表示的是"餐饮行业"的营业情况非常不好，与"开门红"所呈现的火热状态相反，但这与"两眼一抹黑"的语义不合。

可以把"两眼一抹黑"改为"遭遇了当头一棒"之类的话语，其前面还宜加上"则"这样的副词，以使整个句子的语气更协调。需要注意的是，如果仅仅要表示营业情况非常不好，可以使用"门庭冷落""生意清淡"之类的话语，“当头一棒”并不是最合适的选择。但是，这里更需要的是与前文“开门红”对应的反义词语，“遭遇了当头一棒”就是更准确的说法了。“当头一棒”可以表示促人醒悟的警告，也可以表示遭遇到突然打击，这里取后一个意思。

林荫 línyīn

见第109页“街坊”条。

流程 liúchéng

2020年10月9日《北京日报》第9版刊登文章《国产职场剧到底应该怎么拍?》。文中有这样一段文字：“国产职场剧为什么一直拍不好？最关键的在于‘真实’二字。一方面是对真实职场的**流程**、职场竞争的残酷、职场的拼搏精神表现不实……”这段文字中的“流程”一词使用有误。

“流程”可指水流的路程，还指工作的程序。当“流程”用为工作的程序这个意思时，它的使用对象通常限于某一项具体的工作或某一个具体的岗位，如“编辑流程”。文中“流程”的使用对象是“职场”，但“职场”指的是工作、任职的环境，它不是指某一个具体的工作岗位，“流程”不能适用。

可以把“流程”改为“规则”之类的词。“规则”是指在某一领域、某一环境中大家共同遵守的制度或一些习惯做法，这个意思适合于文中的表达需求。

【另按】

《现汉》对“流程”的释义存在不妥。《现汉》的释文是：“图①水流的路程：水流湍急，个把小时就能越过百里～◇生命的～。②工艺流程的简称。”《现汉》为“流程”揭出了两个词义，其中第一个词义使用面比较小，第二个词义涉及对“工艺流程”的理解。

《现汉》把“工艺流程”列为词目，释义为：“工业品生产中，从原料到制成成品的各项工作程序。简称流程。”这个释文和《现汉》对“流程”的释文做到了闭环呼应，但由此可见，《现汉》是把“流程”的这个意义限定于工业产品的生产中，而这并不符合这个词的实际使用状况，在农业、渔业等生产性行业和并不生产实体成品的服务业中，都可以使用“流程”，但它们并不是工业品生产。因此，“流程”不能理解为“工艺流程”的简称，《现汉》对“流程”的释文并未能给出这个词的全部词义。

实际上，“流程”的引申义指的是工作的程序，这里的“工作”可以包罗万象，并不限于工业品的生产。因此，《现汉》应为“流程”补上这个常用的义项，而现存义项②（工艺流程的简称）则可以取消。

流传 liúchuán

（一）

2020 年 4 月 6 日《解放日报》第 5 版刊登报道《“星星的孩子”，何处寄余生》。文中有一句话写道：“自闭症家庭的‘圈子’并不大，所以每一个个体的故事，常常会被群体拿来**流传**、探讨。”句中的“流传”一词使用有误。

“流传”指的是传下来或传播开。“流传”是一种社会现象，它不是人能够从事的行为，因此其行为主体不能是人或由人组成的集合体。句中“流传”和“探讨”并列，它们共同的行为主体是“群体”，并与“拿来”组合成连动结构。但是，“被群体拿来探讨”可以说，“被群体拿来流传”却不能说。这是因为，“探讨”是人从事的行为，可以让人（即“群体”）“拿来”后从事这一行为，而“流传”不是人能从事的行为，不能让人（即“群体”）在“拿来”后从事这一行为，从这一点说，“流传”和“探讨”是不能并列的。因此，“流传”不能适用。

可把“流传”改为“传播”或“传述”。“传播”“传述”都是人能够从事的行为，可以让“群体”作它们的行为主体，也可以和“拿来”组合成连动结构，并且可以和“探讨”并列。当然也可以保留“流传”的使用，但需要割断“流传”和“群体”在语法结构上的关系，同时“拿来”也必须删去。可把“常常会被群体拿来流传、探讨”改为“常常会在群体中流传、探讨”。这样修改后，“群体”在介词结构“在……中”之中，表示“流传”和“探讨”的范围。

（二）

2021 年 2 月 27 日《大众日报》第 7 版刊登报道《有“凤”自西周来》。文中有一段文字写道：“天佑瑰宝，从 20 世纪 60 年代被大雨冲刷出来直至 1979 年，中间相隔近 20 年的时间，这件仅有 3 毫米厚度的西周青玉柄形器居然没有丝毫破损，完好无缺地交给了国家。回想其如此颠沛流离、有惊无险的**流传**经历，现在却能静静地躺在玻璃展柜中展览，着实让人替它捏了一把汗。”这段文字中的“流传”一词使用有误。

“流传”的使用对象，一般应是习俗、传统、经验等，通常都是具有抽象性质的事物。句中“流传”的使用对象是“其”，这个代词的指代对象“西周青玉柄形器”是一个具象的实物，“流传”不能适用。

可以把“流传”删去。文中的“流传”作了“经历”的形容语，而“经历”是遭遇的意思，这个词本身可用于具象类物品，指其各种遭遇。因此，就这段文字的语境来说，删去“流传”是合适的。

（三）

2020 年 12 月 15 日《解放日报》第 2 版刊登文章《从两枚铜板想到 26 万副门板》。文中写道：“这是日前数家央媒竞相**流传**的一个故事——整整 80 年前，八路军鲁南军区政委赵镈在行军途中惊了马，马蹄踩坏了路边的两个西瓜，赵镈十分痛惜，赶紧从马褡子里掏出两个铜钱搁在西瓜上作为赔偿，次日又亲自向瓜农道歉……”文中的“流传”一词使用有误。

“流传”是一种社会现象，它的状态是随意和散乱的，通常情况下其行为主体是隐匿而不显露的。这段话中的“流传”有明确的行为主体“数家央媒”，但“央媒”作为一种传播机构，当它参与到对“这”（即“故事”）的传播时，其状态通常是按一定的规程和要求进行的，并且行为主体“央媒”清晰可见。“流传”的词义与“央媒”所做的事不能切合。

可以把“流传”改为“报道”。“报道”的意思是媒体把新闻或其认为有价值的事情传播出去，这是媒体的主要职能，自然也是句中“央媒”所做的事，因此用在句中是合适的。

笼罩 lǒngzhào

（一）

2022年2月17日《新民晚报》第22版刊登文章《早春二月》。文中写道：“饿疯了的麻雀奋不顾身地飞扑过来，在稻草里寻觅稻谷，此时竹匾倒扣下来了，把麻雀全部**笼罩**在里面……”句中的“笼罩”一词使用有误。

“笼罩”的本义是指像笼子似的罩在上面。“笼罩”的这个意思在使用中需要注意的是，它的使用对象通常是某种自然现象，如“薄雾笼罩”，但不能用于肉眼可见的直接罩在某物体上面的情景。句中的“笼罩”说的是“麻雀”被“竹匾”盖住的情景，这是一种可以用肉眼看到的具象的情景，“笼罩”不能适用。

可以把“笼罩”改为“罩”。“罩”的意思是遮盖，扣住，可用于具象的情景，适合句中语境。

（二）

2020年9月14日《大众日报》第5版刊登文章《股市大跌预示美国经济复苏难以“一帆风顺”》。文中写道：“虽然迄今为止美国经济**笼罩**在快速复苏的欢乐气氛中，股市也曾一度‘高歌猛进’，尤其是纳斯达克指数屡创新高，但近在眼前的‘灰犀牛’和潜在的‘黑天鹅’挥之不去，将给美国经济复苏之路造成巨大障碍。”句中的“笼罩”一词使用有误。

“笼罩”的词义引申后可指某种气氛弥漫在某个环境中。引申义的“笼罩”，其使用对象通常是某种社会情景，如“悲情笼罩”。当“笼罩”的使用对象是社会情景时，这个社会情景通常应是具有负面性的。句中“笼罩”的使用对象是“欢乐气氛”，但“欢乐气氛”是一种具有正面性的事物，“笼罩”的使用是不合适的。

可以把“笼罩”改为“沉浸”。“沉浸”与“笼罩”一样，有本义和引申义，本义指物体浸入水中，引申比喻处于某种环境中。但是，“沉浸”引申义的使用范围比“笼罩”宽，正面和负面事物均可使用，因此符合句中需要。

楼盘 lóupán

2020年4月19日《新民晚报》第18版刊登文章《雪白的衬衫》。文中有一个句子写道：“今天，我偶然从自己单元东窗望出去，那是**楼盘**健身区一角，空空旷旷，但墙边那棵梧桐树上，开放出硕大的淡紫花束，好烂漫的春光！”句中的“楼盘”一词使用有误。

“楼盘”指的是设计中的、正在建造中的或正在销售中的商品房大楼。商品房大楼在销售完成、业主入住后，这栋大楼就不再叫“楼盘”。句中说的大楼，“我”已入住，从引语所出全文可知，这栋大楼基本已经住满业主，不在销售状态。在这种情况下，它不再是“楼盘”，因此“楼盘”的使用是不合适的。

一般可把“楼盘”改为“楼房”“楼宇”之类的词。但从句中描述的情况看，“我”是“从自己单元东窗望出去”，可见其所见到的情景，应该是在所置身的大楼之外，因此，把“楼盘”改为“小区”更合适。

需要注意的是，“楼盘”指的是整栋大楼而不是指大楼中的商品房单元。因此，这个词更多地使用在商品房设计、建造和集中销售阶段。但是实际上，商品房销售很少有整栋大楼一起同时出售的，当楼内很多套房已售出，即使是商品房销售人员，都很少再用到“楼盘”。另外，当楼内一些单元进入二手房市场时，无论是买卖双方还是销售人员，也都很少再用到“楼盘”。

陆地 lùdì

（一）

2020年3月20日《新华日报》第13版刊登文章《浩渺的芙蓉湖为何在江南消失了》。文中写道：“玉祁的凤埠墩（即玉祁大墩）、东北塘的芙蓉山，原先也都是芙蓉湖中的小岛，皆因水落而变成**陆地**。”句中的“陆地”一词使用有误。

“陆地”指的是地球表面除去海洋、江河湖泊等的部分。句中称“小岛……变成陆地”，这等于在说“小岛”不是“陆地”。但是，句中的“小岛”在“芙蓉湖”中，而它只是四面被水环绕，并没有被水覆盖，它本来就是“陆地”，与“芙蓉湖”外的“陆地”不同的只是，它是“芙蓉湖”中的“陆地”。因此，句中把“小岛”排除在“陆地”之外，这与“陆地”的词义不合。

作者要表示的意思是，因为“水落”的原因，“小岛”周边本来淹没在“芙蓉湖”湖水中的地面成为“陆地”，通过这个新出现的“陆地”，“小岛”和原来湖外的“陆地”连通了。作者说的“变成陆地”，其主语本应该是湖水中的地面，但由于被苟省，主语只能承前成为“小岛”，导致出现了表意错误。

可以把“皆因水落而变成陆地”改为“皆因水落而与湖外陆地连通”之类的话语。

（二）

2021 年 12 月 27 日《新民晚报》第 4 版刊登报道《冰“雪”上海》。文中有一句话写道：“这股寒潮一路南下，昨天已经顺利翻越了冷空气们都畏惧的我国南岭武夷山一线，并抵达我国**陆地**的最南部。”句中的“陆地”一词使用有误。

“陆地”不分大小，只要是在江河湖海等水域中高出于水面的部分，都可称为“陆地”。句中的“陆地”，指的是靠近“南岭武夷山一线”的“我国”沿海地带，但它并不是“我国陆地的最南部”。“我国陆地的最南部”应该是在南沙群岛中的曾母暗沙，但“这股寒潮”不可能在“昨天”这个日子“抵达”该地。出现这个错误，原因在于未能准确理解“陆地”的词义。

可以把“陆地”改为“大陆”。“大陆”指地域广大的陆地，在汉语使用环境中还特指沿海岛屿以外的陆地，“大陆”一般应区别于海岛，对于“我国”来说，南沙群岛等不在“大陆”之内，而越过“南岭武夷山一线”可到达“我国”大陆的“最南部”，因此使用“大陆”才符合句中所述事实。

露出 lùchū

（一）

2021 年 11 月 30 日《文汇报》第 12 版刊登报道《袁泉：安静的力量》。文中写道：“与袁泉同期的女演员章子怡、梅婷、胡静、海清、高圆圆、马伊琍等人，有至今活跃在公众视野的，总是紧跟大众审美潮流的；也有结婚生子后逐渐减少**露出**、鲜有新作品的。”这个句子中的“露出”一词使用有误。

“露出”的意思是显露出来，表现出来。“露出”的使用对象通常只能是事物（包括具象事物和抽象事物），一般不能是人（但可以是人的身体的一部分）。句中“露出”的行为主体是“与袁泉同期的女演员……等人”中的部分人，“露出”不适用。

可以把“露出”改为“露面”。“露面”的意思是出现在众人面前，这个意思适用于句中。如果在“露面”前加上“公开”之类的修饰语，则表意更为明晰准确。

（二）

2020 年 6 月 18 日《文汇报》第 9 版刊登报道《中年女艺人的“逆光”并不总是乘风破浪》。文中有一句话写道：“节目中除了个别‘顶流’外，大多艺人近年的作品**露出**十分有限，有些三四年甚至七八年没有新作上线。”句中的“露出”一词使用有误。

“露出”一般不是行为主体主动为之，而是在行为主体不经意的状态下出

现的情况，其指向对象通常是行为主体希望掩盖起来的东西，如“露出白发”“露出破绽”等，即使是一些看上去比较美好的东西，如“露出一口金牙齿”，其行状在社会一般评价中也是比较低下的。句中的“露出”用于“大多艺人近年的作品”，但对于行为主体“大多艺人”来说，指向对象“近年的作品”并不是他们希望掩盖起来的事物，因此“露出”的使用是不合适的。

可以把“露出”改为“推出”。“推出”意为使产生，使出现，其指向对象可以是各种产品，也包括“艺人”的“作品”，适用于句中。

旅居 lǚjū

2020 年 3 月 13 日《新京报》第 2 版刊登文章《防住下一个“郭某鹏”》。文中写道：“郭某鹏在返回郑州后隐瞒境外**旅居**史，涉嫌妨害传染病防治罪，公安机关已立案侦查。”句中的“旅居”一词使用有误。

“旅居”，指的是较长时间地在外地或外国居住。使用这个词，要求行为主体离开自己长期固定的居住地而在异地居住，这个居住的时间虽然并无明确标准，但一般都要有相对较长的时间，那种因为旅游而经过某地或在某地短暂停留的都不能算。行为主体从事“旅居”这一行为，一般不以旅行游览为目的，而是以探亲、工作等非旅游行为为主。

句中行为主体“郭某鹏”所从事的行为，在引语所出的这篇文章中，有一段文字作了叙述：“生活于郑州的郭某鹏，前些天去意大利看球，但比赛因疫情推迟，球没看到，在欧洲几个城市逛了一圈后，便从米兰出发，途经阿布扎比回了国。”从这段文字可以看出，行为主体“郭某鹏”虽然离开了他的固定居住地“郑州”，但他在国外所经过的一些城市的停留时间都比较短，而且他是以旅游为目的（宽泛一点理解，“看球”也可包括在旅游活动之内），把他的这种行为称为“旅居”不合这个词的意思。

可以把“旅居”改为“旅行”或“旅游”。“旅行”和“旅游”这两个词的角度有所不同，但都符合“郭某鹏”所从事的行为。

屡试不爽 lǚshì-bùshuǎng

2020 年 3 月 7 日《新民晚报》第 22 版刊登文章《钢笔，人生的伴侣》。文中有一句话写道：“圆珠笔，**屡试不爽**，于是我**初心**不改，使用钢笔继续笔耕。”句中“屡试不爽”和“初心”这两个词语使用不当。

先看“屡试不爽”。“屡试不爽”的意思是屡次试验或使用都没有发生差错。但从引语所出的全文来看，作者在这里要表示的意思是屡次使用都不能让人满意（作者在这句话前面用了整整一个自然段讲述使用圆珠笔出现的各种麻烦），正是因为不能让人满意，所以句中的“我”（本文作者）才会放弃使用“圆珠笔”，改为“使用钢笔继续笔耕”。但这个意思正好和“屡试不爽”的意思反了过来，“屡试不爽”的使用不合作者要表达的意思。

"屡试不爽"出现的这个使用错误，原因在于作者对"不爽"有误解。"不爽"可以单独用，意思一般指不爽快，那么，用"不爽"来形容其使用圆珠笔产生的各种麻烦，似乎是贴切的。但是，"屡试不爽"是一个已经固定的短语，其中的"不爽"只能表示没有差错的意思。词素"爽"有违背、差错的意思，如"爽约""毫厘不爽"，"屡试不爽"中的"爽"也是这个意思。

再看"初心"。"初心"意为最初的心思，心愿，在当下更被添加了某种政治色彩，专指一种具有正面性的、值得高度肯定的政治理念。句中用来指"使用钢笔继续笔耕"，这是一种行为方式而不是心理活动，"初心"的词义不合，不能适用。而且，从作者的行文来看，既然已经使用了"圆珠笔"，只是在觉得不好以后再用"钢笔"，说"初心不改"也很勉强，与事实不符。

可以把"屡试不爽"改为"瑕疵不少""缺点较多"之类的话语，把"初心不改"改为"重拾老习惯""重拾旧习惯"之类的话语。需要注意的是，如果用"重拾旧习惯"，其中的"旧习惯"不能说成"旧习"，因为"旧习"有明显的贬义，但作者没有这种意思，而用"旧习惯"则不存在贬义。

【另按】

《现汉》对"屡试不爽"的释义不够准确。《现汉》的释文是："屡次试验都没有差错：这种方法～。"这个释文把"屡试"中的"试"解释为"试验"，这是过于拘泥了。实际上，"屡试不爽"并不局限于试验，而是更多地用于日常的工作。因此，对"屡试不爽"的释义，应该考虑到这个情况。

履历 lǚlì

2020年1月7日《文汇报》第6版刊登报道《戈恩"跑路"也没那么传奇》。文中写道："此次逃亡事件中，戈恩在保释期间所使用的手机中并没有留下任何有关逃离准备的使用**履历**。"句中"履历"一词使用有误。

"履历"指的是个人的经历。"履历"只能用于人，句中将其用来表示"手机"中留下来的相关通话材料，这不合其词义。

可把"履历"改为"记录"之类的词。

【另按】

《现汉》为"履历"提供了两个义项，其中第二个义项是"记载履历的文件"，并举例"请填一份～。"先不讨论在释文中直接运用被解释的词，这样释词是否合适，更重要的是这个义项是不能成立的。在现实生活中，也许有人会说"请填一份履历"，但这句话本身是不严谨的，实际上言说者要求的是"请填一份履历表"。严谨度不够的话，本身就不能作为词典的书证，更不应该为此而立下一个专门的义项。严格地说，"履历"只有一个义项，就是指个人的经历，《现汉》所列的第二个义项应该删去。

满足 mǎnzú

见第 40 页“错落有致”条。

漫漶 mànhuàn

（一）

2019 年 12 月 29 日《南方都市报》第 10 版刊登报道《路内：以〈雾行者〉再次唤回青春的灵魂》，其中有一个句子是：“那是中国洪水最严重的一个年份，青年时代人总会想不开，我就看着大水**漫漶**的农村，只有屋顶露出水面，猪在屋顶上待着。”句中的“漫漶”一词使用有误。

“漫漶”指的是文字、图画等因磨损或浸水受潮而模糊不清，如“字迹漫漶”。句中说的是“洪水”中“大水”肆虐时在“农村”大地上呈现的场景，“漫漶”的词义与此不合。“漫漶”的使用主体只能是呈现于纸上的文字、图画之类，而不能是“大水”。句中的“漫漶”，其使用主体为“大水”，与“漫漶”的使用要求不合。

可把“漫漶”改为“泛滥”“浸泡”之类的词。

（二）

2021 年 3 月 5 日《北京晚报》第 25 版刊登文章《引发社会思考的〈天债〉》。文中有句话写道：“最终，是秦关的大义壮举，岳天问悔恨的眼泪，当然还有**漫漶**在他们中间烟火气息浓郁的心心念念，促使他们之间那种逾越了亲情与友情的‘债务’一笔勾销。”句中的“漫漶”一词使用不妥。

“漫漶”在句中表示的意思是作为一种情感的“心心念念”在“他们中间”扩散开来，这样的意思“漫漶”这个词本是没有包含的，是作者赋予这个词的一种临时意义，这在写作中是可以允许的。但是，“漫漶”的本义指文字、图画等显得模糊不清，这是一种让人不愿接受的负面情况，而句中说的“心心念念”的扩散是一种让人能够接受的情况，用“漫漶”来叙写这种情况，在情感上不能协调，“漫漶”的使用不合适。

可以把“漫漶”改为“弥漫”“弥散”之类的词。“弥漫”“弥散”都是中性词，不似“漫漶”有比较明显的情感倾向，因此可用来替换“漫漶”。

贸易 màoyì

（一）

2020 年 3 月 29 日《文汇报》第 8 版刊登文章《码头城市的血缘》。其中有一句话写道：“金丝雀码头区，与远东的**贸易**大多集中在这里装卸。”句中的“贸易”一词在使用上有不妥的地方。

“贸易”指的是以商品交易为形式的商业活动。“贸易”是一个抽象概念，句中说的是在“金丝雀码头区”这一特定区域所展开的具体的“装卸”活动，“贸易”在句中的语法结构上和它产生了搭配关系。但“装卸”能够支配的词必须是具象的物品，“贸易”作为一个抽象概念不能接受它的支配，因此在句中不是一个合适的词。

“贸易”在句中不是不能使用，但需要切断它与“装卸”所存在的语法搭配关系。一是可以把“与远东的贸易”改成“与远东贸易中的货物”之类的话语，二是可以在“装卸”后加上“货物”。这两种改法，都使“装卸”的搭配对象指向“货物”，在语法上不再与“贸易”搭配。而“货物”作为一个表示具象事物的词，能够接受“装卸”的支配。

（二）

2022 年 2 月 23 日《广州日报》第 8 版刊登文章《三塔见证“海上丝绸之路”的梦想与荣光》。文中有一句话写道：“大约 400 年前，每年约有近百艘外国商船漂洋过海，进入珠江口，来到广州**贸易**。”句中“贸易”一词使用有误。

“贸易”是一个名词。在这个句子中，它出现在“来到广州”之后，在通常情况下，“来到……”的后面只能跟动词或动词性短语，与其组成连动结构，但“贸易”作为一个名词不具备这种功能，“来到广州贸易”这个结构读不通，“贸易”的使用不当。句中把名词“贸易”当动词用了，但这不合“贸易”的使用要求。

可以把“贸易”改为“做生意”或“从事贸易活动”之类的话语，这两种说法都是动词性短语，可以和“来到……”构成连动结构。

没底 méidǐ

见第 73 页“共性”条。

媒体 méitǐ

2020 年 6 月 10 日《陕西日报》第 11 版刊登文章《忆毛锜先生》。文中写道：“作为机场宣传部的负责人，我向单位领导建议邀请一批作家和**媒体**来机场**采风**，以扩大创建工作的影响，为通过评审营造舆论氛围。”句中“媒体”和“采风”两个词使用有误。

先看“媒体”。“媒体”指的是传播和交流信息的载体，现代意义的媒体包括报刊、广播、电视、微博、微信等，也可以指经营这些载体的机构。句中的“媒体”作了动词“邀请”的宾语，“邀请……媒体”这话本来是可以说的，但“媒体”在句中和“作家”并列使用，这表明“媒体”在句中指的是在媒体机构工作的人，因为只有这样，“媒体”才能和作为人的“作家”并列使用。但是，“媒体”没有人的意思，不可和“作家”并列，因此“媒体”在句中的使用不合适。

再看“采风”。“采风”的原义是指采集民歌民谣，现在通常可泛指到民间搜集民歌、民间传说等，了解民情民风。在这个句子中，“采风”的行为主体有两个，即“作家”和“媒体”，其中“媒体”上文已指出使用不妥，但即使把“媒体”改为“新闻记者”之类的概念，它和“采风”仍然是不能搭配的。对于“媒体”或“媒体”中的新闻记者来说，即使他们确实从事了“采风”的行为，但这也不是他们的职业行为。因此，“采风”用在句中是不合适的。

可以把“媒体”改为“新闻记者”或“记者”。“新闻记者”“记者”是媒体内部最重要的工作人员，这是人的身份，因此可以和同样是人的“作家”并列使用。“采风”则可以改为“采访”。“采访”指媒体为报道需要而进行访问调查等搜集材料的工作，在把“媒体”改为“新闻记者”或“记者”以后，它也是适用的。严格地说，“采访”是新闻学的一个专科词，但“作家”等并非专业“新闻记者”的人也可从事这样的行为，因此用在句中是合适的。

【另按】

《现汉》对“媒体”和“采风”的释义都有可以改进之处。先看“媒体”，《现汉》释义为：“指交流、传播信息的工具，如报刊、广播、电视、互联网等：新闻～。”这个释文把“媒体”定义为“工具”是不全面的。“媒体”除了这层意义之外，还包括经营这类工具的机构，仅用“工具”作为“媒体”的上位概念是不够的。比如，一张报纸是“工具”，但从事这张报纸编印、发行等工作的机构却不能说是“工具”，而它同样是“媒体”，《现汉》的释义忽略了这一层意思，造成释义片面。

另外，释文中的“交流、传播信息”，“交流”和“传播”的词序也宜调整。早期的“媒体”如报刊、广播、电视，它们对信息只有单向的“传播”功能，一般不能和受众“交流”。“媒体”的“交流”功能是在互联网出现以后才逐渐形成的，它的重要性也次于“传播”，因此应该把“传播”放在“交流”的前面。

再看“采风”。《现汉》释义为：“①搜集民歌（风：民歌）。②指演员、作家等到基层体验生活、了解民情民风：文化～｜市文联组织作家到西部山区～。”《现汉》为“采风”析出了两个义项，其中义项①是它的古义，“采风”确实有搜集民歌的意思，但今天人们使用“采风”，基本上不是专指民歌了，采集民谣，采集民间传奇、民间故事等，均在“采风”的范围之内，义项①将“采风”的对象限制在民歌，过于拘泥。而义项②把演员、作家等“体验生活”也作为“采风”的内容，又失之过宽了。

实际上，要准确诠释“采风”，关键在于对这个词的两个词素要有全新的认识。“采”可理解为采集，还可理解为了解，“风”则不仅指民歌，还可指风尚、习俗等。如果认为这样理解“采风”的词义是可取的，那么对“采风”就没有必要分出两个义项，归并为一个义项就可以了。

20 世纪 80 年代，上海曾有一张报纸名为“采风”，主要刊登传统的和新创的民间故事，后改名为“上海采风月刊”，已经成为一本反映民风社情的综合刊物。天津也有一张报纸名为“采风报”（现已停刊），干脆就是一张综合性的文摘类报纸。这两张报纸的变化，在一定程度上也可用来说明“采风”一词的词义变化，《现汉》的释义应该跟上这种变化。

们 men

（一）

2021 年 11 月 10 日《青年报》第 7 版刊登报道《叩开九江路 36 号的“前世今生”》。文中有一句话写道：“2012 年，刚入行的小韩，作为一名个金柜员，被行长委派了重任，为几户行动不便的老人**们**进行上门服务……”句中的“们”使用有误。

“们”是一个后缀词，其主要用法是用在表示单数的指人名词或人称代词以及表单数的物称代词后面，表示复数，如“战友们”“我们”“你们”“它们”。需要注意的是，如果使用对象前已经用了表示数量的词，使用对象的后面就不能再用“们”。句中“们”的使用对象是“老人”，但“老人”的前面已经有了表示数量的词语“几户”，表明了“老人”不止一个的意思，后面再用表示复数的“们”就多余了，造成了语意的重复。

应该把“们”删去。

（二）

2020 年 12 月 4 日《新华日报》第 15 版刊登文章《〈十五贯〉戏外说况钟》。文中写道：“他上任第一天，衙门里的一群官吏**们**全都站立环绕在大堂上，纷纷请新任知府下达公文判词，一个个暗地里察言观色，心怀鬼胎。”句中的“们”使用有误。

“们”附着于指人的名词后面表示复数，在使用中要求这个名词不能再接受数量结构的修饰。句中的“们”用于表示“官吏”的多数，但“官吏”前面已经用了数量结构“一群”，“们”的使用不合适。

应该把“们”删去。也可以保留“们”，但要把“一群”删去。

（三）

2020 年 9 月 2 日《北京晚报》第 12 版刊登报道《这些大门也盼尽早能打开》。文中有个句子写道：“9 月 1 日开学第一天，许多住在丰台区星河苑小区的学生**们**成群结队地赶往附近的丰师附小上学。”句中的“们”使用有误。

“们”附着于指人的名词后面表示复数，在使用中要求这个名词不能再接受表示数量的词的修饰。句中的“们”用于表示“学生”的多数，但“学生”前面已经用了表示数量的词“许多”，“们”的使用不合适。

应该把“们”删去。也可以保留“们”，但要把“许多”删去。

（四）

2022 年 3 月 13 日《光明日报》第 12 版刊登文章《自媒体上的考古圈亮点十足》。文中有一个句子写道：“业内业外的人们发挥了各自所长，通过自媒体的传播方式，满足了公众**们**不同层次的文化需求，引起了大家的共鸣，使得这些文博话题背后的文化内涵更具吸引力。”句中用到了两个“们”，其中第二个“们”的使用有误。

“们”附着于指人的名词后面表示复数，但如果这个指人的名词本身是一个集合概念，也就是说它本身表示的意思是人的复数，“们”就不能用。这个句子两处用到“们”，第一处用在“人”之后，“人”可以是单数，因此这个“们”可以用。第二处用在“公众”之后，但“公众”指社会上大多数人，是一个集合概念，它本身表示的是人的复数，其后的“们”不适用。

应该把“公众”后的“们”删去。

（五）

2021 年 11 月 4 日《羊城晚报》第 10 版刊登文章《新股又见“破发”，“打新”难言过时》。文中有一个句子写道：“‘打新’，不仅是个人投资者，更是机构**们**不可割舍的情怀。”句中的“们”使用有误。

“们”表示人或者人称的复数。需要注意的是，除了在用拟人修辞手法写作的语境中，通常情况下“们”不能用在表示事物的名词的后面，来表示这个事物的复数。句中的“们”用于“机构”之后，但“机构”是事物而不是人，“们”不能适用。

一般可以把“们”删去。如果要强调“机构”不止一个，可以在删去“们”之后另行在它前面根据表达需要加上“众多”“很多”“绝大多数”“几乎所有”之类的话语。

【另按】

《现汉》对“们”的释义给出了两个义项，其中义项①写道：“用在代词或指人的名词后面，表示复数：我～｜你～｜乡亲～｜同志～。”其中的“代词”概念过宽。按释文中的举例，“们”用于“我”“你”之后，构成“我们”“你们”，似乎符合释义，但“我们”“你们”本身是代词，而在这两个代词的后面不能再加“们”。原因在于“我们”“你们”是表示复数的代词，“们”在其中已经不作为词缀使用，而是这个复数代词的构成部分。另外，代词除了人称代词外，还有表示代物、指示、疑问等作用的代词，而“们”只能用于表单数的人称代词“我”“你”“他”“她”和物称代词“它”，其他代词都不能用。《现汉》对“们”的这个释义不够严谨，需要修改。

弥足珍贵 mízú-zhēnguì

（一）

2021 年 2 月 28 日《解放日报》第 6 版刊登文章《青春激情是人生最美的记忆》。文中写道："这次活动，他们还不忘邀请当年带培的铁道兵部队的老战友参加。遗憾的是找不到当年的指导员、连长等人了，只请到了地方带培的副连长和上海知青徐玉珍、许梅英、魏国芳前来参加，也是**弥足珍贵**了。"句中的"弥足珍贵"使用有误。

"弥足珍贵"的意思是更加值得珍爱重视。"弥足珍贵"的使用对象通常可分为两种，一是行动、经验等，在事物形态上具有抽象色彩；二是物品，在事物形态上具有具象色彩。但"弥足珍贵"不能用于人。句中的"弥足珍贵"，其指向对象是在一次"活动"中，"前来参加"的"地方带培的副连长和上海知青徐玉珍、许梅英、魏国芳"，这都是人，"弥足珍贵"不能适用。

引语所出全文叙写的是几十年前到北大荒垦荒的知识青年年老后的一次聚会，他们要把当年的领导和相关人士请到，其间相隔几十年，自然是很不容易的。根据这个意思，可以把"弥足珍贵"改为"十分难得"之类的话语。

（二）

2020 年 7 月 4 日《光明日报》第 6 版刊登报道《德国的欧盟轮值主席不好当》。文中有这样一句话："欧盟的内部团结与合作就显得更加**弥足珍贵**。"句中的"弥足珍贵"使用有误。

"弥足珍贵"这个短语本身即含有在程度上深一层的意思，即"珍贵"的程度在某种条件下进一步加深了。句中的"弥足珍贵"前面加上了副词"更加"，产生了语意的重复。这个错误的出现，在于作者不明白"弥"的意思。作为一个词素，"弥"有一个意思是更加，主要出现在一些固定短语中，除了"弥足珍贵"，常用的还有"意志弥坚""欲盖弥彰"等，其中的"弥"都表示更加的意思。

"弥足珍贵"前没有必要使用"更加"。把"更加"删去，"弥足珍贵"的使用就没问题了。

迷离 mílí

见第 6 页"百无聊赖"条。

名望 míngwàng

2020 年 7 月 1 日《光明日报》第 16 版刊登文章《我读章开沅先生的〈走出中国近代史〉》。文中写道："章先生关于'走出中国近代史'的倡导非常有**名望**……"句中的"名望"一词使用有误。

"名望"，指的是人所拥有的名誉和声望。"名望"一般只能用于人，句中将其用于“章先生关于……的倡导”，但“倡导”是人所从事的一种行为，它不是人本身，因此“名望”的使用不合适。也许作者是要把“名望”用到“章先生”身上，但“章先生”在句中不能与“有名望”产生语法上的搭配关系。

一般地说，可以把“非常有名望”改为“获得非常高的评价”“具有非常高的学术地位”之类的话语。但是，这样的修改虽然保证了句子的通顺，但改动了句子结构，因此并不是最佳修改。为了达到更好的修改效果，应该注意到引语所出全文中紧接着引语的一段文字，这段文字引用“他（即‘章先生’——引注）的门人罗志田教授”的一段话来表明“‘走出中国近代史’的倡导”的重要性。

这段话是：“中国近代史学科的全局发展，是先生的持续关怀之一，而先生总是能预见到发展走向的问题和可能性。他在2001年便明确提出，中国近代史研究的出路，在于‘走出中国近代史’。这是一个宏观的指导性意见，针对的大概是一些学者以为中国近代史的重大问题已经研究得差不多了，同时也隐约指向那些除了自己特定专业便‘目不斜视’的学者……‘走出中国近代史’实在是最有针对性也最具启发的提醒。”

从“罗志田教授”对“走出中国近代史”的分析评论来看，他给出的是“走出中国近代史”这一“倡导”所具有的积极作用，根据这个意思，把“名望”改为“价值”也是可以的，这样改的好处是避免了对原句结构的太多改变。

名噪一时 míngzào-yīshí

2020年10月12日《解放日报》第12版刊登文章《申城人家“食蟹”史》。其中有段文字是这样写的：“章太炎的夫人汤国梨曾有诗云：‘不是阳澄蟹味好，此生何必住苏州。’可想那时的阳澄湖大闸蟹已**名噪一时**。”这段文字中的“名噪一时”使用有误。

“名噪一时”的意思是在一段时间内名声远扬，产生轰动。使用“名噪一时”需要注意的是，在作者使用这个词语时，其使用对象原来所拥有的名声已经不复存在，或者已经降低了很多。文中“名噪一时”的使用对象是“阳澄湖大闸蟹”，但从引语所出文章中可以看出，“阳澄湖大闸蟹”在作者写作此文时名声依然很大，在这样一种情况下，“名噪一时”的使用就是不合适的。

可以把“名噪一时”改为“名闻遐迩”“名满天下”之类的词语。

需要解释的是，“名噪一时”之所以只能用于描写过去的场景，这是由其中的时间词“一时”所决定的。“一时”有一个意思是相对特定的一个时期、一个阶段，如“一时的快乐误了他一生的前程”，作者在写这句话时，“快乐”已经过去。在现代汉语中，还有一些与“名噪一时”相同结构的四字格固定短语，如“风靡一时”“风光一时”，其中的“一时”指的都是已经成为过往的一段时间，因此作者在写作中用到这些词语时，所谓“风靡”“风光”的情况都已不存在。而“名闻遐迩”“名满天下”都消除了“一时”这个时间词，使用对象的名声可以从文中叙述场景延续到作者写作之时，因此适用于上述这段文字。

目前 mùqián

（一）

2020 年 12 月 19 日《解放日报》第 3 版刊登报道《她横跨了时代，始终面向光明》，记录了著名电影表演艺术家、作家黄宗英追悼会的情况。报道中引用一位追悼会参加者的话说：“回想起第一次探望宗英老师，记得她的房间阳光很好，房间里有很多书，还放了她的笔记，里面有赵丹的话。对她**目前**的状态，她很淡定。”这段话中的“目前”一词使用有误。

“目前”是一个时间词，指的是作者写作时的时刻，如果是引用他人说的话，则指说话人说话的时刻。文中说话人，即追悼会参加者在说这番话时，他是在追悼会上，而其时“宗英老师”已经去世，不可能表示出“很淡定”的态度。“宗英老师”表示出“很淡定”态度的时候，不是这位追悼会参加者说这番话的时刻，“目前”不能适用。追悼会参加者所说的“目前”，应该是“第一次探望宗英老师”的时候，但这不合“目前”的词义。

应该把“目前”改为“当时”。“当时”指过去某件事情发生的时候，用在这段话中就是指“第一次探望宗英老师”的时候，使用“当时”正合适。

（二）

2020 年 11 月 9 日《北京晚报》第 21 版刊登文章《卢旺达大屠杀是如何发生的》。文中写道：“1994 年夏季发生的卢旺达大屠杀与亚美尼亚大屠杀、纳粹大屠杀并列，成为 20 世纪人类历史上最骇人听闻的种族灭绝事件之一。从 4 月 7 日开始，短短 11 周之后，差不多就有 50 万人被屠杀，当时居住在卢旺达的 75% 的图西人遭到清洗，堪称世界上**目前**发生过的‘效率’最高的野蛮屠杀——平均每小时 300 人丧生。”这段文字中的“目前”使用有误。

“目前”所指的时间，没有明确的界限，可以是一日之内的一段时间，也可以是几天、几个月，在某种语境条件下可以是几年，但总的来说应该是指临近作者写作或说话时的一段时间，这段时间不能太漫长。这段文字说的是“1994 年夏季发生的卢旺达大屠杀”，距作者写作时的 2020 年已经有 26 年时间，这相对来说是很长的时间了，“目前”的使用超出了这个词的一般含义，不适合使用。

从常情来说，对于 20 多年前发生的事情，“目前”不适用，因此这个“目前”在一般情况下是应该删去的。但文中所述是一个判断，删去“目前”后，这个判断很可能不能成立。这里需要用另外的时间概念来替换“目前”，可以把“世界上目前”改为“当代世界史上”之类的话语。

（三）

2021 年 7 月 5 日《广州日报》第 15 版刊登报道《深圳多部门联动护“鲸”》。文中有一句话写道：“**目前**，国内两个布氏鲸研究团队之一的负责人陈炳耀教授，对布氏鲸进行了现场行为观测，模型估算体长、个体识别。”句中的“目前”一词使用不准确。

“目前”表示的时间段，应该包括了作者写作的时刻，也就是说，当“目前”用来表示某件事情发生或某种情况存续的时候，在作者写作的这个时刻，所指某件事情仍在发生过程中而没有结束，所指某种情况仍在存续之中而没有改变。句中的“目前”，说的是“陈炳耀教授”在相应时间段里从事了“进行……观测”这个工作，但句中在“进行”后有时态助词“了”，表明“进行”的这个工作实际上已经结束，也就是说，在作者撰写这篇文章时，“进行”的这个工作已经不存在。在这种情况下，“目前”的使用是不合适的。

可以把“目前”改为“最近”。“最近”也是一个表示时间的词，表示在作者撰写相关文章之前或之后不久的时间段，但作者写作的这个时刻不包括在内。句中说的是“陈炳耀教授”在作者撰写这篇文章的前不久从事了“进行……观测”这个工作，使用“最近”是合适的。

（四）

2020 年 4 月 27 日《北京晚报》第 20 版刊登文章《〈锁麟囊〉面世始末》。文中写道：“受恩人赵守贞逐渐认识到**目前**这个衣衫朴素的妇女，就是昔日豪华花轿内的那位穿金戴银的姑娘时，就把她的座位从下座，一步一步地换到客座，最后竟然换到上座！”句中的“目前”使用有误。

“目前”所指的内容，通常要求具有抽象色彩，如“目前的形势”“目前的困难”。句中的“目前”，其使用对象“这个衣衫朴素的妇女”是一个人，具有具象性，“目前”不能适用。

可以把“目前”改为“眼前”。“眼前”的意思是眼睛前面，即视线之内，它的指向对象要求具有具象性。“这个衣衫朴素的妇女”正在“受恩人赵守贞”的视线之内，因此“眼前”适合于句中语境。

（五）

2022 年 5 月 31 日《晶报》第 7 版刊登报道《深圳交警发布端午假期高速公路安全出行提示》。文中有一句话写道：“**目前**，犯罪嫌疑人莫某因涉嫌危险驾驶罪已于 5 月 26 日被交警部门采取刑事强制措施。”句中的“目前”使用有误。

“目前”是一个时间词，它所表示的时间是没有明确界限的。这个句子中的“目前”，指的是“犯罪嫌疑人莫某”“被交警部门采取刑事强制措施”的时间，而这个时间本来是模糊的，但句中又给出了“5 月 26 日”这个时间概念，这个日期指的是同一件事发生的时间，它又是有明确界限的。两个不同内涵的时间概念用来指同一件事发生的时间，不仅造成了语意的重复，而且产生了矛盾。

一般地说，可以在“目前”和“5 月 26 日”之间任意删去一个。但考虑到引语所出全文是一篇新闻报道，应该尽可能告诉读者更明确的信息，因此更合适的是把“目前”删去，保留表意明确的“5 月 26 日”。还可以把“5 月 26 日”移到“目前”的位置，但这样做的话，需要把原句“5 月 26 日”前的“于”删去。

（六）

2020 年 10 月 23 日《羊城晚报》第 12 版刊登文章《不同睡姿会有不同性格?》。文中有一个句子写道：“就**目前**现有的研究来看，并未查到任何有关小孩睡姿与他们性格之间有必然联系的科学依据。”句中的“目前”使用有误。

“目前”的意思是当下，现在。“目前”在句中修饰“现有”，但“现有”的意思是现在有，其中的“现”表示的也是现在的意思，“目前”和它在语意上出现了重复。

可以把“目前”删去。如果要保留“目前”，则可把“现有”改为“已有”，即把其中的“现”删去。

mùnián

见第 132 页“凉薄”条。

拿捏 nániē

2021 年 5 月 5 日《新民晚报》第 12 版刊登文章《茴香宴》。文中写道："我包过馄饨，此趟是第一次包饺子。网上现学包法，看视频里轻轻一捏，自己却怎么也**拿捏**不好，最后挑了一款最简单的包法，倒也包得**毕恭毕敬。"**这段文字中的"拿捏"和"毕恭毕敬"两个词语使用有误。

先看"拿捏"。"拿捏"是个多义词，可以指把握，掌握，如"传球时机没拿捏好"；指刁难，要挟，如"你别拿捏人"；指扭捏，如"你别拿捏了，有话快说"。"拿捏"的这几个意思，其使用对象都带有抽象性。文中说的是行为主体"自己"在"包饺子"时手指的动作，即按照"包饺子"的要求用手指把放了馅的饺子皮弄成饺子的形状，这个动作带有具象性，"拿捏"的词义与此不合。

再看"毕恭毕敬"。"毕恭毕敬"形容对人十分恭敬，很有礼貌的样子。"毕恭毕敬"通常用来形容人对待他人的态度，文中将其用来形容"饺子"的形状，这不合其语义。

可以把"拿捏"改为"捏"，"捏"有一个意思是用手指把软的东西弄成一定的形状，这正是人们在"包饺子"时的通常动作，因此"捏"的使用是合适的。可以把"毕恭毕敬"改为"有模有样""整整齐齐"之类的话语。"有模有样"指使用对象有模样，像样子，"整整齐齐"指使用对象排列得整齐，这两个词语用来形容刚包好的"饺子"的形状都是合适的。

那么 nà · me

（一）

2020 年 9 月 10 日《北京晚报》第 19 版刊登文章《一世人，两兄弟》。文章开头写道："我的做粤语歌曲研究的朋友问我，**那么**你最喜欢的填词人是谁呢？我的脑海中刹那风生水起**沧海桑田**，然后毫不犹豫地说：'黄霑。'"这段文字中的"那么"和"沧海桑田"这两个词语使用有误。

先看"那么"。"那么"既可作代词用，指示事物的性质、状态、方式、程度和数量等，也可作连词用，表示顺着上文的语意所出现的应有结果。句中的"那么"用作连词。作连词用的"那么"，必须有前面的文字对"那么"后所叙述的应有结果作出铺垫，但是，所引文字是全文的开头，"那么"的后面提出了一个问题，但在它前面并无相关文字作为引出这个问题的铺垫，"那么"的使用没有来由。

再看"沧海桑田"。"沧海桑田"的意思是大海变成农田，农田变成大海，形容世事变化很大。“沧海桑田”一般都是用来形容世事变化，句中用来形容“我的脑海”的活动变化，这超出了它的语义。

值得注意的是，“沧海桑田”在这段文字中跟在另一个成语“风生水起”之后，作者可能是把“风生水起”作为可以支配“沧海桑田”的词语来用了，要以此说明，尽管世事变化很大，但自己还是“毫不犹豫”地认定“黄霑”是“最喜欢的填词人”，但“风生水起”是一个形容词性质的词语，在使用中不能带宾语，因此，这样的表达也是不可以的。

“那么”和“沧海桑田”在这段文字中都是冗余之笔，可以删去。如果作者一定要用“沧海桑田”，那就有必要把“风生水起”改为“涌起”之类可以支配“沧海桑田”的动词，但就这个句子的情况来说，没有必要作这样的修改。

（二）

2021年9月19日《南方都市报》第10版刊登文章《聂绀弩的新诗》。文中写道：“聂绀弩的旧体诗广受赞誉：‘新奇而不失韵味，幽默而满含辛酸’。**那么**，他早年的新诗，已乏人问津。”这段文字中的“那么”使用有误。

“那么”作连词用的时候，要求其前后文是顺承、因果等关系，“那么”前的文字可以推出“那么”后的文字，而不能是对立、矛盾的关系。在这段文字中，“那么”的前面说的是“聂绀弩的旧体诗广受赞誉”，“那么”的后面说的是“他早年的新诗，已乏人问津”，这两种情况有一种对立关系，“那么”的使用是不合适的。

应该把“那么”改为“但是”。“但是”表示语意转折，要求其前后的文字有对立关系，因此适宜于在这段文字中使用。

那些 nàxiē

（一）

2020年8月7日《新华日报》第9版刊登文章《“烟头换鸡蛋”换来什么》。文中有这样一句话：“烟头的‘始作俑者’，还是**那些**乱扔烟头的烟民们。”句中的“那些”一词使用有误。

“那些”是一个指示代词，表示两个以上的人或事物，使用“那些”，意味着被它指代的对象是个复数。在这段文字中，“那些”的使用对象是“烟民”，表示“烟民”是复数，但在这段文字中，“烟民”已经由“那些”表明了复数意义，其后面又出现了一个“们”字，这是一个表示复数的词缀，它的使用与“那些”构成了用语重复。

“那些乱扔烟头的烟民们”存在用语重复，可以在“那些”和“们”中选择删去一个。但是，这个句子还存在表意不清晰、语句拖沓的问题，因此在删去“那些”或“们”之后，还有必要作进一步修改。“烟头的‘始作俑者’”，表意不清，实际上作者要批评的是随意丢弃“烟头”的烟民，而不是“烟头”

这种东西，因此应该改为“烟头落地的‘始作俑者’”；前面已使用了“烟头”，后面“乱扔烟头”中的“烟头”可删；“始作俑者”作为一个成语，在这里用的是它的通用意义，不含有特别意义，没有必要加上引号。这样，这句话可以改为“烟头落地的始作俑者，还是乱扔的烟民们”或“烟头落地的始作俑者，还是那些乱扔的烟民”。

（二）

2020 年 10 月 11 日《新民晚报》第 5 版刊登文章《四百多逝去生命背后有血有泪》。文中有句话写道：“**那些**在冲突中逝去的 400 多个生命，已经看不到这一幕。”句中的“那些”使用有误。

“那些”作为指示代词，表示其所指代的人或事物是一个复数，在使用中要注意的是，其所指代的对象一是不能加表示复数的词缀“们”，二是如果这个所指代的对象有数量表示，那就容易产生“那些”和数量在表意上出现重复的问题。句中的“那些”指代“生命”，但“生命”前又有数量词“400 多个”，两者产生了语意重复，“那些”的使用不妥。

一般来说，可以把“那些”删去。但就这个句子来说，使用指示代词可以让读者把注意力集中到所指代的“生命”这个对象上，简单地把“那些”删去会损害这层意思的表达。因此，更合适的是把“那些”改为“那”，同时为了在表达上产生更好的效果，还宜把这个“那”移至“400 多个生命”之前。

难以 nányǐ

2020 年 3 月 14 日《光明日报》第 7 版刊登一篇文章，题为“油价暴跌**难以**触发新的石油危机”。这个标题中的“难以”一词使用不妥。

“难以”的意思是不容易出现，不容易做到。“难以”所支配的内容一般应是人们希望见到的事情，如“这项任务难以如期完成”，表明作者希望这项任务能够“如期完成”。标题中“难以”后面跟的是“触发新的石油危机”，但就常理来说，“触发新的石油危机”并不是人们希望出现的事情，作者在引语所出全文中也没有这方面的意思表达，因此“难以”的使用是不合适的。

可以把“难以”改为“不会”。“不会”通常有两个意思，一是指不能够做某事，不擅长做某事，如“不会说英语”“不会开车”；二是指不可能出现某种情况，不容易出现某种情况，其后支配的内容通常是人们不希望看到的事情，这个特点与“难以”正好相反。比较一下“今天不会下雨”和“今天难以下雨”，前者有不希望下雨的意思，后者则有希望下雨的意思。因此，只要认为“触发新的石油危机”是一件不好的事情，那前面的支配语就不能用“难以”，而“不会”则是适合句中需要的。

内里 nèilǐ

见第 262 页“昭然”条。

逆光 nìguāng

2020年1月1日《光明日报》第7版刊登文章《主流大片实现了美学升级与守正创新》，其中有这样一段话："这种敢做敢拼、勇者无畏的性情，与民间所认同的行侠仗义的价值观高度吻合，因而不仅无损英雄的高大形象，而且还衬托了'孤胆英雄'在**逆光**中果敢前行的豪情，使英雄的形象和命运在收获观众的同情的同时，被**涂抹**上了浓厚的悲情色彩。"句中"逆光"和"涂抹"两个词的使用有误。

先看"逆光"。"逆光"是摄像摄影中的一个专业词语，指的是摄像摄影时利用光线的一种技术手段，让光线对着照相机或摄影机的镜头，这时候的光线被称为"逆光"。运用"逆光"对勾画被摄物轮廓和表现透明的或毛茸茸的物体有较好效果。句中说的是不顺利的境遇，"逆光"不合词义。

再看"涂抹"。"涂抹"指用刷子之类的工具蘸着油漆、颜料之类的稠糊物在墙壁、画布等物体上来回移动使相关物品黏附其上，如"门板上要涂抹红漆"；又指乱写或乱画，随意地写字或画画，如"信笔涂抹"；引申后又指将一些事物（多为抽象类概念）加于某人或某种事物上，如"他被涂抹成了一个自私自利者"。句中的"涂抹"用的是引申义。要注意的是，"涂抹"的这个引申义具有贬义，如果其使用对象有正面性，那"涂抹"的内容就要有负面性，如"他的这一义举被涂抹上了不良动机"，如果其使用对象有负面性，那"涂抹"的内容就要有正面性，如"这个忘恩负义的家伙被涂抹成了英雄人物"。句中"涂抹"的使用对象"英雄的形象和命运"具有正面性，但"涂抹"的内容"浓厚的悲情色彩"同样具有正面性（引语所出全文说的是电影创作，"悲情色彩"作为一种文艺元素具有正面性），"涂抹"所具有的贬义色彩与这种情感要求不合。

综上，可以把"逆光"改为"逆境"，把"涂抹上"改为"赋予"。"逆境"指不顺利的境遇，这个词的使用对象通常应是具有正面性的人。"赋予"的意思是向具有正面性的人物交付重大使命、任务等具有庄重色彩的事物。根据句中的语境，这两个词都是适合使用的。

【另按】

《现汉》对"涂抹"的释义存在缺漏。《现汉》对"涂抹"的释文为："动①涂①：木桩子上～了沥青。②涂②：信笔～。"释义虽然给"涂抹"析出了两个义项，但释文都要求参见"涂"，而"涂①"的释文是："动用东西（多为刷子）蘸油漆、颜料、脂粉、药物等在物体上来回移动，使附着在上面：～抹｜～饰｜～脂抹粉｜～上一层油。""涂②"的释文是："动乱写或乱画；随意地写字或画画儿：～鸦｜信手～上几笔。"但是，"涂"的这两个释义都只能与"涂抹"的两个本义相对应，而"涂抹"所产生的引申义是"涂"所没有的，事实上这个引申义在现代汉语中已经常用，但《现汉》的释义从

最初版本一直到最新的第7版，都只是简单地要求读者参见“涂”，40年来一直未变，以至遗漏了“涂抹”的引申义，这是需要改进的。

年纪 niánjì

2020年9月18日《光明日报》第14版刊登文章《从沙坡尾到双子塔》。文中有这样一句话：“木屋是外祖父亲手建造的，两层木结构，起于抗战胜利后，有一把**年纪**。”句中的“年纪”一词使用有误。

“年纪”指的是人的年龄，岁数。“年纪”的使用对象只能是人以及少量如狮虎豹狗之类的高等动物。句中“年纪”的使用对象是“木屋”，但“木屋”是一种建筑物，“年纪”不能适用。

可以把“年纪”改为“年岁”。“年岁”也可以用于指人的年纪，但除此以外，“年岁”还有年代、年份的意思，它的词义覆盖面比“年纪”宽，而这个意思正好适合句中语境。但这样改了以后，又产生了“一把年岁”在搭配上不是很合适的问题，因此更合适的是把“有一把年纪”改为“有些年岁”，其后还宜加上助词“了”。

年满 niánmǎn

2020年11月16日《新京报》第3版刊登文章《“禁闭挑战”：人体极限别“乱挑战”》。文中有一段话写道：“虽然组织方设定了一定的参赛条件，比如挑战者自身必须**年满**20～35周岁，提供市级医院体检健康证明，心血管和脑血管健康证明，以免突发疾病等等，但这样的活动仍然不让人看好。”句中“年满”一词使用有误。

“年满”的意思是年龄达到某一标准。“年满”的指向对象在年龄段上必须是一个点位，而不能是一个区域。句中“年满”的指向对象“20～35周岁”是一个区域，这在表意上会产生混乱，比如一个25周岁的人，可以说他满足了20周岁的要求，却未满足35周岁的要求，一个40周岁的人，则完全符合这个条件，但是按作者原来想要表达的意思却是已经失去了“参赛”的资格。由此可见，当指向对象是一个年龄区间的时候，“年满”是不能用的。

修改这个句子，如果把“年满”后的指向对象“20～35周岁”改为“20周岁”，虽然满足了“年满”的指向对象必须是一个点位的要求，保证了句子的通顺，但作者要表达的原意被改变，因此这样修改是不可取的。合适的修改是把“挑战者自身必须年满20～35周岁”改为“挑战者自身年龄必须在20～35周岁之间”。

念及 niànjí

2020年8月10日《广州日报》第16版刊登报道《“我与我周旋久，宁作我”》。文中有一句话写道：“汪曾祺这一生历经坎坷，经历过困苦，也曾因工作无着**念及**轻生。”句中“念及”一词使用有误。

“念及”的意思是想到，考虑到。“念及”的指向对象，通常是被行为主体肯定的具有正面性的事物，如“念及多年友情”“念及你对单位的贡献”。句中“念及”的指向对象是“轻生”，但“轻生”在正常的社会生活中不具备正面性，句中行为主体“汪曾祺”对此也没有肯定的意思，“念及”的使用产生了语意的情感扭曲，是不合适的。

可以把“念及”改为“想到”之类的词。从引语所出全文可知，事实上“汪曾祺”对于“轻生”只是“想”了，未有实施的行动，并在友人的劝导下放弃了，因此也可把“念及”改为“想过”。与“念及”相比，“想到”“想过”之类的说法是一种平白的叙述，不存在对其指向对象的情感要求，在句中替换“念及”是合适的。

凝练 níngliàn

（一）

2020 年 4 月 17 日《解放日报》第 12 版刊登文章《“当代贝多芬”，怀着悲悯记录苦难》。文中写道：“中国有不少媒体将潘德列茨基称为‘当代贝多芬’，而他的中国好友和乐迷则亲切地称他为‘老潘’。前者是对他艺术成就的高度**凝练**，后者则是对他为人亲善的认可。”这段文字中的“凝练”使用有误。

“凝练”的意思是紧凑简练。句中要表达的意思是“当代贝多芬”这个说法是把“潘德列茨基”的“艺术成就”中的共同特点总括在一起，“凝练”的词义与此不合。另外，“凝练”是一个形容词，这段文字中把它作动词用了，也不合其使用要求。

可以把“凝练”改为“提炼”或“概括”。“提炼”“概括”用于句中词义吻合，且都是动词，适合于句中表达需要。

（二）

2020 年 10 月 1 日《北京日报》第 5 版刊登报道《明月长相守，家国总关情》。文中写道：“从‘修身齐家治国平天下’的人生追求，到‘天下之本在国，国之本在家，家之本在身’的价值逻辑，对原乡故土的朴素情感早已融入炎黄子孙的血脉之中，**凝练**成‘家是最小国、国是千万家’的强烈认同。”句中“凝练”一词的使用有误。

句中用“凝练”想要表达的意思是“人生追求”“价值逻辑”“朴素情感”等各种观念、理念聚合在一起，汇合成一种“强烈认同”，但“凝练”没有聚合、汇合的意思，使用这个词与作者要表达的意思不合。另外，句中“凝练”那个位置需要的是动词，“凝练”作为形容词也不适用。

可以把“凝练”改为“凝聚”。“凝聚”的意思是凝集，聚合，适用于这个句子的语境。

（三）

见第 172 页“切片”条。

（四）

见第 225 页“习得”条。

凝炼 níngliàn

2020 年 12 月 11 日《文汇报 · 文汇读书周报》第 6 版刊登文章《用先锋的形式书写古典的中年》。文中有这样一个句子：“这一次，她从旅行中**凝炼**出三个意象，编织出一个首尾相连、图文**互文**的小说文本，提供了崭新的写作方式和阅读感受。”这个句子中的“凝炼”和“互文”两个词使用有问题。

先看“凝炼”。“凝炼”同“凝练”，现在通常作为“凝练”的异形词，要求统一使用“凝练”。但就“凝炼”这个词来说，它仍能够表示紧凑简练的意思。句中说的是行为主体“她”把“旅行”中获得的感悟按某种要求进行加工、提高，这与“凝炼”的词义不合，即使改成“凝练”，这个问题依然存在。另外，同“凝练”一样，“凝炼”是一个形容词，句中将其用作动词，也不合其使用要求。

再看“互文”。“互文”是写作中的一种修辞手法，指上下文各有交错省略而互相补充，在古代汉语的诗文中比较多见。如“秦时明月汉时关”要理解为秦汉时的明月和秦汉时的关隘。句中说的是“小说文本”中的“图”和“文”互相穿插，共同表达出“小说文本”的内容和主题，这与“互文”的词义不合。

“凝炼”应改为“提炼”。“互文”则应改为“互动”。汉语中有一个描写出版物中图和文字都很精彩的习用词语“图文并茂”，用在此处比较合适，因此还可以把“图文互文”改为“图文并茂”。

农户 nónghù

2020 年 8 月 28 日《北京日报》第 11 版刊登报道《大桃直播厅，网红带货忙》。文中有句话是这样写的：“轻轻推开门，**农户**方芳正和朋友一起，为半小时后的直播带货做着准备。”句中的“农户”一词使用有误。

“农户”的意思是以从事农业生产为主要经济来源的家庭。“农户”说的是家庭的性质而不是人的身份，句中的“农户”指的是“方芳”这一个人，尽管“方芳”作为单个的人可以建立单人家庭，但在本句语境中，“方芳”是以个人的面目出现而不是以其背后的家庭形式出现，在这种语境下，把“方芳”称为“农户”是不合适的，与“农户”的词义不能切合。

一般地说，可以把“农户”改为“农民”或“农人”。但从引语所出全文中可以知道，“方芳”是一位种植桃子的农民，而桃子是一种水果，因此，把“农户”改为“果农”更准确更合适。

培养 péiyǎng

2020年12月10日《广州日报》第14版刊登报道《百厨百店请你入席，百道名菜未来可期》。文中写道："两年来，参加'百厨百店'项目的受训人员近3000人次，**培养**超过100名粤菜师傅、**超过**100家以上粤菜门店，广州市乡村旅游的品质得以整体提升。"又："上述负责人表示，将进一步打造更加科学、系统、有效的'百厨百店'系列培训体系，**培养**推出'百道名菜'……"这两个句子中的"培养"在使用上都存在问题，前一句中使用了两个"超过"，其中第二个"超过"的使用有问题。

先看"培养"。"培养"主要有两个意思，一是对幼小的生物提供适宜的条件使其成活并繁殖，二是指按照一定的目标对人进行教育和训练，使成为合格的人才。"培养"的前一个意思，可以视为生物学专科词，其使用对象主要是幼小的生物，但人不包括在内，如"培养种菌""培养蘑菇新品种"；"培养"的后一个意思，其主要对象限于人，而且主要是年轻人，如"培养接班人"。需要注意的是，"培养"的这两个意思，有一个共同点，其指向对象不管是幼小生物还是人，都必须有生命征象。

在上引两个句子中，前一个句子中的"培养"，其指向对象有两个，一是"粤菜师傅"，二是"粤菜门店"，其中"粤菜师傅"是人，可以接受"培养"的支配，但"粤菜门店"是一种经营企业，没有生命征象，"培养"不能适用。后一个句子中的"培养"，其指向对象是"百道名菜"，是食物，当它作为"名菜"出现的时候，已经没有作为生物体所应该具有的生命征象，因此"培养"也不能适用。

再看"超过"。"超过"有两个意思，一是指从某人或某物的后面赶到其前面，二是指高于某一个基准，这个基准要求是一个点位，而不能是一个区域。引文前一句中使用了两个"超过"，表示的都是第二个意思。其中第一个"超过"后是数量词"100名"，这"100名"是一个基准点位，表示"培养"的"粤菜师傅"在数量上要高出于"100名"这个点位。"超过"的使用没有问题。但句中的第二个"超过"，其后跟着的数量词"100家"的后面又加上了"以上"，这使得"超过"后面跟着的不再是一个点位，而是一个区域，不能成为"超过"的基准，这不合"超过"的使用要求。

对前一个句子的修改，先要把"超过100家以上粤菜门店"中的"超过"删去，或者保留"超过"，但要删去"100家"后的"以上"，使"超过"后跟着的是一个可以作为基准点位的"100家"。然后可以在"100家以上粤菜门店"或"超过100家粤菜门店"的前面加上"培植"一词。"培植"有一个意思是扶持使壮大，其使用对象通常是某种势力或力量，“粤菜门店”作为一种经营企业，可以接受“培植”的支配。这样改了以后，让“培养”只支配“粤菜师傅”，“培植”则支配“粤菜门店”，句子就通顺了。另外还需要把句中的顿号改为逗号。

对后一个句子的修改，则可以把“培养”改为“培育”。“培育”可指提供合适的条件使幼小的事物发展壮大，在这个意思上，它的指向对象可以是没有生命征象的各种事物，“百道名菜”正是这样一个事物，因此使用“培育”作为它的支配语是合适的。

【另按】

《现汉》对“培养”和“培育”的释义几乎等同，未能体现这两个词的差异之处。《现汉》释“培养”为：“动①以适宜的条件使繁殖：～细菌。②按照一定目的长期地教育和训练使成长：～人才｜～接班人。”释“培育”为：“动①培养幼小的生物，使它发育成长：～树苗｜选择优良品种进行～。②培养②：～一代新人。”按照《现汉》的释义，“培养”“培育”都只能用于有生命征象的对象，那么把“培养”改为“培育”就是无意义的了。

但实际上，“培育”和“培养”最重要的区别就在于前者不仅像后者一样可以用于有生命征象的对象，还能够用于并无生命征象的其他各种事物，《现汉》对“培育”应该补足这样的词义，其释义才是完整的。

佩戴 pèidài

（一）

2021年9月3日《新民晚报》第23版刊登报道《回收旧空调时坠亡，谁担责？》。文中有一个句子写道：“为回收一台旧空调，罗某在没有**佩戴**任何安全防护品的情况下爬上高墙，拆卸作业中不慎摔落而亡。”句中的“佩戴”一词使用有误。

“佩戴”指的是把徽章等物品挂在胸前、臂上、肩上、腰间等身体部位。“佩戴”的指向对象往往有两个特征（或是其中之一或是两者兼有），一是具有荣誉特征或身份识别特征，如“佩戴勋章”“佩戴红领巾”；二是它是人身体上的饰物而并非人的穿着物，如“佩戴戒指”“佩戴项链”。句中“佩戴”的指向对象是“安全防护品”，但这既不是人身体上的饰物，也不是荣誉性标志或身份识别标志，“佩戴”的使用不合适。

可以把“佩戴”改为“穿戴”。句中的“安全防护品”指的是“拆卸作业”中为保护人员安全而配备在作业人员身体上的相关设备，通常是要求作业人员穿在身上或戴在身上，因此使用“穿戴”是合适的。

（二）

2021年12月3日《光明日报》第1版刊登文章《甘坑的客家凉帽》。文中有一个句子写道：“我收了两名学徒，开发出了适合小孩子**佩戴**的‘小凉帽'。”句中的“佩戴”一词使用不妥。

句中“佩戴”的指向对象是“小凉帽”，但这是人体的穿着物，而不是人体的饰物，也不是荣誉性标志或身份识别标志，“佩戴”的使用不合适。

可以把“佩戴”改为“戴”。

（三）

2021年6月29日《四川日报》第17版刊登报道《传统制盐技艺的“非凡”传承》。文中写道：“当天在燊海井，记者见到41名身着荧光绿T恤的小朋友，他们**佩戴**着导览耳机，面对着灶房里冒着热气的8口大圆锅，叽叽喳喳地向解说员提出各式各样的问题……”句中的“佩戴”一词使用有误。

句中“佩戴”的指向对象是“导览耳机”，但这既不是人体的饰物，也不是荣誉性标志或身份识别标志，“佩戴”的使用不合适。

可以把“佩戴”改为“戴”。

（四）

2020年1月26日《北京日报》第4版刊登报道《视频拜年同样情暖意浓》。文中有这样一句话：“接待人员应**佩戴**口罩、手套，做好个人防护，尽量减少与机构其他人员的接触等。”句中的“佩戴”一词使用有误。

句中的“佩戴”，其指向对象有两个，即“口罩”和“手套”，但这两件物品都不是人体的饰物，它们也不具备荣誉特征或身份识别特征，因此“佩戴”的使用是不合适的。

一般地说，可以把“佩戴”改为“戴”。但在这样修改的时候，还应该看到，句中之所以使用“佩戴”，一个很重要的原因在于“戴”是个单音词，而现代汉语的词类又是以双音词为主，于是很自然地用上了“佩戴”。因此，就这个句子的情况来看，把“佩戴”改为“戴”，虽然保证了用词的准确，但阅读效果比较差。

这个句子与（二）（三）两个句子不一样的是，那两个句子原句中的“佩戴”后分别有结构助词“的”和时态助词“着”，在把“佩戴”改为“戴”后，其后的“的”和“着”仍然在，它们很自然地和修改后的“戴”分别组成了“戴的”“戴着”的双音结构，而这个句子没有这样的条件。遇到这种情况，可以在这个单音词后加上合适的成分，使其成为双音词。因此，句中的“佩戴”，更合适的修改是把它改为“戴上”之类的话语。

喷薄 pēnbó

见第93页“积怨”条。

怦然心动 pēngrán xīndòng

2020年5月6日《文汇报》第7版刊登文章《电视剧对观众痛点的聚焦已衍生变体形式》。文中有这样一个句子：“某个情节需要重复，比如《长安十二时辰》里某个细节没看懂，《春夜》某个情节太**怦然心动**，那就把进度条拖回去再看一遍或者许多遍。”句中的“怦然心动”使用有误。

“怦然心动”的意思是因为对某人某事产生强烈的喜爱情感而激动得心怦怦跳。使用“怦然心动”有两个方面的注意点：一是这个短语用“怦然”来形容“心动”，表示人在兴奋之下产生的心理反应，其本身已反映出兴奋的程度很高，因此它在使用中一般不能够再接受表示程度高的修饰语。句中的“怦然心动”，其前面用上了表示程度很高的副词“太”，这反而在修饰语与被修饰语之间产生了语意的重复，是没有必要的。二是“怦然心动”这个短语，其行为主体只能是人。句中的“怦然心动”，与“某个情节”搭配，使“怦然心动”成了“某个情节”的状态，这不合常理。

针对前一个错误，可以删去“怦然心动”前的副词“太”；针对后一个错误，则可以在“怦然心动”前加上“使人”“让人”之类的兼语形式，让“人”成为“怦然心动”的行为主体。

飘飘欲仙 piāopiāo-yùxiān

2020年12月3日《新民晚报》第21版刊登文章《提醒幸福》。其中有一段文字写道：“还记得那个披头散发、满身污泥淋漓、叫嚷着‘中了中了’的范进吗？胡屠夫一个耳刮子扇过来，**飘飘欲仙如坠云雾**的范进立地**成人**。”这段文字中的“飘飘欲仙”“如坠云雾”和“成人”三个词语使用有误。

先看“飘飘欲仙”和“如坠云雾”。“飘飘欲仙”比喻人的神态、动作轻盈飘忽如同神仙，多用来形容人的感受轻松爽快。“如坠云雾”指犹如陷入云雾里，迷迷糊糊认不清方向，比喻令人摸不着头脑。“飘飘欲仙”和“如坠云雾”都是形容人在正常状态下的一种心理状态，前者表示一种愉悦的心情，后者则表示对事物难以理解的情绪。

引文中的“范进”，是中国古典小说《儒林外史》中一个著名的人物形象，小说称其科考中举后一度心理和行为失常（小说中用语为“失心疯”），引文中也称其“披头散发、满身污泥淋漓、叫嚷着……”云云，一个人在心理失常状态下出现怪异行为，他既没有愉悦的心情（人在心理失常状态下出现的过度愉悦是一种病状，与通常意义的愉悦有本质区别），也没有对什么事难以理解的情绪，在这种情况下，使用“飘飘欲仙”“如坠云雾”都是不合适的。

再看“成人”。“成人”作动词用时指少年发育成熟，长成大人，如“你已经成人了，做事要负责任了”；作名词用时指成年人，如“成人用品”。文中的“成人”用为动词，但作动词用的“成人”，其行为主体只能是小孩，即通常意义上的未成年人。文中的“范进”，按照《儒林外史》中的描写，已经是一个成年人，而且年龄不小，“成人”的使用是不合适的。实际上，文中说的是“范进”从一个心理失常者重新成为正常人，这个意思，与“成人”的词义是不合的。

可以把“飘飘欲仙”和“如坠云雾”一起改为“疯疯癫癫”之类的话语，把“成人”改为“恢复正常”之类的话语。

贫寒 pínhán

2020年5月31日《南方都市报》第10版刊登报道《那些年写给孩子们的好书》。其中有句话是这样写的：“以色列作家阿摩司·奥茨回忆自己的童年时代，在**贫寒**的耶路撒冷，书籍遍布整套住房的每一个角落。”句中的“贫寒”一词使用有误。

“贫寒”的意思是贫穷，穷苦。“贫寒”的使用对象，一般限于个人和家庭，如“家境贫寒”“贫寒人家”。句中的“贫寒”，其使用对象是“耶路撒冷”，但“耶路撒冷”是一个城市，“贫寒”不能适用。

可以把“贫寒”改为“贫穷”“贫困”“贫弱”之类的词。“贫穷”“贫困”的意思差不多，都是指生产资料、生活资料稀缺，生活困难，它们既可以用于个人和家庭，也可以用于一个地区或一个城市。“贫弱”则主要用于国家、民族之类的集体概念，用于一个城市也是可以的。

平平 píngpíng

2020年8月21日《北京日报》第13版刊登报道《在高原看电影》，文内有个小标题是“质量略**平平**，但有惊喜”，其中的“平平”一词使用有误。

“平平”的意思是不好不坏，很一般。“平平”通常用于对人或事物的评价。“平”有普通、一般的意思，“平平”通过重叠加重了这个意思，也就是说“平平”这个词自身已经体现出了对使用对象评价的程度，因此在这个词的前面没有必要再加上表示程度的副词。句中的“平平”，加上了副词“略”，从而出现了语意重复，是没有必要的。

可以把“平平”改为“平”，使“质量略平平”成为“质量略平”，单用一个“平”，在表示普通、一般这个意思时，可以接受程度副词的修饰。也可以把“平平”前的“略”删去，使“质量略平平”成为“质量平平”。当然，“质量略平”和“质量平平”，在语意上是有细微差别的，可以根据作者所要表达的确切意思选择使用。

迫害 pòhài

2021年9月19日《南方都市报》第10版刊登文章《聂绀弩的新诗》。文中有一个句子写道：“‘皖南事变’后，新知书店、读书书店遭到**迫害**，勒令三天内停业，书店就抓紧开大卖场，读者踊跃，生意出奇的好。”句中“迫害”一词的使用有误。

“迫害”的意思是压迫使受害。“迫害”的使用对象一般只能是个人，句中的使用对象是“新知书店”“读书书店”这两个书店，“迫害”不能适用。

可以把“迫害”改为“压制”之类的词。“压制”的意思是采用强力限制，这个意思符合句中语境。

破败 pòbài

2020年4月3日《文汇报·文汇读书周报》第5版刊登文章《红尘虚妄，一切随心》。文中有句话写道：“他的一生，似乎一直被命运捉弄——与生母的别离，与亲人的淡漠，甚至连身体也几度**破败**，但他仍像芜芜荒草在墙角顽强生长，抵抗命运的不公。”句中的“破败”一词使用有误。

“破败”有两个意思，一是指残缺破旧，通常用于房屋建筑等，如“破败的老屋”；二是指破落衰败，如“家道破败”。句中的“破败”，其使用对象是“身体”，这超出了这个词的使用范围。

可以把“破败”改为“衰败”。“衰败”这个词中的词素“衰”，意指衰弱，可组成不少用于形容身体的词，如“衰老”“衰弱”等，而“衰败”除了可用于形容人的身体疲弱之外，还有破败衰落的意思，这就意味着，当需要形容家业、事业之类的内容时，“破败”和“衰败”都可以用，但当形容人的身体状况时，就只能用“衰败”。

破除 pòchú

（一）

2020年3月10日《文汇报》第9版刊登报道《这个三月，国产剧集春暖花开》。文中写道：“《重生》从一起扑朔迷离的枪案说起，男主角秦弛在案件中死里逃生却记忆受损，为了查明真相，他一边与失忆抗争，一边努力**破除**疑案。”句中的“破除”一词使用有误。

“破除”的意思是废除，除去。“破除”的指向对象一般应是原来被人遵守、尊重或信仰的事物，如“破除清规戒律”“破除迷信”，其中的“清规戒律”是曾经被人遵守的，“迷信”是曾经被人尊重和信仰的。句中的“破除”，其指向对象是“疑案”，但是对于“破除”的行为主体“男主角秦弛”来说，“疑案”从来不是他需要尊重或者信仰的对象，因此，“破除”是不适合使用的。

可以把“破除”改为“破解”。对于行为主体“男主角秦弛”来说，针对“疑案”，他需要解开疑问、揭破谜底，“破解”的词义正合于句中使用。

（二）

2021年6月24日《南方日报》第4版刊登文章《数字时代须重新审视“群己权界”》。文中写道：“过去提到侵犯隐私，要么是通过刺探或者**破除**门窗、拆开信封等手段，要么是未经同意披露，何曾想一个摄像头‘无意’拍摄的内容，也会侵犯别人隐私？”句中“破除”一词的使用不合适。

“破除”的指向对象，从事物的性质上看应该具有抽象性。句中“破除”的指向对象是“门窗”，但“门窗”是一种具象的物品，“破除”的使用不合适。

可以把“破除”改为“破坏”或“拆除”。“破坏”有一个意思是使建筑物或建筑物上的设施损坏，“拆除”则表示除去。这两个词都可对句中的“门窗”产生支配作用，用于句中合适。当然“破坏”“拆除”表示的意思有所不同，可根据实际情况选择。

破解 pòjiě

2020 年 7 月 3 日《南方日报》第 4 版刊登文章《“直播带货”别成“带祸直播”》。文中有这样一个句子：“不久前，山东警方**破解**一起案件，犯罪团伙招募大量网络主播，用大量廉价的高仿衣服箱包冒充品牌产品出售，涉案金额高达 8 亿元。”句中“破解”一词使用有误。

“破解”的原始意义是指用法术来破除灾难，这是一种不合科学的做法，今天这个词义也已不常用到，而它更常见的意思是揭开奥秘，解除疑难，如“破解难题”“新冠肺炎病毒的起源一时尚难破解”。句中说的是侦破“案件”并抓获犯罪嫌疑人，这个意思不能用“破解”。

可把“破解”改为“破获”。需要说明的是，虽然行为主体“山东警方”在侦破案件这个过程中也会遇到各种疑难需要“破解”，但就这个案件的总体状况来说，一旦被侦破，就只能用“破获”。但是，在侦破案件的具体过程中，行为主体“山东警方”会面临很多具体的疑难问题，对这些疑难问题的解决，仍可使用“破解”，比如犯罪现场留下的一个脚印到底是谁的，行为主体一旦解决，就可使用“破解”。句中说的是这个案件的总体状况，被“山东警方”侦破，犯罪嫌疑人被抓获，所以应该用“破获”。

其 qí

(一)

2020 年 8 月 21 日《广州日报》第 4 版刊登文章《根治论文抄袭，就要动真格》。文中有段文字写道：“为什么学术造假抄袭行为屡禁不止？如何才能根治？对于第一个问题，教育界已经有共识，认为其‘与量化的职称评审制度和学术评价标准有着密切关系’，说白了就是论文关系着利益。因此，要根治**其**，必须对症下药。”这段文字用到了两个“其”，其中第二个“其”的使用有问题。

“其”，是古代汉语遗留下来的一个代词，在现代汉语写作中仍有广泛运用。“其”作为代词，使用较为自由，可以指代人，也可以指代物，可以作句子的主语，也可以作宾语。但如果作宾语，则需要受到一定的限制。能够作宾语的“其”，通常只能出现在兼语形式中，如“不能任其胡作非为”，“其”是“任”的宾语，又是“胡作非为”的主语，这样的话就是说得通的，如果说成“不能任其”，“其”是一个“光杆”宾语，话就说不通。

以这个原则来检验引文中的两个“其”，第一个“其”，既是动词“认为”的宾语，又是后面“与量化的职称评审制度和学术评价标准有着密切关系”的主语，这个“其”的使用是准确的。但第二个“其”，只是动词“根治”的宾语，后面没有跟这个“其”搭配的谓语，不能形成兼语形式，这个“其”的使用就是不合适的。

可以把第二个“其”改为“这种现象”“这种情况”之类的话语。其中的“这”也是代词，它在使用中通常需要适配的量词和所指代内容的上位语或总括语搭配（放在上引文字中就是以“现象”或“情况”来总括“这”所指代的“学术造假抄袭行为”），这是“这”与“其”的不同之处。

(二)

2021 年 4 月 3 日《新民晚报》第 9 版刊登文章《“差评”不自由，“好评”无意义》。文中写道：“长期从事西班牙文学翻译和研究的汪天艾，在网上替韩烨抱不平，称**其**行为是‘在豆瓣网上以诽谤和捏造事实的形式去攻击《休战》一书的译者韩烨’，并要求高晗‘向译者本人和出版社在其豆瓣主页上公开致歉，陈述自己所犯的错误，为其造成的不良影响切实负责。’”这段文字中用到三个“其”，其中第一个“其”使用有误。

“其”作为代词，一般都是用来指代文章前面出现的最近一个对象。文中第二、第三个“其”指的都是前面出现的最近对象“高晗”，这两个“其”用得准确。而文中第一个“其”前面的最近对象是“韩烨”，但这个“其”指的并不是“韩烨”，而是其后面的“高晗”。“其”的指代对象不能出现在“其”的后面，像引文中这样的表述，容易使读者在理解上出现错误。

句中第一个“其”的位置不应该使用代词，应该把这个“其”改为“高晗”，并且在其后加上结构助词“的”。后面的“高晗”，倒是可以改用代词“其”。

（三）

2020 年 3 月 1 日《南方都市报》第 14 版刊登文章《周越然的藏书传奇》。文中有这样一个句子：“姜德明作为后辈的藏书家，敢于直言**其**的藏书品位，恐怕也是总结了后人对言言斋藏书的评价。”句中的“其”使用不妥。

“其”可以在句子中作定语使用，但当它这样使用的时候，它和中心语之间不能出现现代汉语中的结构助词“的”，这是由它作为古代汉语中的代词的性质所决定的。句中的“其”，是“藏书”的定语，但其间加上了“的”，这不合其使用要求。

应该把“其”后面的“的”删去。原文的写法实际上造成了古代汉语和现代汉语写作的杂糅，不符合两种语言的规范。这个“的”删去以后，“其”是“藏书”的定语，“其藏书”又是“品位”的定语，但后者是现代汉语的表述，因此在删去“其”后的“的”后，又可以在“藏书”和“品位”之间另外加上一个“的”。

其他 qítā

2020 年 7 月 12 日《北京日报》第 1 版刊登报道《新发地市场牛羊肉大厅商户开始解除隔离》。文中写道：“据介绍，针对新发地市场集中隔离人员，丰台区按照科学精准、安全有序的原则，分类分批解除隔离措施。第一批解除隔离的是新发地市场**其他**区域隔离人员……”文中“其他”一词使用不妥。

“其他”是一个指示代词，意思是别的，另外的。“其他”的作用是泛指特别指明的人或事物之外的各种不确定的人或事物，使用这个词需要注意的是，在“其他”所指内容出现之前，应该先行给出特别指明的人或事物，在此基础上，“其他”的使用才有依据。比如“你先把这件事做好，其他事可以放一放”，在这句话中，“其他事”以特别指明的“这件事”为依靠，其使用才能成立，如果未给出“这件事”，是不能单说“其他事”的。

在上引文字中，“其他”用来指代某些“区域”，但在此之前，文中未给出能够区别于“其他区域”的需要特别指明的“区域”，这使得“其他”的使用失去依靠的基础，“其他”不能使用。

这个“其他”的使用错误之所以会出现，可能是在对“新发地市场”的管理中，负责机构对其划分了几个区域，其中相对来说不重要的区域被称为“其他区域”，这样一来，“其他区域”就成了一个临时性的专用概念，“其他”的使用似乎就可以了。如果情况确实是这样，虽然可以在“其他区域”上加引号，但仍然是一种不能提倡的写法，因为这即使是一个专用概念，也只是为“新发地市场”的管理人员所熟悉，而对于“市场”之外的普通读者来说，这个专用概念是陌生的，很难让读者明白其特定含义。

由于相关信息的缺乏，这个“其他”的错误很难修改。这里只能按常理来考虑，“第一批解除隔离的”可能是在整个“新发地市场”中不重要、处于外围地带的区域。根据这样的意思，可以把“其他区域”改为“非重点区域”“外围区域”之类的话语。这样的修改不一定符合作者想要表达的真实意思，但保证了文句的通顺。

其中 qízhōng

（一）

2020年10月2日《羊城晚报》第7版刊登报道《跟紧2020广州米其林指南，三天尝遍米其林精华》。文中写道：“江餐厅**其中**一个主打招牌菜是煎烹椒麻澳洲‘肉眼皇’，大厨精选特色澳洲‘肉眼皇’，放弃西式酱料辅助，以中式椒麻进行调和，用肥美肉香搭配火辣椒麻，感觉丝毫不会腻。”文中的“其中”使用有误。

“其中”表示那里面、那中间的意思。“其中”是代词“其”和方位词“中”的组合，使用“其中”的要求和使用“其”的要求基本相同，“其”不能紧随其所指代之物，同样的道理，“其中”也不能紧随其中的“其”所指代之物。文中的“其中”，“其”所代之物为“江餐厅”，但“其中”紧随“江餐厅”之后，其间没有任何间隔，这不合“其中”的使用要求。

一般地说，可以把“其中”改为“中”，也就是说，代词“其”在句中没必要使用，让方位词“中”直接和“江餐厅”产生搭配。但就这个句子来说，直接把“其中”删去，也是可以的。不过删去“其中”后，“江餐厅”后需要加助词“的”，句子才通顺。

（二）

2020年8月29日《新华日报》第12版刊登文章《一家人的四代“书缘”》。文中写道：“这**其中**，有大量的莎士比亚，包括《亨利第六遗事》和万有文库的《哈孟雷特》，有不同版本的巴尔扎克全集，也有八十年代之前几乎所有汉译的俄国与苏联文学。”文中“其中”一词使用有误。

我们已经知道，“其中”的“其”是一个代词，因此使用“其中”要遵守代词“其”的使用要求。“其中”的使用不能紧随“其”所代之物，同时也不能紧随另外的代词之后。文中的“其中”，紧随另一个指示代词“这”之后，造成了语意的重复。

一般地说，可以把“其中”改为“中间”，即通过删去“其”来消除原有的语意重复。但就这个句子来说，更合适的是保留“其中”，只要把它前面的另一个代词“这”删去就可以了。

（三）

2020 年 1 月 31 日《新京报》第 2 版刊登文章《防疫关键期，岂容主责者“一问三不知”》。文中写道：“疫情是对全社会的一场大考。这**其中**，也是对各级领导干部责任意识、能力素养的最直接考察。”这段话中的“其中”一词使用不妥。

文中“其中”的前面用了“这”，造成了语意重复。如果“其中”只出现了这个问题，那只要把它前面的“这”删去就可以了。但这个“其中”的使用还存在另一方面的错误。“其中”指的是所称事物中的一部分，但文中“其中”的后文是“也是对各级领导干部责任意识、能力素养的最直接考察”，这是一个全称判断，与其主语“其中”存在矛盾。

因此，修改这段话，不仅要看到“其中”与“这”的语意重复，更必须看到的是“其中”和“是”不能搭配。一般来说，可以把“是”改为“有”，但是说“其中也有对各级领导干部责任意识、能力素质的最直接考察”，虽然话语通顺了，但一般不这样说话。就这段话来说，把“其中”删去，保留“这”更好（当然后面的逗号要删去）。

更进一步，把“这”和“其中”一起删去也是可以的，“也是对各级领导干部责任意识、能力素养的最直接考察”的主语承前为“疫情”（上引文字中第一个句号应改为逗号），这样，整段文字就成为：“疫情是对全社会的一场大考，也是对各级领导干部责任意识、能力素养的最直接考察。”读上去就顺畅多了。

（四）

2022 年 5 月 25 日《山西日报》第 9 版刊登文章《清静的“蜃庐”》。文中有一句话写道：“我的所在只有十几平方米，是十几个隔断中的**其中**一个。”句中的“其中”使用有误。

“其中”是代词“其”和方位词“中”的组合，“其”的指代对象是“十几个隔断”。使用代词（包括像“其中”这样的指代组合），要求代词不能紧随其所指代对象，否则代词的使用就失去了理由。句中“其中”紧随“其”的指代对象“十几个隔断”，造成“其中”与“十几个隔断中”出现用语重复，“其中”的使用是多余的。

可以把“其中”删去。

起初 qǐchū

2020 年 4 月 10 日《北京日报》第 13 版发表文章《钟孟宏：家庭悲剧与社会失格》。文中有这样一句话：“这家人的生活并没被‘阳光普照’赋予明亮底色，从中派生的亲子尤其父子关系，**起初**便被阴影笼罩。”句中的“起初”使用有误。

“起初”的意思是开始，最初。“起初”说的是事情最初阶段的情况，但作者重点要说的事情在这个最初阶段的后面，而且一般与最初阶段相比会有变化，因此，“起初”作为一个时间词，通常要求与“后来”“现在”之类的时间词对举着使用，如，“对他说的话我起初有不同看法，后来才觉得他说得有道理”。如果没有“后来”阶段情况的说明，“起初”阶段的话就显得没有着落。

在这个句子中，作者说了“起初便被阴影笼罩”，给读者以现在如何的期待，但作者的话在这里结束了（在引语所出全文中这句话是文章某节的最后部分），读者的期待没有得到满足。这说明“起初”产生了误导读者的作用，这是不合作者原意的，“起初”在这个句子中不能适用。

一般地说，可把“起初”改为“开始”。由于文章说的是某一部电影作品，因此也可把“起初”改为“开头”，表示这部电影作品的开始部分。但不管是改为“开始”还是改为“开头”，都需要在前面加上一个“一”。这个“一”与后面的“便”呼应，表示“开始”（“开头”）时就有“被阴影笼罩”这种情况的出现。需要注意的是，句中原来用的“起初”不能在其前加“一”，因此必须改掉。

起居 qǐjū

2020 年 4 月 3 日《新民晚报》第 23 版刊登报道《长期离家拒养女儿，母亲被依法撤销监护权》。文中有这样一个句子：“多年来，居委会志愿者轮流照顾着小宝的日常生活**起居**。”句中“起居”一词在使用上存在不妥。

“起居”的意思是日常的居住，可以泛指日常的生活。句中的“起居”和“生活”并列，但“起居”本来就是指生活，或者说是“生活”的一个重要组成内容，因此两者不能并列使用。一般地说，使用了“生活”，就不能使用“起居”了。

可以把“起居”删去。如果要保留“起居”，也可以把“生活”改为“饮食”之类的词，这样与之并列的“起居”的词义被收窄，可以专门指居住。

气质 qìzhì

（一）

2022 年 3 月 2 日《文汇报》第 5 版刊登报道《电视剧里婚姻情感百态，如何照见当代人的内心》。文中有一句话写道：“它们类型各异、**气质**迥然，但剧中的情感纠葛或多或少折射着近年来人们对婚恋、对职场、对财富的观念更迭。”句中的“气质”一词使用有误。

“气质”指的是人在日常工作、生活中经常表现出来的个性特点。“气质”的使用对象通常应该是人，句中的“气质”用于“剧”（从引语所出文章标题可知是“电视剧”），这是一种文艺作品，“气质”不能适用。

可以把“气质”改为“风格”。“风格”指的是文艺作品在思想内容和艺术手法上表现出来的特点，这个意思符合句中需要。

（二）

2020年10月22日《文汇报》第10版刊登文章《回旋的洪流》。文中有句话写道："一个世俗气氛如此强大的文化季节，《云中记》翩然而至，并且带来了久违的抒情**气质**。"句中的"气质"使用有误。

句中的"气质"和"抒情"组合，但"抒情"指的是抒发感情，这与"气质"的词义不合。另外，这个"气质"的使用对象"《云中记》"从引语所出全文可知是一部小说，这是文艺作品，"气质"不能适用。

可以把"气质"改为"风格"。对于文艺作品来说，"抒情"可以是一种艺术手法上的特点，因此"风格"在句中适合使用。

（三）

见第231页"相貌"条。

器重 qìzhòng

2020年8月18日《羊城晚报》第11版刊登文章《〈为了忘却的记念〉发表"内幕"》。文中有一句话写道："施先生对于鲁迅的文章格外**器重**，总是想方设法尽快刊发。"句中的"器重"一词使用有误。

"器重"的意思是看重，重视。"器重"的指向对象必须是人，同时要求这个人的地位低于行为主体，如在辈分上，行为主体应是长辈而指向对象应是其晚辈，在职务上，行为主体应是上级而指向对象应是其下级。句中"器重"的指向对象是"鲁迅的文章"，这是一种物品，两者不能搭配。

同时，句中"器重"的行为主体是"施先生"，从引语所出全文可知，指的是施蛰存，他在与"器重"的指向对象"鲁迅的文章"中的"鲁迅"交往的时候，还是个二三十岁的年轻人，而"鲁迅"已经50多岁，是一位有很高地位的著名作家，在年龄上，作为行为主体的"施先生"是"鲁迅"的晚辈，在社会地位上"施先生"也低于"鲁迅"。因此，作为晚辈、后学的"施先生"对"鲁迅的文章"产生"器重"，这在尊卑关系上是不合适的。

可以把"器重"改为"重视"。"重视"作为一个动词，更多地指向于事情、物品，即使指向于人，在行为主体和指向对象之间也不存在尊卑关系的要求，因此适合于在这个句子中使用。

牵连 qiānlián

2020年6月24日《文艺报》第1版刊登文章《承担起当代作家的责任与使命》。文中写道："作家的社会责任感和历史使命感**牵连**着文学与时代、文学与历史、文学与民族之间的深刻关系，凸显着作家的文化底蕴、思想格局和精神境界。"这个句子中的"牵连"一词使用有误。

"牵连"的意思是某个人或某件事影响到另外的人或事，如"这桩案子发生后，很多人受到牵连"；也可指拉扯在一起联系起来，如"这两件事是互相牵连的，要合并处理”。这两个意思的“牵连”，其使用对象一般都要求具有负面性，是行为主体所不希望出现、不愿意接受的。句中的“牵连”，其使用主体为“作家的社会责任感和历史使命感”，使用对象则是“文学与时代、文学与历史、文学与民族之间的深刻关系”，但这个使用对象并没有负面性，也不是使用主体所排斥的。作者说的是两者有互相联系、相通的关系，“牵连”在情感色彩上与句中的语境不合，因此这个词不能适用。

可以把“牵连”改为“联系”“联通”之类的词。

前世今生 qiánshì-jīnshēng

2020 年 5 月 19 日《北京日报》第 10 版刊登文章《历史上的北京士大夫》。文中写道：“他将元代的耶律楚材、刘秉忠、郭守敬、萨都剌、关汉卿，明代的杨椒山、邹元标、沈德符、李东阳，清代的顾炎武、纪晓岚、林则徐、魏源、龚自珍、康有为、谭嗣同等京师士大夫的**前世今生**，如数家珍般为我们一一道来，并指出，**通过**他们在社交方式、生活方式方面的风貌，**通过**他们在书文化、诗文化、收藏文化、书斋文化、戏曲文化、饮食文化、茶文化等方面的风姿，可以生动地、典型地反映出京师士大夫的风雅气质。”这段文字中的“前世今生”和“通过”（两处）两个词语使用有误。

先看“前世今生”。“前世今生”本是佛教用语，认为人都有三世因果，今世活得好或活得差都与当事人前世修为有关系，而今世的修为也会在来世得到报应。引申后通常用来形容事物的过去、现在（有时也可包括将来）。在现代汉语的语用中，除了讲到佛教内容时，“前世今生”的使用主体通常只能是事物。这段文字中的“前世今生”用在从“耶律楚材”到“谭嗣同”的很多个人身上，但引语所出全文无关佛学，这些人在现实中只能生活一世，既不会有前世，也不会有来世，因此“前世今生”的使用是不合适的。

当然，文中说的从“耶律楚材”到“谭嗣同”这些人，按引语所出全文所述可以用一个“京师士大夫”的概念来总括，而“京师士大夫”这样的概念是可以使用“前世今生”的。这里的“京师士大夫”作为一个人物群体概念，有不同的成员在不同历史时期表现出不同状态，因此可以用“前世今生”。但从“耶律楚材”到“谭嗣同”说的是一个个具体的个人，个人和人物群体概念是不同的，后者可以理解为事物，但前者不行。

再看“通过”。“通过”是个多义词，有多种用法，在这段文字中的两个“通过”都是用作介词。作介词用的“通过”，其功用是引入作为媒介或手段的人或事物，如“通过他的介绍，我们知道了事情的来龙去脉”，“他的介绍”就是“知道”得以实现的媒介。但是，在上引句子中，两个介词“通过”后的宾语“他们在社交方式、生活方式方面的风貌”和“他们在书文化、诗文化……等方面的风姿”本是下文“反映出”的主语，但被淹没在由“通过”组成的介词结构中，失去了作主语的资格，文句就显得不通顺了。

对“前世今生”的修改，可以改为“毕生经历”“一生成就”之类的话语。两个“通过”则都可删去，让“他们在社交方式、生活方式方面的风貌”“他们在书文化、诗文化……等方面的风姿”能够作“反映出”的主语。

枪杀 qiāngshā

2020 年 3 月 8 日《文汇报》第 7 版刊登文章《女性也应成为中国故事的主角》。文中有句话写道：“我们看到她帮助北平片儿警推理连环杀手‘小红袄’身份、传播共产党的‘新世界’理念、**枪杀**数名特务、擒拿格斗完胜狱警，甚至在身受重伤的情况下，还能从京师第一监狱里越狱成功……”句中的“枪杀”一词使用有误。

“枪杀”的意思是开枪打死。“枪杀”的行为主体通常应是敌人、歹徒等反面人物，而其指向对象则通常应是与之对立的正面人物，一般都应是属于己方阵营的人或无辜的人，因此“枪杀”是一种不能肯定的行为。句中“枪杀”的行为主体“她”在句子的描写中从事了一系列行为，其中有一个行为是“传播共产党的‘新世界’理念”，这在汉语使用环境中属于正面行为，可见“她”是一个正面人物，而“枪杀”的指向对象“数名特务”在句中与“她”处于对立地位，应该是反面人物。作为正面人物的“她”杀掉属于反面人物的“数名特务”，这属于可以肯定的行为，“枪杀”的使用是不合适的。

可以把“枪杀”改为“击毙”。“击毙”的意思也是用枪打死人，但在行为主体与指向对象的要求上正好与“枪杀”反了过来，是正面人物杀掉反面人物，因此适用于这个句子的语境。

需要注意的是，这里不宜把“枪杀”改为“枪毙”。“枪毙”虽然也是指用枪打死人，但通常是在刑场上，有一定的法律程序，句中不存在这样的语境。

强化 qiánghuà

（一）

2022 年 3 月 30 日《解放日报》第 12 版刊登文章《拜登新财年预算案打什么算盘》。文中有一句话写道：“拜登表示，他呼吁增加国防开支以**强化**美军，并有力回应俄罗斯在乌克兰展开的军事行动，美国将为乌克兰的经济、人道主义和安全需求提供额外 10 亿美元的支持。”句中的“强化”一词使用有误。

“强化”的意思是加强，使加大力度。“强化”的指向对象通常要求是抽象概念，如“强化监管”“强化经济刺激”。句中“强化”的指向对象是“美军”，但“美军”是一个具象概念，“强化”不能对其产生支配作用。

可以把“强化美军”改为“强化美军战斗力”“强化美军行动能力”之类的话语。这样改了以后，“美军”成为“战斗力”“行动能力”的定语，不再和“强化”有语法上的搭配关系，而“战斗力”“行动能力”之类作为抽象概念，可以接受“强化”的支配。

（二）

见第49页“得到”条。

翘楚 qiáochǔ

2020年6月19日《北京日报》第14版刊登文章《莫言从这里出发》。文中写道：“当时李存葆因小说《高山下的花环》而**翘楚**文坛，改编成电影后，更是家喻户晓。”句中的“翘楚”一词使用有误。

“翘楚”比喻杰出的人才，如“科研翘楚”。“翘楚”是一个名词，在使用中不能带宾语。句中的“翘楚”带上了宾语“文坛”，这是把这个名词当作动词来用了，不合其使用要求。

可把“翘楚文坛”改为“成为文坛翘楚”之类的话。这样改了以后，“文坛”和“翘楚”组成偏正结构的短语，作了动词“成为”的宾语，符合其作为名词的使用规范。

另外，“成为文坛翘楚”的主语是“李存葆”，而“改编成电影”的主语已暗换，应在其前面加上主语“小说”。

切片 qiēpiàn

2020年9月30日《文汇报》第11版刊登报道《每个情节都能上“热搜”，就是现实主义的回归吗？》。文中写道：“编剧截取现实的最大公约数，用一只‘吸墨器’对现代女性的职场和家庭境况进行了**切片**、**凝练**、裁剪、拼接、缝合等一系列操作。”句中的“切片”和“凝练”两个词使用不准确。

先看“切片”。“切片”的意思是把物体切成薄片。另外，它还是一个生物学、医学专科词，指用特制的刀具把生物体的组织切成的薄片，供人在显微镜下观察以找出特点或病原。句中是把“编剧”比喻成服装制作中的缝纫，用缝纫的各个工序来描写“编剧”的程序。“切片”指行为主体将布匹按需要剪成各种片状布料，但“切片”并无这个意思，这个词的使用不恰当。

再看“凝练”。句中用“凝练”表示的意思是在“编剧”工作中对所收集到的“现代女性的职场和家庭境况”的材料按艺术要求进行加工和提高，但“凝练”没有这个意思。另外，“凝练”的形容词词性不能适用于这个句子。

一般地说，“切片”可以改为“裁片”，“裁片”是缝纫的一道工序，适合句中语境。“凝练”则可改为“提炼”。但是就这个句子的情况来说，这两个词都可删去。这是因为，句中已有“裁剪”一词，“裁片”与其意思基本相同，两个词用在一起造成语意重复。原句中“凝练”所处的语段，作者用一连串描写缝纫工序的词来比喻“编剧”程序，而“提炼”不是描写缝纫工序的词，夹在其中破坏了句子的协调。实际上，“提炼”是“编剧”的一个重要手段，而句中对这个手段用了“裁剪”“拼接”“缝合”这些描写缝纫工序的词来作说明，再使用“提炼”和它们并列是不合适的。因此，就这个句子来说，删去“切片”和“凝练”这两个词更好。

亲历 qīnlì

2020 年 4 月 22 日《北京晚报》第 23 版刊登了一则编者的话，其中写道：“今年 4 月 1 日是林徽因去世 65 周年忌日，应本报之约，总政著名作曲家、指挥家，92 岁的陆祖龙先生撰文怀念他**亲历**的林徽因先生。”句中“亲历”一词使用有误。

“亲历”的意思是亲身经历。“亲历”的指向对象只能是事情而不能是人。句中的“亲历”，其指向对象“林徽因先生”是人，两者不能搭配。因此，“亲历”的使用不合适。

可以把“亲历”改为“熟悉”“熟识”之类的词。

亲身 qīnshēn

2019 年 10 月 1 日《广州日报》第 15 版刊登文章《国庆喜赏灯光秀》，文中写道：“我们和新中国一同成长，**亲身**目睹了新中国的艰难历程，更见证了新中国的兴旺发达。”文中“亲身”一词使用不妥。

“亲身”是一个属性词，一般用于形容人的某种行为、感受等，表示这种行为、感受等是行为主体自己直接从事或直接产生的。但是，用“亲身”所形容的动词，一般要求有一定的抽象性，如“亲身体会”“亲身经历”等。句中的“亲身”修饰的是“目睹”，这虽然确实是行为主体“我们”的直接行为，但“目睹”是一个具有具象色彩的动词，一般不用“亲身”作为它的属性词，因此“亲身”的使用是不合适的。

“目睹”是人的眼部的特有动作，在强调行为主体自己直接从事这一行动时，有专门的属性词与之搭配。可把“亲身”改为“亲眼”。

需要注意的是，“亲身”虽然就词义来说似乎涵盖了人的整个身体，但人所做的某些动作，如果有专门的人体器官来从事，都是具有一定的具象性的，一般就不使用“亲身”，而是有另外的词来叙写这种情景。除了“亲眼”用于“看”类动作之外，还有“亲耳”用于“听”类动作，“亲口”用于“说”类动作，“亲手”用于“做”类动作，等等，这是语言的精密性所要求的。

轻慢 qīngmàn

2020 年 3 月 15 日《南方都市报》第 2 版刊登一篇文章，题目是“谨防境外疫情输入，不可**轻慢**亦无须过激”。这个题目中的“轻慢”一词使用有误。

“轻慢”，指的是对人不敬重，态度傲慢。“轻慢”的指向对象只能是人，如“领导干部不可轻慢群众”。句中的“轻慢”，其指向对象“境外疫情输入”不是人，而是一件事情，“轻慢”不适合使用。

可以把“轻慢”改为“轻视”或“轻忽”。“轻视”“轻忽”都有不认真对待的意思，与作为一件事的“境外疫情输入”搭配，是合适的。

轻描淡写 qīngmiáo-dànxiě

2020 年 6 月 28 日《广州日报》第 5 版刊登报道《做好绿化工作，抽空多去看书》。文中有这样一句话：“去图书馆还书的时候，我觉得不写点东西都对不起图书馆。因为太爱那里了，便有感而发，**轻描淡写**地写了一段话。”这段话中的“轻描淡写”一语使用有误。

“轻描淡写”原指在作画中用浅淡的颜色描画，语义引申后通常指说话、作文时将某些事情轻轻带过。句中用的是引申义，但作引申义的“轻描淡写”指的是一种让人不满意的行为，作者对行为主体含有批评的意思。文中“轻描淡写”的行为主体是“我”，使用“轻描淡写”可以视为“我”表示自谦，但“我”既然在前面已经表示了“太爱那里”“有感而发”，后面再用“轻描淡写”这种带有贬损性的词语，两者在情感上不一致，因此“轻描淡写”的使用是不合适的。

另外，“轻描淡写”在文中还作了动词“写”的修饰语，但“轻描淡写”本身也是一个动词性的短语，其中的“描”和“写”与作为动词的“写”，在语意上存在重复。因此，用“轻描淡写”来作动词“写”的修饰语，也是不合适的。

可以把“轻描淡写”连同它后面的助词“地”删去。

倾慕 qīngmù

2020 年 11 月 14 日《羊城晚报》第 7 版刊登文章《宋朝为何才女辈出?》。文中有句话写道：“陆游的母亲唐氏自幼**倾慕**秦观诗词，**可见**她也是才女。”句中的“倾慕”和“可见”两个词使用不妥。

先看“倾慕”。“倾慕”的意思是倾心爱慕。“倾慕”的指向对象要求是人或由人构成的集合体。句中“倾慕”的指向对象是“秦观诗词”，但“秦观诗词”是一种物品，不能接受“倾慕”的支配。当然，“秦观”是一个人，但它在句中只是“诗词”的定语，没有资格和“倾慕”建立搭配关系。

再看“可见”。“可见”是一个连词，它在使用中通常起承接上文的作用，表示根据上文叙述内容，可以得出下文的判断或结论，而上文因此成为下文的一个条件。在这个句子中，“可见”前后分别是“自幼倾慕秦观诗词”（其中“倾慕”使用不当已作分析，这里为叙述方便姑且沿用）和“她也是才女”，但是前者并不是后者得以成立的条件，从前者所述并不能推导出后者的内容，“可见”在这里不适用。

“倾慕”可以改为“喜欢”“爱读”之类的词语。需要注意的是，“喜欢”“爱读”这样的话比起“倾慕”来，其感情色彩要轻一些，但句中说的是行为主体“唐氏”幼时的情况，对一个小孩子来说，使用“喜欢”“爱读”就足够了。当然，如果行为主体是成人，使用“喜欢”“爱读”会削弱作者原来表达的意思，在这种情况下，合用的词是“倾倒”。但“倾倒”是一个不及物动词，这样改的话还需要改变句式，如改为“为秦观诗词所倾倒”。

至于“可见”的修改，关键在于搞清楚这两个分句的逻辑关系。“喜欢秦观诗词”“为秦观诗词所倾倒”不构成“她也是才女”的必要条件，相反，这两者之间存在一定的转折关系，应该把“可见”改为“而”。“而”作为连词有广泛的用途，可以表示多种逻辑关系，这里表示的是转折关系。同时，为达到语句舒徐的效果，“她”的后面宜加上返指人称代词“本人”或“自己”。

曲直 qūzhí

2020年8月1日《北京日报》第7版刊登报道《时隔10年，莫言出新作〈晚熟的人〉》。文中有一段话写道：“十二个故事篇幅紧凑，却各有**曲直**，新鲜的、**骁勇**的、**星罗棋布**的叙述里塑造了一系列‘应时而变’的人物，他们像是从我们身边走出去的人，健步如飞，从小说的这头一直奔跑到小说的那一头。”这段文字中的“曲直”“骁勇”和“星罗棋布”三个词语存在使用错误。

先看“曲直”。“曲直”常和“是非”组合在一起，表示对事情的判断，如“这件事情的是非曲直确实应该辨别清楚”。文中说的是“十二个故事”的情节错综复杂，对读者有很强的吸引力，“曲直”的词义与此不合。

再看“骁勇”。“骁勇”指的是勇猛。“骁勇”一般用来形容人的行为，文中将其用来形容“叙述”（即“十二个故事”所使用的写作语言），这超出了这个词的使用范围。当然，用“骁勇”来形容“叙述”不是一概不可以，假如其使用对象是一篇论辩文章，作者在写作中用了很激烈的语言批驳他人，那么，称这种“叙述”为“骁勇”未尝不可（其实这时候的“骁勇”也已经移位至作者身上，指其论辩时的态度了），但从引语所出全文可知，所谓“十二个故事”指的是十二篇小说，既是小说，其语言有可能因不同作家而表现出不同风格，“十二个故事”的“叙述”可能是激烈的，是具有冲击力的，但即便如此，称其为“骁勇”仍然是不合适的。

再看“星罗棋布”。“星罗棋布”指的是像天上的星星和棋盘上的棋子那样罗列分布。这个固定短语一般用来形容事物的数量多，分布广，文中用来形容“叙述”（即“十二个故事”所使用的写作语言），这超出了这个短语的使用范围。也许作者是要形容“叙述”中使用的某种风格的词语很密集，形成一种在“叙述”上的强大气势，但这需要对使用对象作出重新规定，像现在这样它只能和“十二个故事”的“叙述”搭配，从而产生不能适用的问题。

“曲直”应改为“曲折”。“曲折”有一个词义就是指情节错综复杂，正适用于文中语境。“骁勇”可以改为“激烈”，“星罗棋布”可以改为“密集”之类的词。需要注意的是，把“骁勇”改为“激烈”，把“星罗棋布”改为

“密集”，并不是唯一的，而是选择了既接近作者原意又能够和“叙述”搭配的词，至于它们与“十二个故事”所使用的“叙述”语言的实际情况是否符合，那还需要读过“十二个故事”后才能作出准确判断，而这已不属于这里讨论的内容了。

权势 quánshì

见第50页“等第”条。

全力 quánlì

2020年11月23日《文汇报》第1版刊登一篇报道，标题是“每个人尽自己的力**全力**守护这座城市”，文中又写道：“每一个关心爱护上海的人，都在尽自己的力，**全力**守护着这座城市。”这个标题和这句引语中的“全力”一词使用都有误。

“全力”在现代汉语中兼有名词和副词的性质。作名词用的“全力”表示全部的力量，如“竭尽全力”；作副词用的“全力”表示用上全部力量或精力，如“全力以赴”，一般用来修饰动词或动词性短语。标题和引语中这两个“全力”，都用于修饰动词“守护”，是副词的用法。本来，用副词“全力”修饰动词“守护”是可以的，但是两个句子在“全力守护”的前面，已经有了“尽自己的力”这样的话语，它与“全力”所表示的意思是一样的，这就产生了用词重复的问题。

在已经说了“尽自己的力”这个意思后，后面再用“全力”是没有必要的，因此，标题和引语中的“全力”都应删去。

全然 quánrán

2020年2月6日《文汇报》第8版刊登文章《他奏响了他的星辰大海》。文中写道：“这声音犹如电子的瀑流，却因为**全然**使用真鼓和真乐器，而成为具有实在质感和人性温度，酣畅淋漓、轰轰烈烈、波澜壮阔，奔驰的、飞翔的、滚烫的、浪漫的、激动人心的摇滚乐！”句中的“全然”一词使用有误。

“全然”的意思是完全地。“全然”一般用来形容人的状态，其使用对象通常具有抽象性，同时它大多用于否定式。如“他全然不考虑个人得失”“他全然无视操作要求”，这两个例句中的“不考虑”“无视”都是人的某种状态，使用对象“个人得失”“操作要求”都是抽象事物，同时它们又都是否定式，因此符合要求。句中的“全然”，其使用对象“真鼓”“真乐器”是具象的物品，既不是人的状态，也不具有抽象性，同时其句式也不是否定式的，因此，“全然”的使用不合适。

应把“全然”改为“全部”。句中的“真鼓”“真乐器”是组成并发出“这声音”的所有实体事物，因此用“全部”是合适的。

热血 rèxuè

2021年6月8日《文汇报》第10版刊登报道《中国原创音乐剧〈赵氏孤儿〉缘何成爆款？》。文中有一个句子写道："两千多年前的赵氏孤儿在当代'复活'的过程中，重拾了英雄史诗的辽阔，人性与爱的伟大，信仰与风骨的力量，让他们**热血**，让他们感动。"句中的"热血"一词使用有误。

"热血"的本义是指人身上的温热的血，引申后比喻献身正义事业的热情。句中的"热血"取的是其引申义。"热血"在使用中需要注意的是，不管是本义还是引申义，"热血"都是一个名词，在通常情况下不能直接作谓语。句中的"热血"出现在"让他们热血"这个兼语格式中，"热血"作了"他们"的谓语，这不合其使用要求。

名词为什么不能作另一个名词（包括代词）的谓语？这是因为名词不像动词和形容词那样具有对事物进行描写的功能，名词只是记载了某一个名物，至于这个名物有什么样的功能、状态等，在这个名词上是看不到的，读者不能接收到清晰的信息。上引句子中有另外一个兼语形式"让他们感动"，由于"感动"是一个形容词，它具有描写"他们"当时状态的作用，读者能够接收到准确的信息，因此就能够成立。

应该把"热血"改为"热血沸腾"。"热血沸腾"本身是一个主谓结构的短语，它具有描写性，可以作"他们"的谓语。当然，这样改了以后，"让他们热血沸腾"和"让他们感动"在形式上不整齐了。要解决这个问题，可以把这两个分句的顺序调整一下。一般来说，在语意并列的分句之间，语意重、句式长的分句应该放在后面，就"让他们热血沸腾"和"让他们感动"这两个分句来说，前者的语意重于后者，句式也长于后者，改成"让他们感动，让他们热血沸腾"，在表达上有更好的效果。

【另按】

《现汉》对"热血"的释义存在不足。《现汉》对"热血"只给出了一个义项，即"借指为正义事业而献身的热情：满腔～｜～男儿｜～沸腾。"这个释文只给出了"热血"的引申义（《现汉》称为"借指"），而忽略了它的本义，这是不足取的。一个词语的引申义是从本义而来，词典不揭示本义，引申义就成了无本之木，读者难以对词义获得准确的理解。也许编者认为"热血"的本义在现实生活中很少使用，但很少使用不等于完全不用，事实上本义的"热血"仍时有所见，如"为革命事业洒尽最后一滴热血"，"热血"由动词"洒"支配，又用量词"滴"计量，其意思只能是本义。因此，无论是从对词义的全面理解来说，还是从实际的语用来说，《现汉》都应该补上"热血"的本义。

人工 réngōng

2020年4月16日《光明日报》第16版刊登文章《城市建设急需关注生物安全》。其中有段文字写道："由于城乡**人工**建筑的大量建造引起广泛的生物生境消失，生物物种多样性和城乡生物链遭到肆意破坏；亲生物主义建筑及设施的缺乏；城乡生态规划层次和对象的单一；生物权利法律保障系统的不完善和城乡规划生物灾害应对策略的缺失等原因，我国城乡生物健康发展严重受阻。"这段文字中的"人工"一词使用有误，同时整段文字还存在结构混乱的问题。

"人工"的词义比较丰富，它既可以指人为的，区别于天然的或自然的，如"人工降雨"；也可以指人力做的工，区别于畜力和机械做工，如"人工操作"；还指工作量的计算单位，一般指一个人做工一天，如"现在装修房屋一个人工要400元"。这段文字中的"人工"使用的是第一个意思，而这个意思的"人工"在使用中要注意的是，它的使用对象必须有人为的和天然的两种，如"降雨"主要是一种自然现象，但在现代科学条件下也可以用人力手段来办成，因此"人工降雨"的说法能够成立。

这段文字中的"人工"，其使用对象是"建筑"（这里指建筑物），但在现实中并不存在自然形成的建筑物，只要是建筑物，就必须是由人力建造起来的。在"建筑"前使用"人工"是多余的，反而造成读者的错误理解。

因此，"人工"一词可以删去。另外，"建造"一词虽然不能说存在使用错误，但与"建筑"搭配在修辞上的效果很差，宜改为"出现"之类的词，"建筑"也宜改为"建筑物"。

这段文字还存在着比较严重的结构不当问题，包括标点符号使用的不妥当。文中有一个"由于……等原因"的结构，这个结构内部罗列了导致"我国城乡生物健康发展严重受阻"的原因，并且用分号点明了这种并列关系。但是，其中的第一个子项"城乡人工建筑的大量建造引起广泛的生物生境消失，生物物种多样性和城乡生物链遭到肆意破坏"是一个完整的句子，而后面的"亲生物主义建筑及设施的缺乏""城乡生态规划层次和对象的单一""生物权利法律保障系统的不完善""城乡规划生物灾害应对策略的缺失"四个子项都各自是不能完整表意的偏正结构，这四个子项可以并列，但它们和第一个子项由于结构不同，不能并列。这个错误的产生使得分号的使用也出现了混乱，按理来说，分号是使用在并列的分句之间的标点符号，偏正结构与偏正结构之间不能使用，但由于第一个子项是一个完整的句子，又使作者不得不使用了分号，整段文字结构的混乱造成了标点符号的混乱。

其实，在第一个子项"城乡建筑物的大量出现引起广泛的生物生境消失，生物物种多样性和城乡生物链遭到肆意破坏"（为表意清晰，这里使用改过后的叙述）的话语中，"引起广泛的生物生境消失，生物物种多样性和城乡生物链遭到肆意破坏”已经不是原因而是结果，而这个结果不单单是“城乡建筑物的大量出现”这个原因所造成，其他各个子项也有作用。因此，它的适当位置应该在整个并列结构之后，整段文字（包括标点符号）需要重新组织。

综上，这段文字可以改为：“由于城乡建筑物的大量出现、亲生物主义建筑及设施的缺乏、城乡生态规划层次和对象的单一、生物权利法律保障系统的不完善和城乡规划生物灾害应对策略的缺失等原因，引起广泛的生物生境消失，生物物种多样性和城乡生物链遭到肆意破坏，我国城乡生物健康发展严重受阻。”

认证 rènzhèng

2020 年 3 月 20 日《解放日报》第 14 版刊登文章《长江大桥：新中国桥梁建设的奇迹》。文中写道：“建造武汉长江大桥的时候，一开始是我们自己设计的，但设计了之后没有把握，于是决定把设计方案拿到苏联去**认证**，因为那时候苏联的造桥技术比我们先进得多。”句中“认证”一词使用有误。

“认证”指的是对当事人提出的文件，公证机关审查属实后予以证明；也指对当事人提出的技术成果、产品等经审核达到某种质量标准后，由国家机构或其指定相关机构予以确认。总的来说，“认证”是一种法律行为，其行为主体必须是有强制力的国家机构或法律机构，其使用对象一般是需要由法律机构或国家机构认定后获得法律上的有效性或可以进入市场流通的物品。句中“认证”的使用对象是“设计方案”，它是否有效在句中给出的语境中还不能确定，但“我们”（这里可以理解为“我国”，即“中国”）是把“设计方案”送到了“苏联”，而“苏联”相对于“我们”是另一个国家，并不是“我们”适格的“认证”机构，因此“认证”的使用不合适。

实际上，“我们”之所以把“设计方案”送到“苏联”，句中说得很清楚，“因为那时候苏联的造桥技术比我们先进得多”，“我们”是希望“苏联”能够运用他们所具有的先进造桥技术对“设计方案”进行分析论述，证明其有效性。但这不是“认证”，这个词的词义与作者要表达的意思不能切合。

应该把“认证”改为“论证”。“认证”和“论证”，这两个词的最重要区别是，前者是一种法律行为，行为人必须是握有强制权的国家机关或法律机关，其结果具有法律效力；后者是一种科学行为，普通人只要具备一定的分析证明能力都可从事，但其结果不具备法律效力，可以商榷。显然，句中的“我们”在把“设计方案”送到“苏联”时，希望得到的是“论证”而不是“认证”。

如雷贯耳 rúléiguàn’ěr

（一）

2022 年 4 月 19 日《北京日报》第 9 版刊登报道《港岛救宝》。文中有一句话写道："许多**如雷贯耳**的文物，如书画《中秋帖》《伯远帖》《潇湘图》《五牛图》《韩熙载夜宴图》、荀斋善本、陈氏古币等，都由此摆脱了沉浮不定的命运，被藏之于国。"句中的"如雷贯耳"使用有误。

"如雷贯耳"的意思是像雷声穿过耳朵一样，形容人的名声很大。"如雷贯耳"的使用对象只能是人，句中"如雷贯耳"的使用对象是"文物"，这超出了这个成语的使用范围。

句中用"如雷贯耳"来形容"文物"，是希望以此来体现"文物"的重要性，因此，对"如雷贯耳"的修改，要选用一个可以用于"文物"且能体现其重要性的词语来替换它。可以从不同的角度选择合适的词语，如果要显示"文物"的知名度，可以选用"名闻中外""名扬四海"之类的话语；如果要显示"文物"的价值，可以选用"价值连城"之类的话语，等等。

（二）

见第69页"高呼"条。

（三）

2022年4月29日《光明日报》第15版刊登文章《由一本书想起的往事》。文中有一句话写道："此书所涉及的学者、作家，他们的名字都在中国现当代学术史、文学史上**如雷贯耳**，其中的大多数，应算是潘耀明的前辈。"句中的"如雷贯耳"使用有误。

"如雷贯耳"是一个敬语。"如雷贯耳"形容人的名声很大，作为一个敬语，可用于言说者对对方表示礼敬，通常不用于对方不在场的场合。句中的"如雷贯耳"，其使用对象是"此书所涉及的学者、作家"，但作者和他们并不在面对面的交流场合，引语所出文章也不是作者写给他们的，在这种语境之下，"如雷贯耳"的使用是不合适的。

可以把"如雷贯耳"改为"地位隆尊"之类的话语。句中说的是"此书所涉及的学者、作家"在"中国现当代学术史、文学史"上的地位，使用"地位隆尊"是合适的。

如沐春风 rúmùchūnfēng

2021年1月24日《新民晚报》第15版刊登报道《陈子善：性情中人的一个侧影》。文中有一句话写道："如果我说陈子善是一个善良的人，一个**如沐春风**的人，一个对别人平等和尊重的人，这些说法都是对的，但不是最根本的东西。"句中的"如沐春风"使用有误。

"如沐春风"的意思是好像受到和暖的春风的吹拂，形容受到领导、老师等的教诲和鼓励等。"如沐春风"说的是行为主体受他人激励和教诲，但句中说的是"陈子善"给他人以温暖，因此"陈子善"并不是"如沐春风"的行为主体。而句中将"如沐春风"和"陈子善"搭配在一起，后者成为前者的行为主体，意思变成了"陈子善"在接受他人的激励和教诲，虽然在事理上不排除这种可能性，但不合作者要表达的原意。

应该在“如沐春风”前加上“让人”这样的话语。这样改了以后，“如沐春风”的行为主体就是“让人”中的“人”（即他人），而不再是“陈子善”自身，符合作者原意。

【另按】

《现汉》对“如沐春风”的处理值得商榷。《现汉》对“如沐春风”的释文是：“如坐春风”，又释“如坐春风”为：“好像置身于和暖的春风里，形容受到良师的教诲、熏陶。也说如沐春风。”可见《现汉》是把“如沐春风”和“如坐春风”作为等义词来处理的，并且把“如坐春风”作为主条。另一部词典《现规》在这方面走得更远，只收“如坐春风”而未收“如沐春风”。但这种状况并不符合这两个成语在汉语使用中的实际状况，查2021年1月25日百度，“如沐春风”有6770万个搜索结果，“如坐春风”有469万个搜索结果，前者的使用远远多于后者，可见即使要把这两个成语作为等义词处理，也应选择“如沐春风”作为主条。

也许正是将这两个成语视为等义词，《现汉》的释文才未能体现出两者的细微区别。这种区别主要体现在“沐”和“坐”这两个不同的词素上。“沐”指沐浴，放在“如沐春风”中可引申理解为接受“春风”的吹拂；“坐”则可理解为置身于，“如坐春风”就表示行为主体在“春风”这个环境当中。虽然这两个成语表示的意思是一样的，但它们在词素构成上有区别，词典还是应该在释义中体现出这种差别。

再者，按照《现汉》对“如坐春风”的注释，这两个成语的运用局限于“良师”和学生之间，但是，领导对下属或长者对年轻人作出激励、教诲等，也可以让下属或年轻人产生“如坐春风”（或“如沐春风”）的感觉，《现汉》释文在这一点上失之偏窄。

如实 rúshí

2020年7月23日《广州日报》第4版刊登文章《“抱患者下楼”诠释医者仁心》。文中写道：“医生心里能感到安慰，患者也**如实**表达了谢意，这样医患关系自然会**增进**。”句中“如实”和“增进”两个词使用有误。

先看“如实”。“如实”的意思是按照实际情况。“如实”的使用对象，通常是某种实际发生的情况，如“如实报道”“如实交代”，有一定的具象性。句中的“如实”，使用对象为“谢意”，但“谢意”是人的一种情感活动，它没有一般的可作依据的实际情况，表现出一定的抽象性，因此“如实”的使用是不合适的。

再看“增进”。“增进”的意思是增强并促进。“增进”的使用对象一般应是具有正面性的内容，如“增进健康”“增进友好关系”。句中的“增进”，其使用对象为“医患关系”，但“医患关系”的所指并不单纯是正面性的，而是多向性的，可以是好的，也可以是不好的，因此，如果不对“医患关系”加上必要的往正面方向靠拢的限制用语，单纯使用“增进”是不能准确地表达出作者想要表达的意思的。

可以把“如实”改为“真诚”“真切”之类的词。“谢意”是一种情感活动，“真诚”“真切”则都指人的情感状态，用这两个词来修饰“表达了谢意”是合适的。“增进”则可以改为“改善”，这是考虑到在目前的汉语环境中，一说“医患关系”，人们习惯往不好的方向产生联想，因此用“改善”来替换“增进”是合适的。当然也可以给“医患关系”增加必要的限制语，如将其改为“良好的医患关系”，这样它就成了一个正面性的内容，“增进”也不必修改了。

如坠云雾 rúzhuìyúnwù

见第160页“飘飘欲仙”条。

润物细无声 rùnwù xìwúshēng

2020年7月13日《新民晚报》第7版刊登文章《玻璃博物馆的“悲剧”》。其中有句话写道：“博物馆不是游乐场，而家长的监护也绝不仅仅是一刻不停‘紧盯’，而应通过更**润物细无声**的教育，让小‘神兽’放下调皮，学会将文明参观转化为可以趣味性习得的知识和习惯。”句中的“润物细无声”在使用上存在问题。

“润物细无声”出自唐代诗人杜甫的《春夜喜雨》，其中写道：“好雨知时节，当春乃发生。随风潜入夜，润物细无声。”原诗描写作者在春天看到淅淅沥沥的春雨落下时所产生的愉悦心情，其中“润物细无声”一句生动地写出了春天的雨水对土地的润泽，后被引申用来比喻对人的教化像春雨落下一样逐渐润泽人的心灵，而不是靠说教来给人以约束。

上引句子中用“润物细无声”来比喻“家长”对孩子（即句中说的“神兽”）的日常教育，这本来是可以的，但句中在“润物细无声”前加上了一个程度副词“更”作为修饰，这不合“润物细无声”的使用要求。“更”是一个程度副词，其所修饰的对象能够表现出各种可以增加或减少的层级，在词语形式上通常都是形容词，如“更好”，就表明作为形容词的“好”是有层级的，除了“更好”外，还可以说“比较好”“很好”等。但“润物细无声”的引申义说的是一种哲理、道理，它不是形容词或形容词性短语，表现不出渐渐增加或减少的层级，因此它不能接受“更”的修饰。

可以把“润物细无声”前的“更”删去。

撒手 sāshǒu

2021年1月8日《解放日报》第4版刊登文章《“追忆”的套路》。文中有这样一段文字：“几天前傅聪**撒手**的噩耗传来，沪上雅士俗流，是**万千**了笔墨的。虽然有的也是冷饭重炒，虽然有的不乏谬托知己，但总归是写尽了对天妒英才的无限惋惜以及对坎坷之路的**持重**思考。”这段文字中的“撒手”“万千”和“持重”三个词使用有误。

先看“撒手”。“撒手”的意思是放开手，松手。句中表达的意思是“傅聪”这个人去世，但单说“撒手”并无人去世的意思。现代汉语中有“撒手西去”“撒手人寰”之类的说法，作为人死去的委婉语，但单说“撒手”不能表示出这样的意思。

再看“万千”。“万千”原是一个数词，表示数量很多，如“万千将士”；引申后可形容事物的多种多样，如“思绪万千”“感慨万千”。句中的“万千”后跟着时态助词“了”，并带上了宾语“笔墨”，这是把“万千”当作动词用了，不合其使用要求。

再看“持重”。“持重”描写的是可以让别人用肉眼直接看到的人脸部的表情、神态等。句中的“持重”修饰“思考”，但“思考”是人的一种内心活动，他人不可能用肉眼看到，因此“持重”不能适用。

“撒手”应改为“撒手人寰”“撒手西去”之类的说法。对“万千”的修改，一般可把“是万千了笔墨的”改为“笔墨万千”，让“万千”回归形容词的用法，但这样的说法又有点夸张过度，因此更宜把“万千”改为“动足”之类的词。作者之所以用“万千”，本是为了表示出一种讥讽色彩，但改为“动足”后读者仍能体会出作者所要求的这种色彩。“持重”则可改为“深刻”。

【另按】

《现规》为“撒手”作出的解释分立了两个义项，其中之一是“婉词，指人死亡”，并举书证“撒手西归”。但是，“撒手”只有在和“西归”之类的词搭配在一起后才能指人死亡，单用“撒手”并无这样的意思，它在类似“撒手西归”这样的结构中所表示的还是放开手、松手的意思。在这一点上，《现汉》对“撒手”只给出一个词义，没有采纳表示人死去的意思，这种处理是准确的。

三十而立 sānshí’érlì

2021年4月5日《南方都市报》第8版刊登报道《夺命“潮”饮》。文中写道：“刚过**三十而立**的李清源静静地坐在广州仁泰医院（广州白云自愿戒毒中心）注射室里接受静脉注射，滴入体内的除了注射用氯化钠，还有配比好的保护心脏、肝脏、肾脏以及一定剂量安神、镇静的药物。”句中的“三十而立”使用不准确。

“三十而立”原意指的是人在30岁前后建立自己稳定的价值观和做事做人的原则，现在多指人到30岁左右能够有所作为有所成就，能够自立于社会。“三十而立”出自《论语》，原文为：“子曰：‘吾十有五而志于学，三十而立，四十而不惑，五十而知天命，六十而耳顺，七十而从心所欲，不逾矩。’”这是孔子对于自己在进入各个年龄段时所达到的人生状态的自我评价和期许，后世则把孔子这话作为人生不同阶段所应达到的理想状态，并且把孔子归纳的这种人生状态的用语作为人生达到某个年龄段的借代语，如用“而立之年”表示人到30岁，用“不惑之年”表示人到40岁，等等。但是，“三十而立”本身并不表示人到30岁，句中用“三十而立”表示句中的“李清源”的年龄到了30岁，这不合“三十而立”的语义。

可以把“三十而立”改为“30岁”。一般地说，改为“而立”或“而立之年”似乎也可以，但“而立”“而立之年”含有古雅色彩，使用这类词语通常表示作者对使用对象具有褒扬的意思，而引语所出全文说的是一些年轻人的戒瘾生活，使用这类古雅色彩的词语不合全文语境，虽不能说完全错，但在修辞上是欠妥的。

社区 shèqū

2020年7月26日《南方都市报》第8版刊登报道《淹没在塑料污染中的世界?》。文中有这样一个句子：“这些有害气体正在被处理废物的人吸入，也被居住在附近的**社区**吸入。”句中的“社区”使用有误。

“社区”指的是在一定地域形成的社会生活共同体，在我国通常指城镇中按一定的地理位置划分的居民区。“社区”是一种不具备生命征象的事物，但它在句中和“居住”“吸入”这两个动词产生了关联，而这两个动词所表示的行为，都只能是具备生命征象的人和动物的行为（其中的“吸入”按现代科学研究还可以是植物的行为），因此“社区”是不适合使用的。

可以把“社区”改为“社区居民”。“社区居民”是人，既能够从事“居住”的行为，也能够产生“吸入”的动作，合于句中语境。也可以把“社区”直接改为“居民”。

拾级 shèjí

2020年12月1日《解放日报》第5版刊登文章《钱锺书：被神化与被低估的》。文中有这样一个句子：“他对反映论的‘且辞且退’，大致分了四个台阶**拾级**而下。”句中的“拾级”使用有误。

“拾级”是沿着台阶一步步地向上。“拾级”只能形容人往上走的状态，句中的“拾级”与“下”搭配，形容人往下走的样子，这不合其词义。

“拾级”之所以被用错，主要的原因在于作者不明白其中“拾”这个词素的意义。“拾”在这里表示放轻脚步往上走的意思，在这个意义之上，“拾”的读音也与通常的读音不一样。“拾”通常读为 shí，但在放轻脚步往上走这个意思上，却必须读为 shè。明白了这一点，就可以理解为什么说句中的“拾级”是用错了。

可以把“拾级”改为“逐级”“挨级”之类的话语。“逐”“挨”都是一个接一个的意思，“逐级而下”“挨级而下”表示沿着一个接一个的台阶往下走。

拾级而上 shèjí’érshàng

（一）

2020 年 10 月 30 日《解放日报》第 12 版刊登报道《这家图书馆座位为何抢手》。文中有这样一个句子：“旁边**拾级而上**的宽阔阶梯一侧，书柜挤满书籍，抽取一本席地而坐，便可阅读。”句中的“拾级而上”一语使用有误。

“拾级而上”的意思是沿着台阶一级一级地往上走。“拾级而上”是只有人才能从事的行为，因此它只能修饰人所从事的这种行为。句中的“拾级而上”用于形容“阶梯”，使其成为一个形容“阶梯”状态的词语，这不合其词义。

要注意的是，“拾级而上”即使用来形容人的登高行为，还要求其行走的台阶之类对象在数量上比较多，因此这个词语更多地用于行为主体在诸如山道、楼梯等方面的行走。引语所出全文说的是一家图书馆的室内情况，从常理来说，图书馆室内即使有阶梯，在阶梯上放了书柜，其阶梯层数应该也是很有限的，否则会给人以不安全的感觉。如果实际情况确是如此，那么，即使是形容人在句中所说的“阶梯”上行走，由于其层数太少，使用“拾级而上”也是不合适的。

就这个句子的情况来说，把“拾级而上”直接删去更好，不必考虑用别的词语来替代它。

（二）

2021 年 3 月 1 日《光明日报》第 13 版刊登文章《在疫情灾情大考中，美式人权何止不及格》。文中写道：“在与疫情的残酷搏斗中，美国民众痛失所爱换来的所谓‘战利品’，或许就是让这些政客得以**拾级而上**的政治利益。”

“拾级而上”的使用对象，通常限于人的一种具有具象性的动作。句中的“拾级而上”说的是“这些政客”在职务上不断升迁或社会地位不断上升的过程，这是一种比喻的用法，带有抽象性，“拾级而上”不能适用。同时，“拾级而上”作为一个描写人登高的词语，给人的感觉通常是比较愉悦的，因此这个词语的使用对象要求具有正面色彩，但句中的“这些政客”在引语所出全文的语境中是具有负面性的人，从这一点说，“拾级而上”也不能适用。

可以把“拾级而上”改为“不断上升”之类的话语，“不断上升”可以用于描写具象状态，也可用于描写抽象状态，同时它又是一种中性色彩的话语，可以用于“这些政客”。

涉案 shè'àn

见第212页“退赔”条。

涉嫌 shèxián

（一）

2020年12月11日《南方都市报》第2版刊登文章《李佳琦声音商标申请被驳回，网红商标抢注该降温了》。文中有这样一句话：“商标作为特定经营者及其商品的特征体现、与其他经营者或者其产品相区别的标志，本质特征就是通过文字、图形、声音等形成自己的独特标志，比如‘海尔’‘海信’以及日前因**涉嫌**被‘河底捞’模仿而闹得**纷纷扬扬**的‘海底捞’，都有其独特性。”这个句子中的“涉嫌”和“纷纷扬扬”两个词语使用有误。

先看“涉嫌”。“涉嫌”的意思是有跟某件事情有关联的嫌疑。“涉嫌”所涉及的事情，通常在社会评价中是不好的事情，在实际使用中更多地指向各种司法案件，因此在社会评价中，“涉嫌”的行为主体通常会受到一定的压力。句中的“涉嫌”用于“被‘河底捞’模仿”这件事，而其行为主体为“海底捞”，但对“海底捞”来说，它并不是“模仿”这件事的行为者，而是利益受损者，它在社会舆论中不会承受压力（当然从语境可以看出“海底捞”和“河底捞”之间出现的是商标纠纷，在司法作出判决之前，社会舆论也可能因不支持“海底捞”的主张而使它承受到压力，但这是另一个范畴的问题），“涉嫌”在此不适用。

再看“纷纷扬扬”。“纷纷扬扬”指的是细碎而又比较轻的物质到处飘洒，到处都是。“纷纷扬扬”的使用对象一般是雪花、花絮、树叶等能够在低空飘洒的物质，如“鹅毛大雪纷纷扬扬”。句中将其用于指因“模仿”而出现的纠纷，各种议论杂陈其间，但这些都是人通过言语或文字表达出来的议论，“纷纷扬扬”不能适用。

“涉嫌”应改为“涉及”。对“海底捞”来说，它不是“模仿”这件事的行为主体，而只是牵涉到了因“模仿”而出现的纠纷之中，使用“涉及”是合适的。也可把“涉嫌被‘河底捞’模仿”改为“被‘河底捞’涉嫌模仿”，这样“涉嫌”就与“河底捞”搭配，与作者原意相合。

“纷纷扬扬”则可改为“沸沸扬扬”。“沸沸扬扬”指的是像沸腾的水一样喧闹，多用来形容人们议论纷纷的情景，这个意思符合句中语境。“沸沸扬扬”与“纷纷扬扬”从形式上看似乎相同，但它们在构词法上是不一样的。

“沸沸扬扬”是用比喻手段来描写一种情景，它说的是人们的议论像沸腾的水一样喧闹，它本身一般不能用来形容水沸腾时的情景；而“纷纷扬扬”则是用叙写手段来记录一种情景，它本身不具备比喻的色彩。

（二）

2021年7月16日《羊城晚报》第6版刊登报道《偷瓜被追落水身亡索赔被驳：“谁死伤谁有理”行不通了》。文中有一个句子写道：“偷窃行为，既不道德，又**涉嫌**违法。”句中的“涉嫌”一词使用有误。

“涉嫌”表示可能从事或参与某种违法违规的事件，但还没有确定。“涉嫌”的使用对象通常应是某个个人或团体，句中的“涉嫌”，其使用对象并不是某个个人或团体，而是“偷窃行为”，这是一种明确的、可以确定的违法犯罪行为，“涉嫌”的使用不合适。

可以把“涉嫌违法”改为“触犯法律”之类的话语。

【另按】

《现汉》在为“涉嫌”释义时，用了一个书证“涉嫌人犯”，这是不准确的。在司法案件中，一个人有作案嫌疑，可以说他“涉嫌”，但在司法机关作出有罪判决之前，他还享有与被认为“涉嫌”之前一样的公民权，将其称为“人犯”是不合适的，因此“涉嫌人犯”这个概念是自相矛盾、不能成立的。在《现汉》1978年12月的第1版中，“涉嫌”的释文中并无这样的书证，这个书证是在1983年1月的第2版中新加上去的，这与当时的社会背景有关。在汉语使用环境的法治化建设日益提高的情况下，《现汉》后续各版一直沿用这个不符合现代法治理念的书证，是很不合适的。

值得注意的是，《现汉》对“人犯”的释义是“泛指某一案件中的被告人或牵连在内的人”，这个释义虽然实现了与“涉嫌人犯”的自洽，却是完全错误的。案件中的被告人即使因某种原因被关押，但在法院作出定罪判决前不能称为犯人，自然也不能称为“人犯”。实际上，在目前的汉语使用环境中，“人犯”已经很少使用，它是一个旧词，《现汉》早期版本中的释义就明确为“旧时泛指某一案件中的被告或牵连在内的人”，这个释义大体上是准确的。在汉语使用环境的法治化水平日益提高的背景下，《现汉》新版反而取消了“旧时”这个限定语，这不符合当下汉语使用环境的实际状况，实在是不应该的。

shéi

（一）

2020年9月12日《南方都市报》第10版刊登一篇报道，题为“除了《八佰》《信条》，**谁**还能打？”。这个标题中的“谁”使用有误。

“谁”是一个疑问代词。作为一个疑问代词，“谁”的使用对象是人。从引语所出的文章可知，句中的“《八佰》”“《信条》”都是电影作品，那么句中间的应该是与“《八佰》”“《信条》”一样的电影作品，但电影作品不能视为人，因此“谁”不能适用。

一般可以把“谁”改为“哪个”。“哪个”也是疑问代词，它与“谁”的区别是，“谁”只能指代人，而“哪个”除了可以指代人，还可以指代器物。但是，就这个句子来说，既然已经知道“《八佰》”“《信条》”都是电影作品，那么，把“谁”改为“哪部剧”就更为贴切。

（二）

2022年1月1日《南方都市报》第2版刊登文章《亲子关系新年也要有新气象》。文中有一句话写道：“养育成人和养育成才，到底**谁**更重要？”句中的“谁”使用有误。

“谁”作为疑问代词，其使用对象必须是人。在这个句子中，“谁”的指代对象是“养育成人”和“养育成才”，这是两件事而不是两个人，“谁”的使用不合适。

可以把“谁”改为“什么”。“养育成人”和“养育成才”，是引语所出这篇文章提出的两个问题，而“什么”是指代问题的疑问代词，用于此处是合适的。

莘莘学子 shēnshēn xuézǐ

2020年3月2日《文艺报》第5版刊登文章《重新认识艺术巨人王维》。文中有一句话写道：“王维9岁时父亲即病故。作为家中长子，他不得不15岁就游学长安，同大唐众多**莘莘学子**一样刻苦学习，期待早日考取功名，养活自己，赡养母亲，苫护弟妹。”文中的“莘莘学子”使用有误。

“莘莘学子”，意为很多学生。“莘莘学子”是一个集合概念，其中的“莘莘”表示众多的意思，因此单个的人不能称为“莘莘学子”。句中在“莘莘学子”前面加上了“众多”，这是把“莘莘学子”当作单个的人来理解了，但这造成了语意重复。

可以把“莘莘学子”前的“众多”删去。但就这个句子的情况来说，把“莘莘”删去，让“学子”和“众多”直接搭配，也是可以的。

深入 shēnrù

2020年11月24日《文汇报》第5版刊登报道《中国共产党的多个“第一”为何都发生在上海？这些新作藏着答案》。文中写道：“气温骤降的22日，建党百年系列研讨会之‘红色起点’创作研讨会现场，暖流涌动，京沪两地评论家在上海作协围谈这座红色之城的‘文学初心’，助推红色题材创作**深入**提升。”句中的“深入”一词使用有误。

“深入”，作为动词，一是指深度进入某个事物内部，二是指进入人群或事物的内部或中心；作为形容词，是指达到事情或问题的本质。“深入”的表现形式是从外到内，从上往下，这就要求它所修饰的词语必须表现出与此相同的形式。句中的“深入”修饰动词“提升”，但“提升”的表现形式是从下往上，这与“深入”从上往下的表现形式相悖，因此，“深入”在句中不适合使用。

可以把“深入”改为“进一步”。“进一步”表示事情的进行在程度上比以前提高，这个意思正合于句中语境。

【另按】

《现汉》对“深入”的释义存在偏误。《现汉》对“深入”的释文是：“①动透过外部，达到事物内部或中心：孤军～｜～实际｜～人心。②形深刻；透彻：～地分析｜这个问题需要做～的调查研究。”这个释义从“深入”的语法功能切入，按“深入”的动词义和形容词义给出两个义项。但是，就“深入”的词义来说，它既有具象性，又有抽象性，具象性表现在可以把“深入”理解为人的一种行动，如“深入矿井”“深入洞窟”，在具象性的基础上“深入”又产生了抽象性，如“深入群众”“深入敌营”“深入实际”。

可以看出，动词义“深入”的具象性，其指向对象只能是具象的事物（如“矿井”“洞窟”），其词义是深度进入；而当动词义“深入”表现为抽象性的时候，它的指向对象可以是人（如“群众”“敌营”），也可以是抽象事物且只能是抽象事物（如“实际”），其词义是进入人群或事物的内部或中心。《现汉》的释义没有区分动词义的“深入”这两种不同的内涵，而是笼统地将它们归结在一起，导致其具象义湮失，这是不足取的。因此，《现汉》有必要按“深入”在指向对象上的不同，将“深入”的动词义分成两个义项。

生存 shēngcún

2020年10月23日《光明日报》第7版刊登文章《网络时代，如何帮助老年人适应“数字化生活”》。文中有这样一个句子：“网络监管部门也应进一步完善管理制度，营造风清气正的信息环境与隐私安全的互联网文化，并推动老年人数字素养教育，支持老年人愉悦地利用数字化提升**生存**质量。”句中的“生存”一词使用不妥。

“生存”的意思是保存生命，活着。“生存”可用于包括人在内的各种生物体，而当用于人的时候，指的是其生命活体的存在，一般运用于医学和生理的语境，与“死亡”相对，如“此项新手术推广以后，病人术后生存率提高了30%”。上引句子说的并不是“老年人”生命活体的存在，而是“老年人”日常衣食住行的基本情况，“生存”的词义与此不合。

应该把“生存”改为“生活”。引语所出全文探讨的是“老年人”如何适应数字化社会的问题，也就是保证“老年人”在数字化社会中的生活质量不会出现下降，“生存”不合这个语境，使用“生活”才切合文章的这个主题。

生发 shēngfā

（一）

2020 年 9 月 25 日《北京日报》第 14 版刊登文章《古华与〈芙蓉镇〉》。文中写道："《芙蓉镇》取材于他家乡一个年轻寡妇的故事。古华由此拓展，**生发**塑造了'芙蓉仙子'胡玉音的形象。"这段文字中的"生发"一词使用有误。

"生发"的意思是滋生，发展。句中说的是行为主体"古华"把"他家乡一个年轻寡妇的故事"作提炼、加工，使之成为"'芙蓉仙子'胡玉音的形象"，"生发"的词义与此不合。

一般地说，文中的"'芙蓉仙子'胡玉音的形象"已经有"塑造"一词对其支配，因此可以把"生发"删去。但是，文中之所以使用"生发"一词，可能的目的是想用"生发"表示出利用文学提炼的手法使"他家乡一个年轻寡妇的故事"成为"'芙蓉仙子'胡玉音的形象"，如果确是这样，可以把"生发"改为"升华"之类的词。"升华"和"塑造"可以并列，共同对"'芙蓉仙子'胡玉音的形象"产生支配作用。

（二）

2020 年 9 月 25 日《新民晚报》第 19 版刊登文章《读书要带脑袋》。文中有一个句子写道："有一个英国人，叫亚克敦，嗜书如命，书房里藏有 7 万卷图书，他一生都用在读书，可并没有给后世留下任何**生发**与创造。"句中"生发"一词使用有误。

"生发"是自然界的一种现象，可以用于自然界，但不能用于人。"生发"在这个句子中和"创造"并列，用来表示一个"嗜书如命"的人在读了大量书后应该出现的格局。但"创造"可以这样用，"生发"不能这样用。

可以把"生发"改为"拓展"之类的词。"拓展"的意思是开拓扩展，人在大量阅读后对原有图书的内容进行开拓扩展，或根据在阅读中受到的启发对自己的生活、事业等进行开拓扩展，都是可以的，因此这里改用"拓展"并让其与"创造"并列，是合适的。

（三）

2020 年 9 月 23 日《文艺报》第 3 版刊登文章《一些余情》，文中写道："因为一次城市漫游，5 年前的 2015 年，我把位于上海东区的杨树浦水厂和周边毗邻的霍山公园、二战期间犹太难民聚会的摩西会堂旧址写进小说，成了《像蝴蝶一样自由》故事**生发**的背景之地。"句中"生发"一词使用有误。

"生发"一般用于自然界的现象，其指向对象要求具有抽象性。句中"生发"的使用对象是"《像蝴蝶一样自由》故事"，就这个"故事"的文本来说，它具有实指性，但它是作为作家的"我"的创造，不是自然界的事物，"生发"不能适用。

应该把“生发”改为“发生”。“发生”和“生发”是一对逆序词，词义不一样，在使用范围、使用对象等各个方面更有很大不同。

（四）

2021 年 12 月 16 日《文汇报》第 2 版刊登文章《为新时代开创新局面提供坚强思想保证和强大精神力量》。文中有一个句子写道：“凡树有根，方能**生发**；凡水有源，方能奔涌。”句中“生发”一词使用有误。

“生发”一般用于自然界的现象，但其指向对象要求具有抽象性。句中“生发”的使用对象是“树”，这是自然界的事物，但它不具有抽象性，因此“生发”不能适用。

可以把“生发”改为“生长”。“生长”指生物体在一定的生活条件下，其体积和体重逐渐增加，这个意思适用于这个句子。

（五）

2020 年 5 月 7 日《羊城晚报》第 7 版刊登报道《虎门大桥风中抖动，让我们重新认识混沌现象》。文中有这样一句话：“正因为此，有人震惊、恐慌乃至**生发**出种种猜想，都是情有可原的。”句中的“生发”一词使用有误。

“生发”一般用于自然界的现象，其指向对象要求具有抽象性。句中“生发”的使用对象是“种种猜想”，它虽然具有抽象性，但不是自然界的事物，而是人的一种心理活动，“生发”不能适用。

应该把“生发”改为“产生”。在这样改了以后，原句“生发”后的趋向动词“出”要删去。与上面一个句子不一样的是，这里不宜把“生发”改为“发生”。

【另按】

《现汉》对“生发”的释文存在不当之处。《现汉》的释文在对“生发”作出解释后，提供了一条书证：“万年青默默地～着根须，把嫩芽变成宽大的绿叶。”这条书证虽然描写的是自然界的情况，但句中的“生发”，其使用对象“根须”为具象的事物，这与“生发”所要求的指向对象的抽象性是不合的。

这里需要解释一下“生发”的指向对象为什么应该是抽象性的。《现汉》对“生发”的释义为“滋生；发展”，这个释义是准确的。但在汉语实际使用中，“滋生”和“发展”的指向对象基本上都是抽象事物，这就决定了“生发”的指向对象要求是抽象性的。

生效 shēngxiào

2020 年 10 月 17 日《北京日报》第 8 版刊登报道《预付费蟹卡到底便宜了谁？》。文中写道：“记者调查发现，由于蟹券的产品属性特殊、使用‘窗口期’短、**生效**期长等因素，消费者维权困难，电商平台也难以监管、鉴别。”又：“许多无良商家正是看准了兑换螃蟹**生效**期长的特点，钻空子欺骗消费者。”这两个句子中的“生效”一词使用不准确。

“生效”，指的是产生效力。“生效”在表现形式上是一个时间的节点，如“新交通法今天早上零点生效”，“今天早上零点”就是“生效”的一个时间点。两个句子中说的是按约定“兑换螃蟹”的时间，从常理来说这段时间不可能只是一个节点，而应该是一段时间，在这段时间里，“生效”的使用对象（即“蟹券”）一直保持着效力，但“生效”的词义与这种情景不能切合。

应该把“生效”改为“有效”。从时间这个角度来分析，“生效”和“有效”的区别在于，前者限于一个时间点，后者限于一个时间段，因此“生效”可以衍生出“生效日”的短语，“有效”可以衍生出“有效期”的短语。这两个句子都在“生效”后加上词缀“期”构成“生效期”的说法，并且这两个“生效期”都和表示时间起止距离大的“长”搭配在一起，是不合适的。把“生效”改为“有效”后，“有效期”的说法就准确了，也能和“长”搭配。

生长 shēngzhǎng

见第4页“拔节”条。

声音 shēngyīn

2020年1月29日《南方日报》第8版刊登文章《陈少珊：复古韵致与宁静之美》。文章说：“印象中，他长发及肩、身材矮小却**声音**沉实爽朗、为人稳健豪迈……”文中的“声音”一词使用不妥当。

“声音”指的是物品接触中产生的声波运动，可以让人及一些高等动物的听觉器官接收。“声音”的使用范围很广泛，自然界中各种事物（包括人、动物和各种制作品、自然物）在运动过程中都能产生声音。句中“声音”的使用主体是“他”，这是一个人，对于人来说，除了说话、唱歌等通过口腔运动发出的“声音”以外，人的身体或除口腔以外的其他身体肢体、器官的各种动作也能产生“声音”，因此说某人的“声音”，到底是指这个人产生的什么“声音”，还需进一步说明。

回到这个句子中，“声音”如果指的是“他”的说话声，说其“沉实”“爽朗”可以搭配；如果说的是“他”的脚步声，说其“沉实”可以，说其“爽朗”就不能搭配；如果说的是“他”敲击什么物品的声音，则不管是“沉实”还是“爽朗”，在搭配上都是不合适的。从整体上说，这个句子描写的是“他”的长相和言行举止的基本状态，因此“声音”应该是指其说话声，但“声音”这个词外延太大，不适合使用。

一般地说，可以把“声音”改为“嗓音”。“嗓音”指人说话或唱歌的声音，可适用于句中。但是，在介绍一个人时，如果要说到他的“嗓音”，一般总是因这个人的工作需要其在这方面有优长禀赋，如歌唱家、主持人等，或者是因这个人在这方面出现缺陷，如喉咙沙哑者或失声的病人等，对于一般人来说通常没必要用到。引语所出全文中的“他”是一位画家，因此并不需要专门介绍他的“嗓音”，如果把“声音”改为“说话”，在表达效果上应该更合适。

声张 shēngzhāng

见第269页“直觉”条。

师从 shīcóng

2020年7月27日《广州日报》第16版刊登报道《每一部中篇都堪称精彩的小长篇》。文中有一句话写道：“莫言**师从**蒲松龄，像福克纳、马尔克斯一样创建了自己的‘文学王国’……”句中的“师从”一词使用有误。

“师从”的意思是以某人为师并跟从他学习。使用“师从”，要求行为主体和使用对象有明确的师生或师徒关系，要有行为主体跟从使用对象学习知识或技艺的外在形式。这样一来，就要求两人基本生活在同一时代。句中的“莫言”是“师从”的行为主体，“蒲松龄”是“师从”的指向对象，但从引语所出全文可知，前者是中国当代的一位著名作家，后者是中国清代早期的一位著名文学家，两人存世时间相差400年左右，他们不可能建立起师生或师徒关系。因此，“师从”的使用是不合事实的。

可以把“师从”改为“师法”。“师法”指的是效法某人或某个流派，它与“师从”的区别是，前者要求行为主体和指向对象生活在同时期，后者则没有这种要求。

【另按】

《现汉》对“师从”的释义存在问题。《现汉》的释文写道：“在学术和技艺上以某人为师。”按照这个释义，上引句子中的“师从”就不能算错了。这个释文未能注意到“师从”的行为主体和使用对象两者之间必须有师生、师徒关系的外在形式，是不准确的。对于“师从”，理解点要放在其中的“从”字上，它表示的意思是外在的身体上的跟从和内在的精神上的跟从，而不能仅仅是意念上的跟从，忽略了这个因素，释义就会过于笼统宽泛，造成词语运用的不准确。

时差 shíchā

2020年11月19日《南方日报》第4版刊登文章《对职业差评师说不》。文中有句话写道：“虽然相关法律一直在不断细化完善，但监管与业态发展之间存在**时差**，恶意差评行为在不断演变，各方应对应从事后维权向事前防御转变，展现更加积极的姿态。”句中“时差”一词使用有误。

“时差”是天文学和地理学的专科词。在天文学中，“时差”指平太阳时和真太阳时的差，简单地说就是地球上的时间和太阳日之间的差异；在地理学中，“时差”指的是地球上各个时区之间的时间差别。句中说的是“监管”和

“业态发展”这两件有关联的事在发生时间上出现的差距，“时差”的词义与此不合。

应该把“时差”改为“时间差”。“时差”和“时间差”，看似差不多，实际有很大的区别，前者属于专科词，后者属于通用词，两者不能混淆。当然，由于现代交通业的发达，“时差”在地理学上的意义现在使用已比较广泛，但严格意义上说，它仍然属于地理学上的专科词。“时间差”则是指两件相关联的事之间的时间差距，它不能简缩为“时差”。

实话实说 shíhuà-shíshuō

2020 年 8 月 1 日《北京日报》第 7 版刊登报道《时隔 10 年，莫言出新作〈晚熟的人〉》。文中有一句话写道：“童年记忆中，莫言**实话实说**自己‘天生不是个割草的料儿’……”句中的“实话实说”使用有误。

“实话实说”的意思是用直截了当的态度说出真实的情况或自己的实际想法。“实话实说”是人的一种态度、作风，并不表示人在说话这样一个具体动作，因此它在使用中不能像一般的动词那样带上宾语。句中的“实话实说”带上了宾语“自己‘天生不是个割草的料儿’”，这不合“实话实说”的使用要求。

修改这个句子的方法比较简单，就是要割断“实话实说”和“自己‘天生不是个割草的料儿’”之间存在的语法搭配关系，可以在“实话实说”后加个逗号，这样“实话实说”就成了描写“莫言”人生态度的谓语，不再对下面的话产生支配作用。当然，更合适的是在这样改了以后，另外在“自己‘天生不是个割草的料儿’”的前面加上“坦言”或“认为”之类的动词，让这个动词对其产生支配作用。

【另按】

《现汉》未收“实话实说”，但把“实话”和“实说”分别作为词目收录并作出了解释。其实，“实话实说”在现代汉语中已经是个固定短语，它的意思并不是“实话”和“实说”的词义简单叠加，而是有了另外的含义，词典应该将“实话实说”作为词目收录并写出准确的释文。还需要指出的是，“实话”除了出现于“实话实说”中，还能够在另外的场合自由运用，如“你要说实话”，因此可以作为词目收进词典，但“实说”只出现于“实话实说”中，它只是这个短语中的结构材料，不能自由运用于其他场合，因此它还不是一个完整的词，词典在收进了“实话实说”以后，可以舍弃“实说”。

实物 shíwù

2020 年 10 月 16 日《文艺报》第 2 版刊登文章《一束乡村对应现代性的精神之光》。文中有这样一个句子：“在故乡解体、村社**实物**消失的过程中，乡村的道德秩序与人性基础尚保留着那份原生态的静谧美好，而这何尝不是乡村应对现代性之变的一束精神之光？”句中的“实物”一词使用不妥。

“实物”指的是真实存在的具体的物品。句中的“实物”用于指“村”和“社”，但它们在汉语使用环境中是指中国农村实际存在的或曾经存在的基层组织机构（其中的“村”还可以指村庄，即农民聚居的地方，但当它和“社”并列使用的时候，它只能像“社”一样，指一级组织机构），而“组织机构”具有抽象色彩，“实物”不能适用。

应该把“实物”改为“实体”。“实体”有一个意思指组织和机构，用于句中正合适。

【另按】

《现汉》对“实物”的释义不严谨。《现汉》的释文是：“名①实际应用的东西：送点儿～帮助受灾户。②真实的东西：～教学｜展厅里陈列着许多～和照片。”这条释文对“实物”析出了两个义项，并把“实际应用的东西”作为第一个义项。《现汉》在1978年12月的第1版中没有这个义项，1983年1月的第2版增加了这一义项，但无书证，其后的版本增加了书证。这个义项为“实物”增加了“实际应用”的义素，但这个意思不能从“实物”的词素上找到依据，实际上是编纂者外加的。以其书证来说，在“送点儿实物帮助受灾户”这句话中，说话者的意思固然是要求送有实用价值的物品，但什么是有实用价值，却是因人而异的，它并不必然包含在“实物”的词义之内，假如给受灾户送了无实用价值的东西，就这个物品来说，它仍然是一种“实物”。因此，“实物”的词义只有一个，就是《现汉》释文所列的第二个义项，第一个义项因立项理由不足，应该删去。

实现 shíxiàn

（一）

2020年11月13日《北京日报》第9版刊登报道《地铁安检、检票有望“合二为一”》。文中有句话写道：“北斗主要**实现**在地下封闭空间内，精准定位多路径**困扰**下的人和物，能够实现空间数字化构建，较好地**实现**未来乘客**导航**，包括全方位的掌控、状态的感知和采集。”句中三个地方用了“实现”一词，但其中有两个“实现”使用有误。另外，句中“困扰”和“导航”两个词的使用也存在问题。

先看“实现”。“实现”指的是使想法、计划、方案等成为事实。“实现”的指向对象通常表现为一种目标，在使用中要求是名词或名词性结构，如“实现理想”“实现第十三个五年计划”。有些动词可以接受“实现”的支配，但这时候这个动词在规定语境中实际上已经名词化了。句中第二个“实现”的宾语“空间数字化构建”是“北斗”这个设备的目标，它是一个名词性结构（“构建”虽然是动词，但这个结构有偏正性，“构建”在这里已名词化，整个结构因此成为名词性结构），符合使用“实现”的要求。

但是，句中第一个“实现”的宾语“在地下封闭空间内，精准定位多路径困扰下的人和物”（其中“困扰”存在使用问题，下文另行分析，这里为叙述方便姑且沿用），尽管可以理解为“北斗”的目标，但它是一个句子，缺少一个起总括性的名词作中心语，因此这个“实现”所构成的话语显得不完整。

第三个“实现”的宾语“未来乘客导航”（其中“导航”存在使用问题，下文另行分析，这里为叙述方便姑且沿用）是能够表现在“北斗”这个设备上的用处，“实现”的词义与此不合。

再看“困扰”。“困扰”的意思是受到围困和搅扰，处于困境中难以摆脱。“困扰”是人的一种感觉，因此它的使用对象一般限于人。句中的“困扰”，其使用对象为“人和物”，其中的“人”可以产生“困扰”的感觉，但“物”不可能产生这种感觉，因此“困扰”的使用不合适。

再看“导航”。“导航”指的是利用航行标志、雷达、卫星设备等引导飞机、舰船、汽车等航行和行驶。“导航”的使用对象一般限于飞机、舰船、汽车等交通工具，而人的行走不在这个范围之内。句中“导航”的使用对象是“乘客”，“导航”不能适用。

对第一个“实现”的修改，当然可以在“在地下封闭空间内，精准定位多路径困扰下的人和物”的后面加上“的目标”之类的话语，但整个结构仍然显得比较臃肿混乱。更合适的方法是把这个“实现”和“困扰”一起修改，可以考虑把“北斗主要实现在地下封闭空间内，精准定位多路径困扰下的人和物”改为“北斗的主要目标是在地下封闭空间内，帮助受到多路径困扰的乘客精准定位”之类的话语。这样修改以后，这个“实现”没必要使用了，同时“困扰”的使用对象只指向于“乘客”，即原句中的“人”。至于原句“困扰”所指向的另一个对象“物”，考虑到地铁中的物品通常由乘客随身携带，就没有必要专门说到了。

第三个“实现”，可改为“体现”，并在“未来乘客导航”后加上“功能”。其中的“导航”可改为“引导”。在地铁中行走的都是作为“乘客”的人，一般没有另外的交通工具，使用“引导”是合适的。

（二）

见第 28 页“成熟”条。

【另按】

《现汉》对“导航”的释义过于陈旧。《现汉》对“导航”的释文是：“利用航行标志、雷达、无线电装置等引导飞机或轮船等航行。”问题在于，《现汉》最新的第 7 版出版于 2016 年 9 月，在此之前，利用手机引导汽车行驶早已普遍化，并且由于汽车在汉语使用环境中的普及，“导航”的词义更多地体现在这个方面。《现汉》应该注意到这一情况，并有足够的时间修改“导航”的释文，把这一内容补充进去。

拾人牙慧 shírényáhuì

2020 年 6 月 2 日《新京报》第 3 版刊登文章《罚员工活吃蚯蚓：别让奇

葩处罚没完没了》。文中写道："仅仅就是因为业绩不达标，几名员工就要被惩罚活吃蚯蚓，这种 low 到极致的'奖惩制度'之前就被人人喊打了，没想到还有企业**拾人牙慧**。"句中的"拾人牙慧"使用有误。

"拾人牙慧"指的是拾取人家的只言片语当作自己的话。"拾人牙慧"在使用中要注意两个方面的问题，一是"拾人牙慧"的使用对象通常指言论、观点之类，二是作者虽然对行为主体的这种行为是不认可的，但对"拾人牙慧"涉及的内容则又是认可的，而行为主体之所以被作者不认可，并不在于相关的内容不好，而是作者对行为主体把别人说的话当自己的观点，毫无创见这个表现怀有看法。在这个句子中，"拾人牙慧"的使用对象是"奖惩制度"，这可以算作观点类的事物，似乎能够使用"拾人牙慧"。但是，作者在句中已指出，这个"奖惩制度"是"low 到极致"的，表明作者对其评价很差，在这种情况下，"拾人牙慧"的使用是不合适的。

可以把"拾人牙慧"改为"有样学样"之类的话语。"有样学样"的意思是有什么样子就学什么样子，这个短语在使用对象上通常要求是不好的东西，作者对其也是不认可的，这正合于这个句子的表达需要。

世界观 shìjièguān

（一）

2020 年 2 月 4 日《中国青年报》第 9 版刊登文章《70、80、90 后姑娘们，写作吧！》。其中有一段文字写道："她们相聚在一个网文平台，各自敲击键盘，在电脑屏幕前恣意潇洒地构建一个磅礴的**世界观**；每天写完新的章节，关掉电脑，她们站起身又回归'三次元生活'的女性身份。"其中的"世界观"一词使用有误。

"世界观"指的是人对世界的总的根本的看法，一般指人所秉持的观念和在这种观念之下形成的对社会上各种现象的看法。从引语所出全文可知，引语中说的是作为小说作家的"她们"所从事的小说创作，引语中将"她们"的这种活动称为"构建"。小说创作当然也能够反映"她们"的观念，但就"她们"所从事的"构建"活动的结果来说，则应该是出现于社会上的各种人物和各种社会现象的文本呈现，而不是这个观念本身。因此，这段文字中的"世界观"与作者所要表示的意思是不能切合的。

应该把"世界观"改为"世界"。"世界"是个多义词，这里可以指作为小说作家的"她们"在作品中"构建"的所有社会内容，符合句中需要。

（二）

2020 年 7 月 15 日《文汇报》第 10 版刊登文章《"前三集"博眼球之后，电视剧如何避免后续乏力》。文中有句话写道："故事的**世界观**具备天然的性别话题，女主角陈芊芊身处女尊男卑的花垣城，男主角韩烁来自男尊女卑的玄虎城。"句中"世界观"一词使用不当。

“世界观”作为人的观念，其使用对象一般只能是人。句中“世界观”的使用对象是“故事”，这不合“世界观”的使用要求。

句中所说“天然的性别话题”应该是“故事”的内容，根据这个意思，可把“世界观”改为“内容”。

【另按】

《现汉》对“世界观”的注释很不准确。《现汉》的释文是：“人们对世界的总的根本的看法。由于人们的社会地位不同，观察问题的角度不同，形成不同的世界观。唯物主义的世界观和唯心主义的世界观相对立，辩证法的世界观和形而上学的世界观相对立。辩证唯物主义的世界观是无产阶级及其政党的世界观。也叫宇宙观。”这个释义存在两方面的问题：

第一，“世界观”在现代汉语中有专科词和通用词之分，《现汉》的这个释文只给出了“世界观”在哲学上的专科义，实际上“世界观”还存在一般的通用义，比如在人们的交流中，对某一社会现象出现不同的看法，没有必要使用哲学意义来解释这种情况。因此，《现汉》应为“世界观”增设一个通用义的义项。

第二，即使是《现汉》为“世界观”给出的哲学意义的专科词义，也已过于陈旧，不能反映当下哲学界对“世界观”的认识了。这条释文从 1978 年 12 月的第 1 版到目前使用的 2016 年 9 月的第 7 版，在长达近 40 年的时间里一字未改，一仍其旧，这是很让人失望的。

释怀 shìhuái

2020 年 7 月 21 日《北京日报》第 12 版刊登文章《应景音乐大师》。文中有这样一段文字：“乐曲是《威仪堂堂》五支进行曲之第一首，稳稳当当的节奏，方正有致，亦舒亦缓，像极了曲作者埃尔加老年做指挥时缓缓登上舞台的步态，有点老态龙钟，却又那么**释怀**，仿佛看透了人间冷暖，以一种天籁之音救赎人间的苦难。”文中的“释怀”一词使用有误。

“释怀”的意思是将某种纠缠于行为主体的情绪消除掉。使用“释怀”要注意的是，它的使用对象必须是人的某种负面情绪，如忧愁、思虑、害怕、憎恨等，因此它描写的并不是人的一种常态，而是人在某种负面情绪得以释放后出现的一种心态变化。句中的“释怀”，用于描写行为主体“埃尔加”“缓缓登上舞台的步态”，但这是他的一种身体外部状态表现而不是他的心态表现，“释怀”不适合使用。

同时要注意的是，“释怀”是一个动词，它在使用中一般是以否定形式出现，如“难以释怀”“无法释怀”。但句中的“释怀”，一方面接受了表示事物程度的代词“那么”的修饰，一方面又与具有形容词性质的短语“老态龙钟”对举，这都是把“释怀”当形容词用了，与其词性不合；另外它出现在肯定句式之中，也与常规的使用要求不合。

修改“释怀”，可以按照不同的理解选择不同的改法。要注意的是，这里需要的是一个能够形容“步态”的形容词或形容词性短语，它既能够与“老态龙钟”对举，又要适合于老年人“步态”的外观情状。根据这样的考虑，可以把“释怀”改为“轻松自在”之类的词语。

收获 shōuhuò

（一）

2021年4月20日《四川日报》第9版刊登报道《这里有一群“追太阳的人”》。文中有这样一个句子：“3月底，高粱、蔬菜等作物的南繁工作已经结束，农田内只剩下水稻静待**收获**，椰风拂过，稻浪滚滚。”句中的“收获”用得不准确。

“收获”是个兼类词，作动词用时指收取成熟的农作物，并在此基础上产生比喻义，表示获取工作上的成果（区别于农作物果实）；作名词用时则指收取下来的成熟的农作物，并在此基础上产生比喻义，指获得的各种成果（区别于农作物果实）。句中的“收获”用的是动词的本义。但是，动词本义的“收获”，指的是收取农作物的全过程，而不是其中具体的一个环节。句中将“收获”和“静待”搭配在一起，而“静待”的行为主体是“水稻”，这是把“水稻”作了拟人化的处理，应该是可以的，但“水稻”等待的只是其成熟以后被农人割倒，而对农人来说，这只是对农作物“收获”的一个环节，并不表示其完成了“收获”的全过程，因此“收获”的使用是不准确的。

应该把“收获”改为“收割”。“收获”和“收割”的不同之处不仅表现在词义涵盖面有宽窄之分，更重要的是，它们虽然都是动词，但前者的词义有抽象性，后者描写的动作则有具象性。“收割”指的是通过割这个动作取得成熟农作物的果实，这个动作有很强的具象性，适用于句中语境。

在引语所出全文中，有一个同样用到了“收获”一词的句子，可以让我们更清楚地看到这个词怎样使用才是准确的：“每年8月底、9月初，等到成都的水稻收获后，四川的农业科技人员也像候鸟一样，从成都赶赴海南开展南繁育种，等到来年4月中下旬，海南的水稻收获后再返回成都。”这个句子中两处用到了“收获”，它们都可以理解为收取农作物（句中分别为“成都的水稻”和“海南的水稻”）的整个过程，所以这两个“收获”的使用是准确的。

（二）

2020年9月2日《北京晚报》第21版刊登文章《剧情悬浮的伪文艺观众不认》。文中有一个句子写道：“剧情的悬浮和‘狗血’为影片**收获**了最多的差评。”句中的“收获”使用有误。

句中的“收获”用的是动词的比喻义。但当“收获”这样用的时候，其指向对象通常要求是具有正面性的事物。句中“收获”的指向对象是“差评”，但“差评”是一种具有负面性的事物，“收获”不适合使用。

可以把“收获”改为“带来”之类的词。“带来”不具备情感色彩，可以用于正面性事物，也可以用于负面性事物。

手杖 shǒuzhàng

2020年11月22日《解放日报》第7版刊登文章《北京小姨》。文中有段文字写道：“那日在小姨新居，她为难，髋关节手术恢复期未过，不能外出吃饭。她拄着**手杖**，倔强缓慢地挪向厨房，说：‘我给你煮碗面。不见外吧？’”这段文字中的“手杖”一词使用有误。

“手杖”是人在走路时手中拄着的棍子，一般用以辅助行走。“手杖”作为一种行走辅助工具，在使用中通常是持有在使用者的手中，对使用者来说，他的两腿仍能从事行走这个动作，使用者使用“手杖”是为了减轻两腿的用力，使人体在行走中保持稳定，甚至可以起到一种装饰作用。需要注意的是，“手杖”在使用中并不代替人的单腿或双腿来完成行走这个动作。但对文中的“小姨”来说，文中交代她正处于“髋关节手术恢复期未过”的时期，在这个时候，她的腿因为“髋关节手术”而暂时失去行走功能，因此她需要利用辅助工具来代替她的腿行走，“手杖”达不到这个目的，因此不合文中语境。

应该把“手杖”改为“拐杖”。“拐杖”指的是人在患病或残疾，腿部失去行走功能的情况下代替人腿，帮助行走的工具，一般拄于人的腋窝撑持身体。文中的“小姨”使用的正是这种工具，使用“拐杖”是合适的。

“手杖”和“拐杖”的不同之处在于，前者的使用者腿部仍能发挥功能，“手杖”的使用只是为了让使用者减轻行走的劳累；后者则是在使用者单腿或双腿失去功能的情况下辅助其行走的工具。一个健康人可以在登山之类的活动中使用“手杖”，但不会使用“拐杖”，而一个腿部失去功能的人要完成行走动作，只能使用“拐杖”而不是使用“手杖”。

【另按】

《现汉》对“手杖”和“拐杖”的释义未能揭示出两者的区别。《现汉》释“手杖”为“走路时拄着的棍子，手拿的一头有柄”。释“拐杖”为“拐棍”。又释“拐棍”为“走路时拄的棍子，手拿的一头多是弯曲的”。这样的释义，实际上是把“手杖”“拐杖”“拐棍”这三个词当作同义词来看待了，但实际上并不是这样。而且，就词语释义的要求来说，释文中的“手拿的一头有柄”“手拿的一头多是弯曲的”都不是这些事物的充要义素，并不能让检索者清晰了解这两种事物的功用，而把“拐杖”视为“拐棍”的等义词并将释文放在“拐棍”条，也是很不足取的。

倒是《现汉》对“拐”的释文中，有一个义项把“拐杖”的特点基本揭示了出来。《现汉》对“拐”的释义④为：“图下肢患病或有残疾的人走路时拄的棍子，上端有短横木便于放在腋下拄着走。”令人遗憾的是，《现汉》在注释“拐杖”“拐棍”时，未能按照对“拐”的释义来分析词义，导致对这两个词的释文过于马虎，并与“手杖”混同了起来。

首府 shǒufǔ

2020 年 9 月 1 日《文汇报》第 7 版刊登文章《从阿尔巴特街出发的浪漫与现实……》。文中写道：“这些年吸纳了太多二氧化碳的杜怡终于回到了自己家乡的**首府**杭州，开了一家旧书店为生……”句中“首府”一词使用有误。

“首府”指的是自治区或自治州人民政府的驻地城市。“首府”在现行的汉语使用环境中是国家行政管理中的一种地方机关设置，而“杭州”虽然是一个城市，但它所在的地区在国家行政上并不是自治区或自治州，因此把“杭州”称为“首府”是不合事实的。进一步说，即使“杭州”确实是某个自治区或自治州的“首府”，句中在“首府”前加上了限制语“自己家乡的”，但“家乡”和“首府”之间不存在从属关系，因此这样的说法也是不能成立的。

对于句中的“杜怡”来说，“杭州”是她的“家乡”，根据这样的意思，可以把“自己家乡的首府杭州”改为“自己的家乡杭州”。需要注意的是，没必要按照现实中“杭州”在国家行政管理中的实际身份把“首府”改为“省会”，因为句中没有这样的表达需求。

【另按】

《现汉》对“首府”的解释有待商榷。《现汉》的释文是：“名①旧时称省会所在的府为首府；现多指自治区或自治州人民政府所在地。②附属国和殖民地的最高政府机关所在地。”其中第一个义项将“首府”分为旧指和现指，但在当下的汉语使用环境中，这个旧指义已经不存在，因此没有必要和现指义混在一起，即使有必要收录，更合理的做法是把它和现指义分立义项。

更重要的是，《现汉》对“首府”现指义的释义“现多指自治区或自治州人民政府所在地”存在两方面的问题。第一，“现多指”的说法表明在当下的汉语使用环境中，“首府”在这个意义上还有别的用法，这不符合其实际状况。因此，如果这个现指义仍要和旧指义作为一个义项处理，“现多指”就应改为“现指”，如果和旧指义分立两个义项，则可把“现多指”删去。第二，这个定义的中心语“所在地”外延太大，“首府”指的是一个城市，而不是一个地方，因此“所在地”应改为“驻地城市”。否则，自治区或自治州人民政府驻地所在的街道、小区，甚至一栋大楼，都可称为“首府”了，因为它们都是“所在地”。

同样的道理，《现汉》原释文第二条“附属国和殖民地的最高政府机关所在地”中的“所在地”也应改为“驻地城市”。

抒怀 shūhuái

2020 年 2 月 22 日《解放日报》第 5 版刊登文章《四级病毒“埃博拉”》。

文中有一个句子这样写道：“约翰逊先生站在雅布库村庄边的那条叫埃博拉河的岸头，无法**抒怀**内心的压抑与痛苦……”句中的“抒怀”一词使用有误。

“抒怀”，意为抒发情怀。“抒怀”的使用对象，一般都是比较美好的情绪，对行为主体来说应该是愉快的，在社会评价中也具有正面性。句中的“抒怀”，其使用对象“内心的压抑与痛苦”是一种不好的情绪，对于行为主体“约翰逊先生”来说，怀有这种情绪是痛苦的，在社会评价中，这种情绪也不具有正面性。因此，“抒怀”与其使用对象“内心的压抑与痛苦”在情感上不能协调，在句中的使用是不合适的。

同时，“抒怀”是一个不及物动词，在使用中不能带宾语。但是句中的“抒怀”带上了宾语“内心的压抑与痛苦”，这是把不及物动词“抒怀”当及物动词用了，这也不合其使用要求。

如果只是考虑词语之间情感色彩协调性的话，可以把“抒怀”改为“释怀”。与“抒怀”相比较，“释怀”的使用面宽得多，它既可以适用于具有正面性的情绪，也可以适用于具有负面性的情绪。但是，“释怀”和“抒怀”一样，也是一个不及物动词，因此在这个句子的语境中，只是把“抒怀”改为“释怀”是不行的。

可以把“抒怀”改为“纾解”。“纾解”的指向对象，要求是具有负面性的事物，同时它是一个及物动词，在使用中可以带宾语，因此符合这个句子的需要。

从这里我们可以悟出一个道理：“抒”和“纾”作为词素构词的时候，由“抒”组成的词大都指向正面性事物，如“抒发”“抒情”，“抒怀”自然也是；而由“纾”组成的词大都指向负面性事物，如“纾困”“纾难”，“纾解”自然也是。

另外，句中“那条叫埃博拉河”应改为“那条叫埃博拉的河”。

属性 shǔxìng

2020年1月21日《北京日报》第13版刊登报道《王劲松：演戏就该将灵魂与记忆和盘托出》。文中写道：“形容王劲松，粉丝们常用的一个词是‘儒雅’，在五光十色、急功近利的演艺圈，这是种宝贵的**属性**。”句中的“属性”一词使用有误。

“属性”指的是事物所具有的性质、特点。“属性”的使用对象限于事物，不能用于人，句中的“王劲松”是一个人，“属性”不能适用。

可把“属性”改为“个性”或“特性”。“个性”指人的比较固定的明显的性格特征，“特性”指人或事物所具有的特点。与只能用于事物的“属性”相比较，“个性”和“特性”在使用对象上的要求都相对宽泛，既可用于人，也可用于事物。

双双 shuāngshuāng

（一）

2020 年 7 月 22 日《北京日报》第 13 版刊登报道《人类探测火星历经两次高潮》。文中有句话这样写道：“美国在 1998 年和 1999 年分别发射的‘火星极区着陆器’‘火星气候轨道器’**双双**遭受了失败。”句中的“双双”一词使用有误。

“双双”指的是成双成对。“双双”通常用来形容两个行为主体在同一时间出现同样的情况，如“中国男、女乒乓球队双双夺冠”，就表示乒乓球男队和乒乓球女队在同一个赛事上都夺得冠军。句中的“双双”，其行为主体为“火星极区着陆器”和“火星气候轨道器”，它们都出现了“遭受了失败”的情况，但对这两个行为主体来说，“遭受了失败”这种情况分别发生在“1998 年”和“1999 年”，并不在同一时间段，“双双”的使用是不合适的。

可以把“双双”改为“都”或“先后”之类的词语。“都”和“先后”表示的侧重点不一样，前者侧重于表示两个行为主体在“遭受了失败”这件事上的共同性，后者侧重于表示两个行为主体在“遭受了失败”这件事上的前后顺序。

（二）

2021 年 8 月 1 日《羊城晚报》第 6 版刊登文章《文学创作的烟火味》。文中写道：“我平生第一次做媒人。男的五十出头，丰仪俊拔，风一样开阔，是位画家，女的三十八岁，修眉俊眼，风情妖娆，钢琴师。无论从年龄文化气质看，都相配。然他俩**双双**见面后回答竟然一样：嫌对方太老！”这段文字中的“双双”使用有误。

“双双”在使用中通常用于修饰动词（包括动词性短语），虽然这个动词在句中语境是由双方行为主体共同完成的，但在使用中又要求这个动词所描写的内容必须是可以由单个行为主体能够从事的，如“小明兄妹俩双双成为先进工作者”，虽然“成为先进工作者”在这个语境中是“小明兄妹俩”共同从事的，但这件事又可以是“小明兄妹俩”中的任何一人能够从事的。句中的“双双”，修饰动词“见面”，但“见面”是必须由行为主体“他俩”双方共同从事的，“他俩”中的任何一方单独都不可能从事“见面”的行为，因此“双双”的使用不合适。

可以把“双双”删去。

似水流年 sìshuǐ-liúnián

见第 76 页“故事”条。

颂歌 sònggē

2020年7月2日《光明日报》第9版刊登报道《弦歌咏唱九十九载峥嵘岁月》。文中有这样一段文字："7月1日晚，国家大剧院特别策划了'不忘初心，为党**颂歌**'庆祝中国共产党成立99周年音乐会。在当晚的音乐会上，国家大剧院'两团两队'的艺术家们在指挥家李心草执棒下，以振奋人心的音乐作品为党**颂歌**。"这段文字中两处用到了"颂歌"一词，使用都存在不妥之处。

"颂歌"指的是用于祝颂的诗歌、歌曲。句中出现的两个"颂歌"，都和介词结构"为党"搭配在一起，介词结构"为……"表明行为的对象、目标、目的等，因此其后必须跟上合适的动词或动词性话语，语句才能完整表意，如"为你庆幸""为你歌唱"等。但句中介词结构"为党"后跟着的"颂歌"是一个名词，它与介词结构"为……"不能搭配。句中出现的两个"颂歌"都是把名词当作动词来用了，不合其使用要求。

这两处"颂歌"在使用中出现的问题，虽然表现形式相同，但修改上可以有所不同。前一个"颂歌"出现于一台"音乐会"的名称之中，这个名称由两个四字习惯用语组成，因此修改中需要考虑到这一点，可以把"为党颂歌"改为"为党献歌""颂歌献党"之类的话语，前者保留了介词结构"为党"，但在其后面用上了动词"献歌"，后者保留了"颂歌"，但舍弃了介词结构的使用，改变了句子结构。

对于后一个"颂歌"，由于它是出现在一个句子中，修改就比较自由了。可以在"颂歌"前加上"献上""唱响"之类的动词，这保留了"颂歌"一词的使用，但介词结构"为党"后是一个动宾短语，符合使用要求。

素材 sùcái

2020年11月4日《南方都市报》第10版刊登报道《曾仕权涉黑组织覆灭后，当地非法采运砂案降57%》。文中写道："全国扫黑办披露的**素材**显示，以曾仕权为首的涉黑组织堪称是'狡猾的狐狸'。"句中的"素材"一词使用有误。

"素材"指文艺作品和新闻报道中的原始材料，在文艺学中它指某一篇文艺作品成形之前，未经创作者（作家）提炼和概括的各种现实的或历史的材料，在新闻学中它指某一篇新闻报道成形之前，新闻报道作者（记者）采访到但尚未在写作中选择的各种新闻事实。严格地说，"素材"是一个文艺学和新闻学的专科词，句中说的是"全国扫黑办"按其部门职能对外公开的信息，但"全国扫黑办"是一个政府机构，它所从事的"披露"是一种公职行为，与文艺创作或新闻报道写作无关，"素材"不能适用。

可以把"素材"改为"材料"或"信息"。当然，"全国扫黑办"公布的信息，可以成为创作者（作家）创作文艺作品的“素材”，也可以成为新闻报道作者（记者）报道新闻的“素材”，但对于作为政府机构的“全国扫黑办”来说，使用“材料”或“信息”才符合规定语境。

【另按】

《现汉》对“素材”的释义存在遗漏之处。《现汉》释文是：“文学、艺术的原始材料，就是未经总括和提炼的实际生活现象。”这条释文只提供了“素材”的文艺学专科词义，但忽略了“素材”还存在的新闻学专科词义，《现汉》有必要补上这个意思。当然，由于文艺学、新闻学都是比较普及的学科，“素材”的专科词义已经不很明显，宽泛一点看，认为它已进入一般词汇也是可以的，但如果是这样，也需要对这条释文进行重写。

还需要指出的是，《现汉》这条释文把“素材”定义为“未经总括和提炼的实际生活现象”，并不符合文艺作品的实际情况。在文艺学范畴内，文艺作品的“素材”不仅包括实际生活现象，还有各种在实际生活中不可能出现的神话等材料，虽然文艺学研究中有学者认为神话也是真实生活的曲折反映，但这只是文艺学的一个观点，不宜照搬到辞书中。再者，还有一些作品是根据原有的文艺作品进行的再创作，这时候再创作的作者所依据的原著也是“素材”，但它们同样不再是实际生活现象。因此，对“素材”即使是限制在文艺学范畴内，《现汉》的这条释文也是需要修改的。

溯流而上 sùliú’érshàng

2020 年 12 月 15 日《四川日报》第 10 版刊登文章《茶中故旧》。文中写道：“多年前，我第一次入蜀，是从宜昌沿长江**溯流而上**重庆。”这个句子中的“溯流而上”使用有误。

“溯流而上”指的是逆着水流的方向行走。“溯流而上”是一个相对固定的短语，它在使用中不能带宾语。句中的“溯流而上”带着宾语“重庆”，这不合“溯流而上”的使用要求。

需要注意的是，其中的“上”是一个动词，它本可以支配“重庆”，但在固定短语“溯流而上”中，它与“溯流”搭配，“溯流”是“上”的行为状态，“上”是“溯流”的行为目标，它们已经形成“溯流而上”这个固定短语，不能因为其中的“上”本来是个动词而让这个短语带上宾语。在这个句子的语境中，“上”不能再作为一般动词对“重庆”产生支配作用。类似的说法还有“逆势而上”“拾级而上”“顺流而下”等，都不能因为其中的“上”“下”是动词而让整个短语带上宾语。

修改这个句子，并不是“溯流而上”不能用，而是应该割断这个短语和“重庆”之间不合适的动宾支配关系。可以在“溯流而上”后加一个逗号，再在“重庆”之前加上“目的地是”之类的话语。

损失 sǔnshī

（一）

见第 212 页“退赔”条。

（二）

2022 年 1 月 6 日《新安晚报》第 2 版刊登文章《天气预报就应该让老百姓听得懂》。文中写道：“通过现代科技手段，展示气象预测能力，更好地服务广大百姓和各行各业，减少自然恶劣天气对人类正常生活的影响、破坏和**损失**，增强人类利用自然现象、应对自然灾害、处理应急突发意外的能力，是天气预报的初衷。”句中的“损失”一词使用不妥。

“损失”的意思是不希望出现的消耗或减少。“损失”在这个句子中和“影响”“破坏”并列，共同接受介词结构状语“对人类正常生活”的修饰。但是，“影响”和“破坏”是两个有施事性的动词，它们可以接受介词结构“对……”的修饰，其中介词“对”的宾语（在这个句子中即是“人类正常生活”）可以接受“影响”和“破坏”的支配，而“损失”是一个不具备施事性的动词，不能对“人类正常生活”产生支配作用，也就不能接受介词结构“对……”的修饰，“损失”在句中不合使用要求。

可以把“损失”连同它前面的连词“和”删去（这样改了以后，“影响”“破坏”之间的顿号可改用连词“和”）。一般地说，对于“人类正常生活”来说，“自然恶劣天气”的“影响”和“破坏”的后果就是产生各种“损失”，即使从这一点看，在用了“影响”和“破坏”后，“损失”也没有必要使用了。

【另按】

《现汉》对“损失”的释义不够准确。《现汉》释“损失”为：“①动消耗或失去：这场空战，敌人～了五架飞机。②名消耗或失去的东西：～巨大。”这个释文，无论是动词义还是名词义，仅仅把“损失”理解为消耗、失去，是不够的。在社会的建设和消费活动中，财物消耗是频繁发生的，但只要是正常的建设和消费活动，人们不会把财物的消耗称为“损失”，只有对当事人来说不应该产生或者不希望产生的消耗，比如因浪费而消耗，因自然灾害而消耗，才能称为“损失”。《现汉》为“损失”的动词义举了一个书证“这场空战，敌人损失了五架飞机”，对于“敌人”的对立面来说，“五架飞机”的失去固然是希望出现的，但是在这个书证中，“损失”的主体是“敌人”，而对于“敌人”来说，“五架飞机”的失去仍然是他们不希望的。对于“损失”来说，不希望出现是理解其词义的关键要素，词典释义应该扣住这个要素。

台词 táicí

见第130页“来由”条。

坦白 tǎnbái

2020年5月1日《南方都市报》第8版刊登报道《错换人生28年》。文中有这样一句话：“与亲生父母相认后，郭彬一度斟酌，该如何向养育自己28年的父母**坦白**真相。”句中“坦白”一词使用有误。

“坦白”是个兼类词。作形容词用时表示心地纯正，言谈直率，如“襟怀坦白”“坦白地说”；作动词用时表示如实说出，如“坦白交代”。句中的“坦白”用为动词，而动词义的“坦白”，其指向对象一般应是错误或罪行。句中“坦白”的指向对象是“真相”，从抽象的词义来说，假如所谓“真相”就是某种错误或罪行，那么“坦白”和“真相”是可以搭配的，但从引语所出全文可知，所谓“真相”在句中指的是行为主体“郭彬”了解到自己父母不是亲生父母这个事实，对于他来说，这既不是他的错误，更不是他的罪行，因此，当他“向养育自己28年的父母”讲述这一切的时候，就不能用“坦白”这个词。

可以把“坦白”改为“坦陈”。“坦陈”的意思是没有保留地陈述，这符合句中的表达需要。

烫金 tàngjīn

见第262页“昭然”条。

特色 tèsè

见第109页“街坊”条。

体型 tǐxíng

见第216页“微弱”条。

天各一方 tiāngèyīfāng

2020年2月29日《广州日报》第7版刊登文章《“宅”有所得》。文中有一个句子写道：“以前全家五口人，每天吃过早饭之后便**天各一方**：孙子上幼儿园，儿子、儿媳奔单位，我和老伴一个去老年大学，一个去广场。”句中“天各一方”使用有误。

“天各一方”形容相距遥远，难以相见。“天各一方”的使用条件通常是相关人员分散在很远的地方，在现实条件下不大能够实现见面。句中“天各一方”的使用对象是“孙子”“儿子、儿媳”“我和老伴”诸人，从句中描写的情景看，这些人是一家人，他们生活在同一个城市，“每天吃过早饭之后”外出到各个目的地，虽然分散了，但距离都很近，而且从常理来说要重新见面没有什么困难。这种情景不合“天各一方”的语义，这个词语的使用不正确。

可以把“天各一方”改为“各自出门”“各忙各的”之类的话语。

天然 tiānrán

（一）

2020 年 8 月 15 日《新民晚报》第 7 版刊登报道《一切为了读者》。文中有这样一个句子：“书展主会场里，面向少儿的活动骤然增加，从古典诗词讲座、早教音乐游戏到科学机器人互动，跨界融合、穿越时空，无论性格如何、哪怕**天然**懵懂，各个年龄段的孩子都能在此‘悦读’。”句中的“天然”使用有误。

“天然”的意思是自然存在的，自然产生的。句中的“天然”和“懵懂”并列，用来形容“少儿”年幼尚未启蒙时还什么都不懂的状态，但“天然”没有这样的意思，这个词的使用不合语境。

可以把“天然”改为“年少”或“年幼”。“年少”和“年幼”都是说的年纪很小，和“懵懂”并列使用表示因为年纪幼小而什么都不知道的意思，以应和下文“各个年龄段”中的婴幼儿年龄段，句子就说得通了。

（二）

2020 年 6 月 17 日《大众日报》第 8 版刊登文章《“姐姐们”为什么这样火》。文中有一句话写道：“这次参演女团选秀的宁静，饰演的《黄河绝恋》女主角安洁、《红河谷》女主角丹珠，其活泼**天然**任性的性格，都一如她本人……”句中的“天然”一词使用有误。

“天然”通常用为某一事物的形容词，表示这个事物的属性，和“人工”“人造”相对，如“天然黑木耳”，就与“人工种植黑木耳”相对。文中的“天然”和“活泼”“任性”并列，用来描写作为一个人的“宁静”的“性格”，但“性格”不是物品，分不出自然产生还是人工培养，“天然”不能适用。

可以把“天然”改为“天真”。“天真”有一个词义是指人心地单纯，性情直爽，不做作不虚伪。“天真”是一种“性格”，用于文中与“活泼”“任性”也能协调，因此是合适的。

笤帚 tiáo · zhou

2020 年 5 月 13 日《光明日报》第 10 版刊登报道《“五连冠”之后，张家港在做什么》。文中有这样一段话：“最近，一场轰轰烈烈的城乡环境综合整治行动在江苏张家港全面展开，机关党员干部带头扫街、沿街店铺分片包干、志愿者上街督导卫生文明……20 世纪 90 年代，张家港人用 80 万把**笤帚**扫出了首批全国卫生城市，如今这座已经摘得全国文明城市‘五连冠’的城市再一次全城行动，建设洁美家园，让文明健康蔚然成风。”其中的“笤帚”一词使用有误。

“笤帚”是除去尘土、小块垃圾等的工具，一般由去粒的高粱穗、黍子穗制作而成，把儿较短。从功用上看，“笤帚”可分为两种，一种是在家庭中主要掸除桌椅、窗台、床上或人身上的灰尘之用，一种是在家庭、办公室等室内场地扫地之用。文中说的是在“20 世纪 90 年代”这个时期，“张家港人……扫出了首批全国卫生城市”，按常识理解，这应该是指扫大街，和前面说的在“最近”这个时期，“机关党员干部带头扫街”是同样的事。但是，常识告诉我们，“扫街”需要使用较硬实的清扫工具，而“笤帚”是不能胜任的，也就是说，“笤帚”的使用是不合事实的。

可以把“笤帚”改为“扫帚”。“扫帚”一般用竹枝制成，把儿较长，是人们“扫街”的基本工具，适用于这段文字的语境。

“笤帚”这个词主要流行于中国北方，南方人基本没有“笤帚”这个概念。而在北方，只要是在室内使用的，不管是掸衣服的还是扫地的（一般也需要分开），都称为“笤帚”，只有在室外扫地的才称为“扫帚”。但在南方，不分室内室外，长把短把，只要是扫地的，都称为“扫帚”。

需要注意的是，上述引文叙写的是张家港市的情况，而张家港市是一个南方城市，基本不使用“笤帚”这个概念，即使认为在“20 世纪 90 年代”这个时期，“张家港人……扫出了首批全国卫生城市”，他们所扫的不是大街而是室内，使用“笤帚”也是不合适的。

通过 tōngguò

见第 170 页“前世今生”条。

通顺 tōngshùn

2020 年 7 月 19 日《解放日报》第 7 版刊登文章《缓慢地活着》。文中有一句话写道：“他的心跳还平稳，呼吸亦**通顺**，正常的新陈代谢表示他的生命还在持续，我却在思考如何面对父亲的死亡。”句中的“通顺”一词使用有误。

“通顺”指的是语句、文章等没有语法上或逻辑上的毛病，读起来顺畅。“通顺”的使用对象一般只能是文章或语句之类事物，句中将其用于“呼吸”，但“呼吸”是人以及动物的生理活动，不属于文章、语句之类事物。“通顺”在句中的使用超出了这个词的使用范围。

可以把“通顺”改为“通畅”或“顺畅”。“通畅”的一个意思是运行无阻，它的使用对象很广泛；“顺畅”指顺利通畅，没有阻碍。“呼吸”作为人和动物的生理活动，可以和“通畅”“顺畅”搭配。

另外借此说几句题外话。“通畅”和“通顺”一样，也可以用于文章、语句类事物，但它在这个意义上和“通顺”不一样的是，“通顺”主要指文章或语句不违反语法和逻辑，读上去顺口，而“通畅”指的则是文章显得很流畅。现实中有的文章虽然没有违反语法和逻辑，但读上去疙疙瘩瘩，就是不通畅的表现。对于写作来说，“通顺”是底线要求，而“通畅”则是比较高的要求了。

通俗 tōngsú

2020 年 12 月 9 日《光明日报》第 16 版刊登文章《是“艺术超市”，还是“艺术终结者”》。文中写道：“手机的双重性质始终在平行地持续发展：一方面，手机的技术含量愈来愈高，功能愈来愈强大；另一方面，手机愈来愈**通俗**，几乎成为人手一部的日常用具。”句中的“通俗”一词使用有误。

“通俗”的意思是浅显易懂，能够为大众轻松地接受和欣赏。“通俗”的使用对象一般应是文化类的事物，主要是图书、文艺表演作品等，如“通俗读物”“通俗文艺”。句中的“通俗”用于“手机”，但“手机”如句中所说是一种“日常用具”，而不是文化类事物，“通俗”不能适用。

可以把“通俗”改为“普通”“普及”之类的词。“普通”的意思是一般的，平常的，“普及”指普遍推广应用，已实现大众化。这两个词均适合于形容“手机”这类“日常用具”。

头衔 tóuxián

见第 229 页“显赫”条。

投送 tóusòng

2020 年 4 月 17 日《新华每日电讯》第 1 版刊登报道《军队支援湖北医疗队圆满完成任务回撤》。文中写道：“军队支援湖北医疗队在圆满完成承担的武汉火神山医院、武汉市泰康同济医院、湖北省妇幼保健院光谷院区确诊患者医疗救治任务后，采取民航包机和铁路运输**投送**方式，陆续离开武汉完成回撤。”句中“投送”一词使用有误。

“投送”的意思是投递，送达。“投送”的指向对象一般只限于物品，不能是人。句中“投送”的指向对象“军队支援湖北医疗队”是由人组成的集体，“投送”不能适用。

在这个句子提供的语境中，即使“投送”的指向对象确实是物品，比如“医疗队”在“回撤”时，可能会把一些物资一起带走，但“投送”仍然是不能用的。这是因为“投送”一般是指将物品送给接收人或送到新的地方，如果是物品离开接收人回到原发送人手里，“投送”也是不适合使用的。

至于修改，倒也简单，直接把“投送”删去就可以了。

涂抹 túmǒ

见第153页“逆光”条。

推算 tuīsuàn

2020年8月30日《新民晚报》第12版刊登文章《校外学习小组》。文中写道：“我**推算**沈先生所述的‘小小班’大概**发生**在上世纪七八十年代。”句中的“推算”和“发生”两个词使用有误。

先看“推算”。“推算”有两个词义，一是根据已知的数据计算出未知而需要知道的数值，二是根据人的生辰八字、阴阳五行等分析其人生命运、吉凶祸福等。前者是一种数学计算活动，后者是一种迷信活动。句中说的是根据已知的情况来想象未知的情况，这既不是数学计算活动，也不是迷信活动，“推算”的词义与此不合，不能适用。

再看“发生”。“发生”指的是原来没有的现象出现，产生。这个词的使用对象通常应是某种自然现象、情况，如“发生火灾”“发生疫情”。句中“发生”的使用对象“小小班”是一种由人建立的集体组织形式，在性质上表现为一种事物，“发生”不能适用。

“推算”应改为“推测”。与“推算”主要是一种数学计算活动不同的是，“推测”是一种逻辑推理活动，适用于句中语境。“发生”应改为“出现”。“发生”和“出现”最重要的区别是，“发生”主要用于某种现象，“出现”主要用于某种事物。句中的“小小班”是一种事物，所以适用的词是“出现”。

另外需要指出的是，句中的“述”在现代汉语中只是一个词素，不能独立表意，也就不能自由运用，应该将其改为“说”。当然，如果把“述”理解为和“所”组成“所述”，成为一个名词性短语中的成分，也是可以的，但需要把其后的助词“的”删去。

【另按】

《现汉》对“推算”的注释存在义项遗漏。《现汉》的释文只给出了其作为数学计算活动的义项，未收纳其作为迷信活动所存在的义项。迷信活动在汉语使用环境中有负面评价，但作为一种比较常见的社会现象，既然存在，自然会产生描写这种现象的词语，作为词典就有必要对其作出解释。词典是工具书，不是政治读物，不能因为某个词或某项词义不符合主流价值观就将其屏蔽在词典之外。因此，《现汉》有必要为“推算”补上这个缺漏的义项。

颓废 tuífèi

2020 年 2 月 26 日《文汇报》第 6 版刊登报道《别让孩子宅出拖延症》。文中写道："排计划就跟点菜一样，要讲究'荤素搭配'。如果只有学习，难免会心生倦意，但如果全是娱乐，又容易**颓废**沉迷。"文中的"颓废"一词使用有误。

"颓废"指意志消沉，精神萎靡。"颓废"是一种没有正面价值的状态，但从句中的叙述来看，"颓废"是因为"全是娱乐"而产生，这等于是把"娱乐"作为反面事物来看待了，但这不合作者要表达的意思。从文中叙述看，作者对"娱乐"并没有否定，而是要求"荤素搭配"（即"学习"和"娱乐"合理安排），作者要说的是"全是娱乐"可能导致学生没有时间从事"学习"，致使学业荒疏，时间浪费，"颓废"的词义与这个意思不合。

可以把"颓废"改为"荒废"。但在这段文字中，"颓废"和"沉迷"并列，在把"颓废"改为"荒废"后，其与"沉迷"的搭配不是很合适。因此，可以考虑把"沉迷"一起改掉，即把"颓废沉迷"改为"荒废学业""荒废时间"之类的话语。需要注意的是，"荒废"分别和"学业""时间"搭配的时候，"荒废"的词义是不一样的，在"荒废学业"中，"荒废"意为荒疏，在"荒废时间"中，"荒废"的意思是浪费。

退赔 tuìpéi

2020 年 11 月 8 日《南方都市报》第 2 版刊登文章《狂喷百瓶香槟不付账，以诈骗罪判缓刑合不合适？》。文章报道了一则"女子生日趴狂喷百瓶香槟没钱付账，父亲用打工钱替其赔偿"的新闻。20 岁出头的石某请朋友在 KTV 里举办生日派对，享用完高档洋酒后，又将上百瓶香槟喷洒在包厢内，共消费约 12 万元，事后却付不出餐费，被当事 KTV 告上法庭。文中写道："最终，石某的父亲用打工的辛苦钱，**退赔**了**涉案** KTV 当晚酒水的成本**损失** 4 万多元，石某则被以诈骗罪判处有期徒刑两年，缓刑两年，并处罚金人民币 5000 元。"这个句子中的"退赔""涉案"和"损失"三个词使用有误。

先看"退赔"。"退赔"指的是退还并赔偿。"退赔"的使用对象通常应是被行为主体侵占的财物等，使用这个词有一个前提条件，即行为主体通过非法手段取得了指向对象的财物。在这个句子的语境中，"退赔"的行为主体"石某的父亲"（包括"石某"）并没有侵占指向对象"KTV"的财物，句中说的"4 万多元"不是"石某的父亲"先前从"KTV"中得到的财物，而是他为"石某"（他女儿）支付的消费款（句中说是"成本损失"，其中"损失"的使用也不准确，下面另作分析），在这种情况下，"退赔"的使用不准确。

再看"涉案"。"涉案"的意思是牵涉到某个案件之中，与某个案子有关系。"涉案"的使用对象应是参与到某个案子之中，或对于某个案子发生有推进作用，或在案件发生后包庇罪案制造者、帮助其隐藏和逃匿等，或在案件发生后得益于其中不法利益的人或集体等，但不能包括在案件中受到损害的人或集体。引语所出全文说的是一起“诈骗罪”案件，句中的“涉案”指向“KTV”，但“KTV”是这起“诈骗罪”案件中的受害一方，“涉案”不适用。

再看“损失”。“损失”的意思是不希望出现的消耗或减少。使用“损失”的前提条件是，使用对象本来拥有“损失”的财物或者应该得到的某财物未能得到，句中的“4 万多元”是“KTV”的营业收入（句中说是“酒水的成本”，我们在分析时也可以将其视为营业收入的一部分），这笔钱在“石某的父亲”交给“KTV”之前并不归“KTV”所有，因此不能认为是“损失”，“损失”的词义与句中语境不合。

“退赔”可以改为“支付”“交付”之类的词。“支付”是交易活动中消费者购买了商品或服务后付给经营者款项，但句中的情境是在法庭审理后由“石某的父亲”按法庭判决付给“KTV”的款项，因此使用“交付”也是合适的。“涉案”可以改为“当事”。“当事”指的是与某件事有直接关系，用于句中正合适。在法律学上有“当事人”的概念，句中的“KTV”是一个法律概念上的“当事人”，在把“涉案”改成“当事”以后，“当事 KTV”等同于“当事人”概念。“损失”则可改为“费用”，但由于句中说“4 万多元”是“KTV”在向“石某”提供的相关营业中产生的“成本”，因此更合适的是把“成本损失”改为“成本费”。综上，可把“退赔了涉案 KTV 当晚酒水的成本损失 4 万多元”改为“交付了当事 KTV 当晚酒水的成本费 4 万多元”。

【另按】

上引句子中用到了字母词“KTV”，但《现汉》对它的解释不准确。《现汉》释文认为，“KTV”是“指配有卡拉 OK 和电视设备的包间”。实际上，“KTV”更多的场合是指经营卡拉 OK 娱乐业务的场所，《现汉》的这个释义，只适用于餐厅等附设有卡拉 OK 设施的场所。像上面这个例子，石某的诈骗对象并不是那个她“狂喷百瓶香槟”的 KTV 包间，而应该是这个经营 KTV 业务的商家（企业），石某的父亲支付给当事 KTV 的 4 万多元钱，同样不是赔给那个包间，而是那个商家（企业）。因此，《现汉》对“KTV”的释义需要修改，增加义项。

托福 tuōfú

2020 年 8 月 10 日《扬子晚报》第 2 版刊登报道《有大洪无大险，“金钥匙”在哪里》，文中有一个小标题是“**托福**‘防洪墙’，坚守两个高标准”。这个小标题中的“托福”一词使用有误。

“托福”是一个客套用语，表示借着别人的福气给自己带来幸运，其指向对象一般只能是人以及某些神祇，如“托你的福”“托菩萨的福”，现在由于汉语使用环境流行祝颂，因此其指向对象还可以是某些机构、组织等，如

“托国家的福”。从“托福”的实际使用状况来看，它的指向对象有一个共同点，都要求是具有感情的对象，即使是一些机构、组织，也被赋予了某种感情，只有这样，“托福”作为客套用语的功能才能显现。句中“托福”的指向对象是“防洪墙”，但“防洪墙”是一种建筑物，本身不具有感情，人们无须对它表示客套，因此“托福”的使用是不合适的。

从小标题所辖的文章内容来看，主要讲述的是这篇新闻报道的主角用高标准建设和高标准管理的“两个高标准”，建设好、维护好防洪墙的事迹，作者用“托福”，是想表达幸亏有这坚固的防洪墙，才达到了文题所称“有大洪无大险”的效果，但这不仅与这个小标题所辖的文章内容不能切合，而且与这个小标题中的“坚守两个高标准”不能连贯。

由于这是一个小标题，对“托福”不妨结合引语所出全文另外的小标题来进行修改。全文一共有两个小标题，另一个是“上好‘预备课’，系统思维抗大洪”。那么，可以把“托福”改为“建好”之类的话语，与这个小标题中的“上好”配套。这样改动，既能与小标题所辖的文章内容切合，也使这个小标题两句话前后连贯，同时还能与另一个小标题呼应起来。

另外，这两个小标题中的“防洪墙”和“预备课”都被加上了引号，但这两个词并无特别的意思，引号是没有必要使用的，因此都可删去。

瓦解 wǎjiě

2020 年 3 月 6 日《广州日报》第 13 版刊登报道《好久不见，我的最美书店》，文中有句话写道：“图书店的店面设计有 15 米宽，被**瓦解**成两个部分，以钢木融合立体的横切面，好像开裂的岩石层，形容盘古开天辟地。”句中的“瓦解”一词使用有误。

“瓦解”的意思是像瓦器碎裂一样崩溃或分裂，也指使对方的力量崩溃或分裂。由这两个词义可知，“瓦解”的使用对象，既可以是这个词的行为主体，如“在我军的攻击下，敌军的防线迅速瓦解了”，也可以是这个词的指向对象，如“我们的任务是分化、瓦解这支敌军”。但不管是在行为主体还是在指向对象的位置，使用“瓦解”都有两个方面需要注意：一是“瓦解”这一行为的结果通常是支离破碎的，是没有规则的；二是“瓦解”的对象通常都是具有负面性的。

在这个句子中，“瓦解”的使用对象是“图书店的店面”，其行为结果是“成两个部分”，但这是在句中未出现的行为主体“设计者”的设计下出现的结果，是有规则可循的，因此“瓦解”不能适用。另外，“图书店的店面”在这个句子的语境中并不具有负面性，相反，从引语所出全文来看它具有正面性，所以“瓦解”在情感色彩上也是不合适的。

可把“瓦解”改为“分隔”。这样的修改是考虑到了“瓦解”是个双音节词，故而选用一个合适的双音节词来替换，如果不考虑这一点，改为“分”也是可以的。

完善 wánshàn

2020 年 2 月 21 日《解放日报》第 2 版刊登报道《“代理妈妈”们争相再抱一抱可爱的齐齐》。这篇报道中写道：“2 月初，齐齐出现咳嗽、流清涕的症状，虽未发热，但立即赴儿科医院发热门诊就诊。**完善**了相应检查后，经院内专家组会诊，考虑其为新型冠状病毒感染肺炎可能，立即收入负压房间隔离治疗。”文中的“完善”一词使用有误。

“完善”在现代汉语中是个兼类词，作形容词时指完备良好，如“设备完善”；作动词用时指使完善，如“完善各项规章制度”。文中的“完善”用为动词。用作动词的“完善”，通常是指对原来已经有的但不完备、不健全的对象进行修改或改革、改造等，使其达到完备良好的要求。这就是说，“完善”的指向对象已经存在，只是还不够好，比如“完善各项规章制度”，说的就是“规章制度”已经存在，只是还缺了一部分或者有部分比较差，因此需要改进以达到完备良好的要求。如果“规章制度”还完全空白，“完善”就无从说起。

在这段文字中，“完善”的指向对象是对“齐齐”的“相应检查”。但对“齐齐”来说，她在进入“儿科医院发热门诊就诊”前，还未做任何“相应检查”，医院对她所作的“相应检查”并不是针对前一次“检查”中的缺项进行的，而是从空白开始按照规定程序办理的“相应检查”，“完善”的词义与这种情景不合。

可把“完善”改为“完成”。“完成”的意思是按照事先的规定办理相应的事情并达到要求，这个意思符合这段文字的语境，因此“完成”是合用的。

万千 wànqiān

（一）

2022 年 7 月 28 日《长江日报》第 10 版刊登文章《万物之中，还有电影》。文中写道：“我很佩服她们的顽强生活态度，这些演员性格鲜明，相貌出类拔萃，所以才能塑造出那么多风靡**万千**的角色。”这个句子中的“万千”使用有误。

“万千”是一个数词，表示数量很多。在这个句子中，“万千”作了动词“风靡”的宾语，而“风靡”表示使用对象迅速广为人知并受到尊崇，或事物迅速流行开来受到追捧。“风靡”后面可以跟随场域或人群作它的宾语，如“风靡世界”“风靡男女老少”，但句中的“万千”作为一个数词，既不表示场域，也不表示人群，不能和“风靡”搭配。

可以把“万千”改为“观众”之类的词。句中“风靡”的行为主体是“演员”，与之对应的应该是“观众”，因此这样修改是合适的。当然，也可以不删去“万千”，在其后面加上“观众”，这样“风靡”的指向对象就是“万千观众”，搭配上就没有问题了。

（二）

见第 183 页“撒手”条。

微弱 wēiruò

2020 年 9 月 28 日《羊城晚报》第 10 版刊登报道《你可能还不知道，两颗小行星刚与地球擦肩而过》。文中写道：“这颗直径只有 6.5 英尺（约 2 米）的小行星对地球并没有威胁，其**微弱**的**体型**即使与地球发生碰撞，也**无法**对我们造成威胁。”句中“微弱”“体型”和“无法”三个词的使用不准确。

先看“微弱”。“微弱”的意思是小而弱，衰弱，虚弱，如“气息微弱”“力量微弱”。“微弱”通常用来形容使用对象的能量、力量，句中的“微弱”，其使用对象是“小行星”的“体型”（“体型”的使用也有误，下文另作分析，这里为叙述方便姑且沿用）的大小，“微弱”的词义与此不能切合。

再看“体型”。“体型”指的是人体的类型。主要指人身体的胖瘦、高矮和各部分之间的比例状态。“体型”表示的内容有抽象性，而句中与之有语法搭配关系的“与地球发生碰撞”是一种具象的动作，两者在搭配上不合适。另外，“体型”一般只用于人，特定情况下也可用于某些高等动物。句中“体型”的使用对象是“小行星”，“小行星”是一种物品，“体型”不适用。

再看“无法”。“无法”表示没有办法。“无法”的使用主体通常要求是有思维意识的人或某些高等动物，因为只有有想法的行为主体才能有办法做成某件事，并进而出现没办法做成某件事的情况。“无法”后跟着的内容通常要求是“无法”的使用主体想要做到的事，如“我无法说服他”，“说服他”就是“无法”的使用主体“我”想要做到的事，而“我”是一个具有思维活动的人，所以才会有这样的想法并进而得出“无法”的结果。句中“无法”的使用主体是“小行星”，但“小行星”是一种自然物品，不具有思维活动，也就不可能产生“对我们造成威胁”的想法，因此，“无法”的使用是不准确的。

应该把“微弱”改为“微小”。“小行星”存在于宇宙中，而在茫茫的宇宙中，一颗“直径只有 6.5 英尺（约 2 米）”的“小行星”小到可以忽略不计，使用“微小”是准确的。“体型”可以改用天文学中的专科词“星体”，“星体”指单个的星球，这个词用于句中正合适。“无法”则可改为“不可能”。“不可能”可使用于自然状态，适合句中语境。

【另按】

《现汉》对“微弱”的释文，为其给出两个义项是没有必要的。《现汉》释文是：“形①小而弱：气息～｜～的灯光。②衰弱；虚弱：～的身躯。”这两个义项都是指使用对象在力量、能量上的弱，两者之间的词义指向是一致的，没有理由分为两个义项。值得注意的是，《现汉》的早期版本对“微弱”的释文只有①义，②义是新版本增加的，并为其提供书证“～的身躯”。但是，“微弱”还含有小的意思，而当一个人的体力开始衰退的时候，他的身体可能会减轻重量，但一般不会变小，因此“微弱的身躯”这个说法本身存在语病，人们一般说的是“虚弱的身躯”。《现汉》把含有语病的语言现象拿来作为书证并增加词义，是不可取的。

蔚然成风 wèirán-chéngfēng

2020 年 12 月 23 日《文汇报》第 6 版刊登文章《送保温杯到“上”金条——谁来叫停畸形“应援”之风》。文中写道：“一边是粉丝们为了攀比‘排面’不惜花费重金、耗费时日为节目组精心备礼，另一边则是节目组‘不提倡’但又‘盛情难却’的暧昧态度。‘两厢情愿’下，明星上节目，粉丝‘随礼’**蔚然成风**。”文中“蔚然成风”的使用有误。

“蔚然成风”形容某种事物发展兴盛，形成风气。需要注意的是，“蔚然成风”具有褒义，其使用对象通常应是为作者所肯定，具有正面性的事物，如“学习雷锋在我国已蔚然成风”。句中“蔚然成风”的使用对象是“明星上节目，粉丝‘随礼’”这种现象，但从引语所出全文可知，作者认为这是一种具有负面性、需要制止的不良现象，在这种情况下，“蔚然成风”与作者的情感表达产生冲突，不能使用。

可以把“蔚然成风”改为“成为风气”“大行其道”之类的话语。“成为风气”是一种中性的说法，没有明确的褒贬态度，和引语所出全文对其使用对象“明星上节目，粉丝‘随礼’”的批评不产生情感上的冲突，因此能够适用于句中。“大行其道”指某种观点或某种现象盛行，含有贬义，表明对“明星上节目，粉丝‘随礼’”这种现象的否定态度，也是可以的。

另外，这篇文章的标题“送保温杯到‘上’金条”说的是“‘应援’之风”中的各种情状，作者按照“应援”物品的价值从小到大排列，“送保温杯”是这种行为的起点，“‘上’金条”则是这种行为的终点，这里需要的是一个“从……到……”的格式，但句中缺少了介词“从”，整个句子显得不够流畅。应该在“送保温杯”前加上“从”。同时，“‘上’金条”中的“上”没有必要加引号，应该删去这个引号。

慰问 wèiwèn

2020年2月3日《浙江日报》第1版刊登报道《王家扬同志遗体在杭州火化》。文中写道：“王家扬同志逝世后，中共中央、全国人大、全国政协有关领导同志以不同方式表示**慰问**和哀悼。”这个句子中的“慰问”一词使用有误。

“慰问”的意思是安慰问候。“慰问”的指向对象一般应是活着的人。句中的“慰问”和另一个动词“哀悼”并列，它们共同的指向对象是“王家扬同志”，但从句中所叙可知，“王家扬同志”已经“逝世”，也就是说他不再是一个活人了。对于死去的人，行为主体“有关领导同志”可以“表示哀悼”，却不可能“表示慰问”，因此“慰问”在句中是不能适用的。

“慰问”所出现的这个使用错误，原因在于作者苟省了必要的话语，使“慰问”只能和“哀悼”一起，指向已经“逝世”了的“王家扬同志”。以常理来说，“慰问”的行为主体“有关领导同志”从事这一行为，可能有两种情况，一种情况是在“王家扬同志”病重甚至病危期间，其时指向对象“王家扬同志”还是一个活人，可以接受“慰问”的支配；另一种情况是“王家扬同志”已经“逝世”，“有关领导同志”向其家属“表示慰问”，其时指向对象已移为家属，他们因“王家扬同志”的“逝世”而情绪哀伤，属于“慰问”适格的指向对象。但是这两种情况都需要在文中有所交代，不可苟省。

因此，如果是前一种情况，应该把“王家扬同志逝世后”改为“王家扬同志病重期间和逝世后”，让后面的“慰问”和“哀悼”分别与“病重期间”和“逝世后”的“王家扬同志”搭配；如果是后一种情况，则应该在“表示慰问和哀悼”前加上“向其家属”之类的话语，这样“表示慰问和哀悼”的对象都是“家属”，其搭配才是合适的。

【另按】

《现汉》对“慰问”的注释值得商榷。《现汉》释文是：“动用话或物品安慰问候（辛苦的人或困苦的人）：……”（书证略）。这条释文在“安慰问候”前加上了“用话或物品”的修饰语，但既是“安慰问候”，自然是用“话”表达的，因此“用话”的说法纯为多余，反造成释文语言的赘余。另外，人在从事“安慰问候”这一行为时，送上一些物品固然是常情，但并不是从事这一行为的充要条件，而加上“用物品”的修饰语，就使得人在从事“安慰问候”这一行为时必须带上“物品”，这与实际情况不符。作为词典的释文，应该用最简单的话语说明词语的意思，更不可以附加与词义不相关的内容。因此，《现汉》对“慰问”所作释文中，在“安慰问候”前的“用话或物品”之语应该删去。

文体 wéntǐ

2020年3月17日《北京日报》第10版刊登文章《他们的故事，是流动的历史》。文中写道：“小说步调时而奇特，时而忧郁，集合梦境、寓言、当代现实、小说素材、文学批评多种**文体**，充满内在回响。”句中的“文体”一词使用有误。

“文体”，指的是文章或文学作品的体裁，也就是文章或文学作品的样式类别。如一般的文章可分为记叙文、议论文、说明文、应用文等体裁，文学作品可分为小说、诗歌、散文、戏剧等体裁。句中对“文体”作了举例性说明，包括“梦境、寓言、当代现实、小说素材、文学批评”，但按通行的“文体”的类别，这些举例中只有“寓言”和“文学批评”可称得上“文体”，其他都不是“文体”这个概念能够包含的内容，因此“文体”的使用不合适。

可以把“文体”改为“内容”或“元素”。整个句子是对一部“小说”所作的评价，而“梦境、寓言、当代现实、小说素材、文学批评”都是这部“小说”中所包含的东西（其中“小说素材”说的是作为句子主语的“小说”中人物在写小说，“素材”是这个人物在从事小说写作时所用的材料，成为包含在主语“小说”中的东西），使用“内容”是合适的。“元素”本是一个化学专科词，指化学元素，引申后可指构成事物的基本要素，用在这个句子中也是可以的。

文艺 wényì

2020年10月27日《新民晚报》第4版刊登报道《百岁老太“下笔如有神”》。文中有这样一句话：“她**文艺**又长情，每天至少花三个小时练习书法、绘画，作品被收录进《中国与海外绘画年鉴》。”这个句子中的“文艺”一词使用有误。

“文艺”是文学和艺术的统称，即用文学和表演的手法反映社会生活和人类情感的艺术。“文艺”是一个名词，在句中它和“长情”并列，共同作了“她”的谓语。“长情”是形容词，可以这样用，而“文艺”因为是名词不能这样用。作者说的是“她”具有文艺创作或表演方面的素质，但单用“文艺”一词不能表示出这个意思。

现在经常能够看到“很文艺”的说法，类似的还有“很中国”“很小资”之类。对于这种用副词修饰名词的结构，语言学界已经承认，因此“很文艺”的说法能够成立了，但这并不等于认为“文艺”有了形容词的性质，可以像形容词一样畅通无阻地使用在各种场合了。实际上“很文艺”的说法有很大局限性，可以说一个人“很文艺”，不能由此说一个人“文艺”或者“不文艺”。

修改这个句子，应废弃“文艺又长情”这个并列结构，也就是把话分开来说，比如，可以把“她文艺又长情”改为“她具有丰富的文艺细胞，又有长情的性格”。

需要说明的是，就原句的“她文艺”来说，改为“她具有文艺细胞”就可以了，在“文艺细胞”前加上修饰语“丰富的”，对作者原意来说似乎有所添加。但是，在具体的语言运用中，“她具有文艺细胞”是一种平铺直叙，语句显得干涩，加上适当的形容词可使语句丰满，也与原句的格调吻合，因此是合适的。

问津 wènjīn

2020 年 10 月 6 日《今晚报》第 7 版刊登文章《古桥败给了洪水？》。文中写道：“如同古长城脚下曾有人将长城的砖头拉回去围圈养猪而无人**问津**一样，一座闲着的古桥就任它自生自灭去吧。”句中的“问津”一词使用有误。

“问津”的本义是询问渡口的意思，引申后可泛指探问情况或参与某事。“问津”的使用对象通常要求带有正面性，是在情理上应该让行为主体乐于接受的事情。句中“问津”的使用对象是“古长城脚下曾有人将长城的砖头拉回去围圈养猪”这种情况，但这是一种不好的情况，从情理上来说，这应该是行为主体不愿意看到、不愿意接受的事情，因此，“问津”的使用是不适合的。

可以把“问津”改为“过问”。“过问”意为表示关心，发表意见等，它对使用对象的要求正好与“问津”相反，通常应是具有负面性的，在情理上让行为主体不愿意看到、不愿意接受的事情，“古长城脚下曾有人将长城的砖头拉回去围圈养猪”正是这样的事情，因此使用“过问”是合适的。当然，如果要更贴合汉语使用环境的现实情况，把“问津”改为“监管”之类的词也是可以的，但与作者原意有一定的偏离。

【另按】

《现汉》对“问津”和“过问”两个词的释义都存在偏差。《现汉》释“问津”为“探询渡口，后泛指探问情况（多用于否定式）”，但事实上“问津”还可以指参与某事，如“以前大家都抢着要的车型，现在也无人问津了”，这里的“问津”不仅表示探问，还能够表示购买这种行为。《现汉》释“过问”为“参与其事；参加意见；表示关心”，但“参与其事”显然已经超出了“过问”的词义。《现汉》对“问津”和“过问”两个词的释义，前者偏窄，后者偏宽，都是不准确的。

《现汉》对“过问”的释文还存在选词和语序不准确的问题。其中的“参加意见”，表示的是行为主体是在多人发表意见的情况下发表他自己意见的情景，但事实上行为主体更可以在无其他人发表意见的情况下发表自己的意见，这种情景下“参加”的使用就不合适了。“参与其事；参加意见；表示关心”是三个分句，表示的意思是从重到轻，但从“过问”的词义来说，这三个分句应该从轻到重依序排列更合适。即使把不合事实的“参与其事”删去，“参加意见”（宜改为“发表意见”）和“表示关心”也应换一下位置，即把“表示关心”放在前面。

无法 wúfǎ

见第216页“微弱”条。

无以复加 wúyǐfùjiā

（一）

2020年4月8日《文艺报》第2版刊登文章《战“疫”阅读记》。其中写道：“他们穿着厚重的防护服，全力投入病患救治的过程，更是让人看得惊心动魄，救活一个欣喜不已，逝去一个悲痛万分，则把他们舍己为人的医者仁心表露的**无以复加**。”句中的“无以复加”使用有误。

“无以复加”的意思是达到极点，不可能再增加。“无以复加”含有贬义，因此其使用对象一般应是具有负面色彩的人或事物，作者对其也没有好感。句中“无以复加”的使用对象是“表露”这个行为，而“表露”的行为主体是“他们”，从引语所出全文可知，人称代词“他们”所指代的是奔赴当时疫情暴发的集中区域武汉救死扶伤的医护人员，作者对“他们”充满敬爱的情感，但“无以复加”的使用使这种情感被扭曲，因此在句中语境条件之下是不合使用的。

可以把“无以复加”改为“淋漓尽致”之类的话语。“淋漓尽致”可以形容暴露得很彻底，与“无以复加”相比较，其适用性广泛得多，正负面的对象均可使用，就语义来说虽和“无以复加”的角度不完全一致，但用来形容句中“表露”这个行为的彻底性，也是合适的。

另外，“表露”和修改前的“无以复加”或修改后的“淋漓尽致”搭配，都是动词和其补语的结构，其间的结构助词不能用“的”，需要改为“得”。

（二）

2021 年 10 月 8 日《四川日报》第 12 版刊登文章《军魂、丰碑，皆因信仰》。文中写道："战场上，他爱女的照片被敌人的炮火烧得只剩半截，他心痛得**无以复加**，反复**查看**反复抚摸，似乎爱女已经被敌人的炮火夺去生命。"句中"无以复加"和"查看"两个词语使用有误。

先看"无以复加"。"无以复加"含有贬义，要求其使用对象带有负面性。句中"无以复加"的使用对象是"心痛"，"心痛"确实是一种负面的感觉，但句中的"心痛"产生于"他"，而从引语所出全文可知，"他"指代的是一位战场上的英雄人物，具有正面形象，由这样一位人物所产生的"心痛"的感觉，从常理来说不同于一般的负面事物，而是令人同情的一种心理感觉，在这种语境下，"无以复加"的使用是不合适的。

再看"查看"。"查看"意为通过观察事物的情况进行检查。"查看"是一种带有检查性的看，行为主体在从事"查看"这一活动的过程中，往往带有发现线索、问题之类的目的。句中说的是行为主体"他"受疼爱的感情驱使而看"爱女的照片"，其中并没有发现线索、问题的目的，"查看"的使用不合适。

对"无以复加"的修改，可以把"心痛得无以复加"改为"心如刀绞"之类的话语。"心如刀绞"形容极度伤心、痛苦，用来形容他"心痛"的感觉是合适的。为了让叙述更自然，还可以把修改后的"他心如刀绞"改为"他只要一想到就心如刀绞"之类的话语。"查看"则可以改为"看"。"看"的意思是视线接触到，它的使用对象和适用情景都比较宽泛，用于句中是合适的。

无知 wúzhī

2020 年 6 月 29 日《证券时报》第 1 版刊登文章《下好科技监管这盘棋，护航资本市场稳定运行》。文中写道："要在茫茫大海之中摸清扇贝行踪，数清扇贝个数，恐怕只有东海龙王敢拍胸脯。正是说不清道不明的**无知**黑幕，助长了相关责任人违法违规的胆量，加大了稽查执法的难度，这恐怕是本案延宕多时的重要原因。"这段文字中的"无知"使用有误。

"无知"的意思是缺乏知识，不明事理。"无知"在使用中一般用来批评人缺乏基本的社会知识，因而被认为不明事理，如"无知妄议"。至于文化科学知识的缺乏，一般不用"无知"来形容。文中的"无知"，说的是人们对于"在茫茫大海之中摸清扇贝行踪，数清扇贝个数"的困难，这涉及"扇贝"养殖的专业知识和技能，不具备这方面的专业知识，一般不能用"无知"来形容。

可以把"无知"改为"未知"。"未知"表示不知道，但不含有批评人不明事理的意思，用于这段文字正合适。

物理 wùlǐ

（一）

2020 年 10 月 6 日《四川日报》第 4 版刊登文章《少不入川与小镇江河》。文中写道："彼时，深以为大山**物理**阻隔的不只人的眼界，还有文化。在我**短促**见识中，江河则不同。水是灵动的，水能将一时一地的性格串接并融合起来，水还更容易将人的想象和浪漫带向远方。"这段文字中的"物理"和"短促"两个词使用有误。

先看"物理"。"物理"指的是物体运动、运行的内在规律。"物理"的所指内容是抽象的，句中的"物理"用于"大山"，但"大山"是一种肉眼可见的具象事物，"物理"不能适用。

再看"短促"。"短促"的意思是很短，急促。"短促"的使用对象，一般只能是表示时间的概念或可以用时间来作计量的事物，如"短促的一天""声音短促""生命短促"。文中"短促"的使用对象是"见识"，但"见识"不能用时间来作计量，因此"短促"不能适用。

可以把"物理"删去。原句中"物理"和动词"阻隔"构成主谓关系，不好理解，实际上能够产生"阻隔"作用的是"大山"，删去"物理"以后，语意就容易理解了。可以把"短促"改为"短浅"。"短浅"意为对事物的认识狭窄而肤浅，这个意思正合于文中语境。

（二）

2020 年 8 月 24 日《光明日报》第 2 版刊登文章《"没有围墙的大学"不应仅仅是个概念》。文中写道："'没有围墙的大学'，既是指没有**物理**意义上的围墙的开放式大学，同时，它也是'校区、镇区、园区、社区'四位一体的创新载体，拟打造学校与社会深度融合的平台。"句中的"物理"一词使用有误。

"物理"是一个抽象概念，其使用对象不能为人的肉眼所见。句中的"物理"，指的是"围墙"，但"围墙"是一个具象的事物，"物理"不合使用。

可以把"物理"改为"实物"。

需要指出的一个问题是，目前把"物理"当作实物形态的事物来理解并运用的错误比较常见，出现这种情况的原因在于作者对"物理"的内部构词不了解。"物理"是一个偏正结构的合成词，在"物"和"理"这两个词素中，重点在"理"，但作者只看到了"物"而无视"理"，以至将"物理"理解为实物，出现了"物理"的使用错误。

【另按】

《现汉》对"物理"的诠释分为两个义项："①事物的内在规律；事物的道理：人情～。②物理学。"《现规》的释文与此大同小异。必须注意到的是，"物理"在古代汉语中确实是指事物之道理的意思，但进入近代，在物理学兴起并成为自然科学的基础学科以后，它的基本词义已经逐渐集中于自然科学，专指物体运动、运行的内在规律；在物理成为中学基础课程以后，“物理”的这种词义偏指已经成为社会共识。《现汉》举的书证“人情物理”是一个成语，其内部结构已经凝固，除此以外，现在很少有单用“物理”来表示各种道理的意思（实际上即使是“人情物理”，现在也有被“人情事理”和“人情世理”所替代的趋向）。“物理”词义出现的这种变化已有近百年时间，以研究现代汉语为己任的汉语词典应该关注到这种变化，并在释义中体现出来。

物美价廉 wùměi-jiàlián

2020 年 8 月 7 日《新民晚报》第 10 版刊登文章《美“网络铁幕”以私利绑架世界 》。文中有这样一句话：“中国**物美价廉**的互联网公司本有希望为这些国家建立优质普惠的网络基础设施，但在美国的强势胁迫下，这些国家改善民生、发展经济面临**额外**的阻碍。”句中“物美价廉”和“额外”两个词使用有误。

先看“物美价廉”。“物美价廉”指的是商品质量好，价钱也便宜。“物美价廉”的使用对象，应该是商品（可以包括劳务等市场服务），句中“物美价廉”的使用对象是“互联网公司”，但“互联网公司”是一种企业，在一般情况下不是商品，因此“物美价廉”的使用不合适。

需要注意的是，在企业兼并收购的时候，“互联网公司”成为一种交易标的，就可以用“物美价廉”来修饰它。但这个句子说的不是这种情况，而是它所从事的“建立优质普惠的网络基础设施”，这是“互联网公司”提供的一种市场服务，作者要表达的是“互联网公司”提供的这种市场服务“物美价廉”，但由于语句未组织好，造成“物美价廉”只能与“互联网公司”搭配，从而产生了误用。

再看“额外”。“额外”指超出确定数量或范围的。“额外”在使用中通常作为某种事务的修饰语，用以说明这种事务的属性，而这种事务本身要求具有正当性、合理性。如“额外任务”“额外支出”，“额外”所修饰的“任务”“支出”，都具有正当性或合理性。句中的“额外”修饰“阻碍”，但只要是“阻碍”，就不具有正当性、合理性，就是需要清除的对象。因此“额外”的使用是不合适的。

对于“物美价廉”，需要把它放置在合理位置。就句中的情况来说，“物美价廉”修饰的应该是“网络基础设施”，因此，宜把“物美价廉”移至“优质普惠”的前面或后面（其间应该加一个顿号），让它和“优质普惠”一起修饰“网络基础设施”。至于另一个词“额外”，可以改为“不应存在”之类的话语。

习得 xídé

2020年3月3日《中国新闻出版广电报》第1版刊登文章《社科学术期刊：给思考的芦苇插上翅膀》。文中有一个句子写道：“人类从疫情灾难中**习得**的**智慧**将**凝练**在研究成果中，研究成果将借助于社科学术期刊传播得更远。”句中的“习得”“智慧”和“凝练”三个词使用有误。

先看“习得”。“习得”指的是通过学习、练习而掌握某种能力。“习得”的指向对象通常应是手艺、技术等，表现为人的动手能力。句中“习得”的指向对象“智慧”（这个词使用也不准确，这里为叙述方便姑且沿用）表现为人的思考能力，一般不能接受“习得”的支配。

再看“智慧”。“智慧”是分析判断、发明创造、解决问题的能力。句中说的是“人类从疫情灾难中”得到的可以应用到实践中的知识和技能等，“智慧”的词义不合。

再看“凝练”。“凝练”一般用来形容文章中文字的铺排，如“这篇文章文笔凝练”。句中“凝练”的使用场景是“疫情灾难”，“凝练”不适用。另外，句中的“凝练”还出现了把形容词当作动词使用的问题，也不合规范。

可以把“习得”改为“得到”“掌握”之类的词，把“智慧”改为“经验”，“凝练”改为“凝聚”。“凝聚”的本义是指气体由稀变浓或变成液体，引申后指某种抽象事物集中在一起。“凝聚”的本义和引申义都是动词的意义，其引申义符合句中使用要求。

习以为常 xíyǐwéicháng

见第111页“结集”条。

下调 xiàtiáo

2020年8月26日《经济日报》第5版刊登报道《全年将为市场主体减负1.5万亿元》。文中有一句话写道：“未来即使资本充足率下降，也不能通过**下调**监管要求来满足，而是要有实实在在的补充资本手段。”其中的“下调”一词使用有误。

“下调”的意思是向下调整。“下调”的使用对象，通常要求是用数字表示的事物，如“下调价格”“下调利率”。句中“下调”的指向对象是“监管要求”，而“监管要求”从其内容来说虽然可能存在用数字表示的内容，但并不具备唯一性，“监管要求”中应该有更多的用非数字表示的内容，因此“下调”和“监管要求”不能搭配，“下调”的使用不合适。

可以把“下调”改为“降低”。“降低”的意思是下降，它的使用对象可以是用数字表示的内容，也可以是用非数字表示的内容，其适用范围比“下调”宽，合乎这个句子的语境。

先礼后兵 xiānlǐ-hòubīng

2021 年 1 月 20 日《南方都市报》第 2 版刊登文章《书记掌掴秘书长，极端个案背后的职场生态值得关注》。文中有一个句子写道：“**先礼后兵**，或者更严重的，动不动就大打出手，这样的粗暴方式显然**早已不合时宜**。”句中的“先礼后兵”“早已”“不合时宜”三个词语使用有误。

先看“先礼后兵”。“先礼后兵”的意思是先以礼貌的方式与对方交涉，行不通时再采用强硬的手段。在与他人进行交涉时，“先礼后兵”是一种可以肯定的交涉方式，因此这个成语有一定的褒义。在这个句子中，“先礼后兵”与“动不动就大打出手”排列在一起，一起被认为是“这样的粗暴方式”，只是“动不动就大打出手”是比“先礼后兵”“更严重的”一种“粗暴方式”，这不符合“先礼后兵”的语义。一般地说，“大打出手”含有贬义，这与“先礼后兵”的褒义在情感方向上是不一致的。“动不动就大打出手”在任何情况下都是一种被否定的“粗暴方式”，但“先礼后兵”在很多情况下则是可以肯定的，两者不能排列在一起。

“先礼后兵”产生的这个误用，与对这个成语中的“兵”的理解不当有关。这个成语的原始意义是两国产生摩擦，先使用外交手段，再出兵强制对方接受己方要求，“兵”在其中指的是武力。但在当下的使用中，“兵”虽然仍可表示武力的意思，但在“先礼后兵”这个成语中，它只是与表示礼貌的“礼”相对而存在，表示不再讲礼貌，而是采用强硬的手段逼迫对方接受。比如在现实生活中，某甲遇到某乙侵犯自己合法权益，先是与某乙交涉，希望他停止这种侵犯，但如果某乙对某甲的这种合理要求置之不理，继续侵犯行为，某甲就可以对某乙提起法律诉讼。某甲对某乙的这整个行为过程就是“先礼后兵”，不能将其称为“粗暴方式”。

再看“早已”和“不合时宜”。“早已”的意思是很早就已经，表示动作行为或情况已经发生多时。“不合时宜”的意思是不合时势需要或与世情不相合。分析这两个词语的使用错误，先要看“不合时宜”的使用问题。“不合时宜”的使用对象，可以是某种说法或做法，但这个说法或做法孤立地看并没有什么错，而是放在某个特定的时空场合不宜说不能做，假设时空场合出现了变化，某种说法或做法就是可以的了。这决定了“不合时宜”的一个使用特点，它的使用对象虽然在某个特定的时空场合可以被否定，但就它的内容来说，并不是具有完全负面性的事物，比如某人邻居家正在办丧事，他如果此时在自己家里唱小曲，就是一种“不合时宜”，按理说唱小曲并不是坏事，但在邻居家办丧事这个特定的时空环境下它就成了一件不好的事。句中的“不合时宜”，其使用对象是“这样的粗暴方式”。但是，“这样的粗暴方式”本身就具有负面色彩，不论在什么样的时空环境下，这都是不能肯定的，因此，“不合时宜”在句中的使用是不合适的。

明白了“不合时宜”的使用错误，“早已”的使用错误也就方便理解了。说一种动作行为或情况已发生多时，但不管时间有多长，都意味着这种动作行为或情况在此之前是不存在的，比如“他早已结婚了”，就表明“他”在“结婚”之前有过未结婚的时候。句中的“早已”和“不合时宜”连用在一起，其使用对象是“这样的粗暴方式”，这就意味着“这样的粗暴方式”曾经被认为是合乎时宜的，这显然不合情理。“这样的粗暴方式”永远是被否定的对象，“早已”的使用不准确。

可以把“先礼后兵”改为“出言不逊”“恶语相向”之类的话语。“出言不逊”“恶语相向”都是需要否定的“粗暴方式”，又比“动不动就大打出手”在程度上要轻一些，选择其中之一与“动不动就大打出手”排列在一起，并放在“动不动就大打出手”的前面，是合适的。通常来说，“早已”可以改为“从来”之类的词，但句中在同样位置有一个“显然”的修饰语，再用“从来”显得叠床架屋，不是很好，因此可以把“早已”删去。“不合时宜”则可以改为“不足取”之类的话语，“不足取”意为不可以采取，表示对使用对象的否定，用在句中是合适的。

鲜明 xiānmíng

（一）

2020 年 10 月 10 日《广州日报》第 6 版刊登报道《两狗咬坏私家车，维修费谁埋单？》。文中写道：“即将于明年实施的民法典对饲养动物损害责任进行了规定，**鲜明**的归责原则给被侵权人提供了更为科学合理的维权依据。”句中“鲜明”一词使用有误。

“鲜明”，一是指物品的色彩鲜艳，引人注目，如“色彩鲜明”“旗帜鲜明”；二是指态度分明而确定。在现代汉语中，“鲜明”用得比较多的是后一个意思，其使用主体主要为人的态度或文章的题旨意向。这个意思的“鲜明”，其使用主体有一个特点，它不需要行为主体直接显示其态度，但人们可以清晰地看出其意图，如说一个人“观点鲜明”“态度鲜明”，并不表示这个人直接把“观点”或“态度”表示了出来，而是说他的言谈让人明白地感觉到了他的“观点”或“态度”；说一部文艺作品“主题鲜明”，并不表示作者在作品中直接把“主题”说了出来，而是说作者通过作品的故事、人物形象、语言等文艺要素的成功组合把其意图表示了出来。句中“鲜明”的使用主体是“民法典”，但“民法典”是一种法律文本，它需要把法律制定者的态度明白无误地表示出来，否则句中所谓“给被侵权人提供了更为科学合理的维权依据”也是无从说起的，因此“鲜明”不能适用。

可以把“鲜明”改为“明确”。“明确”意为清晰明白而确定无疑，“民法典”作为一种法律文本，是一种科技体文章，需要有清晰明白确定无疑的表述，而不是让接受者像阅读文艺作品一样通过自己的感悟体会出来，因此“明确”是一个合用的词。

（二）

2022年7月21日《解放日报》第7版刊登文章《行动代号：“1243”》。文中有一句话写道：“封企曾不同于一般的潜伏特务，他是武装匪徒，具有**鲜明**的暴力特征，如果不及时捕获，随时可能对各界人士造成严重危害。”这个句子中的“鲜明”一词使用有误。

“鲜明”是一个褒义词，不管是用于物品还是用于人的态度、立场，都要求其使用对象具有正面色彩，是物品表示作者对其的喜爱，是人的态度、立场，则表明作者对其的肯定。句中“鲜明”的使用对象是“暴力特征”，这是人的一种性格特征，通常具有负面评价，而从句中可知，这个“暴力特征”的所有者“他”（指代句中的“封企曾”）是一个“武装匪徒”，这个身份也是具有负面色彩的。由此可见，“鲜明”在句中的使用不合作者在这个句子乃至引语所出文章的情感倾向。

可以把“鲜明”改为“明显”。“明显”意为清楚地显露。句中说的是“他”的“暴力特征”能够让人很清楚地看出来，使用“明显”是合适的。“明显”是个中性词，其使用对象正负形象皆可。

鲜艳 xiānyàn

见第28页“成熟”条。

嫌疑人 xiányírén

2020年2月25日《扬子晚报》第8版刊登报道《就是他！28年前南医大奸杀案凶嫌被擒》。文中有句话写道：“2月23日凌晨，发现居住在南京市玄武区某小区的麻某钢DNA数据与**嫌疑人**完全一致，具有重大作案嫌疑。”句中的“嫌疑人”使用有误。

“嫌疑人”指的是有犯罪嫌疑但尚未被证实的人。“嫌疑人”是一个法律概念，在法律上应是指被公安机关锁定等待抓捕或已被拘押的人，在表现形式上属于自然人，他们是否确实犯罪，还需要司法机关审理，但不管怎么说，“嫌疑人”必须是一个人。在这个句子中的“嫌疑人”，从引语所出全文可知，即为“居住在南京市玄武区某小区的麻某钢”，而他刚刚被抓捕，说他的“DNA数据”和“嫌疑人”“完全一致”，反而导致读者认为“麻某钢”和“嫌疑人”是两个人，但这是不符合事实的。

从引语所出全文可以知道，这篇报道说的是一桩强奸杀人案的侦破，犯罪者在被害人体内留下了精液，公安机关从中检出了DNA数据并一直留存，而

"麻某钢"被抓获后，从其身体获取的DNA数据与公安机关留存的DNA数据"完全一致"。很显然，句中是把"DNA数据"与"嫌疑人"混为一谈了，但这与"嫌疑人"的词义不合。

一般地说，可以把"嫌疑人"改为"公安机关掌握的DNA数据"之类的话语。但这样的说法有点拖沓，改为"相关证据"就可以了，至于具体是什么证据，读者可通过上下文得到理解。

【另按】

《现汉》未收"嫌疑人"一词，但收有"嫌疑犯"。其实，"嫌疑犯"一词是历史旧词，它因不合现代法治理念而已经被弃用。一个人即使被公安机关抓捕，有重大的犯罪嫌疑，但只要尚未经司法机关判决有罪，就还不是罪犯，依然享有其作为公民的各项法律权利。而"嫌疑犯"这个词把还是停留在嫌疑阶段的人归到犯人的类别，是对这类人员所拥有的合法权利的侵犯，也极容易导致冤案的产生。因此，在现代汉语的实践中，"嫌疑犯"这个词已经被废弃，而改用"嫌疑人"。这是社会的进步。《现汉》收"嫌疑犯"而无视已出现多年的"嫌疑人"，脱离了现代汉语的应用现实，是需要改正的。

显赫 xiǎnhè

2020年12月27日《新民晚报》第12版刊登文章《真，是最可贵的才》。文中写道："叶辛出名很早，上世纪90年代初当上了中国作协副主席、全国人大代表等诸多**显赫**的职务和**头衔**，但他为人谦虚，没有架子，与他交往二十多年，感到他就是一位善良的大哥，热情的朋友。"句中的"显赫"和"头衔"两个词使用有误。

先看"显赫"。"显赫"指的是盛大显著。"显赫"的使用对象一般应是功勋、名声、权势等。值得注意的是，"显赫"在使用中依指向对象的不同而显示出褒扬和贬低两种对立的情感，当使用对象为功勋、名声等的时候，"显赫"表现为褒义，如"功劳显赫""声名显赫"，而当使用对象为权力等的时候，"显赫"则表现为贬义，如"权势显赫"。句中"显赫"的使用对象是"职务和头衔"（这里的"头衔"存在使用不当的问题，下文再议），而"职务和头衔"都表示一种权力，但作者在句中对"职务和头衔"的使用对象"叶辛"表示的是很尊敬的态度，"显赫"的使用使作者要表达的情感出现了扭曲，是不妥的。

再看"头衔"。"头衔"指的是官衔、学衔、职称等的名称。句中的"头衔"和"职务"并列使用，看得出作者是把"职务"用来指"中国作协副主席"，把"头衔"用来指"全国人大代表"，并且是把"头衔"作为不同于"职务"的概念来使用了。但是，"头衔"虽然确实和"职务"有区别，但用它来指"全国人大代表"这一身份仍是不合适的，按照我国的政治制度设计，"人大代表"并不是一种官衔、学衔或者职称，因此，"头衔"的使用是不合适的。

另外，“头衔”在句中和“职务”一起作了“当上”的宾语，但“当上……职务”能够搭配，“当上……头衔”却是不能够搭配的。

一般来说，可以把“显赫”改为“重要”，把“头衔”改为“身份”。但这样改了以后，“身份”仍然不能作“当上”的宾语。因此，这个句子的修改还宜把“职务”和“头衔”（或修改后的“职务”和“身份”）分开来说，可以把原句中的“当上了中国作协副主席、全国人大代表等诸多显赫的职务和头衔”改为“当上了中国作协副主席，有了全国人大代表等诸多重要身份”。这样修改后，“当上”的宾语只有“中国作协副主席”（原句中的“职务”不必再使用），“身份”另有“有”作它的支配语，句子就通顺了。

相提并论 xiāngtí-bìnglùn

2020年11月3日《光明日报》第9版刊登报道《三百年“高龄”俚曲登戏台重获新生》，介绍一种名为“聊斋俚曲”的国家级非物质文化遗产。文中写道：“它用明清俗曲作曲牌，以白话方言为载体，用曲牌联套为结构形式，以唱白相间、散韵交织作文体，编织成了包含小曲、说唱、戏曲等多种艺术形式在内的艺术综合体，是堪与《聊斋志异》**相提并论**的俗文化代表。”这个句子中的“相提并论”使用有误。

“相提并论”指的是把不同的或相差很大的人或事物混在一起来谈论或看待。“相提并论”在使用中要求其使用对象不止一个，并且这些使用对象要有很明显的不同之处或相差悬殊，如“小说和新闻报道不能相提并论”，因此它通常用于否定句式中。如果使用对象是存在很大相同点的人或事物，“相提并论”就不适用。句中的“相提并论”，其使用对象是“它”（即“聊斋俚曲”）和“《聊斋志异》”，但作者认为这两个事物有很大的共同点，在这种情况下，“相提并论”是不适合使用的。

可以把“相提并论”改为“相媲美”之类的话语。“媲美”的意思是美好的程度差不多，这个意思用于句中正合适。

响应 xiǎngyìng

2021年6月12日《工人日报》第2版刊登报道《医药零售业如何实现数字化转型？》。文中有句话写道：“为顾客创造新价值的同时创造新模式，这个新价值新模式就是如何离消费者更近，如何更高效**响应**消费者，提高效率，降低成本。”句中的“响应”一词使用不妥。

“响应”指的是用言语和行动表示赞同、支持某种号召或倡议，又表示在各种突发性公共事件发生时，政府相关部门出台相关措施部署应对。句中用的是前一个意思，但“响应”在这样用的时候，其指向对象通常应是号召、倡议等具有抽象性的内容。句中“响应”的指向对象是“消费者”，但“消费者”是人，具有具象性，“响应”不能对其产生支配作用，使用不合适。

“响应消费者”的问题是动宾不能搭配，在修改时通常可以考虑改用一个能够支配“消费者”的词，但在这里却不合适，因为这样做容易使改后的语意与作者原意产生差异。可以把“消费者”改为“消费者需求”，这样“响应”的指向对象就是抽象的“需求”，“响应”可以对它产生支配作用。

【另按】

《现汉》对“响应”的解释存在义项遗漏。《现汉》为“响应”提供的释义只有一个义项，即“回声相应，比喻用言语行动表示赞同、支持某种号召或倡议”，几十年来《现汉》的多个版本一直是这样解释“响应”的，没有变化。但是，从21世纪初开始，中国政府开始探索建立突发公共事件应急响应机制，国务院早在2005年1月发布的《国家突发公共事件总体应急预案》中就提出了“应急响应”的概念，将自然灾害、事故灾难、突发公共卫生事件、社会安全事件等纳入政府紧急救助机制，并按事件严重程度确立了四级响应机制。这套机制在十多年的社会治理中起到了非常重要的作用，“响应机制”已成为国人耳熟能详的一个词语，“响应”也因此产生了新义。辞书在记录旧有词语新义上会有一定的滞后，这是正常的，但《现汉》在2012年6月和2016年9月出版的第6、7两个版本中，本有足够的时间注意到“响应”这个新产生的词义，却一直付诸空白，这不能不说是一个重大的遗漏。

相貌 xiàngmào

2020年7月27日《北京晚报》第21版刊登文章《让小说回到审美艺术的轨道》。文中有这样一段话：“她的作品有着与通常所见文学期刊的小说不一样的**相貌**和**气质**，例如重视故事到了精雕细琢的地步，其中甚至不乏在远离日常的历史纵深中‘创世’的魄力——这些仿佛都不该是她这个**代际**的作者笔下应该有的东西，如果有，也应该在网络小说中。”文中“相貌”“气质”和“代际”这三个词使用有误。

先看“相貌”和“气质”。“相貌”意为人的面部长的样子，“气质”指的是人在日常工作、生活中经常表现出来的个性特点。“相貌”和“气质”的使用对象都只能是人，文中把这两个词用于“她的作品”和“文学期刊的小说”，这超出了这两个词的使用范围。

再看“代际”。“代际”指的是两代人之间，如“代际矛盾”“代际情感”。句中说的是人的某一代，“代际”的使用不合词义。

对“相貌”和“气质”的修改，关键在于要搞清楚作者通过这两个词想要表达什么。不管是“她的作品”还是“文学期刊的小说”，都没有“相貌”，也不会表现出“气质”，作者想要说的可能是这两者外在的情节组织和内在的思想特点或艺术特点，如果这样的理解大致不错的话，可以把“相貌”改为“结构”之类的词，把“气质”改为“风格”之类的词。至于“代际”，则可以把“这个代际”改为“这一代”。

骁勇 xiāoyǒng

见第175页“曲直”条。

消散 xiāosàn

2020年8月24日《文汇报》第7版刊登文章《体验神秘的玛雅古城》。文中有这样一个句子：“置身其中，这些恢弘的遗迹和文物，与当下的世界如此格格不入，这一千多年前属于僧侣、工匠、星相师和农人的社会究竟是如何**消散**的呢？”句中的“消散”一词使用有误。

“消散”指的是烟雾、气味、热力等渐渐散开直至消失，也指人的某种情绪散释直至消失。由词义可知，“消散”的使用对象有一定的限制，一是烟雾、气味、热力等这些有形、有味、能感知的自然现象；二是人的情绪，它们有一个共同点，都可以表现出渐渐散开、散释的过程。句中“消散”的使用对象是“社会”，它不是自然现象，也不是人的情绪，因此“消散”不适用。

可以把“消散”改为“消失”。“消失”意为人或事物隐去，不再存在，“社会”是一种事物，使用“消失”正合适。

些许 xiēxǔ

2020年6月7日《文汇报》第8版刊登文章《他是上海男人》。文中有这样一个句子：“有一时段，我们会隔三差五在咖啡馆相遇，他身边簇拥着**些许**美女，我都不好意思与他招呼，倒是他大大方方、磊磊落落地向我伸出手来，热情地寒暄一番。”句中的“些许”一词使用有误。

“些许”的意思是少许，少量。这个词的使用对象主要体现在两个方面，一是表示物品的量比较少，如“炒菜时放味精些许即可”；二是形容事物的程度不深，如“体温有些许升高”“见报文章出现了一个错字，我些许有点不高兴”。“些许”不能用于形容人的数量。句中的“些许”用于形容“美女”，但“美女”是人，不能接受“些许”作为它的形容语。因此，“些许”的使用是不合适的。

可以把“些许”改为“几位”“几个”之类的话语。句中对“美女”的数量并未说明，事实上句中说的并不是“他”的一次性活动，而是“我”经常见到“他”在“咖啡馆”出现时的一种常态性表现，“他身边”出现的“美女”并不是每一次都是同样人数，“几位”或“几个”的使用与这种不确定状态是吻合的。

但需要注意的是，不能把“些许”改为“一位”或“一个”，句中用到了“簇拥”一词，这也排除了只有“一位”或“一个”的情况，因为在这种情况下构不成“簇拥”的状态。

心事 xīnshi

见第 26 页“场面”条。

心照不宣 xīnzhào-bùxuān

（一）

2021 年 8 月 5 日《光明日报》第 1 版刊登报道《这样的爱情更有滋味》。文中有一个句子写道：“张廷芳和次旺俊美毕业抉择时**心照不宣**、艰苦生活中默默扶持，用一辈子的坚忍与执着，一辈子的扶持和守望，诠释了爱情的美好意蕴。”句中的“心照不宣”使用有误。

“心照不宣”的意思是彼此心里明白，不必一定要说出来。句中说的是行为主体“张廷芳和次旺俊美”在需要“抉择”时心意一致，彼此没有通气或商量就作出了共同的行动，“心照不宣”与此意思不合。

可以把“心照不宣”改为“心心相印”。“心心相印”表示彼此思想感情完全一致，通常用来形容行为主体双方的互相理解和支持，此处使用“心心相印”正合适。

（二）

2020 年 9 月 15 日《新民晚报》第 4 版刊登报道《“3＋11”：自始至终闭环管理》。文中有一个句子写道：“距离出发时间还有 1 个多小时，不少旅客陆陆续续下楼，拖着行李，**心照不宣**地保持着一定距离，前后并无交谈。”句中的“心照不宣”使用有误。

“心照不宣”在使用中要求其行为主体所涉及的各人、各方之间心里都存在对对方的不满或要求，同时了解对方的心思，但为了不伤和气，各个行为主体都不把想法说出来。引语所出全文说的是在防范新冠肺炎疫情传播的特殊时期，句中“心照不宣”的行为主体“不少旅客”在排队时默契地“保持着一定距离”，但是他们彼此之间对其他人并无意见，在这种语境下，“心照不宣”的使用是不合适的。

可以把“心照不宣”改为“自觉”之类的词。“自觉”的意思是自己对事情有所认识并按这种认识行事，这正合于句中的表达。

（三）

2021 年 2 月 16 日《羊城晚报》第 4 版刊登文章《〈你好，李焕英〉赢在贾玲的真心》。文中有一个句子写道：“当手拿小雏菊、骑着自行车的乔杉意气风发登场时，不用剧情交代，一个脸部特写镜头就已让观众**心照不宣**。”句中的“心照不宣”使用有误。

使用“心照不宣”，还要求它的行为主体必须是两人（包括两人以上的多人）或两方（包括两方以上的多方），如果只有一人或单个方面，由于不存在与人对话的条件，因此没有在规定场景下把心里的想法说出来的可能性，在这样的情况下，“心照不宣”是不合适使用的。句中“心照不宣”的使用主体是“观众”，但“观众”只是一个方面，句中缺少与之对应的另一个方面，“心照不宣”的使用不合适。

当然，在分析这个句子时，还要考虑到两种情况，一是“观众”和句中的“乔杉”是两方面的人，似乎可以对应；二是“观众”是一个集合概念，一个剧场里通常不会只有一个“观众”，因此可以理解为“观众”自身存在不止一个方面，从而可以在他们内部产生对应。但是，从引语所出全文可知，句中说的是“观众”在看电影时的情景，“观众”面对的“乔杉”是出现在这部电影中的一个演员，两者之间无法进行交流，因此不能对应；而“观众”之间即使可以交流，通常也不会在彼此之间产生疙瘩并且为对方所了解。根据这样的分析，即使考虑到这种情况，“心照不宣”仍然是不合适用的。

可以把“心照不宣”改为“心领神会”之类的话语。“心领神会”的意思是不用对方说明，心里就明白对方的意思，在观看电影的场景中，当一个角色（在这个句子中即由“乔杉”饰演的角色）出现的时候，“观众”对接下来的情节能够大致明白是可能的，因此“心领神会”用在句中是合适的。

星罗棋布 xīngluó-qíbù

（一）

见第 175 页“曲直”条。

（二）

2021 年 8 月 16 日《新民晚报》第 1 版刊登报道《随手一丢的人，你也在其中吗》。文中有一个句子写道：“在双江路站看到的一幕，更令他吃惊——草丛中、围栏上、绿化带里，各色口罩**星罗棋布**。”句中的“星罗棋布”使用有误。

“星罗棋布”的意思是像星星似的罗列着，像棋子似的分布着，通常形容事物多而密集。“星罗棋布”含有褒义，通常要求其使用对象具有正面性。句中的“星罗棋布”，其使用对象是“草丛中、围栏上、绿化带里”的“各色口罩”，实际上就是人们使用过而丢弃的生活垃圾，从社会常态来说不再具有正面性，句中的“他”对这种现象表示“吃惊”，可见其也不认为这种情况具有正面性。在这种情况下，“星罗棋布”的使用是不合适的，不符合世情常态。

可以把“星罗棋布”改为“到处都是”之类的话语。

惺惺相惜 xīngxīng-xiāngxī

2020 年 2 月 8 日《解放日报》第 8 版刊登文章《程十发：能看到这些画，是一种幸福》。文中写道：“清代画史著作《国朝画征录》中这样评价陈洪绶：‘画人物躯干伟岸，衣纹清圆细劲，有公麟、子昂之妙，设色学吴生，其力量气局超拔磊落，在仇（英）、唐（寅）之上，盖三百年无此笔墨也’。李公麟、唐寅等也是程十发深爱的画家，可谓是**惺惺相惜**。”这段文字中的“惺惺相惜”使用有误。

“惺惺相惜”指的是聪明人之间的互相怜惜，现在通常泛指志趣、性格、才能或境遇相同的人互相理解和同情并且尊重、敬重、提携。使用“惺惺相惜”，要求其行为主体必须是在同一时间段共同存在的，并且产生交往，只有这样，他们才能够产生互相怜惜、互相理解、互相尊重、互相提携的各种感情和行为。

在这段文字中，“惺惺相惜”的行为主体是“李公麟”“唐寅”和“程十发”三个人（文中“李公麟、唐寅”后有一个“等”字，表明还有其他人，这里为叙述方便而忽略），但读这段文字可知，“李公麟”和“唐寅”是出现于“清代画史著作《国朝画征录》”中的两个人物［即引用这本书中“评价陈洪绶”话中的“公麟”和“唐（寅）”］，表明他们应是“清代”人或“清代”以前的人（事实上李公麟是北宋人，唐寅是明代人），而另一位“程十发”从引语所出全文可知是当代人。这样三个相隔很远的不同时代的人，没有共同生活在世的经历，也就不可能有交往，因此，“惺惺相惜”的使用是不合适的。

可以把“可谓是惺惺相惜”改为“说起他们来可谓是如数家珍”之类的话语。对于生于后世的“程十发”来说，“李公麟”和“唐寅”都已是历史人物，他可以对生于前世的这两位历史人物有各种感情和行为，但这种感情和行为只能是“程十发”单方面作出的，“如数家珍”准确地表达了他对两位历史人物“深爱”的态度，因此是一个适用的词语。

行为 xíngwéi

（一）

2021 年 1 月 31 日《南方日报》第 6 版刊登文章《生命教育的实践与思考》。文中有这样一句话：“患者在医院的日常生活中目睹了很多死亡的事实，他的内心对死亡充满了焦虑和恐惧，我们要善于读懂他们不安**行为**背后的真正含义。”句中的“行为”一词使用有误。

“行为”指的是人受自己思维支配而表现出来的行动。“行为”说的是人的各种活动，一般可以让别人看到。句中的“行为”与“不安”搭配在一起，但“不安”是人的一种情绪，他人只可能感觉到而不可能直接看到。当然，一个人在出现“不安”情绪的时候，常常会在“行为”上表现为失常、反常，从而被他人观察到，但就“不安”这一情绪来说，它不属于“行为”的范畴，因此把“不安”归属于“行为”是不妥当的。

一般可以把“行为”改为“情绪”之类的词。当然，作者要说的可能确实是行为主体“患者”因为“不安”而在“行为”上表现得反常或失常，那么，也可以把“不安行为”改为“不安情绪及由此产生的失常（反常）行为”

或“因为情绪不安而产生的失常（反常）行为”之类的话语。

（二）

2020年7月30日《羊城晚报》第11版刊登文章《享受静音时的淡定》。文中写道：“着火了该怎么办，地震发生了该怎么办，这些分门别类的演习都会要求你别出大声，这是进入演习后的第一个**行为**！”句中的“行为”一词使用不妥。

“行为”指的是人做的事，一般不能用来指人没有做的事。句中的“行为”指的是“别出大声”，对于行为主体“你”来说，“出大声”是没有做的事，“行为”不适用。

可以把“行为”改为“行为规范”。句中说的是“演习”中的场景，而“演习”通常是通过训练让参与者熟练各种行为要求的一种活动，“别出大声”可以理解为“演习”组织者对“你”提出的要求，那么，使用“行为规范”是合适的。

（三）

2021年6月7日《广州日报》第13版刊登报道《交完学费才知道培训机构是虚假宣传，钱能退吗？》。文中有这样一个句子：“欺诈的一方须出于故意，或者是以欺诈为手段引诱对方当事人与其订立民事法律**行为**，或者是订立民事法律**行为**的行为本身就是欺诈。”这个句子中有三个地方用到了“行为”一词，其中前两个“行为”的使用存在问题。

这个句子中的前两个“行为”，都出现在“订立民事法律行为”这个短语中，两个“行为”都作了“订立”的宾语。但是，“订立”的意思是双方或几方把商定的事项用书面形式确定下来，因此“订立”的指向对象通常要求是具有文本形式的事物，如“订立条约”“订立合同”等，“行为”不属于这样的内容，不能接受“订立”的支配。

这两个“行为”都应改为“合同”或“合约”。“合同”“合约”都是文本类事物，可以接受“订立”的支配。

句中第三个“行为”指的是“订立民事法律合同（合约）”这件事，这件事本身是人所做的事，这个“行为”的使用没有问题。

行踪 xíngzōng

见第6页“百无聊赖”条。

形影 xíngyǐng

（一）

2020年9月29日《四川日报》第14版刊登文章《探幽冰川湖》。文中有一个句子写道：“在一片清浅的水域，果然发现桃花水母的曼妙**形影**。”句中的“形影”使用有误。

“形影”指的是形体和它的影子。一个形体能够产生影子，要有一定的条件，是在有日照的时候，日光被这个形体挡住而映射在地面或其他物体上的形象。如果是阴天或在日光照射不到的地方，形体很难产生影子，“形影”就不能适用。句中的“形影”，其使用对象为“桃花水母”，而这个“桃花水母”按句中所述是在一处“水域”，在一般意义上，“水域”中的事物是日光不能直接照射到的，不会产生影子，因此“形影”一词在句中不能适用。

可以把“形影”改为“身影”。与“形影”指形体和其影子两个主体不同的是，“身影”既可指身体的影子，也可指身体本身，其使用主体只有一个。句中说的是“桃花水母”在“水域”中的身体本身，使用“身影”是合适的。

（二）

2020 年 5 月 2 日《光明日报》第 5 版刊登一篇文章，题为“一个时代的**形影**”。这个标题中的“形影”一词使用有误。

“形影”在使用中对其使用主体通常要求是成双成对的，如“形影不离”“形影相吊”。句中的“形影”，从引语所出全文可知，它指的是一套丛书（全文是一篇书评），这是一个单个的使用对象，“形影”不适用。

需要注意的是，“形影”在句中说的是一套丛书，而丛书是由多本书组成，那么“形影”是否能适用呢？这套丛书在句中是一个整体，在引语所出全文中，作者并没有把它们分开来说，因此它应该视为一个单个的使用对象，“形影”的使用是不合适的。

这篇文章中有这样一个句子：“这套丛书不过是浩瀚资料的一部分，但说是新文化运动的一个缩影也未尝不对。”这里用“缩影”来称说“这套丛书”，而“缩影”是指可以代表或反映某一类型的人或事物，这个意思正合于题中需要，因此，可以把“形影”改为“缩影”。

休养生息 xiūyǎng-shēngxī

（一）

2020 年 12 月 17 日《解放日报》第 11 版刊登文章《漫长的告别，亦是相聚》。文中写道：“只要回到娘家，于辉就能**休养生息**，从中年返回少年。”这个句子中的“休养生息”使用有误。

“休养生息”指的是一个国家或一个地区遭受战争、重大自然灾害等，社会发生大动荡后，政府或其他权力机构采取轻徭薄赋等措施，这个国家或地区的社会恢复元气，经济活跃，人民安定并繁衍人口。“休养生息”的使用对象可以是一个国家或一个地区，但不能是单个的人。句中的“休养生息”用于“于辉”这一个单个的人身上，不符合这个词语的使用要求。句中说的是“于辉”在“回到娘家”以后能够得到休息，“休养生息”不适合使用。

可以把“休养生息”改为“身心放松”之类的话语。

（二）

2022年7月18日《新民晚报》第8版刊登报道《夜鹭的凝视》。文中写道："苏州河道变清后，两侧堤岸步道贯通，路边种植树木，便经常有鸟光顾。人类不出来走动的时段，成为野生动物**休养生息**的**季节**。"这个句子中的"休养生息"和"季节"两个词语使用有误。

先看"休养生息"。"休养生息"在文中的行为主体是"野生动物"，在政府或其他权力机构出台了相关政策，要求人们对"野生动物"不干扰、不捕猎的背景下，把"休养生息"用于"野生动物"是可以的。但是，"休养生息"是一个需要较长时间的过程，文中说的是"人类不出来走动的时段"，由于文中设定的环境是在城市道路的"路边"，按人类通常的生活习惯，这个"时段"只能是在夜间，在大城市里更是只能在深夜，其时间通常都是比较短暂的，与"休养生息"所需要的时间不能切合。文中说的是"野生动物"在这个"时段"里出来活动，"休养生息"的语义也与此不合。

再看"季节"。"季节"指的是一年中在某一方面具有明显特点的时期。"季节"虽然并无明确的起讫时间，但通常要求能够持续一定天数，有一定的时间长度，只在一天之内的时间段不能称为"季节"。文中的"季节"，指的是"人类不出来走动的时段"，但这个"时段"通常是在夜间甚至深夜，不足一天，"季节"的使用与词义不合。

可以把"休养生息"改为"活动""出没"之类的词。引语所出文章是一篇介绍城市野生动物生存状况的报道，作者对野生动物赋予了喜爱的情感，根据这个特点，如果把"休养生息"改为"撒欢"，以体现这种情感，也是可以的。"季节"则可以改为"时候"或"时节"。

【另按】

《现汉》和《现规》对"休养生息"的注释都不够准确。《现汉》释"休养生息"为："指在国家大动荡或大变革以后，减轻人民负担，安定生活，发展生产，恢复元气。"这个释义的问题在于，把"休养生息"限制在是整个"国家"内部发生的事情，但实际上与"国家"并不等同的"地区"也可以"休养生息"，可以是小于"国家"如遭遇疫情危害之后的一个城市，也可以是大于"国家"如遭遇金融危机后的欧盟地区，因此用"国家"来限制"休养生息"的使用对象是不合适的。

《现规》对"休养生息"的释义是："指在战争或其他原因引起的大动荡之后，采取安定社会秩序、减轻人民负担、恢复生产、增殖人口等措施。"《现规》的释义没有规定使用对象，这是它比《现汉》做得好的地方，但它用"采取……措施"的句式把"休养生息"解释为一种措施，这是不准确的。"休养生息"是一种状态，而不是政策措施，一些政策措施可以达到"休养生息"的效果，但这个政策措施本身并不是"休养生息"。

修理 xiūlǐ

见第32页“重新”条。

宣示 xuānshì

2020年10月24日《解放日报》第11版刊登文章《科学与理性，回归与出发》。文中有一句话写道：“日前，‘大家小书·科技卷’——刘仙洲所著的《中国机械工程发明史》与钱伟长所著的《中国历史上的科学发明》在中国国际服贸会上正式亮相，**宣示**了大家小书突破了200种大关。”句中的“宣示”一词使用有误。

“宣示”的意思是公开表示，对外界宣布。“宣示”的指向对象通常是与政治有关的主张、态度和立场等，句中说的“大家小书突破了200种大关”，从内容看，这是一个事件而不是行为主体的观点或立场，“宣示”不能适用。

可以把“宣示”改为“宣告”或“宣布”。“宣告”和“宣布”都是向外界公开信息让大家知道的意思，它们的指向对象可以是观点立场，也可以是某个事件。但两者还是有细微区别的，前者可以以这个事件发展过程中的某个节点来体现，后者则需要在某个节点成为事实后，另行从事相关行动来体现。就“大家小书突破了200种大关”这件事来说，“刘仙洲所著的《中国机械工程发明史》与钱伟长所著的《中国历史上的科学发明》在中国国际服贸会上正式亮相”是它的节点，这个节点完成，行为主体不必做另外的事就让外界知道了“大家小书突破了200种大关”这件事，这是“宣告”；而在这个节点完成后，行为主体从事另外的行动，比如举行新闻发布会，在媒体上刊登文章等，告知外界相关信息，这是“宣布”。

另外，原句“大家小书·科技卷”上加了引号，后面出现的“大家小书”也应加上引号。“宣示”和后面的“突破”都加了时态助词“了”，造成语句拖沓，应把前一个“了”删去。在把“宣示”改为“宣告”或“宣布”后，这个“了”仍应删去。

学生 xuéshēng

2020年6月28日《解放日报》第2版刊登文章《“快时代”，还容不容得“慢权利”》。文中有这样一句话：“在健康码这个例子中，各地已有一些灵活的做法，例如有些地方，老人和**学生**可以由**监护人**申请纸质版的健康码随身携带，即使不懂操作，同样能够享受到科技的护佑。”句中的“学生”和“监护人”两个词语使用不妥。

先看“学生”。“学生”指的是在学校读书的人。在这个句子中，“学生”是和“监护人”（“监护人”这个词使用也不妥，这里为叙述方便权且沿用）对应使用的。但是，“学生”是一个指称内容比较广泛的概念，其中的小学生、中学生，他们大都在年龄 18 周岁以下，还是未成年人，按我国法律需要“监护人”的监护，因此可以和“监护人”对应。但是除此以外，“学生”中还有大学生和成人学校学生，他们大都已经超过 18 周岁，不再需要“监护人”的监护，由此可见，“学生”在句中的使用出现了外延过大的问题，这个概念的使用是不合适的。

再看“监护人”。“监护人”指的是对无民事行为能力人和限制民事行为能力人的人身、财产和其他一切合法权益负有监护职责的人。“监护人”的主要职责，主要体现在对 18 周岁以下的未成年人和精神病人的监护上，这两类人的特点都是不能对自己的行为负责，故而需要有人进行监护。句中的“监护人”和“老人”“学生”对应，和“学生”对应的不合适已在上文指出，而和“老人”的对应，由于“老人”在法律上并不是需要监护的对象，因此即使是其中受子女赡养的“老人”，子女也不是他们的“监护人”。“监护人”在这个句子中只能和“老人”“学生”中的部分人（如前者中的精神病人，后者中的低幼儿童）产生对应关系，和更多的人则不能对应，因此，“监护人”的使用不妥。

可以把“学生”改为“低幼儿童”，把“监护人”改为“家人”。“低幼儿童”中有“学生”，但排除了其中的成年人。“家人”则既可对应“老人”，也可对应“低幼儿童”。

雪上加霜 xuěshàng-jiāshuāng

2020 年 2 月 29 日《南方日报》第 8 版刊登报道《南方 + 直播“带货”，4 万斤小番茄售罄》。文中写道：“春节至今，由于受到疫情影响，此前销往北京、浙江等市场的需求量大大萎缩，不到平时的 10%。更**雪上加霜**的是，物流也不顺畅。”文中“雪上加霜”的使用不妥。

“雪上加霜”说的是已经下了雪又来一场霜，现在通常用来比喻原有的困难没有解决，新的困难又压上来了。这是一个成语，它的语义内部已经有程度增加的意思，文中在它前面又加上了一个表示程度增加的副词“更”，造成了语意重复，这是没有必要的。

应该把“雪上加霜”前的“更”删去。

【另按】

《现汉》对“雪上加霜”的注释不准确。《现汉》的释文是：“比喻一再遭受灾难，损害愈加严重。”这条释文给出了“雪上加霜”的比喻义而忽略了它的本义，但对于一个词来说，总是先有本义再在本义基础上衍生出比喻义，如果词典只给出比喻义而忽略本义，就不能全面揭示词义。因此，尽管“雪上加霜”的本义在语用实践中已经很少见到，但词典仍然应该揭示。当然，由于“雪上加霜”的本义确实很少用到，词典可以不必为其单列义项，而是在诠释比喻义时提一下就可以了。

更有问题的是，《现汉》对“雪上加霜”比喻义的解释也是不够准确的。“雪上加霜”的使用对象，即所比喻的事情在发生状态上应该是一次性的，如果是各种事情连续发生，就不能用“雪上加霜”。但《现汉》的释文给人的感觉却是所比喻的对象呈现连续不断地出现的状态。原因在于释文用了“一再”这个词，而“一再”的意思是一次又一次，它与“雪上加霜”所比喻的内容是不合拍的。释文中“灾难”一词也嫌过重，“灾难”指比较重大的天灾人祸，但“雪上加霜”的使用对象要宽泛得多，“灾难”不能涵盖其全部使用对象，因此是不合适的。

牙牙学语 yáyá-xuéyǔ

2021 年 1 月 1 日《文汇报》第 8 版刊登文章《祖母与〈渔翁〉》。文中有这样一段文字："她曾将这首小诗念给我父亲听，父亲正**牙牙学语**，跟着朗朗诵读。我祖父太炎先生听到了，问他：'你在念什么呀？'父亲说：'在念妈妈写的诗。'"这段文字中的"牙牙学语"使用有误。

"牙牙学语"的意思是指咿咿呀呀地学习说话，通常用来形容婴儿学习说话的样子，其中的"牙牙"是一个拟声词。"牙牙学语"的行为主体只能是婴儿，也就是不足一周岁的小孩，其学习说话的状态通常只是发出除哭声、笑声以外的各种拟声语音，还不能说出明确的单词，更不可能说出句子。但文中的"父亲"不仅能够"朗朗诵读"，还能说出回答问题的句子"在念妈妈写的诗"，说明"父亲"这个时候已经能够自如地运用语言，再用"牙牙学语"来形容他就很不合适了。

可以把"牙牙学语"删去，同时对"父亲"作出必要的限制。其实，即使行为主体"父亲"其时在一周岁内，确实是在"牙牙学语"，"父亲"和"牙牙学语"的搭配也是很别扭的，一般来说，一个人取得"父亲"的身份都是要在成年以后。当然，引语所出全文是作者在记述其"父亲"幼时的事，那就要对"父亲"这个词作出必要的限制。综合而言，可以把"父亲正牙牙学语，跟着朗朗诵读"改为"还是幼童的父亲跟着朗朗诵读"。

颜面 yánmiàn

2020 年 8 月 17 日《北京晚报》第 22 版刊登文章《水珠滴下来》。文中有一个句子写道："乡下的杨梅上市了，这种缀着绿叶、挂着水珠的野果子，鲜红的**颜面**惹人垂涎。"句中"颜面"一词使用有误。

"颜面"，指面容、脸部，如"颜面神经""颜面憔悴"；也指体面、面子，如"顾全颜面""颜面扫地"。这两个词义，前者要求使用对象有具象色彩，通常用于人和某些高等动物；后者要求使用对象有抽象色彩，通常只能用于人。句中的"颜面"用于"野果子"，这是一种植物，"颜面"是不能适用的。

对于"颜面"的修改，需要考虑作者想表达的原意，如果作者说的是"野果子"的外观，可以把"颜面"改为"表皮"之类的词；如果作者说的是"野果子"的色彩，可以把"颜面"改为"颜色"。考虑到句中说的"野果子"是"杨梅"，这种水果的外观有粒状突起，与其他水果相比较没有表皮，因此以改用"颜色"为合适。

另外要指出的是，句中把"杨梅"称为"野果子"，很可能是不合事实的。“野果子”是野生的水果，“杨梅”确实能够野生，但现在市场供应的“杨梅”通常都是人工种植的，已经在一定程度上实现了产业化经营，这种从人工种植的杨梅树上收获的果子不能称为“野果子”。如果文中说的确实是这种情况，那就应该把“野果子”改为“果子”。

俨如 yǎnrú

2020 年 10 月 13 日《福建日报》第 11 版刊登文章《“舌尖腐败”背后的“三缺”》。文中写道：“因为存在以上‘三缺’，不自觉、不规矩、不知耻的人，不是变着戏法，便是偷梁换柱，以致公款吃喝、舌尖腐败之类，**俨如**洪水猛兽一般，堵不胜堵，防不胜防。”句中的“俨如”一词使用有误。

“俨如”的意思是十分像，很像。“俨如”在使用中要求其指向对象具有正面形象，同时这个形象与使用主体的真实身份是不相符合的，如“黄山风光俨如仙境”，“仙境”在社会一般认知中具有正面形象，但“黄山风光”毕竟又不是“仙境”，两者存在使用“俨如”所需要的非一致性。由此，“俨如”的使用还产生了一定的讽刺色彩，如“他高谈阔论起来俨如一个大学教授”。

句中“俨如”的指向对象是“洪水猛兽”，但“洪水猛兽”常用来比喻很大的祸害，不具有正面形象，同时对“俨如”的行为主体“公款吃喝、舌尖腐败之类”来说，“洪水猛兽”这个比喻和它也是一致的，作者在句中这样说，不需要体现对“公款吃喝、舌尖腐败之类”的讽刺，而是一种严厉的批评。因此，“俨如”的使用是不合适的。

应该把“俨如”改为“像”“好像”“如同”之类的词。“洪水猛兽”在句中被用来比喻“公款吃喝、舌尖腐败之类”，两者在造成祸害这一点上具有一致性，使用“像”“好像”“如同”之类的词是合适的。

“俨如”之所以会用错，很大原因是作者对其中的词素“俨”的意思不了解。“俨”有庄重恭敬的意思，在现代汉语中由它组成的词不多，除了“俨如”还有一个“俨然”，其中的“俨”也有庄重恭敬的意思。正是因为“俨”有这样的意思，所以“俨如”要求其指向对象具有正面色彩。

冶炼 yěliàn

2020 年 6 月 3 日《文汇报》第 10 版刊登报道《喻恩泰：终于击穿了那堵叫“人设”的墙》。文中写道：“从‘吕秀才’到‘晏殊’，对喻恩泰来说，是成长和**冶炼**，也是蜕变和升华。”句中的“冶炼”一词使用有误。

“冶炼”的意思是用焙烧、熔炼、电解、化学等方法从矿石或其他原料中提取所需要的金属。“冶炼”是一个冶金专科词，一般只能用于冶金工业。句中的“冶炼”用于“喻恩泰”，但“喻恩泰”是一个人，一个影视演员，“冶炼”并不适用。句中说的是“喻恩泰”通过“从‘吕秀才’到‘晏殊’”的表演实践，其演艺技术得到提高，“冶炼”的词义不能表达出这个意思。

应该把“冶炼”改为“锻炼”之类的词。“锻炼”的本义是锻造，包括冶炼，也是一个冶金行业的专科词，但“锻炼”在此基础上出现了引申义，可以指人通过体育运动使身体强壮，也可以指人通过生产劳动、社会活动和工作实践，使思想觉悟、工作能力等得到提高。“锻炼”的后一个引申义与句中表示的意思相合，因此可以用来替换“冶炼”。

可以探讨的是“锻炼”和“冶炼”这两个词，它们都产生于冶金行业，最初都是行业用词，为什么“锻炼”出现了词义引申，并且其引申义的使用已经远远超过了本义，而“冶炼”的词义却未能得到引申？应该说，这主要在于“锻”和“冶”这两个词素的不同，“锻”是锻造，通过锤击、加压等工艺改变金属品的形状并提高它的性能，在其过程推进之中，金属品只是改变了形状而未消失，这使它具有了用于人的基础条件，使“锻炼”能够产生引申义并用于人。而“冶”的基本工艺是熔炼金属品，在其过程推进之中，原金属品改变了性状，比如从原有的固体成为液体，并且只提取其中有用部分，其他就成为废料，这样的意思如果引申用于人，让人在感情上难以接受，这也造成了“冶炼”产生像“锻炼”一样的引申义的障碍。

一概 yīgài

2020 年 10 月 27 日《北京日报》第 12 版刊登文章《力与美的交响》。文中有一个句子写道：“这个伯爵长什么样，我们**一概**不知，只知道这部交响乐是为他而写的。”句中“一概”一词使用有误。

“一概”表示适用于全体，没有例外。“一概”的使用对象，通常应是集合概念，如“过期票证一概作废”，这里的“过期票证”就应该不止一张。句中的“一概”，使用对象是“这个伯爵长什么样”，这是用于一个单体的人的问题，“一概”不能适用。

可以把“一概”改为“完全”或“全然”。把“一概不知”改为“不得而知”也可以。

一块儿 yīkuàir

2020 年 7 月 9 日《陕西日报》第 12 版刊登文章《金色蝴蝶》。文中有段文字写道：“小孙子问我：‘爷爷，那对金色蝴蝶为什么总是一块儿飞，一块儿落，形影不离？’小孙子刚上幼儿园，我只能对他说：‘那对金色蝴蝶就像你们幼儿园的小朋友，**一块儿**你追我赶，开心地玩。’”这段文字记述的是“小孙子”和“我”（即“爷爷”）两个人的一段对话，两人的话中都用到了“一块儿”这个词，但第三个“一块儿”使用有误。

“一块儿”有两种用法，一是作名词用，表示同一个处所，如“两个小朋友在一块儿玩”；二是作副词用，用来修饰动词，表示相关动作、行为是一起做的。文中出现的几个“一块儿”都是修饰动词或动词性短语，因此它们都是作副词用的“一块儿”。作副词用的“一块儿”，对其所修饰的动词有一个要求，即这个动词所描写的动作、行为是单个的行为主体可以完成的，只有在这样的条件下，“一块儿”的使用才是有意义的，如果这个动作、行为本身是需要两个以上（包括两个）行为主体才能完成的，这个动词就不能接受“一块儿”的修饰，因为这样的修饰是没有意义的。

在上引这段文字中，“小孙子”的话中出现了两个“一块儿”，它们分别修饰动词“飞”和“落”，这两个动作对于其行为主体“金色蝴蝶”来说，都是可以单个从事的，当两只“金色蝴蝶”一起做这样的动作的时候，“一块儿”的使用就有了意义。但是，在“我”的话中，“一块儿”所修饰的是“你追我赶，开心地玩”，其中“开心地玩”是单个行为主体可以从事的行为，但“你追我赶”是单个的行为主体不能从事的行为，必须得两个行为主体（在这段话中就是“那对金色蝴蝶”）在一起才能完成，因此这个“一块儿”的使用是不合适的。

修改这个使用不妥的“一块儿”，可以有两个途径：一是把“一块儿你追我赶，开心地玩”改为“一块儿开心地玩，你追我赶”，这样修改以后可以理解为“一块儿”只修饰“开心地玩”，“你追我赶”与“一块儿”不再有语法关系；二是把“你追我赶”改为“翩翩起舞”之类的话，因为“翩翩起舞”是单个行为主体可以从事的行为，所以“一块儿”的使用就没问题了。但后一种修改与作者原意有所不同，因此以前一种修改更合适。

一脉相承 yīmài-xiāngchéng

2020 年 11 月 20 日《解放日报》第 13 版刊登报道《暂别一年，“APEC 大家庭”云聚首》。文中有一句话写道：“基于这一情况，绝大多数成员都期待 APEC 能够既**一脉相承**，又与时俱进，使区域经济发展成果更平等、充分地惠及各方。”句中的“一脉相承”使用有误。

“一脉相承”的本义是指同一血统的人一代代相传继承，引申后泛指出现时间有先后的不同主体在思想、学术、行为等方面表现出相同或相似性。使用“一脉相承”需要注意的是，它是在对两个或两个以上的使用主体进行比较的基础上才能使用的，如果行为主体只有一个，“一脉相承”就不能使用。句中“一脉相承”的使用主体是“APEC”，没有另外一个供“APEC”传承的主体存在，“一脉相承”的使用失去了支撑。从引语所出全文可知，“APEC”是一个已存在多年的国际组织，句中说的是“绝大多数成员”希望未来的“APEC”能够保持其自身以前的传统，就像自然人谈不上继承本来就属于自己的财产一样，行为主体对自身特色的继续保有，不能适用“一脉相承”。

可以把“一脉相承”改为“一如既往”。“一如既往”的意思是跟以前完全相同，这个成语合于句中语境。

【另按】

《现汉》对“一脉相承”的释文不准确。《现汉》对“一脉相承”的释文是“一脉相传”，而其对“一脉相传”的释文则是：“由一个血统或一个派别传下来。也说一脉相承。”可见《现汉》是把“一脉相承”和“一脉相传”视为等义词，而且把“一脉相传”作为推荐词。但在汉语的实际使用中，应该是“一脉相承”用得多，“一脉相传”用得少。检索 2020 年 11 月 20 日百度网页，“一脉相承”有 1 亿条相关结果，“一脉相传”有 750 万条相关结果，两者相差悬殊。可见，即使认为“一脉相承”和“一脉相传”是等义词，也应把“一脉相承”作为推荐词。

实际上，“一脉相承”和“一脉相传”并不完全等义。在实际的使用中，“一脉相传”更多地表示同一血统、同一派别的代代相传，“一脉相承”虽然也可表示这样的意思，但更多表示的则是其引申义，即不同主体之间的相同或相似性（其不同主体通常在出现时间上有先后之分）。百度网页上检索这两个成语相关结果之所以相差悬殊，就是因为“一脉相承”的引申义已经有了广泛的使用。而由于《现汉》错误地把“一脉相承”作为“一脉相传”的等义词来处理，忽略了两者的区别，导致对“一脉相承”的释义与其实际产生了脱节。

一如既往 yīrú-jìwǎng

2020 年 1 月 22 日《长沙晚报》第 8 版刊登报道《首届“人艺杯”经典传诵人大会湖南总决赛落幕》。报道中有这样一个句子：“大赛**一如既往**采用无背景、无配乐、纯人声的专业要求，彰显经典纯真至美。”句中的“一如既往”使用有误。

“一如既往”指的是态度或者做法和以前一样，没有任何变化。“一如既往”在使用中要求其使用对象在以前已经有过，如果是第一次出现的事物，“一如既往”就因为“既往”的悬空而不能适用。句中“一如既往”的使用主体是“大赛”，从引语所出全文可知，这个“大赛”指的是第一届“人艺杯”经典传诵人大会湖南总决赛（引语所出文章的标题上也有“首届”的说法），既然是第一届，就说明这个大赛以前从未举办过，那么就不存在以前的记录，“一如既往”的使用就是不合适的。

可把“一如既往”改为“始终如一”“一以贯之”之类的话语。在这个句子中，作者要表示的意思是从开始到结束都坚持同一种标准（“采用……专业要求”），“始终如一”和“一以贯之”正合乎这个要求。

一视同仁 yīshì-tóngrén

见第 264 页“针对”条。

一衣带水 yīyīdàishuǐ

2020年12月30日《解放日报》第14版刊登文章《“两头婚”在苏浙很普遍？隐忧已浮现》。文中有一句话写道：“‘两头婚’最显在的问题，是很多小家庭和其两个原生家庭之间边界感不强，**一衣带水**，相当于古时候没有分家的形式，彼此保持了较强的黏性。”句中的“一衣带水”使用有误。

“一衣带水”的意思是像一条衣带那么窄的水面，通常用来表示两个有江河湖海等水域相隔的地域之间人员往来方便，水域相隔不足为阻，形容这两个地域之间的亲密关系。使用这个成语需要注意的是，它的指向对象通常是两个地方，同时这两个地方之间应该有水域相隔。句中的“一衣带水”记述的是“小家庭”和“其两个原生家庭”之间的关系，但在这两者之间，并不必然存在水域相隔的状况，“一衣带水”不能适用。

可以把“一衣带水”改为“水乳交融”之类的话语。“水乳交融”形容两个事物结合得十分紧密、难以分清，关系也比较融洽，这个成语用来形容作者所认为的“小家庭”和“其两个原生家庭”之间的“较强的黏性”，是合适的。

需要注意的是，在目前的汉语使用环境中，“一衣带水”更多地用于描写中国和日本这两个国家之间的关系，有成为描写中日关系专用词语的倾向。在此背景之下，其他两个即使有水域相隔的区域之间，一般也不使用“一衣带水”。比如，在中国一国之内，如长江南北之间不用“一衣带水”，中国大陆和中国台湾之间不用“一衣带水”；在国际上，中国和菲律宾、斯里兰卡等国家尽管也有水域相隔，但也不用“一衣带水”。

一语成谶 yīyǔ-chéngchèn

2021年2月25日《天津日报》第12版刊登文章《上等兵》。文中有这样一段文字：“她笑了，额头皱纹犁出一脸慈航，看看我，又看看年画上的战士，怔然，然后惊呼：‘上等兵，我家的上等兵哟！’我儿时的绰号，由此而来。奶奶**一语成谶**，注定了我今生必然一辈子扛长枪，吃皇粮。”这段文字中的“一语成谶”使用有误。

“一语成谶”的意思是说的话像古代巫师、方士说的预测吉凶的谶语一样在以后得到了应验。“一语成谶”的使用对象通常应是不吉利的预言，是使用者不希望出现的事情。在这段文字中，作者（即文中的“我”）因为自己“一辈子扛长枪，吃皇粮”，认为“奶奶”对“我”说的“上等兵”是一种预言，这本是可以的，但是在目前的汉语使用环境中，“一辈子扛长枪，吃皇粮”是人们所希望实现的目标，在社会评价中具有正面性，“奶奶”的这个预言即使说中了，“一语成谶”的使用在情感上也是不合适的。

可以把“一语成谶”改为“一语成真”之类的话语。“一语成谶”看似古雅，但其中的“谶”在秦汉时期是巫师、方士之类的人物用来预测吉凶的隐语，因此如果把“一语成谶”用于不吉利的事情，还是比较贴切的。但由于巫师、方士之类的人物在汉语使用环境中已经不再存在，他们所从事的活动在当下具有一定的负面性，这决定了“一语成谶”只能用于具有负面性的对象。“一语成真”因为去掉了“谶”这个标签，就摆脱了在使用对象上的这种限制。

一直以来 yīzhí-yǐlái

见第 74 页“古时”条。

咿呀 yīyā

（一）

2022 年 1 月 25 日《新民晚报》第 10 版刊登报道《异地养老，此心安处是吾家》。文中有一个句子写道：“房间里老伴沈庆芳刚做完理疗，正悠闲地坐在沙发上休息，电视里戏曲频道**咿呀**地唱着。”句中的“咿呀”一词使用有误。

“咿呀”是一个拟声词，其模拟的声音主要有两种，一是小孩子学说话的声音，如“咿呀学语”；二是船上的摇橹、摇桨声和弦乐器中的不熟练的琴声，如“隔壁人家传出咿咿呀呀的胡琴声”。“咿呀”在使用中更多地出现在诸如“咿呀学语”“咿呀桨声”之类的固定格式中。如果不是这种形式，现在一般不再简单地用“咿呀”来模拟声音，而是改用它的叠词状态即“咿咿呀呀”，如“襁褓中的小毛头舞动着双手，嘴里发出了咿咿呀呀的声音”。“咿咿呀呀”表明这声音反反复复，在描写上更准确。

句中的“咿呀”形容的是动词“唱”，但仅用一个“咿呀”，表明这声音只有一声，这不符合常理。应该把“咿呀”改为“咿咿呀呀”，表示“唱”的反反复复。句中说的是“电视里戏曲频道”中“唱”的状态，实际上就是戏曲演员“唱”的状态，用“咿咿呀呀”来描写这种状态，是比较准确的。

（二）

2020 年 7 月 19 日《解放日报》第 4 版刊登报道《寻找上海老童谣》。其中有段文字写道：“几曲终了，大家还在**咿呀**地讨论曲调，小河适时加入话题：叔叔阿姨们还记得小时候唱的童谣吗？我们在收集上海的老童谣。”句中的“咿呀”一词使用不妥。

“咿呀”在形容人的说话声时，其行为主体只能是很小的孩子，句中的“咿呀”用来形容“讨论”，但“讨论”的行为主体“大家”从“小河”的话中可知已是“叔叔阿姨”，他们都是成人而不是小孩子，将他们在“讨论”时发出的声音用“咿呀”来形容是不合适的。

一般地说，可以把“咿呀”和它后面的助词“地”删去。但这样的修改，减弱了“讨论”的气氛。形容“讨论”的词语有很多，如“热烈”“热闹”“七嘴八舌”“你一言我一语”等，可以按照作者最希望表达的意思选择使用。

移动 yídòng

2020年11月6日《新华日报》第16版刊登文章《把读书作为一种生活方式》。其中有句话写道：“所谓的‘经典’，并不是凝固不变的；不同时代、不同民族、不同阶层甚至不同性别，让经典的定义在**移动**。”句中的“移动”一词使用不准确。

“移动”的意思是改换原来的位置。“移动”的使用对象通常应是具象的事物，同时这个使用对象在“移动”的进行过程中只是改换位置，不需要对这个使用对象自身进行改换。比如“移动”一张桌子，桌子是一个具象的事物，同时行为者只是把这张桌子从甲处搬到了乙处，但这张桌子还是原来的桌子，并没有出现变化。句中“移动”的使用对象是“经典的定义”，一方面，“经典的定义”是个抽象概念，“移动”不能适用。另一方面，作者说的是这个“经典的定义”在“不同时代、不同民族、不同阶层甚至不同性别”，都会有所变化，在不同的对象面前有不同的说法，但“移动”的词义与此不合。

可以把“移动”改为“变化”，更合宜的是把“让经典的定义在移动”改为“都会让定义有所变化”之类的话，原句的表达太生硬，仅仅把“移动”改为“变化”未解决这个问题。

另外，句中的分号应改为逗号。分号通常用于一个复句中可以并列或对举的分句之间，但整个引语是一个句子，而不是由两个分句所组成的，因此没有必要使用分号。

以便 yǐbiàn

2020年1月10日《解放日报》第8版刊登报道《美国伊朗临崖退步：大战虽免，紧张仍在》。文中写道：“特朗普政府不愿与伊朗冲突升级的另一个原因是，**以便**让美军专注实施国家的国防战略，即集中力量投入与中国和俄罗斯的大国竞争。”句中的“以便”使用有误。

“以便”是一个连词，用以连接目的复句中表示行动和其目的的关系的两个分句。如“政府要不断推进简政放权，以便企业和民众办事”。使用这个句子，要求“以便”前后的两个分句是表示行动和目的的内容，以此形成一个复句。但上引句子的结构“……原因是……”表明，这是一个单句，“以便”的使用没有依据。

客观地说，下文“让美军专注实施国家的国防战略……”可以视为上文“特朗普政府不愿与伊朗冲突升级”这一行动的原因，两者构成行动—目的的关系，但“特朗普政府不愿与伊朗冲突升级”在这个单句中表现为只是“另一个原因”的定语，不能直接与下文建立起对应关系，因此“以便”的使用是不合适的。

一般地说，可以删去“以便”，同时宜在“让美军……”之前加上“要”或者“能够”“可以”之类的能愿动词。但也可以把“特朗普政府不愿与伊朗冲突升级”后面的“另一个原因是”（包括它前面的结构助词“的”）删去，这样，这个结构就成为句子的主要成分，整个句子的结构也表现为复句，“以便”的使用就是可以的了。

以来 yǐlái

（一）

2021 年 6 月 4 日《重庆日报》第 5 版刊登文章《高速公路助推重庆发展迈上“快车道”》。文中有一句话写道：“这些日子**以来**，由重庆市委宣传部组织**开展**的‘沿着高速看中国·重庆’采访组沿 G65（包茂高速）前行，足迹踏遍秀山、南川、酉阳、黔江……”这个句子中的“以来”和“开展”两个词使用有误。

先看“以来”。“以来”是一个表示时间的方位词，表示过去某时到作者写下引语所出这篇文章的时候。“以来”在使用中一般要求置于某个表示时间的概念之后，如“80 年代以来”“新世纪以来”，而说话人所处时间可以是在这个时间概念之外（如今天的人们说“80 年代以来”），也可以在这个时间概念之内（如今天的人们说“新世纪以来”），而当说话人所处时间在这个时间概念之内的时候，要求这个时间概念有足够的长度。句中的“以来”附着在“这些日子”之后，“这些日子”虽然是一个表示时间的词，但按通常理解在几天之内，缺乏足够的时间长度，“以来”的使用是不合适的。

说得形象一点，“以来”表示的时间方位应该是线性的，因此当说话人所处时间在这个时间概念之内的时候，就要求这个时间概念有一定的时间长度，这样才能表现出线性的特点。如“今年以来”，尽管说话人所处的时间仍在“今年”，但由于“今年”有一定的时间长度，可以把“今年以来”理解为从“今年”第一天开始到说话人所处时间，表现得出线性特点。而由于“这些日子”表示的时间太短暂，表现不出这个词所要求的线性的特点，导致“以来”不能适用。

再看“开展”。句中“开展”的宾语是“‘沿着高速看中国·重庆’”，这是一项活动的名称，它在语法形式上是一个动宾式短语，不能直接作“开展”的宾语。

对“以来”的使用错误，可以把“这些日子以来”改为“这些日子里”。“里”也有表示时间的方位词功能，但当它和一个时间概念组合在一起的时候，呈现出的状态是点性或者块面性的，不再是“以来”那样的线性，原句中的问题就解决了。对“开展”的使用错误，可以保留“开展”一词，但需要在“‘沿着高速看中国·重庆’”的后面加上“活动”一词，这样“开展”

的宾语就成为"'沿着高速看中国·重庆'活动"，这是一个名词性短语，可以和"开展"搭配。

（二）

2020 年 7 月 24 日《文汇报·文汇学人》第 7 版刊登文章《英国工人阶级为什么喜欢读古典学》。文中写道："自 1957 年理查德·霍加特的开创性著作《识字的用途》和 R. D. 阿尔提克《英语普通读本》**以来**，一些学者开始研究英国工人阶级的图书馆和档案、自学成才者的著作和成人教育的年鉴。"句中的"以来"使用有误。

"以来"在使用中除了可以置于某个表示时间的概念之后，还可以置于表示某个事件的词语之后，如"甲午海战以来""改革开放以来"，这是以这个事件发生的时间为起点。句中的"以来"，置于"《识字的用途》"和"《英语普通读本》"之后，但这是两本"著作"，它们既不是表示时间的概念，也不是表示事件的概念，"以来"的使用不合适。

需要注意的是，句中出现了"1957 年"这个时间概念。但是"1957 年"在句中只是用为"《识字的用途》"和"《英语普通读本》"的修饰语，表示这两本"著作"写作完成或出版的年份，并没有为这两本书增加可以成为事件的色彩，因此，未能解决"以来"不适用的问题。

"以来"要用在这个句子中，关键在于解决"《识字的用途》"和"《英语普通读本》"不能表示时间的问题，可以在"《英语普通读本》"的后面加上"问世"一词（这个"问世"不仅和"《英语普通读本》"搭配，也和与其并列的"《识字的用途》"搭配），这样改了以后，"问世"指的是"《识字的用途》"和"《英语普通读本》"这两本书写作完成或出版，这就能成为一个事件，"以来"也就可以用了。

义正词严 yìzhèng-cíyán

2020 年 6 月 28 日《解放日报》第 2 版刊登文章《"快时代"，还容不容得"慢权利"》。文中写道："在这场讨论中，有人认为，正因为科技倒逼人类进步，如果老人不主动学习，就必须承担由此带来的不便，甚至不得不接受被淘汰。这一**义正词严**的论调，看似颇有道理，实则充斥着'何不食肉糜'的傲慢。"其中的"义正词严"使用有误。

"义正词严"的意思是指在发表谈话、观点时所阐述的道理正当，用语严厉。"义正词严"具有褒义色彩，在使用中表明作者对使用对象的高度肯定和充分支持。文中的"义正词严"，其使用对象是"论调"，"论调"在现代汉语中含有贬义，从文中的内容看，作者对"论调"持有批评态度，认为其"充斥着'何不食肉糜'的傲慢"，既如此，"论调"就谈不上正当性，"义正词严"的使用不合作者对"论调"的态度。

可以把"义正词严"连同它后面的助词"的"删去。"义正词严"在文中

是对“论调”的修饰语，起到的是评价作用，按理说应该用一个合适的起评价作用的词语来替代它，但文中在“论调”后紧跟“看似颇有道理，实则充斥着‘何不食肉糜’的傲慢”之语，这同样是对“论调”的一种评价，因此，删去“义正词严”不影响原意表达。

【另按】

《现汉》对“义正词严”的释文是“道理正当，措辞严肃”，《现规》的释文与《现汉》仅一字之差，“严肃”换为“严厉”。两部词典都没有把“义正词严”的核心意义揭示出来。“义正词严”在使用中有一个要求，即行为主体发表谈话、观点时，其对象（听话者）必须是和行为主体存在敌对或对立关系的，只有这样，“义正词严”的使用才有其合理性。但两部词典的释文仅仅解释了字面意义，未能揭示出这个成语对使用语境的要求。人们的日常谈话和写作，大多是道理正当、措辞严肃（厉）的，比如领导人在喜庆场合发表的讲话、报纸上的新闻报道、父母对子女的教诲等，基本上都具有这样的特点，但因为说话者和听话者之间并不存在敌对或对立关系，就不能用上这个成语。实际上，“义正词严”（“义正辞严”）这个成语是有一定的火药味的，不宜随便使用。

义正辞严 yìzhèng-cíyán

2021 年 1 月 4 日《光明日报》第 16 版刊登文章《刘备的文学修养》。文中记述了一个历史故事：“一天，有人将牦牛尾送给了刘备，刘备拿起来就细心编到帽子上，而不是简单地一系了之。诸葛亮看到了，**义正辞严**地说：‘您不再有远大的志向了吗？做这些事就行了吗？’刘备非常尴尬，把帽子往地上一扔，自我解嘲道：‘我只是借此不去想烦心事而已。’”这段文字中的“义正辞严”使用有误。

“义正辞严”的意思是指在发表谈话、观点时所阐述的道理正当，用语严厉。“义正辞严”在使用中有一个要求，即行为主体发表谈话、观点时，其对象（听话者）必须是和行为主体存在敌对或对立关系的。文中“义正辞严”的行为主体是“诸葛亮”，听话者是“刘备”，但从历史上的真实情况可知，“诸葛亮”和“刘备”两人处于同一阵营，不存在敌对或者对立的关系，因此“义正辞严”不能适用。

可以把“义正辞严”改为“严肃”。“严肃”可形容神情、气氛等让人感到敬畏，在这段文字中可形容“诸葛亮”在向“刘备”说出文中所引那番话时态度严厉，使作为听话者的“刘备”感到敬畏，这也符合历史上“诸葛亮”和“刘备”两人关系的真实状况。

【另按】

“义正辞严”又可写作“义正词严”。《现汉》把这两个词形有差别的成语都立为词目，但在解释“义正辞严”时只说“同‘义正词严’”。可见《现汉》是将“义正词严”作为推荐词的。这在另一部辞书《现规》中表现得更直白，这部词典也是两个成语并收，对“义正辞严”的释文是“现在一般写作‘义正词严’”。

但是，两部词典对“义正辞严”的这种处理却是不符合这个成语的实际使用情况的。查2021年1月4日当日百度，“义正辞严”的搜索结果是6860万条，“义正词严”的搜索结果是1340万条，可见在实际使用中，“义正辞严”的使用量远远超过“义正词严”。这种情况的出现是符合这个成语在内部构词上的特点的，两个成语的词形差别表现在其中“辞”和“词”的不同，在现代汉语中，“辞”可以表示文辞、言辞、话语的意思，而“词”虽然也有这样的意思，但更倾向理解为单词，很显然，使用“义正辞严”能够更准确地表达出作者的意思。因此，如果要在这两个成语中选择一个作为推荐词，更合适的是“义正辞严”。

异化 yìhuà

见第36页“出生”条。

意向 yìxiàng

2020年9月19日《广州日报》第8版刊登文章《闲来无事翻教材》。文中写道：“以我最喜欢的马致远的小令《天净沙·秋思》为例，只短短五句二十八个字，即描绘出一幅凄凉动人的秋郊夕照图，密集的**意向**从容表达出作者的羁旅之苦和悲秋之恨，千百年来不知迷倒过多少文人雅士呢！”句中的“意向”一词使用有误。

“意向”指的是希望达到某种目的的想法，如“意向书”“意向很清楚”。句中说的是“马致远的小令《天净沙·秋思》”作为一种文学艺术作品，其中的各种形象所表现出来的境界和情调，“意向”的词义与此不合。

应该把“意向”改为“意象”。“意象”是一个文艺学专科词，正适合于句中语境。

意愿 yìyuàn

见第25页“产能”条。

阴性 yīnxìng

2020年7月4日《光明日报》第10版刊登文章《“她”自何处来》。文中有这样一段文字：“虽然古代《玉篇》中已经有了‘她’字，但是古代的‘姐’与‘她’都是‘母’的意思，并且古‘她’字早已废弃不用，成为一个死字。刘半农则赋予了‘她’字第三人称**阴性**代词这一新的含义，可以说是‘旧字新用’‘借尸还魂’。”这段文字中的“阴性”一词使用有误。

“阴性”是一个医学专科和语言学专科词语。在医学中，“阴性”指诊断疾病时对某种试验或化验结果的表示方法，如果结果证明为不存在容易导致某种疾病发生的病原体或对某种药物不存在过敏反应，就可称为“阴性”，反之则称为“阳性”。在语言学中，“阴性”用于某些语言中对名词以及代词、形容词类别的语法范畴，有的语言分为阴性、阳性两类，有的语言分为阴性、阳性、中性三类，词语可以根据不同的归类出现词形变化。句中把汉语中的人称代词“她”称为“第三人称阴性代词”，但汉语中的词并没有阴性、阳性以及中性之分，因此把“她”归到“阴性”这个类别，是不符合汉语的事实的。

可以把“阴性”改为“女性”。“女性”是根据人的生理特点进行的性别分类，与之对应的是“男性”。“她”在汉语中是一个指代女性的代词，适用于句中语境。

隐居 yǐnjū

2020 年 5 月 11 日《解放日报》第 12 版刊登报道《“天坑”之美，存于山水间》。文中有个小标题是“神秘村落**隐居**于天坑中”。这句话中的“隐居”一词使用有误。

“隐居”旧指由于对统治者不满或有出世思想而居住在偏僻的地方不出来做官，现在也可指居住在偏僻的、不易被人发现的地方。不管取哪一个意思，“隐居”的行为主体都只能是人或由人组成的团体。句中“隐居”的行为主体是“村落”，但“村落”是一个供人聚居的地方，其本身不是由人组成的团体，因此“隐居”不能适用。

可以把“隐居”改为“隐藏”。在这个小标题之下，文中有这样一句话：“在这个天坑底下，还隐藏着一个小小的村落。”这里和“村落”搭配的就是“隐藏”。小标题一般是一段文章的内容总括，其用语应该与文内保持一致。

【另按】

《现汉》对“隐居”的解释只给出了这个词的旧义，对它当下的用法缺少关注。在引语所出全文，有一段这样的文字：“最初时，大锅圈天坑没有通往外界的路，人们出行都靠绳索。据当地老百姓说，1953 年，一批麻风病人被送到大锅圈隔离治疗，于是天坑里就有了第一代居住者。再后来，他们就在这里繁衍生息，一代代延续。后来，这里修出一条羊肠小道，当地政府又将一条通往一个溶洞的土路硬化，方便村民与外界沟通。一些人走出天坑，投入外面的世界，而一些老人一辈子没离开过这里。”对于这个“大锅圈天坑”的居民，特别是“一辈子没离开过这里”的“一些老人”来说，他们就是“隐居”的人，但他们这样做并不是出于对统治者不满或为了出世，更不是为了逃避做官，而是为了防范疫病的传播。这种情况显然不是“隐居”的旧义能够涵盖的，因此，《现汉》应该为“隐居”增加新的义项。

用户 yònghù

2020年12月2日《文汇报》第5版刊登报道《小人物摸爬滚打的生活，他们在烟火气里笑着讲》。文中有这样一个句子：“这部陕西人写、陕西人演的陕西故事，在网络平台上超过八成的**用户**来自北京、广东和苏浙沪地区。”句中“用户”一词使用不妥。

“用户”指的是某些设备、产品、商业服务的使用者和消费者。“用户”的使用对象必须是供人使用的物质类事物，句中“用户”的使用对象“陕西故事”从引语所出全文可知是一部电视剧，这不是物质类的事物，不能供人使用，“用户”的使用是不合适的。

应该把“用户”改为“观众”。“观众”指的是观看展览、戏剧、电影、电视剧等的人，因此适用于句中语境。

需要注意的是，尽管展览、戏剧、电影、电视剧等对象的需求者很多时候也要付费，因此从经济角度来看它们可以视为一种产业，归于商业服务之列，但这类活动的参与者由于侧重于精神层面的收获，因此不能称为“用户”。类似的情况还有图书，图书出版是一个产业，参与图书消费的人一般需要付费才能获取图书这个产品，但他们也不能称为“用户”，而是称为“读者”。

淤积 yūjī

2020年12月1日《北京日报》第5版刊登报道《长安街西城段将来单车无法落锁》。文中有这样一句话：“对影响交通安全、市容环境和**淤积**的共享单车，各共享单车企业要按照《西城区共享单车入栏结算管理规定》，在规定时限内清运处理。”句中的“淤积”一词使用有误。

“淤积”指的是江河湖海和其他各种水体中的泥沙等物质沉积在一起。“淤积”的使用主体，有一个前提条件，它们都必须是存在于水体中的物质。另外，“淤积”还是一个医学专科词，如“胆汁淤积”“血液淤积”等，指身体内部的液体物质出现流动障碍引起的病症。句中“淤积”的使用对象是“共享单车”，但“共享单车”作为一种陆上交通工具，从常理来说并不存在于水体中，因此“淤积”不能适用。句中说的是“共享单车”在城市地面上成堆停放，“淤积”的词义与此不合。

一般地说，应该把“淤积”改为“堆积”。但就这个句子来说，仅作这样的修改还是不够的，句中的“淤积”和“影响交通安全、市容环境”并列，是不合适的，改为“堆积”后并没有解决这个问题。“堆积”（“淤积”）是造成“影响交通安全、市容环境”的原因，“影响交通安全、市容环境”是“堆积”（“淤积”）的结果，原因和结果一般来说是不能并列的。因此，这个句子还需要改动结构，如把“影响交通安全、市容环境和淤积”改为“因堆积等影响交通安全、市容环境”之类的话语，才是比较合适的。

乐音 yuèyīn

2020 年 12 月 22 日《北京日报》第 16 版刊登文章《维也纳爱乐乐团二三事》。文中有一句话写道：“这些教养良好、技艺高超、孤傲高冷的精英乐师和指挥只青睐德奥音乐传统的阳春白雪——莫扎特、海顿和贝多芬，因此很长一段时间里，对施特劳斯父子批量生产的上千首‘通俗’**乐音**不屑一顾，遑论演奏了。”句中的“乐音”一词使用有误。

“乐音”指的是由发音体有规律地振动而产生的和谐悦耳的声音。“乐音”说的是声音的一种物理现象，与它相对的是“噪音”。句中用“乐音”指“施特劳斯父子”创作的音乐作品，这不合“乐音”的词义。

可以把“乐音”改为“乐曲”。“乐曲”指的是用乐器演奏的，一般不需要人声歌唱的曲子，这个意思正合于句中需要。

越发 yuèfā

2020 年 1 月 17 日《中国青年报》第 2 版刊登文章《路面塌陷频发：城市的路要让人安心行走》，文中写道：“无论是地铁、地下综合体的修建，还是电网、水管、下水道等基础性公共管网的铺设，地下空间的利用**越发**充分。”句中“越发”一词的使用不准确。

“越发”表示的意思是与过去相比程度加深，有一种递进的意思。“越发”在使用中要求对所描写的事物在前文已有所叙述，或者具有在事理上理应如此的特点。如“老王一向比较瘦，近两年越发瘦了”，其中的“越发瘦”是对前面“一向比较瘦”在程度上的加深。在这段文字中，“越发”说的是“地下空间的利用”的“充分”，但在这段文字之前，并未出现相关的内容（前面“无论是……还是……”中的内容是对“地下空间的利用”的具体描述，与“地下空间的利用”有同位性），这使得“越发”所需要的程度上加深的意义无从体现，“越发”的使用没有理据。

可以把“越发”改为“越来越”。与“越发”需要在前文基础上才能表现出递进意思不一样的是，“越来越”本身就是一个可以表示连锁倚变关系的结构，因此可以单独使用。

陨落 yǔnluò

2021 年 4 月 8 日《北京晚报》第 21 版刊登一篇文章，题目是“童星多**陨落**，张子枫为何能华丽转型？”这句话中的“陨落”一词使用有误。

“陨落”的本义指的是星体或其他在太空运行的物体从太空掉下进入地球大气层或地面，引申后可指重要的人物或与自己亲近的人去世。句中说的是“童星”在童年时代虽创下了成就，但在成年以后却表现平淡，终至消失在公众的视野，并不是说他们去世了，“陨落”的使用不合词义。

可以把“陨落”改为“昙花一现”。“昙花一现”指稀有的事物或显赫一时的人物出现不久就消逝，这个意思符合句中语境。

【另按】

《现汉》对“陨落”的释文存在不足。这种不足表现在两个方面。第一，《现汉》的释文写道：“（星体或其他在高空运行的物体）从高空掉下。”这个释文中的“高空”是不准确的。“高空”通常指距地面较高的空间，如“高空飞行”“高空作业”。但是，飞机掉下来不能说“陨落”，高空作业的工人手里的扳手掉下来，对那把扳手也不能说“陨落”。按照现代天文学的定义，地球大气层之外的星体所在的宇宙空间不称“高空”，而是“太空”，人类向宇宙发射的各种人造卫星也是处在“太空”。因此，《现汉》为“陨落”写的这条释文中的“高空”应该改为“太空”。

第二，《现汉》对“陨落”的释义只给出了它的本义，并且未为其提供任何书证，更未为其引申义建立义项。但是，“陨落”作为尊贵人物死亡的婉称，在古代汉语中即已出现，在现代汉语中更是已经习用，如冰心《悼郭老》：“他并没有陨落，他永远不会陨落。”汉语词典应该将“陨落”的这个意思立为一个义项。如果认为这只是一种比喻的用法，尚不足以成为一个义项，那么，按照《现汉》的体例，至少应该通过书证揭示出这一用法，像目前这样完全缺失是不应该的。

运转 yùnzhuǎn

2020年2月7日《中国新闻出版广电报》第1版刊登文章《疫情报道离不开问题意识》。其中有一个句子写道：“他们脑力**运转**，笔力稳健，找出人民群众关心的问题，梳理热点难点问题，问到点子上，谈到要害上，同时灵活运用文字、图片、音频、视频的报道方式，发布形式多样、真实生动的融媒体产品，为百姓答疑解惑，稳定人心。”句中的“运转”一词使用有误。

“运转”的意思是按照确定的程序或部署运行，转动，展开工作等。“运转”的行为主体比较广泛，可以是天体、机器设备、企事业单位、组织等。句中“运转”的行为主体是“脑力”，这也是可以的。但是，单说“脑力运转”并不能完整表达意思。句中的“脑力运转”与“笔力稳健”并列，“笔力稳健”是对“笔力”的一种肯定性评价，而“脑力运转”并不是对“脑力”的肯定性评价，需要有进一步说明才能完整表意，比如“脑力运转”很顺畅或者有点滞涩甚至停滞，各种理解都是可以的，可见“脑力运转”不能像后面的“笔力稳健”一样，表示出作者所要表达的肯定性评价。原因在于，“稳健”是一个形容词，可以对“笔力”起到描写作用，而“运转”是一个动词，它不能描写“脑力”。句中是把“运转”当作形容词用了，但这不合其使用要求。

一般地说，可以把“运转”改为“活跃”之类的词。但是，“脑力活跃”

这种说法比较少见，“脑力”在句中只是为了与下文的“笔力”对举而出现的用词，但以此表示思维活动比较牵强，如果把“脑力运转”改为“思维活跃”之类的话语，表达上的效果更好。

【另按】

《现汉》为“运转”写的释文值得商榷。《现汉》为“运转”析出了三个义项，具体是：“①沿着一定的轨道行动：行星绕着太阳～。②指机器转动：发电机～正常。③比喻组织、机构等进行工作：这家公司前不久宣告成立，开始～。”其实，这三个义项只是有不一样的使用主体，但其词义自身所涵盖的场域则有明显的共性，不一样的使用主体只是说明了这个词义的适用性，并不是这个词义的本身。

词义注释要有归纳性，从不同的使用对象中抽象出共性，如果只是因为不同的使用主体就要给出不同的词义，就会导致一个词可以生出无穷的词义，这显然是违反科学性的。即如上引这个句子，单说“脑力运转”在搭配上是没有问题的，但是将这个用法安放到《现汉》给出的这三个义项中都不能切合，那是否又有必要再给“运转”增加一个义项呢？当然没有必要。只要抽象出“运转”所具有的运行、转动、展开工作等共性，它就可以适用于很多不同的使用主体。因此，《现汉》为“运转”析出三个义项的说服力不强，“运转”的词义只有一个，《现汉》应该把它们归并在一起。

此外，《现汉》对“运转”释文中的第三个义项是“比喻组织、机构等进行工作”，表明其认为这是一个引申后产生的比喻义，而前两个义项是本义。但在现代汉语的实际运用中，“运转”的这个义项使用已很广泛，它的比喻色彩已经淡化，因此可以忽略。

蕴含 yùnhán

（一）

2020年12月9日《新华日报》第18版刊登报道《每克土壤中数以亿计微生物，到底有啥用？》，文中有一个小标题写道：“别小看一克土壤，它**蕴含**数以亿计微生物。”其中的“蕴含”使用有误。

“蕴含”的意思是包含。“蕴含”在使用中要注意的是，它的指向对象通常要求是抽象概念，如“蕴含着主人的智慧”“蕴含一片深情”。句中“蕴含”的指向对象是“微生物”，“微生物”虽然在通常情况下不能让人的肉眼看见，但人们通过显微镜等仪器仍能看清其模样，因此从本质上说，它应该属于具象的事物，“蕴含”不适合使用。

可以把“蕴含”改为“蕴藏”。“蕴藏”意为蓄积而未显露或未发掘，它在对指向对象的适应性上比“蕴含”自由，既可以是抽象的概念，也可以是具象的事物，适用于这个句子。

（二）

2021 年 6 月 10 日《光明日报》第 12 版刊登文章《美国再炒病毒溯源问题是自作聪明》。文中有一个句子写道："美国执着于战术上的'小聪明'、小动作，恰恰反映了战略上的无能和短视，**蕴含**着总体失败的风险。"句中的"蕴含"一词使用有误。

"蕴含"的指向对象除了要求是抽象概念外，还要求具有正面形象。这个句子中的"蕴含"，其指向对象是"总体失败的风险"，这是一个具有负面性的概念，"蕴含"不适用。

可以把"蕴含"改为"隐藏"之类的词。这个词不受指向对象性质的束缚，使用较为自由。

蕴藉 yùnjiè

2020 年 1 月 14 日《人民日报》第 20 版刊登一篇文章，题目是"好诗词**蕴藉**高尚情操"。其中的"蕴藉"一词使用有误。

"蕴藉"指的是言语、文字、神情等含蓄而不显露出来，如"意味蕴藉"，"蕴藉的微笑"。句中说的是包含的意思，"蕴藉"的词义与此不合。另外，"蕴藉"是个形容词，在使用中不能带宾语，如"诗意蕴藉""蕴藉的微笑"。但这个"蕴藉"带上了宾语"高尚情操"，这是把这个形容词当作动词用了，不合其使用要求。

可以把"蕴藉"改为"蕴含"。"蕴含"的意思是包含，它是一个动词，合于句中使用。

在……下 zài……xià

(一)

2020 年 11 月 28 日《福建日报》第 4 版刊登报道《护苗育新，金鸡唱响中国电影未来》。文中有句话写道："**在**疫情阻挠**下**，《柳浪闻莺》在短短几个月时间内已经拍摄完毕，目前进入后期制作阶段，预计明年即可走上院线跟观众见面。"句中的"在……下"使用不妥。

"在……下"是一个由介词"在"和方位词"下"组成的介词结构。介词结构"在……下"主要用来交代事情发生的背景、条件等，介词结构中的内容和句子叙写的事情需要在事理上表现出同一趋向，如"在大家的努力下，这个任务完成得很好"，介词结构中的内容"大家的努力"是相关事情"这个任务完成得很好"的背景、条件，两者在事理上表现出同一趋向。

上引句子说的是"《柳浪闻莺》"（从引语所出全文可知是一部电影）的"拍摄"，而介词结构"在……下"中的内容"疫情阻挠"是一种不好的情况，按常理来说这对于"拍摄"是不利的，在同一趋向的要求下，应该是"拍摄"遭遇了困难。但句中说的是"《柳浪闻莺》在短短几个月时间内已经拍摄完毕"等等，这与"疫情阻挠"不是同一趋向。因此，介词结构"在……下"的使用是不合适的。

"疫情阻挠"和"《柳浪闻莺》在短短几个月时间内已经拍摄完毕"等等在事理上是相悖的，前者不是后者形成的条件，而是形成了意思的转折。因此，修改这个句子需要将它从单句改为转折复句，可以把"在疫情阻挠下"改为"尽管有疫情阻挠"，同时在"《柳浪闻莺》"后加上与"尽管"呼应的关联词语"还是"。另外，在这样改了以后，还宜把"拍摄完毕"前的"已经"移至"进入后期制作阶段"前，这样可让语句更为通畅。

(二)

2020 年 8 月 18 日《北京晚报》第 22 版刊登文章《赵登禹将军牺牲地寻踪》。文中有这样一个句子："1937 年 7 月 28 日，**在**中国军队受到日军猛烈炮火冲击**下**，决定向大红门转移，赵登禹布置骑兵旅先撤回城内，此部损失较小。"句中的介词结构"在……下"使用不妥。

使用介词结构"在……下"，还要注意另外两个问题，一是由于整个介词结构在句子中通常起修饰作用，属于句子的非主要成分，因此要避免让在整个句子中担任主语的词语（主干词）进入介词结构中；二是介词结构中的内容，要求是名词或者名词性短语（有不少原本是动词，但在短语中充当偏正结构的中心语，相当于名词的作用）。这个句子在这两方面都出现了失误。

句中的“中国军队”本是“决定向大红门转移”的主语，但它被安排在介词结构“在……下”之中，使得后文“决定……”的主语湮失。另外，介词结构“在……下”中的短语“受到日军猛烈炮火冲击”是一个动词性结构，也不符合“在……下”的使用要求。

修改这个句子，一是要把“中国军队”从介词结构“在……下”中拿出来，移至“决定向大红门转移”之前，“受到……”的主语则承后省略。二是要在“受到日军猛烈炮火冲击”的后面加上“的情况”之类的话语，使介词结构中的内容成为名词性结构。

遭遇 zāoyù

2020年1月30日《南方都市报》第11版刊登报道《“渐冻症院长”背后的金银潭医院》。文中写道：“隐瞒身患渐冻症的病情，顾不上被新型冠状病毒感染的妻子，院长张定宇的**遭遇**是武汉金银潭医院医护人员坚守的缩影之一。”句中的“遭遇”使用有误。

“遭遇”是一个兼类词，作动词用时指碰上，遇到；作名词用时指遇到的事情。句中的“遭遇”用为名词。需要注意的是，不管是动词还是名词，“遭遇”所指的内容都应该是不好的，是具有负面性的，对于使用主体来说，都是外界强加于其身的，而不是他主动选择的行为，因此他是不希望遇上的。如作动词用时可说“遭遇敌人”“遭遇自然灾害”而不能说“遭遇朋友”“遭遇奖励”，作名词用时可说“不幸遭遇”而不能说“幸福遭遇”。

在这个句子中，“遭遇”指的是“隐瞒……病情，顾不上……妻子”，对于“遭遇”的行为主体“院长张定宇”来说，这些事情并不是外界强加于他的，而是他的主动选择，不具有被动性，这些事也谈不上具有负面性。因此，“遭遇”的使用是不合适的。

可以把“遭遇”改为“选择”。对于使用主体“院长张定宇”来说，“隐瞒……病情”也好，“顾不上……妻子”也好，都是他在面对同一问题时在可以从事的多项行为中主动挑选的自己最愿意做的事，因此，使用“选择”是合适的。

早已 zǎoyǐ

见第226页“先礼后兵”条。

增进 zēngjìn

见第181页“如实”条。

长势 zhǎngshì

2021年1月27日《解放日报》第18版刊登报道《跨过“两万亿”，苏州如何接力跑？》。文中有一个句子写道："苏州拥有3万多亿元的工业底盘，但产业大而不强、大而不新的问题一直存在，尤其是产业'新'的氛围不浓、**长势**不足。"句中"长势"一词使用不妥。

"长势"的意思是生长的状况。"长势"的使用对象一般只限于植物，句中将其用于"产业"，这超出了它的使用范围。

一般可以把"长势"改为"增长"或"发展"，如果改为"增长的后劲"或"发展的势头"之类的话语，虽然有点超出了作者原来表达的意思，但表达的效果更好。

昭然 zhāorán

2021年4月28日《山西日报》第9版刊登文章《在图书馆的楼顶上》。文中有这样一句话："尽管楼外**昭然**悬挂着'图书馆'**烫金**字样，其实**内里包含**了行政办公区域、电教室、学生自习室等等。"这个句子中的"昭然""烫金""内里"和"包含"四个词使用有误。

先看"昭然"。"昭然"的意思是很明显的样子。"昭然"的使用对象通常要求是具有抽象性质的事物或概念，如"天理昭然""敌人的阴谋昭然若揭"。句中的"昭然"，其使用对象是悬挂在"楼外"的几个大字，这是一种具象的事物，"昭然"不能适用。

再看"烫金"。"烫金"是一种印刷工艺，指的是在印刷品等上面烫出金色的文字或图案。这种工艺一般只用于图书封面或较高级的图画作品、请柬、贺卡等印刷品上，这也决定了"烫金"这个词的使用对象只能是印刷品等相对小型的物件。句中的"烫金"用于悬挂在"楼外"的"图书馆"大字，一方面烫金工艺不能用于这种场合，另一方面在实际上也不大可能发生这种情形，"烫金"的使用基本上不合事实。

再看"内里"。"内里"指事物的内部，内中。"内里"的使用对象通常要求是具有抽象性的事物，如"这个案子内里还有些问题没查清"。句中的"内里"，用于指一幢楼房的内部情况，但楼房是一种具象性的事物，"内里"不能适用。

再看"包含"。"包含"的意思是指事物的里边含有。"包含"的使用对象通常要求是具有抽象性的事物，如"这篇文章包含了丰富的思想"。句中的"包含"，用于指一幢楼房的内部所具有的"行政办公区域、电教室、学生自习室等等"，但这些内容都是具象性的事物，"包含"不能适用。

可以把"昭然"改为"醒目"，同时要在"醒目"后加上结构助词"地"。"醒目"指很容易让人见到，这个词的使用对象应为具象性事物，适用于句中语境。"烫金"的修改复杂一些，如果"图书馆"那几个"字样"上确实有金子的成分，可以根据工艺的不同，把"烫金"改为"镏金"或"镀金"，但在实际生活中这两种情况都不大可能出现，更可能的情况是使用了与金子相近颜色的金属制作了“字样”，实际上并没有金子，如果确实是这种情况，可以把“烫金”改为“金光闪闪”之类的话语，同时要把“金光闪闪”移至“图书馆”之前，并在其后加上结构助词“的”。

“内里”和“包含”可以放在一起修改。一般地说，可以把“内里”改为“内部”，把“包含”改为“包括”。“内部”和“包括”的使用对象都是具象性的事物，可以使用在句中。但是，就这个句子的具体情况来说，这样修改并不是最合适，把“内里包含了”改为“楼内还有”之类的话语更好。

这样，全句就可改为：“尽管楼外醒目地悬挂着金光闪闪的‘图书馆’字样，其实楼内还有行政办公区域、电教室、学生自习室等等。”

朝气 zhāoqì

见第 17 页“勃发”条。

召集 zhàojí

2020 年 2 月 10 日《南方日报》第 10 版刊登文章《市场何以解决不了“口罩”问题》。文中说：“赢利机会将会诱导汽油供应商甚至进口商组织货源**召集**更多的汽油供应，而富有同情心与社会道义的人则实施援助。”这个句子中的“召集”一词使用有问题。

“召集”指的是通知人们聚集到一起。“召集”的指向对象一般限于人，不能是物品。句中“召集”的指向对象是“汽油供应”，这是一个抽象概念，“召集”不能与它建立起搭配关系，因此不能适用。

可以把“召集”改为“汇集”。“汇集”的意思是聚集在一起，它和“召集”的区别是它的指向对象一般限于物品，因此能够和“汽油供应”搭配。

褶皱 zhězhòu

2020 年 9 月 22 日《北京日报》第 15 版刊登文章《故宫旧影考识》。文中有句话写道：“据清宫医案记载，慈禧自光绪二十八年四月起，便‘目皮掣动，筋脉不爽’‘频间跳动’，照片中松弛的面部肌肉和较为**褶皱**的眼部皮肤，基本上可以印证清宫医案的记载。”句中的“褶皱”一词使用有误。

“褶皱”指的是皱纹，即皮肤或物体表面因收缩或搓弄挤压而形成的凹凸不平的条纹。在地理学上，“褶皱”还可指受地壳运动压力而形成的曲折状岩层。句中的“褶皱”用于“眼部皮肤”，用的是前一个意思。但不管是用哪一个意思，“褶皱”都是一个名词，在使用中不能接受副词的修饰。句中的“褶皱”接受了副词“较为”的修饰，这是把“褶皱”这个名词当作形容词用了，不合其使用要求。

可以把“较为褶皱”改为“褶皱较为明显”，也可以把“较为褶皱的眼部皮肤”改为“较为明显的眼部褶皱”。

针对 zhēndui

（一）

2020年3月18日《文汇报》第1版刊登文章《把大门向同胞敞开，将病毒拦在安全线外》。文中有一句话是：“**针对**极少数不配合防疫工作，隐瞒病史捏造事实者，不仅会受到舆论谴责，中国法律法规也将**一视同仁**。”句中的“针对”和“一视同仁”两个词语使用有误。

先看“针对”。“针对”作动词用时，表示对准的意思，如“他这番话是针对我说的”；作介词用时，是引入有明确目的的行为对象，类似于“对于”，如“针对这种现象，他提出了批评”。作介词用的“针对”和它的宾语组成一个介词结构，服务于后文的中心语，但要注意的是，这个介词的宾语不能成为后文中心语的主语。句中的“针对”用为介词，它的后文“会受到舆论谴责，中国法律法规也将一视同仁”（“一视同仁”使用不当，这里为叙述方便姑且沿用），本身又是一个递进复句，这个递进复句由两个分句组成，其中的“中国法律法规也将一视同仁”与介词结构“针对极少数不配合防疫工作，隐瞒病史捏造事实者”能够搭配，但另一个分句“会受到舆论谴责”却不能与“针对极少数不配合防疫工作，隐瞒病史捏造事实者”搭配。这是因为“会受到舆论谴责”的主语是“针对”的宾语“极少数不配合防疫工作，隐瞒病史捏造事实者”，这造成了整个句子内部结构的混乱。

再看“一视同仁”。“一视同仁”的意思是同样看待，不分亲疏厚薄。使用这个词语，需要注意的是，其使用对象不能只有单一方面，而应该是两方面甚至多方面，否则“一视同仁”就失去了着落。句中的“一视同仁”，其使用对象只有“极少数不配合防疫工作，隐瞒病史捏造事实者”这一个方面，缺少另外的方面与其配套，“一视同仁”的使用没有依据。另外要注意的是，这个词语原表示古代圣人对百姓一样看待，同施仁爱，因此其使用主体一般应是在社会常理中人们希望获得的各种待遇，而不能是人们不希望得到的各种约束。句中“一视同仁”的使用主体是“中国法律法规”，但按社会的一般理解，“法律法规”并不是给人的待遇，而是用来约束人的，因此“一视同仁”在句中的使用是不合适的。

就“针对”出现的问题来说，如果仅考虑介词结构“针对……”与“会受到舆论谴责”不能搭配的问题，把“针对”删去，让其原来的宾语“极少数不配合防疫工作，隐瞒病史捏造事实者”从介词结构中解放出来，有条件担任“会受到舆论谴责”的主语就可以了，但这样修改以后，又出现了与下文“中国法律法规也将一视同仁”不能搭配的问题。因此，结合“一视同仁”出现的使用不妥问题，这个句子需要作较大的修改。这里提供两种可以考虑的修改，一种是保留“针对”的修改：“针对极少数不配合防疫工作，隐瞒病史捏造事实者，不仅舆论会作出谴责，中国也将按国内法律法规作出公正处理。”另一种是不保留“针对”的修改：“极少数不配合防疫工作，隐瞒病史捏造事实者，不仅会受到舆论谴责，也会受到中国司法机关的公正处理。”

（二）

2020年11月9日《解放日报》第13版刊登报道《大选胶着变化，反映今日美国复杂性》。文中有这样一个句子：“**针对**选情最新变化，美国多地有拜登的支持者上街庆祝，也有特朗普的支持者上街抗议。”句中的“针对”一词使用有误。

句中的“针对”是介词的用法，而当“针对”这样用的时候，其引入的行为对象对于行为主体来说应是不如意的情况，或者是某种不良现象，或者是需要解决的问题。在这个句子中，介词“针对”引入的行为对象是“选情最新变化”，而行为主体有两个，一是“拜登的支持者”，二是“特朗普的支持者”。对于前者来说，“选情最新变化”是一件高兴的事，所以他们会“上街庆祝”；而对于后者来说，“选情最新变化”是一件不如意的事情，所以他们会“上街抗议”。在这种情况下，“针对”的使用对于后者来说是合适的，但对于前者来说却是不合适的。使用一个词语，如果有多个并列的相关项，要求每个相关项都能与其搭配，否则这个词的使用就是不妥当的，“针对”在这个句子中的使用是不妥当的。

修改这个句子，需要修改由介词“针对”组成的介词结构“针对选情最新变化”。由介词“针对”引入的“选情最新变化”是一部分行为主体“特朗普的支持者”采取“上街抗议”这一行动的行为对象，但并不是另一部分行为主体“拜登的支持者”采取“上街庆祝”这一行动的行为对象。这就需要建立一个与这两方面行为主体都能够搭配的介词结构。可以把“针对选情最新变化”改为“在选情最新变化出现以后”之类的话语，介词结构“在……以后”在这里表示的是行为出现的时间，与“上街庆祝”和“上街抗议”这两种行为都能搭配。

（三）

2021年7月26日《解放日报》第2版刊登报道《上海“米袋子菜篮子”货足价稳》。文中写道：“**针对**‘烟花’侵袭后，苏浙产区绿叶蔬菜可能出现价格波动的情况下，江杨市场等已做好供应商联动，通过‘郊菜不足客菜补’的方式，加大客菜供应量，平稳价格，做到‘产区有菜、路上有菜、市场有菜’。”句中的“针对”使用有误。

“针对”作介词用时，引入的是动词中心语的行为对象，而不是动词中心语的行为范围，因此由“针对”构建的介词结构通常是由“针对”和它的宾语所组成，而不能由“针对”和方位词组成。句中的“针对”与方位词“下”组成了介词结构，但这不合“针对”的使用要求。

应该把“针对‘烟花’侵袭后，苏浙产区绿叶蔬菜可能出现价格波动的情况”后的方位词“下”删去。这样，介词“针对”的宾语就是“‘烟花’

侵袭后，苏浙产区绿叶蔬菜可能出现价格波动的情况”，句子也就通顺了。

【另按】

《现汉》对“针对”的解释只给出了其动词义“对准”，没有指出其介词义，这是不准确的。《现汉》为说明“针对”动词义，提供了两个书证“针对儿童的心理特点进行教育”“这些话不是针对某个人的”，其中后一个书证中的“针对”确是动词，但前一个书证中的“针对”却不能认为是动词。在“针对儿童的心理特点进行教育”这句话中，“针对儿童的心理特点”服务于“进行教育”，两者是修饰语与主干语的关系，而不是一个连动结构，因此应该把“针对儿童的心理特点”视为一个介词结构，这样“针对”就是一个介词，引入“进行教育”的行为对象“儿童的心理特点”。因此，《现汉》应该为“针对”分别给出动词义和介词义，使这个词的意思和用法得到更准确的揭示。

征订 zhēngdìng

2020 年 8 月 3 日《光明日报》第 11 版刊登报道《钟万勰：计算力学里的“爱国大义”》。文中有这样一个句子：“见到钟万勰院士时，这位 86 岁高龄的老人正在忙着著书立说，他的《辛数学及其工程应用》被**征订**为航空宇航科学与技术教材出版工程规划‘十三五’教材项目。”句中“征订”一词使用有误。

“征订”意为征求订购。“征订”通常用于图书、报刊的发行和推销。句中说的是“《辛数学及其工程应用》”这本书被明确地定下“‘十三五’教材项目”这个身份，而不是说这本书在征求购买，“征订”的词义与它在句中所要表示的意思不合。

应把“征订”改为“确定”。当然，一本书被确定为一个“教材项目”，可以有多种形式，如果是经过相关机构遴选而确定，可把“征订”改为“选定”；如果是通过评比而确定，可以改为“评定”；如果是通过审核而确定，可以改为“审定”，等等。

当然，也可能有这样一种情况，作者想要表达的意思是，“《辛数学及其工程应用》”这本书作为“教材项目”虽然作者还在写作之中，但出版方已经开始对外征求购买，那么，按前述改法就把这层意思漏掉了，这样的修改就损害了作者原意的表达。如果确是这样，那就需要改写整个句子，如把“他的《辛数学及其工程应用》被征订为航空宇航科学与技术教材出版工程规划‘十三五’教材项目”改为“他的《辛数学及其工程应用》已被航空宇航科学与技术教材出版工程规划列入‘十三五’教材项目，目前已经开始征订”。

征收 zhēngshōu

见第 12 页“编写”条。

知其然而不知其所以然 zhī qí rán ér bùzhī qí suǒyǐrán

2020年6月21日《广州日报》第7版刊登报道《黄埔古码头升级变身啦》，其中写道："宋代建筑基址、明代石基码头遗址、清代庙前码头遗址，三个遗迹点之间没有直接连接的导引路线和参观道路，对于很多游客来说，有点**知其然而不知所以然**。"句中的"知其然而不知其所以然"使用有误。

"知其然而不知其所以然"是一句古语，意思是知道是这样，却不知道为什么是这样，形容只了解表面现象，不了解事物的本质或事情的根底。句中说的是行为主体"游客"虽然知道有"三个遗迹点"，却因为没有"导引路线"而不知道怎么走更方便，"知其然而不知其所以然"在这句话中不能适用。如果作者是说"游客"只是知道有这"三个遗迹点"而不知道这"三个遗迹点"的具体内容，"知其然而不知其所以然"才是适用的。

可以把"知其然而不知其所以然"改为"不辨东西""不辨东南西北"之类的话语，改为"不方便"，文采上稍微差了一点，也是可以的。

【另按】

《现汉》未收"知其然而不知其所以然"，但把"所以然"作为词目收录了，其释文为"指为什么是这样的原因或道理"，并为其举出两条书证："知其然而不知其～｜他说了半天还是没说出个～来。"这两条书证中的"所以然"，其意思是有差别的。前者中的"所以然"，指的是原因和道理，书证和释文合拍。但是后者中的"所以然"，除了指原因和道理之外，还可以指事情的经过，比如出了一桩复杂的凶杀案，公安侦查人员在介入的最初阶段，是不大可能马上了解这个案子产生的原因的，如这时上级部门批评公安侦查人员"说不出个所以然"，有可能是批评他们连案情经过都没了解清楚，而不是批评他们不了解这件凶杀案产生的原因。因此，从《现汉》举出的这两条书证来看，"所以然"的义项并不是像《现汉》所标只有一个，而是可以分出两个。

肢体语言 zhītǐ yǔyán

（一）

2022年2月19日《文汇报》第6版刊登报道《卡米拉，还有很多比赛，还有一辈子在等着你》。文章引用一位国际奥委会官员的话说："我看到她摔倒，看到她起身，鼓足勇气完成比赛，看到她的**肢体语言**，我想我可以理解这位15岁的女孩要承受的巨大精神压力。"这句引用语中的"肢体语言"使用有误。

"肢体语言"指的是代替口头和书面语言传情达意的肢体动作。"肢体语言"是一种语言，是行为主体在不能用口头或书面语言传递信息的情况下，通过肢体动作来向外界传递信息的一种工具。在这位国际奥委会官员说的话中，“肢体语言”的行为主体“她”所出现的“摔倒”“起身”等动作只是动作，“她”并没有通过这些动作向他人传递信息的意图，至于“我”对这些“动作”产生的“理解”是“我”单方面的意思表示，与“她”是无关的。“肢体语言”在这句话中的使用是不合事实的。

可以把“肢体语言”改为“动作”，前面可加“这些”。需要注意的是，人发出“肢体语言”需要表现为“动作”，但并不是人的所有“动作”都是“肢体语言”。

（二）

2020年4月27日《新民晚报》第14版刊登文章《分析措辞》。其中有一段文字写道：“人际沟通有很重要的一个环节是和文字无关的，那就是**肢体语言**——面部表情、手势、语音语调等等。在网络上联络时，这些有形的**肢体语言**都不存在了，这就造成了判断是真是假缺少了许多线索。”文中两处用到“肢体语言”，但使用都不够准确。

在这段文字中，第一处出现“肢体语言”时，作者用破折号（——）形式对“肢体语言”作了举例，即“面部表情、手势、语音语调等等”，但在作者所举的三个例子中，只有“手势”是严格意义上的“肢体语言”，“面部表情”和“语音语调”都不属于“肢体语言”。第二处出现“肢体语言”时，作者为其加上了形容语“有形的”，但“语音语调”是无形的，这也证明，即使按照作者自己的定义，把“语音语调”视为“肢体语言”的内容，也是不能自圆其说的。

对这段文字中两处用到的“肢体语言”，在修改上应该有所不同。第一个“肢体语言”（连同它后面的破折号）可以删去，让“面部表情、手势、语音语调等等”与“那就是”直接搭配。第二个“肢体语言”可以改为“非文字表达形式”，同时把前面的形容语“有形的”改为“有形的或无形的”（“有形的”对应“面部表情”和“手势”，“无形的”对应“语音语调”）。

另外，文中最后一个句子“这就造成了判断是真是假缺少了许多线索”有叠床架屋之嫌，如果把其中的“造成了”改为“使”或“使得”，句子就干净多了。

【另按】

《现汉》对“肢体语言”的定义是：“指代替语言来表情达意的身体动作、面部表情。”这是把“面部表情”算作“肢体语言”的一部分了。但是，按照《现汉》自己对“肢体”的解释，就可发现这样的观点是站不住脚的。《现汉》释“肢体”为：“四肢，也指四肢和躯干。”《现汉》又释“躯干”为：“人体除去头部、四肢所余下的部分叫躯干。”（这个定义把“躯干”专用于人体也是可以商榷的）这说明，对“肢体”可以有狭义和广义两种理解，狭义理解只指人的两手两足或其他高等爬行动物的四足，广义理解可以把躯干包括进去，但即便如此，因为头部不在“躯干”之内，它也就不在“肢体”之内。

那么，只能出现于头部的“面部表情”自然也就不能算是“肢体语言”了。

《现汉》对“肢体语言”的定义还存在其他问题。第一，释文称“肢体语言”为“代替语言……”，“肢体语言”也是“语言”，它能够“代替语言”，这让人不好理解。这里需要对释文中的“语言”作出必要限制，如“口头语言”“书面语言”，以区别于“肢体语言”。

第二，释文通过“身体动作”和“面部表情”的并列，使“身体”和“面部”成为两个不兼容的概念了。其实，“身体”和“肢体”不一样，它是包括了头部的，即使《现汉》编者认为“面部表情”可以是“肢体语言”的一部分，把它和“身体动作”并列使用，也是不合适的。

第三，释文中出现了两个“表情”，前一个为动词，后一个为名词。短短一句话中使用两个字形相同而意义不同的词，这也是不可取的。词典语言应力求精练精确，前一个“表情”可以换一种说法。

直觉 zhíjué

2020年9月5日《解放日报》第4版刊登报道《漫漫回家路》。文中写道：“对毒品尚无概念的小未，**直觉**感到母亲在做‘不好的事’，有一瞬间他想阻止，但沉迷游戏的他最终没有**声张**，伴随着迷幻的游戏音效，毒品的气味在房间里弥漫。”句中的“直觉”和“声张”两个词使用有误。

先看“直觉”。“直觉”指的是直接产生的感觉，即仅凭已有的经验和认知得出的感觉。在这个句子中，“直觉”和“感到”搭配，使“直觉”成为“感到”的行为主体，但“感到”的行为主体应该是“小未”，而“直觉”只是“小未”在产生“感到”时所依赖的工具。因此，“直觉”不能和“感到”搭配。

再看“声张”。“声张”指的是把消息、事情等传扬出去。句中说的是行为主体“小未”在“感到母亲在做‘不好的事’”（所谓“不好的事”从引语所出全文可知是吸毒）的时候想要“阻止”，也就是让“母亲”不要吸毒，虽然“小未”最终未这样做，但他在“瞬间”想做的这个事并不是要把这“不好的事”传出去，“声张”的词义与此不合。

应该在“直觉”的前面加上“凭”，“凭”是一个介词，加上这个词后，“直觉”就成为其宾语，后面的“感到”不再和它产生搭配关系，“感到”的行为主体明确为“小未”，而“凭直觉”这个介词结构只是用来说明“感到”这一行为得以实现的途径。“声张”则可改为“言语”“说话”“吱声”之类的词，这几个词都可表示用语言表达想法的意思，用在句中正合适。

【另按】

《现汉》对“直觉”的释义存在问题。《现汉》释文为：“未经充分逻辑推理的感性认识。直觉是以已经获得的知识和累积的经验为依据的，而不是像唯心主义者所说的那样，是不依靠实践、不依靠意识的逻辑活动的一种天赋的认识能力。”这条释文从哲学的专科角度对“直觉”作出了解释，但忽略了“直觉”已进入通用词汇的事实，未从“直觉”的通用角度对这个词给出释义，产生了词义遗漏。事实上，人们使用“直觉”一词，大多只是表示直接产生的感觉这个一般语义，并没有哲学上的意义，因此释文应该补出这个更常用的意义。

《现汉》对“直觉”的释义还对唯心主义派别对“直觉”的定义作出了否定，但语文词典从正面说清楚词义即可，在一般情况下不必行使对一个词的含义进行评价的职能，否则词典就会失去平衡，对于《现汉》这样一部词典来说，这种否定性释义是没有必要的。

只要 zhǐyào

2020 年 4 月 19 日《广州日报》第 6 版刊登报道《无人 VS 有人，竞争力在哪?》。文中有这样一个句子：“用户体验、单店模型、扩张性等都是资本重点考虑的因素，**只要**在这些方面做得足够好，企业才有望得到资本青睐。”句中的“只要”一词存在使用不妥的问题。

“只要”是一个连词，在使用中一般表示一种必要的条件，常与“就”之类的副词组成一对关联词语，构成条件复句。句中的“只要”与副词“才”搭配，但两者不能建立起关联关系。副词“才”和“才能”也可以用于条件复句，但它通常不仅表示其条件是必要的，还同时表示其条件是充分的，是具有唯一性的，这就决定了“只要”不能和它搭配。

“只要”通常和“就”之类的副词搭配，其关联形式为“只要……就……”；而“才”通常和“只有”搭配，其关联形式为“只有……才……”。这两种形式都构成条件复句，但表示的意思有区别，是不能混淆的。对于上引句子的修改，一般可根据作者表达的意思，或把“只要”改为“只有”，或把后面的“才”改为“就”。仔细审察句中表达的意思，把“在这些方面做得足够好”理解为“企业……有望得到资本青睐”的充要条件更符合现实情况，因此，首选的修改应该是把“只要”改为“只有”。

纸短情长 zhǐduǎn-qíngcháng

2020 年 3 月 25 日《新民晚报》第 18 版刊登一篇报道，题目是“**纸短情长**，正是春来书飘香”。这个题目中的“纸短情长”使用有误。

“纸短情长”是一个客套语，一般用于书信的末尾，意思是这封信虽然要结束了，但我对你的情意却一直会存在下去，表示写信人对收信人的礼貌和尊重。“纸短情长”这个短语的用法限定了它的使用场合只能是人在互不见面的情况下的交流状态，具体地说，“纸短情长”只能用来表示人与人之间的感情，而不能用来表示人对物的感情。所引标题下的全文说的是书店经营的情况，作者用“纸短情长”来表示图书消费者（即通常说的“读者”）对书店经营商品（图书）的感情深厚，但超出了这个短语的使用范围。

用“纸短情长”形容读者对图书的感情，可能是因为图书是纸制品而让作者进入了误区。需要注意的是，在“纸短情长”这个短语中，“纸”并不完全是指纸张，而应该是指书信。今天，很多书信已经不再用纸作载体，而是可以通过云媒体来实现，更进一步说，书信这种交流工具也不再流行，人们更习惯用QQ、微信等聊天工具，与纸已毫无关系，但“纸短情长”这种客套用语仍然可以在这些新式的通信方式上使用。

可以考虑把“纸短情长”改为“手不释卷”之类的话语。“手不释卷”一般形容人勤奋好学，也可以形容人对书卷的喜爱，这里用的是后一个意思。

指令 zhǐlìng

（一）

2021年10月29日《光明日报》第14版刊登文章《生之光华，逝之绚烂》。其中有一个句子写道：“*宁可十防九空，不可一次放松！这是八闽大地朗朗上口的防范台风*__*指令*__*，也是用血泪教训凝结而成的警句。*”文中的“指令”一词使用有误。

“指令”在现代汉语中是个兼类词，作动词用时指带有强制性的指示、命令，如“上级指令我们火速增援抗洪前线”；作名词用时指上级给下级的指示或命令等，如“这是谁发的指令？”句中的“指令”用为名词。“指令”通常是要求人所要做的事情，它在这段文字中指的是“宁可十防九空，不可一次放松！”从这句话的内容来看，它并不是要求人们做什么事，而是要求人们提高某种意识，是作者提供的一种观念。这句话作为一种观念，说它是“警句”可以理解，但是说它是“指令”，却不合词义。

可以把“指令”改为“口号”之类的词。“口号”指的是有鼓动作用的简短句子，可以供人呼喊。“宁可十防九空，不可一次放松！”正是一个有鼓动作用的简短句子，也可供人呼喊，把“指令”改为“口号”是合适的。

（二）

见第120页“咀嚼”条。

指指点点 zhǐzhi-diǎndiǎn

2020年4月4日《新民晚报》第22版刊登文章《烟纸店》。其中有这样一段文字：“*我最常见的是影视明星焦晃先生，他当时住在我家弄堂对面的兰心里，常常穿着一件绿色的毛衣，手牵着小儿，在烟纸店柜台前与老板闲谈。斜头这个时候特别热情，又是敬烟又是敬茶。焦晃的身后，常常会聚拢一批粉丝*__*指指点点*__*，无形之中，替他做了广告。*”文中的“指指点点”使用有误。

“指指点点”的意思是一群人在别人背后随便挑剔毛病，非议他人。句中说的是行为主体“一批粉丝”在见到“影视明星焦晃先生”时，因仰慕而跟

随其后观看、议论的情景，但从常理来说，既是“粉丝”，就不大可能对他们仰慕的对象产生各种非议。“指指点点”的词义与“粉丝”对其跟随目标敬仰的情景不合，在此不适用。

可以把“指指点点”删去，也可以根据情景换上适当的话语，如“尾随”“议论纷纷”之类，都是可以的。

【另按】

《现汉》未把“指指点点”作为词目收录，但在对另一个词“指点”进行解释时，把“指指点点”的词义作为“指点”的词义收录了。《现汉》的释文是：“①指出来使人知道；点明：他～给我看，哪是织女星，哪是牵牛星｜大家都朝他～的方向看｜老师～我怎样使用电脑。②在旁边挑剔毛病；在背后说人不是：自己不干，还在那里指指点点。③〈书〉议论；评论：～江山（纵论国家大事）。”从这个释义看，《现汉》编者是把“指指点点”当作“指点”的叠词形式来处理了，但这是不恰当的。

现代汉语中的叠词，通常是通过词素重叠的形式对原词词义作出放大或缩小，但其词义还是基本一致的，如“飘扬”变成“飘飘扬扬”，两者在表意上有不同之处，但词义还是一致的。而从“指点”到“指指点点”，词义已产生根本变化，并且两者在情感色彩上也不一样，它们完全是两个词。因此，“指点”不能包括“指指点点”的词义，《现汉》应该将“指指点点”作为另外的词目收录并给出准确的释义。

还需要指出的是，《现汉》对“指点”的释文，其中第三条也有不恰当之处。“指点”确实有议论、评论的意思，但《现汉》在举出书证“指点江山”时又为其以括注的形式给出释义“纵论国家大事”却是不准确的。在现代汉语的实际语用中，“指点江山”固然有纵论国家大事的意思，但另外还有批评一个人夸夸其谈、好为人师而又不着边际的意思，其议论内容也不一定是“国家大事”，这两种意思在情感色彩上也有褒贬之分。因此，《现汉》为“指点江山”作出的释义并不准确，为书证作释义也不是《现汉》这部词典必须履行的责任，这个括注以删去为好。

实际上，“指点江山”已是一个固定短语，因此对于《现汉》来说，更合适的做法是为“指点江山”另出词目，给出准确的解释。这样，“指点”就是一个单义词，其词义就是指出来使人知道，点明，含有褒义。

质量 zhìliàng

2020年7月18日《证券时报》第5版刊登文章《为什么收废品可以比买金币更赚钱》。文中有一句话写道：“银行出售的金币，和街头收购的废品，这两者的**质量**判若天渊。”句中的“质量”一词使用有误。

“质量”指的是产品或工作的优劣程度。另外，“质量”还是一个物理学专科词，是表示物体惯性大小的物理量。句中的“质量”用的是一般词义，但当“质量”这样用的时候，它的使用对象如果是一种物质，就必须是生产出来供使用、消费的产品。句中的“质量”有两个使用对象，其中的“金币”是一种产品，“质量”可用，但“废品”并不是生产出来供使用和消费的产品，而是一种没有用的物质，“质量”不能适用。当然，在现实中有部分“废品”可以作为再生资源重新利用，从而在收购时会产生按“质量”论收购价的情况，但这不改变“废品”作为一个整体不再是产品的性质，而句中说的是“废品”的这种整体情况，因此“质量”是不能适用的。

应该把“质量”改为“价值”。“价值”有一个意思是指用途或积极作用，这个意义的“价值”，其使用对象包括产品，也包括产品以外的其他各种物质，用在句中正合适。

智慧 zhìhuì

见第225页“习得”条。

中性 zhōngxìng

2020年7月4日《光明日报》第10版刊登文章《“她”自何处来》。文中写道：“‘她’字作为女性第三人称单数代词，与男性第三人称单数代词的‘他’以及**中性**词‘它’**并列**使用。”句中的“中性”和“并列”两个词使用有误。

先看“中性”。“中性”的意思是指介于两种相同性质之外的性质，如既不呈酸性又不呈碱性的化合物（这个意思属于化学专科范畴），语义色彩既非褒义又非贬义的词（即人们通常说的“中性词”，这个意思属于语言学专科范畴）。除此之外，它还有另外一个语言学的专科义，指某些语言所表现出的语法范围，通过一定的语法形式表示名词、代词和形容词所归属的类别，如俄语的名词、代词、形容词有阳性、阴性、中性之分。

句中的“中性”与“词”组合在一起，组成了合成词“中性词”，用来指称汉语中的“它”。但是，汉语中虽然有“中性词”之说，却是对应于褒义词、贬义词而使用的，以显现作者的感情色彩。而汉语中与“它”对应的词“他”和“她”并无褒贬色彩（这里不考虑“她”可以指代祖国之类美好事物的修辞化用法），因此不能把“它”理解为中性词。当然，由于汉语没有对部分词类区分阳性、阴性、中性的功能，把“它”称为语法意义上的“中性词”就更是毫无根据了。

出现这个错误的原因，在于作者为了使“它”区别于“他”和“她”这两个分别用于男性、女性的人称代词，为其生造出了一个“中性”的身份。但是，“它”在汉语中是一个代指人以外的各种事物的代词，将其称为“中性词”是不合事实的。

再看“并列”。“并列”指的是不分主次地排列。“并列”在使用中要求行为主体出现在同一语义场，才能表现出“并列”的姿态，各个行为主体之间存在互相依赖的关系，如“两人并列第一”，少了其中一人，“并列”就不能成立。句中的“并列”修饰“使用”，这就意味着“并列”的行为主体“他”“她”和“它”必须在同一语义场出现，这种情况应该是有的，如“他和她是一对兄妹”“王姨很喜欢狗，她和它几乎形影不离”。但这种情况并不是“他”“她”“它”三个代词的主要应用功能，实际上它们的使用功能是各自独立的，因此“并列”的使用不合适。

应该把“中性词”改为“物指代词”或“物称代词”。“物指代词”（或“物称代词”）和“人称代词”对应，构成了汉语中指人和指物的代词的序列。至于“并列”，则可改为“分别”。

装饰 zhuāngshì

见第66页“浮华”条。

追捧 zhuīpěng

2020年7月30日《广州日报》第16版刊登报道《奄仔蟹，正当造，味多变》。其中有句话写道：“番禺、台山、深圳等地的咸淡水交汇处都有产奄仔蟹，各地蟹农都对自家所产的蟹最为**追捧**。”句中“追捧”一词的使用有误。

“追捧”，意思是追逐捧场。“追捧”通常是行为主体对他人或他人所拥有、生产、创造的事物的追逐和捧场，这就要求行为主体与“追捧”的指向对象不能是同一主体，如“很多青少年对这位歌坛新秀疯狂追捧”。句中的“追捧”，其行为主体是“各地蟹农”，其指向对象是“自家所产的蟹”，“追捧”的指向对象为行为主体自己生产的产品，这不合情理，“追捧”不能适用。

一般地说，“各地蟹农”对于“自家所产的蟹”都很看重，在销售时也会积极使用各种推销手段，但这些都不能称为“追捧”。可以根据作者所要表达的意思把“追捧”改为“看重”“珍视”之类的词，或者把“各地蟹农都对自家所产的蟹最为追捧”改为“各地蟹农对自家所产的蟹在销售时都最为积极”之类的话语。

着床 zhuóchuáng

2020年3月31日《北京日报》第1版刊登文章《还没到摘口罩的时候》。文中写道：“单就确诊病例而言，境外输入每天都在增加，更出现了关联本地的案例，任何一丝松懈都可能让病毒**着床**滋生。”句中“着床”一词使用有误。

“着床”的意思是男人以及其他雄性动物的精子进入女人以及其他雌性动

物的卵子后，受精卵吸附在子宫内膜中开始妊娠。“着床”一般只用于生命生理方面，句中将其用来指“病毒”侵入人体，这超出了这个词的适用范围。另外，“着床”虽是一个中性词，不带情感色彩，但“着床”一般都意味着生命的孕育和诞生，具有一定的正面意义，而“病毒”侵入人体则不具有正面意义，从这一点看，“着床”在句中的使用也是不合适的。

可以把“着床”改为“传染”。“传染”在医学上指病原体侵入生命机体，符合这个句子的语境。

自闭 zìbì

见第 74 页“孤立”条。

自觉 zìjué

（一）

2021 年 6 月 13 日《解放日报》第 4 版刊登文章《好吃还是白米粽》。文中有一个句子这样写道：“有一次，她把包粽子的活儿放在屋外做，让周围人**自觉**参观，我站在边上看她一招一式怎么操弄。”这个句子中的“自觉”一词使用有误。

“自觉”有两个意思，一是自己觉得，如“他自觉病情已有好转”；二是自己有所认识而在行动上能主动适应某种要求，如“小明在学习上一直很自觉”。句中的“自觉”用的是后一个意思。这个意义上的“自觉”，通常用于修饰某种行为，但对于这种行为往往有一定的要求，或者是明确的号召或倡导，或者是长期形成的风俗习惯，对行为主体都有外来的一定的约束性。句中的“自觉”，修饰动词“参观”（其实就是观看“她”从事“包粽子的活儿”），但对行为主体“周围人”来说，这个行为既没有来自任何人的号召或倡导，也不是风俗习惯，而是“周围人”随意产生的一个行为，没有任何约束力存在。在这种语境下，“自觉”的使用是不合适的。

可以把“自觉”改为“自发”或“自由”。“自发”和“自由”这两个词，意思是不一样的，但用来修饰观看他人“包粽子”这种行为的状态比较合适，可以根据具体情况选择使用。

（二）

2020 年 3 月 9 日《解放日报》第 7 版刊登报道《私人诊所行医者李跃华》。文中有一句话写道：“后来李跃华**自觉**苯酚穴位注射疗法有市场，干脆自立门户开诊所验证疗法。”句中的“自觉”使用有误。

“自觉”在这个句子中表示自己知道的意思，相当于自知。但当“自觉”这样用的时候，其使用对象通常是有关自身生命、切身利益等的事宜，如“自觉来日无多”“自觉大势已去”，句中的“自觉”，其使用对象是“苯酚穴位注射疗法有市场”，对行为主体“李跃华”来说，这是他产生的一个对外界

事物的认识，不是对自身某种状况的认知，“自觉”的使用是不合适的。

可以把“自觉”改为“觉得”。对于行为主体“李跃华”来说，“苯酚穴位注射疗法有市场”是他产生的一种感觉，或者说是一种认识，使用“觉得”是合适的。

自由散漫 zìyóu-sǎnmàn

2020年8月3日《北京晚报》第22版刊登文章《“耳朵会”与〈围炉夜话〉》。文中写道：“《围炉夜话》有两大特点：……虽然是‘心有所得’‘随得随录’‘语无伦次’，难免缺乏条理，显得纷繁芜杂、**自由散漫**，但王永彬将日常生活中的所见、所闻、所思、所想与古代圣贤的智慧思想融会贯通，由此产生的感悟，恰如漫长冬夜里熊熊烈火发出的光和热，温暖人心，点亮人生。”这段文字中的“自由散漫”使用有误。

“自由散漫”指的是不受纪律限制和约束，行为十分随便。“自由散漫”通常仅用于形容人的行为，句中的使用对象“《围炉夜话》”是一部书，“自由散漫”不能适用。

为什么“自由散漫”只能用于形容人的行为而不能形容其他事物？需要看到的是，“自由散漫”是由“自由”和“散漫”两个词组合而成的固定短语，并含有贬义。但是，“自由”和“散漫”不一样，“散漫”的贬义是恒定的，并且其使用对象既可以是人的行为，也可以是文章、图书等，指其结构凌乱，而单独出现的“自由”通常并无贬义，反而有一定的褒义，如“请大家自由发表意见”“心灵自由”“自由王国”等，当它用于形容文章、图书写作时，其褒义色彩更是明显，如“这本书突破了写作上的诸多清规戒律，可以看出作者写得很自由”。只有当“自由”和“散漫”组合在一起的时候，它才因受“散漫”的影响而产生了贬义，但“自由”的这种贬义仍限制在“自由散漫”“自由主义”等有特定含义的固定短语中。因为“自由”通常含有褒义，这与“自由散漫”的贬义产生冲突，故而“自由散漫”只能形容人的行为而不能用于形容其他事物。

可以把“自由散漫”改为“散漫无章”之类的话语。汉语中有一个现成的固定短语“杂乱无章”可以用于形容文章、图书在结构上的混乱，但这里不适宜使用。这是因为“杂乱无章”是一种比较重的贬斥，与原文中用的“自由散漫”相比，在语义上不能平衡。另外原文中有“纷繁芜杂”之语，其中的“杂”与“杂乱无章”中的“杂”是同义的两个词素，它们在文中紧邻出现，观感显得比较差。

【另按】

《现汉》未收“自由散漫”，而是把“自由”和“散漫”作为两个词分别立目。《现汉》对“自由”的释义给出了三个义项，它们是：“①形不受拘束；不受限制：~自在｜~参加｜~发表意见。②名在法律规定的范围内，随自己意志活动的权利：人身～｜～平等。③图哲学上把人认识了事物的本质和奥秘及发展的规律性，自觉地运用到实践中去，叫作自由：知其必然为～。”

但是，按照《现汉》给出的对“自由”的这三个义项，却不能解释“自由散漫”中的“自由”。因此，《现汉》应该把“自由散漫”列为应收词目收进，给出准确的解释，如果不是这样，就需要给“自由”增加新的义项，让“自由散漫”中的“自由”在词典中不致出现悬空。

自怨自艾 zìyuàn-zìyì

（一）

2022年3月20日《新民晚报》第12版刊登文章《幸福，浓缩的美妙》。文中有一句话写道：“封楼了，本该**自怨自艾**的人倒有了一把全新体验。”这个句子中的“自怨自艾”使用有误。

“自怨自艾”指的是抱怨、悔恨自己的错误和不足等。“自怨自艾”通常是行为主体在遇到某种不好的事情时认为是自己做错了事，因而对自己不满。句中说的是在面对“封楼”这种情况时，作者认为人们“本该自怨自艾”，也就是人们应该抱怨自己。但是，“封楼”是外界施加于人们的行为，并不是人们自己做错了什么事而导致这种情况发生，因此人们通常的态度应该是抱怨外界和他人，而不是抱怨自己。“自怨自艾”的使用是不准确的。

可以把“自怨自艾”改为“怨天尤人”之类的话语。“怨天尤人”指的是在遇到挫折和困难时只是归咎于客观原因，埋怨别人，这是人们在面对“封楼”这种情况时容易产生的情绪，符合句中语境。

（二）

见第50页“低头”条。

自知 zìzhī

2020年9月21日《福建日报》第11版刊登文章《读书，照亮梦开始的地方》。文中有一句话写道：“所有那些**自知**的、不**自知**的都能在书里相遇，这种感觉很特别、**安全**甚至美妙。”句中“自知”和“安全”两个词使用有误。

先看“自知”。句中的“自知”出现过两次，分别表现为“自知”和“不自知”。“自知”的意思是自己知道，自己明白。当“自知”用于肯定性叙述时，它作为一个动词，对宾语有较强的粘连性，要求同时给出其宾语才能完整表意，而且这个宾语要求是具有负面性的内容，如“自知来日无多”“自知拿不起这活”。句中的前一个“自知”是一种肯定性叙述，但缺了不可缺的宾语，不符合使用要求。实际上，作者要表示的意思是已经知道，“自知”的意思与此不合。

而当“自知”用于否定性叙述，即组成短语“不自知”的时候，它与肯定性叙述“自知”的意思和使用要求都是不一样的。“不自知”中的“自知”在使用中不能再带宾语，它表示的意思是对自己的情况不了解，没有自知之明，如“这个人真不自知，还好意思来向我借钱”，含有批评的意思。句中表示的意思是不知道，不明白，“不自知”的意思与此不合。

再看“安全”。“安全”的意思是没有危险，平安。“安全”通常是在有关活动容易引起影响人体健康以至生命的环境下才能使用，如人们常说的“安全生产”，就是在工业化生产可能致伤致残致死的情况下使用，“交通安全”也是这个道理，至于更多的人类活动，由于通常不会影响到人体健康以至生命，“安全”一般就不能用。句中说的是读书活动，但从社会常理来说，读书不可能产生影响人体健康以至生命的事件（这里不考虑读权力机构规定的禁书而可能导致遭受处治的情况），“安全”不能适用。

对这个句子的修改，“自知的、不自知的”可以改为“已知的、未知的”，如果要让句子简练一点，也可以改为“已知和未知的”。“安全”可以改为“安宁”“安定”之类的词。“安宁”“安定”都可以描写人的心理状态，适合于人读到某些书后的心境，也能够与前面的“特别”和后面的“美妙”贯通。

字里行间 zìlǐ-hángjiān

2020年1月4日《解放日报》第6版刊登文章《一代知识人的精神蜕变》。其中有这样一个句子：“这里既没有全力打拼、终成正果的励志故事，也没有浮华世界的纸醉金迷，有的只是‘虚构室’‘非虚构室’‘反虚构室’‘黑厅’及‘软厅’这些非实体、寄寓在**字里行间**中的文本空间。”句中“字里行间”的使用有误。

“字里行间”指的是字句中间，常常可以指代整篇文章甚至整部书。“字里行间”是由“字里”和“行间”两个并列的结构组合而成，而它们又是各自由“字”“词”和方位词“里”“间”组成，其中“里”和“间”是表示方位的，但句中在“字里行间”后又加上一个方位词“中”，这造成了表意的重复。

“字里行间”可以继续使用，但需要把它后面的方位词“中”删去。

字斟句酌 zìzhēn-jùzhuó

（一）

2021年3月4日《解放日报》第11版刊登文章《并不希望他真的成为“渡边君”》。文中有一段文字写道：“几年前，浙江的一位高三女生这样表达她读《挪威的森林》的感受：临近午夜时看完了它。看完是什么感觉？就像什么戛然而止了，而我的生命也就此终结了。**字斟句酌**地看，吃饭看，走路看，睡觉看，似乎我生来就是为了看《挪威的森林》的……”这段文字中的

“字斟句酌”使用有误。

“字斟句酌”的意思是每字每句都反复推敲斟酌，形容人在说话、写作时以及在从事翻译、文本研究等工作中慎重、认真、负责的态度。“字斟句酌”的使用对象可以包括说话、写作、翻译、文本研究等场合，句中说的是“读《挪威的森林》”的活动，这是一种阅读活动，从常理来说行为主体可以有认真的态度，但不需要有慎重和负责的态度。从引语所出全文可知，引语中所说的“《挪威的森林》”是一部小说，对小说文本，一旦需要“字斟句酌”，就不再是阅读，而是文本研究了。因此，“字斟句酌”在这段文字中的使用是不合适的。

可以把“字斟句酌”改为“逐字逐句”之类的话语。在阅读中做到“逐字逐句”，是一种认真的态度，用于这段文字描写的场景中是合适的。

（二）

2021年3月1日《语言文字周报》第1版刊登文章《〈辞海〉第七版——“辞海精神”的新时代注脚》。文中写道：“可以说《辞海》（第七版）的每个条目、每个用词甚至是每个标点都**字斟句酌**、反复推敲，每个辞海人都切身践行这种科学严谨的工作作风。”句中的“字斟句酌”使用有误。

“字斟句酌”的使用对象，要求是有关字词和语句的运用。句中的使用对象有“每个条目”“每个用词”和“每个标点”，其中“每个条目”与“字斟句酌”能够适配，但“每个用词”说的只是字词运用，语句的运用不包括在内，“每个标点”和字词、语句的运用都无关系，“字斟句酌”与这两者不能适配。

从引语所出全文可知，“《辞海》”是一部工具书，本来，把“字斟句酌”用于工具书的编写是可以的，但句中既然点明了工具书编写中的各项具体内容，就要求“字斟句酌”能够和说的各项具体内容适配，这个句子未注意这一点，导致“字斟句酌”的使用不合适。

可以把“字斟句酌”改为“反复斟酌”，这样与下文“反复推敲”也能产生一种积极的修辞效果。如果要保留“字斟句酌”，就要考虑删去“每个用词”和“每个标点”，只留“每个条目”和“字斟句酌”搭配，但这样的修改虽然保证了语句通顺，却削弱了作者原意的表达，因此不是好的修改。

【另按】

《现汉》对“字斟句酌”的注释认为其“形容说话或写作的态度慎重”，《现规》对“字斟句酌”的注释认为其“形容说话或写作慎重认真”。两部词典都认为“字斟句酌”的使用场合只在说话和写作，这未免狭窄了一点。事实上，现在人们从事的翻译（包括将外语翻译成汉语、将古代汉语文本翻译成现代汉语文本）和文本研究（如对古代汉语文本进行学习和解读），这两种场景都可用到“字斟句酌”。尽管翻译和文本研究相对于说话和写作，其规模要小很多，但这两者也是常见的活动，词典释义不应忽略。

纵深 zòngshēn

2020年1月17日《中国青年报》第2版刊登文章《路面塌陷频发：城市的路要让人安心行走》，文中写道："随着城市的不断发展，向**纵深**、向地下要空间已然是大势所趋。"句中"纵深"一词的使用不准确。

"纵深"表示的是地域在纵的方向的深度。"纵深"只体现在地域平面上深入的程度，而不表示从地面向地底下的深度，如"向纵深推进"，说的是军队向远离驻地的远处挺进（一般意义上离驻地越远意味着与敌方作战或遭遇敌方袭击的可能性越高），但军队的这种行动只是在地面上而不是在地底下。句中的"纵深"表示的是地底下的意思，这与其词义不合。

一般来说，可以把"纵深"改为"地下"，但句中已有"向地下"的说法，因此不需要再用"纵深"，可以把"向纵深"连同它后面的顿号一起删去。

足足 zúzú

2020年6月24日《乌鲁木齐晚报》B叠第2版刊登文章《瓜皮帽》。文中有一句话写道："一个大大的瓜皮帽自然而然成了我求之不得的头盔，**足足**让我戴着它在小伙伴们面前逞够了威风。"句中的"足足"一词使用有误。

"足足"表示丝毫不少或完全够数。"足足"在使用中通常与数量统计有关，表示数量的足额，如"这条鱼足足有三斤重"。句中的"足足"修饰的是"逞够了威风"这个状态，表示这个状态达到的程度，但未出现数量统计，"足足"的使用失去了依据。

可以把"足足"改为"着实"。"着实"作为副词，有一个意思是表示某种状态的存在感强，用来修饰句中的"逞够了威风"这个状态所达到的程度是合适的。

卒读 zúdú

见第36页"出生"条。

佐料 zuǒliào

2020年12月13日《浙江日报》第3版刊登文章《朴实无华白菜香》。文中有句话写道："将外围的叶片去掉，内部菜叶用温水泡一阵子，再逐片用流水冲洗，再按需与其他菜蔬和**佐料合作**，或炒、或煮、或烩，最终白菜胆金针菇滚瘦肉、如意白菜卷、大白菜粉丝丸子煲等特色鲜明的白菜系列菜上桌后，也为生活添了色。"这个句子中的"佐料"和"合作"两个词使用有误。

先看"佐料"。"佐料"指的是菜肴做成后或吃的时候所使用的配料。"佐料"通常是供人拌着或蘸着食品以增加色香味而使用，它在使用中用不着经过烹饪这道工序，句中说的“佐料”，加入后还需要经过“或炒、或煮、或烩”之类烹饪方面的程序，说明是在食品还未做成时就加入的，“佐料”的词义与此不合。

再看“合作”。“合作”的意思是相互配合做事，共同进行。“合作”是人所从事的行为，其行为主体一般只能是人。句中“合作”的行为主体是“内部菜叶”（从引语所出全文可知指的是大白菜的叶子）和“其他菜蔬和佐料”（其中“佐料”的使用亦有问题，这里为叙述方便姑且沿用），但它们都是没有意识的物品，因此“合作”不能适用。句中说的是把“内部菜叶”和“其他菜蔬”合在一起，“合作”的词义与此不合。

一般地说，可以把“佐料”改为“作料”，把“合作”改为“混合”。“作料”有一个意思是指烹饪时用来增加色香味的油盐酱醋等调料和葱蒜姜椒等配料，“混合”的意思是把不同的事物合在一起，这两个词合于句中语境。但就这个句子的情况来说，“合作”在原句中的使用对象有三个，除了“内部菜叶”和“其他菜蔬”，还有一个“佐料”，而从常理来说，“佐料”只是一种调味品，不像前两者那样是食材，它不仅说不上和前两者的“合作”，说它和前两者“混合”也是不妥的，只是把“佐料”改为“作料”，这个问题并没有解决。合适的修改应该是把“按需与其他菜蔬和佐料合作”改为“按需与其他菜蔬混合，加上作料”之类的话语。

另外，句中连用两个“再”也无必要，可以把“逐片用流水冲洗”前的“再”删去。

作风 zuòfēng

2020 年 7 月 12 日《南方都市报》第 13 版刊登文章《赵清阁：此恨绵绵休再提》。文中有一个句子写道：“她觉得文坛**作风**不正，成见太深，害怕损坏老舍的形象；同时感到人言可畏，害怕扰乱自己晚年的清净。”句中的“作风”使用有误。

“作风”指的是人在思想上、工作上以及生活上的行为状态和表现出来的态度。“作风”的使用主体通常应该是个人，也可以是如军队之类比较严密的团体。句中的“作风”用于文坛，但“文坛”既不是个人，也不是团体，它只是一种社会领域，“作风”不适合使用。

可以把“作风”改为“风气”。“风气”指的是社会上或某个领域、某个集体流行的习惯或爱好，这个意思合于句中需要。

作奸犯科 zuòjiān-fànkē

2021 年 3 月 26 日《羊城晚报》第 1 版刊登文章《爱国之情如新疆棉一般洁白无瑕》。文中有一个句子写道：“其中确实有害群之马，吸毒者有之，嫖娼者有之，**作奸犯科**者有之，败坏了演艺圈的整体观感。”句中“作奸犯科”

的使用不合适。

“作奸犯科”的意思是为非作歹，触犯法令。“作奸犯科”是对人所从事的某种行为的概括和总结，具有抽象色彩。在这个句子中，“作奸犯科”和“吸毒”“嫖娼”并列，但是“吸毒”和“嫖娼”是句中行为主体“害群之马”所从事的具体的行为，它们可以用“作奸犯科”进行概括，而且这两种行为带有具象色彩，这与“作奸犯科”的抽象性不一致，这决定了“作奸犯科”不能和“吸毒”“嫖娼”并列使用，也就是说“作奸犯科”不能如句中这样使用。

能够并列使用的词语，要满足两个条件，一是各个并列的概念互相不能有重复或包含关系。句中“吸毒”和“嫖娼”是各自独立的两种行为，它们之间不重复，无包含，因此可以并列，而“吸毒”“嫖娼”这两种行为可以包含在“作奸犯科”之内，因此不能并列使用。二是各个并列的概念必须有具有同一性的上位语义场。“吸毒”“嫖娼”这两种行为有同一上位语义场“犯法行为”，因此可以并列，但“作奸犯科”不是一种行为，和它们没有同一上位语义场，因此不能并列使用。

“作奸犯科”在这个句子中并非绝对不能用，但需要消除它和“吸毒”“嫖娼”之间的并列关系。可以把“吸毒者有之，嫖娼者有之，作奸犯科者有之”改为“吸毒者有之，嫖娼者有之，诸如此类的各种作奸犯科者”，这样“作奸犯科”就成为对“吸毒”“嫖娼”的概括之语，适合于这个句子的语境了。

作为 zuòwéi

（一）

2020 年 3 月 24 日《北京晚报》第 14 版刊登文章《〈如果岁月可回头〉：男性视角看“失婚”》。文中有这样一段话：“作为一个被话剧舞台反复锤炼的中生代演员，靳东走红于 2015 年的民国谍战剧《伪装者》，**作为**一个三面特工，靳东用带有层次的表演征服了观众，这个角色也成为他迄今为止塑造的小银幕角色中最为特殊与**个性**的一个。”句中两处用到“作为”一词，其中第二个存在使用错误，另一个词“个性”也存在使用错误。

先看“作为”。“作为”的用法较为丰富，其中一个较为常见的用法是作介词，引入叙述主体（人或事物）的某种身份或某种性质，如“作为一个母亲，你应该关爱自己的孩子”，“作为”的宾语“母亲”是叙述主体“你”的身份；“作为一个特大城市，上海的发展令世界瞩目”，“作为”的宾语“特大城市”是叙述主体“上海”的性质。在上面引述的这段文字中，出现了两个“作为”，其一是“作为一个被话剧舞台反复锤炼的中生代演员，靳东走红于 2015 年的民国谍战剧《伪装者》”，其中“作为”的宾语“中生代演员”是叙述主体“靳东”的身份，这个“作为”的使用是没有问题的。

但是，另一个“作为”的使用就有问题了，引文中写道：“作为一个三面特工，靳东用带有层次的表演征服了观众”，“作为”的宾语“三面特工”并不是叙述主体“靳东”的身份（引文中已说明他是一个“中生代演员”，引语所出全文对“靳东”的身份介绍也与此一致），因此这个“作为”的使用是不合要求的。从引语所出全文可知，“三面特工”是“靳东”在“民国谍战剧《伪装者》”中饰演的一个角色，对于“靳东”来说，合适的身份是“三面特工”的饰演者，而不是“三面特工”本身。

再看“个性”。“个性”指的是人在一定的社会环境和教育条件下所形成的比较稳定的特性，包括气质、性格、兴趣等。“个性”是一个名词，但句中的“个性”与形容词“特殊”并列，接受了副词“最为”的修饰，这是把名词“个性”当作形容词来用了，不合其使用要求。

就第二个“作为”的使用错误来说，可以把“作为一个三面特工”改为“作为一个三面特工的饰演者”，这样“靳东”的身份就是“三面特工的饰演者”，符合事实。就“个性”的修改来说，需要把名词“个性”改为有形容词性质的话语，使其能够和形容词“特殊”并列，并可以接受“最为”的修饰。根据这个要求，可把“个性”改为“个性鲜明”之类的话语。

（二）

2021 年 1 月 10 日《新民晚报》第 12 版刊登文章《东平路上琴声依旧》。文中写道：“站在爱庐的阳台上，你还能看见东平路 5 号，一栋绿色蔓藤缠绕的欧式小楼，那也是宋子文的产业，后来**作为**上音附中的图书馆。”句中的“作为”使用有误。

“作为”除了作介词用，还有一个重要的用法是作动词用，意思相当于当作，如“这件外套就作为雨衣了”。需要注意的是，作动词用的“作为”，其使用主体被当作某一事物，只是临时性、权宜性的，如果究其实质，“作为”的指向对象仍是原来的使用主体，并未成为别的事物。在“这件外套就作为雨衣了”这句话中，虽然使用对象被派上了“雨衣”的用场，但从使用对象的性质上来说，它仍旧是一件“外套”。

在上引这句话中，“作为”的使用对象是“一栋绿色蔓藤缠绕的欧式小楼”，它原先是“宋子文的产业”，但当它被决定为“上音附中的图书馆”时，它原先所具有的这个性质就不再存在了，在这种情况下，“作为”的使用就是不合适的了。

应该把“作为”改为“成为”。“成为”指的是使用对象从原先的状态变成一种另外的状态，这个意思合用于这个句子。

做派 zuòpài

2020 年 9 月 2 日《解放日报》第 15 版刊登文章《听得“懂”的是音乐，还是方言？》。文中有这样一句话：“用方言进行‘民谣式’的说唱，从而引起共鸣并让人们体会上海方言味道的**做派**早已有之。”句中“做派”一词使用有误。

“做派”的意思，一是指做功，即戏曲表演中的动作和表情，如“这位演员的做派达到了炉火纯青的境界”；二是指人在日常言行中表现出来的派头，作风，如“一副官老爷的做派”。句中说的是“用方言进行‘民谣式’的说唱”，这是指用某种方法（“方言”）做某件事情（“进行‘民谣式’的说唱”），“做派”的上述两个词义都与这个意思不合。

应该把“做派”改为“做法”。

【另按】

《现规》认为，“做派”的意思只指戏曲表演中的做功，另一个意思，即派头，作风，则需要写成“作派”。这本词典在“做派”条上特别提示“跟‘作派’不同”。而《现汉》则为“做派”条立了上述两个义项，但未收“作派”。

两部词典的分歧，是由对“做”“作”这两个词素的不同处理所引起的。关于“做”和“作”的区别及不同用法，语言学界争论已久，有一些专家对此作出了区分，两部词典的不同处理也体现出了对这两个词素的不同观点。但是从目前所作出的一些区分来看，大都缺乏从词语本身进行的理据分析，因此说服力并不强。就以“做派”来说，《现汉》以此为正词而拒收“作派”，《现规》在派头、作风的意义上拒“做派”而择“作派”，其人为痕迹都很浓厚，并不符合汉语使用环境对这两个词的实际运用情况。

其实，“做派”和“作派”是一对异形词。汉语中存在异形词本是正常现象，一定要将其归为统一，反而容易造成混乱，让人为难。对于词典来说，在派头、作风这个意义上，“做派”和“作派”这两个词都应收录，在写作中，人们可按照自己的偏向选择使用，只要保证在一篇文章或者一部图书中保持一致就可以了。

附　录

《报林咬文嚼词（第一辑）》收录词目

A

挨家挨户　安居　暗示

B

拜访　拜会　保障　曝光　背负　悲痛　倍　悖论　辈出　本性　比如　比值　秉承　秉持　禀赋　并且　勃起　勃兴　捕获　不仅　不可　不可收拾　不宜　不知所云

C

财产　财务　采集　采取　侧目　差强人意　查询　差使　缠绕　产值　掣肘　衬托　称呼　瞠目结舌　成长　呈现　承保　崇山峻岭　出入　出生　初心　揣　穿梭　创作　纯净　词汇　此　次第　淙淙　粗粝　错愕

D

达成　达到　答卷　打磨　大都　代名词　担当　单一　荡涤　荡漾　倒塌　到底　稻谷　砥砺　第三者　颠覆　掉头　抖擞　独占　杜撰　段落　断裂　堆积　对标　多元

F

发酵　发觉　法人　反戈一击　方家　方面　方式　方兴未艾　防护　放肆　飞跃　纷纷　奋斗　丰收　封面　辅导　付梓　附近　复古　富裕

G

该　割裂　个别　更改　更新　更加　共享　古稀之年　股民　鼓吹　固定　顾虑　观感　规律　过程

H

海内外　骇人听闻　含混　和解　核实　轰鸣　红晕　怀想　欢畅　缓和　回归　回来　回去　活灵活现　火候　或者　获得　获誉

J

机会 积攒 基于 缉捕 激进 羁绊 集成 给予 加剧 价值 驾驶 坚挺 见字如面 将 交割 交涉 矫枉过正 结合 解构 届满 今后 金额 紧密 进项 进行 进一步 近来 经验 精悍 精准 敬爱 居高不下 举办 具体 决然 觉醒 俊秀

K

开办 开禁 抗衡 考古 考虑 苛刻 可能 控诉 口口相传 宽厚 困局 扩散

L

来 乐享其成 累计 离席 理清 理喻 力透纸背 莅临 连篇累牍 联翩 联系 良民 寥若晨星 列举 琳琅满目 领头 领土 流窜 流露 流转 笼络 庐山真面目 履行 罗列 落成

M

马齿徒长 买单 买椟还珠 蔓延 美丽 民众 摩擦 慕名

N

南国 难怪 难上加难 囊括 脑洞大开 内涵 内心 年间 年内 凝结 扭转 浓墨重彩

P

派遣 攀升 盘桓 庞杂 炮制 泡沫 飘扬 飘逸 频率 平白无故 平均 平坦 普及

Q

期间 齐头并进 其实 启蒙 启示 起承转合 起来 契机 千万 阡陌 牵引 潜移默化 强行 强占 窃取 倾巢出动 倾听 清脆 清净 屈指可数 去 全面 缺乏 缺失

R

人民 人情世故 人群 人士 人为 日薄西山 日后 融合 如鲠在喉 如火如荼 如今 如数家珍 入住 润色

S

飒飒 商品 上演 设置 涉事 身负 身心 深刻 深入 神话 神交

甚至 生产 生成 生活 生死未卜 声色 声嘶力竭 失之毫厘，差之千里
诗词 时令 时年 实权 食言而肥 使用 事出有因 事实 适用 收成
收集 收敛 首当其冲 书法 疏松 束之高阁 率先 双赢 水稻 水平
私下 私自 思辨 思慕 四顾 肆意 诵读 酸楚 琐碎

T

摊派 叹为观止 探寻 饕餮 逃难 特长 特色 提要 啼鸣 体态 体质
体重 条分缕析 条条框框 贴切 铁证 通话 同比 同乡 投放 突如其来
吐槽 团队 推波助澜 推演 蜕变 囤积

W

挖潜 外观 外形 完成 亡命之徒 忘怀 微微 娓娓道来 文案
闻所未闻 斡旋 呜呜 无独有偶 五味俱陈 物种

X

吸吮 稀薄 窸窣 习惯 习气 席卷 洗脑 细长 下去 显形 现在
相对 相继 厢房 镶嵌 笑场 胁迫 谢意 心机 心旌摇荡 心领神会
心知肚明 新任 新鲜 行文 形态 形状 兴致 休闲 修补 修葺 修整
虚弱 宣誓 悬赏 削减 削弱 学术 血水

Y

延宕 严防死守 严重 言不尽意 演出 演进 艳遇 一次性 一道 一言
为定 一一 遗稿 以至 倚靠 议题 意蕴 溢美之词 氤氲 隐形 萦绕
踊跃 用典 有过之而无不及 有赖于 予取予求 予以 语言 语音 预期
渊博 原来 原先 越 运动

Z

宰割 再次 在 造成 造就 增加 扎实 摘除 占据 占领 张扬 章节
长相 昭然若揭 召开 争相 争议 蒸腾 拯救 整理 整体 正身 政策
直率 指认 制订 制定 滞后 置若罔闻 终生 重要 诸如 主力 驻足
著作 传主 追求 资本 自拔 自动 组装 祖辈 尊敬 尊重 作梗
坐标

(《报林咬文嚼词《第一辑)》于 2021 年 1 月由暨南大学出版社出版)

后　记

一本新书出版，对于作者来说，当然是一件值得高兴的事。这本《报林咬文嚼词（第二辑）》，同去年出版的第一辑一样，是我近年来“每日一怼”这个微信专栏的整理结集。几年来，我在这个专栏里辛勤耕耘，无论春夏秋冬，每天早上睁开眼睛，第一件事就是摸出手机，在网上浏览当天出版的各地报纸，寻章摘句，有时唾手可得，有时又遍寻不着，时有冥思苦索，时有豁然开朗，这已经成为我的一种生活方式。我把它称为我的一种如同晨跑一样的“脑力操练”，倒也乐在其中。

“每日一怼”，或者说《报林咬文嚼词》，所做的事是挑选报纸上出现的语词使用错误进行评改，用大家习惯的说法便是修改语病。语病的出现，会影响语言的表达效果，一直是写作者需要努力避免的。自从 20 世纪 50 年代吕叔湘、朱德熙两位大师写下《语法修辞讲话》一书并风行多年后，语病修改已经成为中学语文教学的一个内容，并且成为高考试卷的一个常设项目。而当修改语病成为功课的时候，它也随之出现了模式化的倾向。但是，语病都是“神出鬼没”，出人意料的，不可能套在一个事先规定好的模子里。因此，这种模式化的指导可以对一些常见的语病现象作出纠正，并起到逐渐减少以至杜绝的积极作用，但事实上各种意想不到的语病依然层出不穷。究其原因，我觉得一个很重要的方面是由于汉语在生成和发展的过程中，词汇的概念一直比较淡薄，在中小学语文教学中，老师对指导学生写对字都很重视，但对指导学生准确用词却重视不够。政府的新闻出版管理机构在图书报刊的质量检查中，对错别字的问题都抓得很紧，但对一些词语运用存在瑕疵的现象则往往视若无睹。高等学校里当然有专门的汉语词汇研究，并且出了不少成果，但如何让这些成果走出书斋成为社会共识，还需要多方面的努力。因此，我在“每日一怼”的写作中，选择了词语运用不当的语料来进行辨析、评改，期望以此来引起读者对词语运用的重视，提高汉语运用的水平。

因为不明词义或者不明词语准确使用要求而出现的问题，当然并不能囊括汉语使用中的所有语病现象，但从这个角度入手，确实可以收到切实的效果。然而，面对汉语浩如烟海的庞大词汇量，即使是学富五车的大学者，也不敢自命掌握了所有词语的意思和准确用法，在这方面，我几年来积累的教训并不少。更重要的是，在语音、文字、词汇和语法这几个构成汉语的基本要素中，词汇是一个最活跃，也是最不稳定的领域，一个词的意思，在历史的长河中可以产生各种意思，在使用主体、指向对象、情感色彩等诸多方面都会出现变化，如果对此视而不见，就很容易产生错误，但是，如果过于拘泥，又会使语言陷于僵滞。现在通常是以词典来作为判断的依据，殊不知词典也经常会在这方面出现摇摆，留下遗憾。这是我在每天从事这一工作时经常会遇到的一个问题。所幸的是，在我的微信朋友圈里，聚拢了一批对汉语词汇有深入研究，同时又热心的朋友，他们经常给我以鼓励，也经常和我进行讨论切磋。应该说，“每日一怼”能坚持到今天，或者说《报林咬文嚼词》能够出版，离不开这些朋友们的智慧和奉献。每次，当我在朋友们的批评下意识到自己的评改出现了错误的时候，卞之琳那首著名的《断章》总是会浮上我的脑际，“你站在桥上看风景，看风景的人在楼上看你”。我深深地感到，词语的辨析与评改是一座值得探索的富矿，我们作为单个的人其实只能“作一瓢饮”。今天，趁着这本书出版的机会，我要向各位表示真诚的感谢。

与此同时，我也想趁着这个机会，回答一些朋友以前提出的各种问题。第一，如何看待词典等工具书。我在评改中经常会参考《现代汉语词典》等工具书，它们确实给了我很多帮助，但是我也发现了它们存在的不足。其实这也没有什么好奇怪的，如果我们经常阅读《辞书研究》等专业刊物，就可以看到研究者们发表了大量论文指出《现汉》等存在的问题，这也是《现汉》每过几年就要出修订版的一个重要原因。任何辞书都是由人编写的，金无足赤，人无完人，每个人都存在自己的知识短板，辞书出现失误是难免的。因此，词语辨析和评改不能唯辞书的“马首”是瞻。辞书应该是我们前行道路上的手杖，而不能成为我们前行道路上不可逾越的围栏。

第二，如何看待网络词语的运用。我一直认为，网络只不过是文字的载体，它与发表在纸媒上的文字，本质上是一样的，对纸媒的文字要求，也应该是对网络文字的要求。但是，不知道从什么时候起，网文被贴上了各种让人难以理解的标签，其中有关词语运用的标签就是网络语言生动活泼（好像纸媒就做不到生动活泼似的），因此一些首先在网络上出现的词被纸媒不加分析地移用，并引为时髦。比如，“投喂”一词在此次上海因抗疫需要而对全城封控期间，竟然在上海的一些报纸上频繁使用，志愿者向八九十岁的老人送食品，街道向封禁在校园的大学生送物资，都被称为“投喂”，其对受助对象的傲慢无礼让人难以接受，这不是汉语应该有的品格。我们应该摆正对网络的态度，它只是一个载体，或者说只是一个新型的媒体，但在语言运用上它并不具有“天然合法性”，更不应该成为批评纸媒上用词不准确现象的一个“挡箭牌”。

第三，如何看待词语运用的创新以及活用和规范的关系。词语运用要不断创新，这也是一种语言保持活力的一个重要条件。这种创新不仅表现在大量新词的出现，而且表现在原有词语的开拓新义以及创造新的用法。比如，按一般的规则，不及物动词不能带宾语，但是我发现，报纸的新闻标题中不及物动词带宾语的现象已经越来越普遍，很难说它们就是使用错误，究其原因，我觉得这是由新闻标题的简约性所要求的，它对传统的汉语语法规则产生了挑战，但又具有一定的合理性，这就是一种可以承认的创新。但如果是在正文中，因为简约性的要求不再存在或者减弱了，不及物动词带宾语仍然会让人感到不适，因此可视为一种用词不当，需要作出调整。再如，一些只能用于人的词被用到某种动物或植物，这被一些朋友视为拟人。拟人作为一种修辞手法，能够给语言带来某种情调，甚至可以为这个词带来新的义项。但是，拟人的运用需要文体、语体和语境的配合，如果缺少这方面的条件，把一个只能用于人的词随意用到动物或植物，就会显得很突兀，就是写作中的败笔。词语使用需要创新，但又需要规范，这种“既要又要”的要求看似对立，但也正是词语运用的奥妙所在。

《报林咬文嚼词》第一辑在去年出版后，得到了一些读者的认可，有的报社一买几十本，将此书作为员工学习材料下发，这是最令我欣慰的，说明这书还能有点用处。今年初，暨南大学出版社又传来佳音，拙著得以进入该社2021年度社内“十大好书”。这未免让我有点诚惶诚恐，暨大社是国内语言类学术著作出版的重镇，拙著是连叨陪末座的资格都不应该有的，能够入选只能说明出版社对我的包容，这种胸怀我在和该社副总编辑李战等领导的接触中深有体会，这也使我感受到了自己的责任，不敢懈怠。今年2月，著名媒体人曹景行因病去世，曹先生生前曾每日在朋友圈发布大量信息，以至有“一个人的通讯社”之美誉。有一段时间我也是曹先生的“微友”，逐日接收他转发的各种信息，深有收获，只是后来因故更换微信后断了联系。令人肃然起敬的是，曹先生在去世的前两天，仍然在履行他的“通讯社”的责任，仍然在微信群里发布信息。我不敢攀附名人，但见贤思齐是每一个人应该具有的品德，前行者因此而具有了生命的意义，后人也因此而不断进步。只要生命尚在，我会把“每日一怼”坚持下去，我也希望《报林咬文嚼词》作为一个MOOK类图书品牌能够继续下去，这也算是我作为一个曾经的报人在退出职业生涯后的一点自我期许。

最后，还要感谢张持坚老师为拙著提供了一篇精彩的序文，在这篇序文中，他对我嘉掖有加，有些过誉之词让我不敢当，但也体现了老师的长者风度。老师是一位国内外知名度很高的优秀记者，也是我的老领导，我经常回忆起在他手下工作的时光，那真是让人如坐春风啊。如今老师赐我以序，让我再一次感受到了当年的春风扑面，这也是支持我把“每日一怼”坚持下去的动力……

周俊生

2022年6月于上海曲阳